拍卖法律实务

居松南 著

LEGAL PRACTICE OF AUCTION

南京大学出版社

图书在版编目(CIP)数据

拍卖法律实务 / 居松南著. －－ 南京：南京大学出版社，2018.7
ISBN 978-7-305-20506-4

Ⅰ.①拍… Ⅱ.①居… Ⅲ.①拍卖法－研究－中国
Ⅳ.①D922.294.4

中国版本图书馆 CIP 数据核字(2018)第 153259 号

出版发行　南京大学出版社
社　　址　南京市汉口路 22 号　　　　邮　编　210093
出版人　金鑫荣

书　　名　**拍卖法律实务**
著　　者　居松南
责任编辑　王　宁　黄隽翀　　　　编辑热线　025-83592409

照　　排　南京南琳图文制作有限公司
印　　刷　南京大众新科技印刷有限公司
开　　本　787×1092　1/16　印张 21.75　字数 527 千
版　　次　2018 年 7 月第 1 版　2018 年 7 月第 1 次印刷
ISBN 978-7-305-20506-4
定　　价　78.00 元

网址：http://www.njupco.com
官方微博：http://weibo.com/njupco
官方微信号：njupress
销售咨询热线：(025)83594756

目　录

引　言

　　我国 1996 年颁布施行《中华人民共和国拍卖法》(以下简称《拍卖法》),拍卖行业在《拍卖法》颁布至今有了长足的发展,根据中国拍卖行业协会报告中提供的数据①,截至 2016 年 12 月,全国 31 个省(区、市)共有拍卖企业 7 083 家,分支机构 245 家,具备文物拍卖资质的企业约 430 家。2016 年全年拍卖行业成交额 5 192.28 亿元,累计拍卖场次 95 575 场,其中成交 58 698 场,行业主营业务收入 85.29 亿元,主营业务利润 25.8 亿元。另外,截至 2016 年底,拍卖行业从业人员总数达 63 041 人。拍卖行业拥有国家注册拍卖师资格人数共 13 059 人,正常执业 12 276 人。

　　拍卖成功对于委托人、拍卖人、买受人而言是多赢的,拍卖行业的迅速发展,为委托人的利益实现最大化,拍卖人获得了应得的佣金收益,买受人获得了自己心仪的拍卖标的。但我国《拍卖法》颁布以来只修正过两次,拍卖行业随着这些年的发展也涌现出了许许多多值得探讨的问题,而且随着技术的进步以及拍卖标的的进一步多样化,拍卖行业面临的挑战和风险一直存在。对于从事拍卖活动的拍卖人而言,如何在拍卖活动中防范风险,减少损失发生的可能性,是一个必须认真对待的问题。

　　笔者担任多家拍卖企业的法律顾问,为拍卖企业从事拍卖活动提供法律服务。在与拍卖企业的接触、交流以及处理纠纷的过程中,笔者发现不同的拍卖企业因为其拍卖主业的定位不一,对于拍卖中存在的风险以及可以采取的措施等,普遍不够重视。很多拍卖企业在处理拍卖业务中,对于拍卖文件的制备、拍卖标的的审核、拍卖程序的遵守、拍卖中的注意事项等各个方面并未充分认识到风险在各个环节一直存在。拍卖企业往往没有结合自身的实际以及每场拍卖会的不同特点制订系统的风险防范措施,经常在纠纷已经发生,拍卖已经开始,风险放大时方进行处理,导致损失发生。

　　鉴于此情形,我们认为有必要对拍卖企业从设立到解散以及拍卖企业从事不同拍卖标的的拍卖活动中的法律事务进行简要的梳理,以期帮助拍卖企业更好地防范风险。

　　我们根据拍卖行业中实务操作经常面临的问题、有关事项的法律要求,以及一些案例中反映出的司法实践进行总结归纳,得成此书。由于拍卖行业涉及的标的种类繁多,拍卖过程中出现的不确定性因素很多,笔者对于许多理论性的问题认识尚粗浅,对于许多实务问题也不及业内人士熟悉,故本书中出现遗漏和失误在所难免,恳请拍卖界、法律界的朋友不吝赐教,批评指正。

---

　　① 中国拍卖行业协会:《2016 年中国拍卖行业经营状况分析及 2017 年展望》,见 http://www.caa123.org.cn/frontnc06NewsContentAction.do? method=previewContent&ID=13211。

第一章　拍卖企业的设立

第一节　公司的设立

一、拍卖企业的形式是公司

按照 1996 年 7 月 5 日第八届全国人民代表大会常务委员会通过的《中华人民共和国拍卖法》的规定,拍卖人系按照《拍卖法》和《中华人民共和国公司法》(以下简称《公司法》)的规定所设立的企业法人。

而法人属于拟制的法律意义上的人,和自然人相对应。法人有自己的名称、组织机构、住所、财产和经费,法人具有民事权利能力和民事行为能力,是依法独立享有民事权利和承担民事义务的组织。根据法人的基本理论,法人应当以自己的财产独立对外承担民事责任,同时依法享有民事权利。

按照 2017 年 10 月 1 日起施行的《中华人民共和国民法总则》(以下简称《民法总则》)的规定,法人分为营利法人、非营利法人和特别法人。营利法人以营利为目的,即以取得利润并分配给股东等出资人为目的。《民法总则》中明确规定有限责任公司、股份有限公司和其他企业属于营利法人。

对于企业法人,在《中华人民共和国民法通则》(以下简称《民法通则》)中对企业法人规定为:全民所有制企业、集体所有制企业有符合国家规定的资金数额,有组织章程、组织机构和场所,能够独立承担民事责任,经主管机关核准登记,取得法人资格。在中华人民共和国领域内设立的中外合资经营企业、中外合作经营企业和外资企业,具备法人条件的,依法经工商行政管理机关核准登记,取得中国法人资格。

我国企业法人的范围明确覆盖了公司和其他形式的具有法人资格的企业。而《拍卖法》的规定将拍卖公司的范围明确确定为公司。

公司是企业法人,有独立的法人财产,享有法人财产权。公司以其全部财产对公司的债务承担责任。按照《公司法》的规定,公司分有限责任公司和股份有限公司两种形式。有限责任公司的股东以其认缴的出资额为限对有限公司承担有限责任,股份有限公司的股东以其认购的股份为限对公司承担有限责任。

根据以上分析,欲在中国领域内设立拍卖人,则须按照中国的《公司法》的规定设立公司,公司设立后取得拍卖许可方可按照《拍卖法》的规定从事拍卖活动。而设立后的拍卖人作为企业法人,以拍卖人自己的财产独立对外承担民事责任。拍卖人的股东以其认缴的出资额或认购的股份为限对公司承担有限责任。

二、设立公司

按照商务部最新修订的《拍卖管理办法》的规定,拍卖企业从事拍卖行业应当获得许可,将之前的规定当中拍卖企业的设立、变更和终止的说法改为企业申请从事拍卖业务的许可、变更和终止。这一规定的措辞变化意味着拍卖主管部门按照《中华人民共和国行政许可法》(以下简称《行政许可法》)的规定,对拍卖企业从事拍卖活动采取行政许可的方式,即公司可以通过申请拍卖的行政许可来取得拍卖人资格。

我们将拍卖人的设立分为两种:第一种为按照《公司法》原始设立公司,在设立同时或者设立之后再取得拍卖行业的许可;另一种为采取收购方式,但收购拍卖人本质上不属于设立,我们留在后面详述。

在原始设立这一模式下,拍卖企业之前并不存在,出资人/股东按照《公司法》规定进行出资、提供场所等后,再按照《公司法》和《拍卖法》的有关规定,在工商登记部门履行审批程序之后获得商务主管部门的拍卖许可,从而成为拍卖人。如果企业在设立之后变更经营范围或者增加经营范围从事拍卖业务,和我们在这里所说的原始设立并无本质的区别。

(一) 设立公司的条件

按照《拍卖法》的规定,拍卖企业首先应当属于公司,故拍卖企业的设立应当首先符合《公司法》有关公司设立的规定,且拍卖企业的登记机构也是公司登记机关,只不过拍卖公司需要办理拍卖的许可。故设立拍卖企业应当首先符合《公司法》所规定的设立公司的基本法定条件。

1. 设立有限责任公司的条件

我国《公司法》规定的公司有两种形式,一种是有限责任公司,一种是股份有限公司。按照我国《公司法》的规定,有限责任公司的设立应当符合下列条件:股东要符合法定人数,股东人数应为五十个以下;有符合公司章程规定的全体股东认缴的出资额;股东共同制定公司章程;有公司名称,建立符合有限责任公司要求的组织机构;有公司住所。有限责任公司的股东是以其认缴的出资额为限对有限公司承担责任。

实务操作中,有限责任公司的形式最为普遍,设立程序也最为简单,有限责任公司在公司的形式中占绝大多数,拍卖企业也以设立有限责任公司最为常见。

2. 设立股份有限公司的条件

股份有限公司的设立应当满足下列条件:发起人符合法定人数,发起人应当在二人以上二百人以下;有符合公司章程规定的全体发起人认购的股本总额或者募集的实收股本总额;股份发行、筹办事项符合法律规定;发起人制订公司章程,采用募集方式设立的经创立大会通过;有公司名称,建立符合股份有限公司要求的组织机构;有公司住所。股份有限公司的股东是以其认购的股份为限对公司承担责任。

(二) 公司章程

公司的章程是公司的"宪法",按照法律规定,章程是公司设立的必要条件,公司的章程对公司的相关当事方,包括公司的股东、公司、董事、监事、高级管理人员等均具有约束力,违反公司章程的当事主体都应承担责任。公司章程是作为公司的相关主体必须遵守的行为规范,一旦制定就具有一定的稳定性,故在公司设立时应当引起股东的足够重视。

然而,目前绝大多数公司在设立时,其股东习惯于使用工商登记机构展示的示范章程,在进行简单的填写后将其作为公司的章程。这些示范章程固然具有便利性,不需要股东做过多的思考就可以使用,但这些示范章程仅是公司登记机关对外展示供股东参考的,注册机构并没有要求公司必须使用此类示范章程。

通读这类示范章程,我们会发现这些示范章程基本上都是照搬《公司法》条文,并没有充分体现公司股东可以在法律允许的范围内按照自身的特性制定章程的特点。而实际上除了《公司法》规定的章程中必备的条款,股东们可以自由约定的条款有很多,而这些可以个性化定制的章程条款,恰恰对于股东而言至关重要。法律充分允许和尊重公司的股东对公司的事项按照自己的意愿在公司章程中进行个性化的规定。

只有公司股东根据不同公司的特点,按照自己的需要在股东间进行磋商之后特别制定的章程,才更具有实际操作意义。所以我们强烈建议,公司设立时的章程应当按照自己的需要进行必要的个性化定制,以保证公司各方利益的需要,同时也为公司今后的发展和公司的管理提供保障,为公司今后争议的解决提供有力的依据。

1. 有限责任公司章程的内容

根据《公司法》的规定,章程有其必备条款,如果是有限责任公司,有限责任公司的章程应当包括如下内容:(一)公司名称和住所;(二)公司经营范围;(三)公司注册资本;(四)股东的姓名或者名称;(五)股东的出资方式、出资额和出资时间;(六)公司的机构及其产生办法、职权、议事规则;(七)公司法定代表人;(八)股东会会议认为需要规定的其他事项。股东应当在公司章程上签名、盖章。

有限责任公司章程由股东在章程上签字、盖章后,只要不违反法律的规定就产生效力。

2. 股份有限公司章程内容

如果公司的形式是股份有限公司,则按照《公司法》的规定,股份有限公司的章程应当包括:(一)公司名称和住所;(二)公司经营范围;(三)公司设立方式;(四)公司股份总数、每股金额和注册资本;(五)发起人的姓名或者名称、认购的股份数、出资方式和出资时间;(六)董事会的组成、职权和议事规则;(七)公司法定代表人;(八)监事会的组成、职权和议事规则;(九)公司利润分配办法;(十)公司的解散事由与清算办法;(十一)公司的通知和公告办法;(十二)股东大会会议认为需要规定的其他事项。

股份有限公司的章程由发起人制定,采用募集方式设立的经创立大会通过。

(三)组织机构

按照《公司法》的规定,有限责任公司的组织机构和股份有限公司的组织机构不尽相同,对于公司而言,核心的组织机构应当符合《公司法》的规定,但是《公司法》同时赋予公司可以按照自己的特点制定自己的组织机构的权力,只要自行制定的组织机构并未违反《公司法》的规定即可。

1. 有限责任公司的组织机构

按照《公司法》的规定,有限责任公司的组织机构包括股东会、董事会(执行董事)、经理、监事会(监事)。

(1) 有限责任公司的股东会

有限责任公司的股东会由全体股东组成,股东会是有限责任公司的最高权力机构,按照《公司法》的规定行使相应的职权。有限责任公司的股东会以股东会决议,或者在各方一致确认的情况下直接以股东决定文件的方式体现股东会的决定。按照《公司法》的规定,股东会行使下列职权:(一) 决定公司的经营方针和投资计划;(二) 选举和更换非由职工代表担任的董事、监事,决定有关董事、监事的报酬事项;(三) 审议批准董事会的报告;(四) 审议批准监事会或者监事的报告;(五) 审议批准公司的年度财务预算方案、决算方案;(六) 审议批准公司的利润分配方案和弥补亏损方案;(七) 对公司增加或者减少注册资本作出决议;(八) 对发行公司债券作出决议;(九) 对公司合并、分立、解散、清算或者变更公司形式作出决议;(十) 修改公司章程;(十一) 公司章程规定的其他职权。

(2) 有限责任公司的董事会(执行董事)

按照《公司法》规定,有限责任公司设董事会,其成员为三人至十三人;股东人数较少或者规模较小的有限责任公司,可以设一名执行董事,不设董事会。董事会设董事长一人,可以设副董事长。

按照《公司法》规定,董事会对股东会负责,行使下列职权:(一) 召集股东会会议,并向股东会报告工作;(二) 执行股东会的决议;(三) 决定公司的经营计划和投资方案;(四) 制订公司的年度财务预算方案、决算方案;(五) 制订公司的利润分配方案和弥补亏损方案;(六) 制订公司增加或者减少注册资本以及发行公司债券的方案;(七) 制订公司合并、分立、解散或者变更公司形式的方案;(八) 决定公司内部管理机构的设置;(九) 决定聘任或者解聘公司经理及其报酬事项,并根据经理的提名决定聘任或者解聘公司副经理、财务负责人及其报酬事项;(十) 制定公司的基本管理制度;(十一) 公司章程规定的其他职权。

(3) 有限责任公司的经理

按照《公司法》规定,有限责任公司可以设经理,由董事会决定聘任或者解聘。经理对董事会负责,行使下列职权:(一) 主持公司的生产经营管理工作,组织实施董事会决议;(二) 组织实施公司年度经营计划和投资方案;(三) 拟订公司内部管理机构设置方案;(四) 拟订公司的基本管理制度;(五) 制定公司的具体规章;(六) 提请聘任或者解聘公司副经理、财务负责人;(七) 决定聘任或者解聘除应由董事会决定聘任或者解聘以外的负责管理人员;(八) 董事会授予的其他职权。

(4) 有限责任公司的监事会(监事)

有限责任公司设监事会,其成员不得少于三人。股东人数较少或者规模较小的有限责任公司,可以设一至二名监事,不设监事会。

按照《公司法》规定,监事会、不设监事会的公司的监事行使下列职权:(一) 检查公司财务;(二) 对董事、高级管理人员执行公司职务的行为进行监督,对违反法律、行政法规、公司章程或者股东会决议的董事、高级管理人员提出罢免的建议;(三) 当董事、高级管理人员的行为损害公司的利益时,要求董事、高级管理人员予以纠正;(四) 提议召开临时股东会会议,在董事会不履行本法规定的召集和主持股东会会议职责时召集和主持股东会会议;(五) 向股东会会议提出提案;(六) 依照本法第一百五十一条的规定,对董事、高级管理人员提起诉讼;(七) 公司章程规定的其他职权。

2. 股份有限公司的组织机构

按照《公司法》的规定,股份有限公司的组织机构包括股东大会、董事会、经理、监事会。

(1) 股东大会

股份有限公司股东大会由全体股东组成。股东大会是公司的权力机构,股东大会的职权和有限责任公司股东会的权力一致。

(2) 股份有限公司董事会

股份有限公司设董事会,其成员为五人至十九人,其职权也和有限责任公司的董事会的职权一致。

(3) 股份有限公司的经理

股份有限公司设经理,由董事会决定聘任或者解聘。关于有限责任公司经理职权的规定,适用于股份有限公司经理。

(4) 股份有限公司监事会

股份有限公司设监事会,其成员不得少于三人。监事会应当包括股东代表和适当比例的公司职工代表,其中职工代表的比例不得低于三分之一,具体比例由公司章程规定。监事会中的职工代表由公司职工通过职工代表大会、职工大会或者其他形式民主选举产生。

股份有限公司监事会职权和有限责任公司监事会的职权一致。

三、设立外商投资企业

外商投资企业系指符合我国外商投资企业法(主要指《中华人民共和国中外合资经营企业法》《中华人民共和国中外合作经营企业法》《中华人民共和国外资企业法》)规定的中外合资企业、中外合作企业、外资企业。鉴于以上三种形式企业都涉及境外资本,故一般会称为外商投资企业。

中外合资经营企业系指外国公司、企业和及其他经济组织或者个人按照平等互利的原则经中国政府批准在中华人民共和国境内,同中国公司、企业或者其他经济组织共同举办合营企业。根据上述定义,中外合资企业排除了中国个人作为股东设立中外合资经营企业的情形。按照《中华人民共和国中外合资经营企业法》的规定,中外合资经营企业的形式为有限责任公司。外商投资企业的外国合营者的投资比例一般不低于百分之二十五。

中外合作经营企业,系指外国的企业和其他经济组织或者个人与中国的企业或者其他经济组织在中国境内共同举办中外合作经营企业。中外合作经营企业在中国境内以协作型的合伙经营较为常见。目前设立中外合作企业已不太多见。

外资企业系指外国的企业和其他经济组织或者个人在中国境内举办的全部资本由外国投资者投资的企业,不包括外国的企业和其他经济组织在中国境内的分支机构。外资企业符合中国法律关于法人条件的规定的,依法取得中国法人资格。

值得注意的是,随着我国改革开放程度的不断加深,我国经济和世界经济的融合度不断提高,原先对外商投资企业采取批准制度,即设立外商投资企业必须经过我国有关部门的批准才能设立的制度已被修改。在最新修订的涉及外商投资企业的法律当中,均规定举办外资企业不涉及国家规定实施准入特别管理措施的,就有关审批事项均实行备案管理。

目前施行的《外商投资产业指导目录(2015年修订)》中对涉及的普通拍卖企业,并未作出市场特别准入的规定。但是就设立经营文物拍卖的企业,则明确列入禁止类。这也和我国施行的《文物保护法》中有关拍卖企业的规定完全一致。

根据以上规定,除了经营文物拍卖的企业外,我国法律并未禁止设立的外商投资企业取得拍卖许可,设立的外商投资企业符合中国《公司法》中有限责任公司和股份有限公司的有关规定及相关外商投资企业法的情况下,可以取得拍卖许可。

(一) 外商投资企业的审批与备案

外商投资企业中以中外合资企业和外商独资企业最为常见,故我们以这两种外资企业的形式来述及有关外资企业的设立问题。我国于2016年全面修订了三个外商投资企业法,对于举办外资企业不涉及国家规定实施准入特别管理措施的,就外资企业原来需要批准的事项,适用备案制。

1. 外资企业的备案

举办外资企业不涉及国家规定实施准入特别管理措施的,以下的审批事项,适用备案管理:

设立外资企业的申请,由国务院对外经济贸易主管部门或者国务院授权的机关审查批准。审查批准机关应当在接到申请之日起九十天内决定批准或者不批准。

外资企业分立、合并或者其他重要事项变更,应当报审查批准机关批准,并向工商行政管理机关办理变更登记手续。

外资企业的经营期限由外国投资者申报,由审查批准机关批准。期满需要延长的,应当在期满一百八十天以前向审查批准机关提出申请。审查批准机关应当在接到申请之日起三十天内决定批准或者不批准。

2. 中外合资经营企业的备案

按照最新修订的《中外合资经营企业法》的规定,举办合营企业不涉及国家规定实施准入特别管理措施的,对以下的审批事项,适用备案管理:

合营各方签订的合营协议、合同、章程,应报国家对外经济贸易主管部门(以下称审查批准机关)审查批准。审查批准机关应在三个月内决定批准或不批准。合营企业经批准后,向国家工商行政管理主管部门登记,领取营业执照,开始营业。

合营企业的合营期限,按不同行业、不同情况,作不同的约定。有的行业的合营企业,应当约定合营期限;有的行业的合营企业,可以约定合营期限,也可以不约定合营期限。约定合营期限的合营企业,合营各方同意延长合营期限的,应在距合营期满六个月前向审查批准机关提出申请。审查批准机关应自接到申请之日起一个月内决定批准或不批准。

合营企业如发生严重亏损、一方不履行合同和章程规定的义务、不可抗力等,经合营各方协商同意,报请审查批准机关批准,并向国家工商行政管理主管部门登记,可终止合同。如果因违反合同而造成损失的,应由违反合同的一方承担经济责任。

（二）外商投资企业的组织机构

外商投资企业的组织机构和《公司法》中公司的组织机构在法定要求上存在一定区别，根据特别法优于一般法的原则，外商投资企业应当优先适用外商投资企业法的有关规定。

1. 外资企业的组织机构

外资企业是由外国投资者以独资形式在中华人民共和国境内设立的企业，外资企业的法定代表人是依照其章程规定，代表外资企业行使职权的负责人。《外资企业法》当中并未对外资企业的组织机构作出明确规定，但外资企业仍可以按照中国《公司法》规定设定相关的组织机构。

2. 中外合资经营企业的组织机构

（1）董事会

按照《中外合资经营企业法》的规定，合营企业设董事会，其人数组成由合营各方协商，在合同、章程中确定，并由合营各方委派和撤换。董事长和副董事长由合营各方协商确定或由董事会选举产生。中外合营者的一方担任董事长的，由他方担任副董事长。董事会根据平等互利的原则，决定合营企业的重大问题。

董事会的职权是按合营企业章程规定，讨论决定合营企业的一切重大问题：企业发展规划、生产经营活动方案、收支预算、利润分配、劳动工资计划、停业，以及总经理、副总经理、总工程师、总会计师、审计师的任命或聘请及其职权和待遇等。

在中外合资经营企业法实施条例当中，明确规定董事会是合营企业的最高权力机构，决定合营企业的一切重大问题。董事会成员不得少于3人。董事名额的分配由合营各方参照出资比例协商确定。董事的任期为4年，经合营各方继续委派可以连任。

董事会会议应当有2/3以上董事出席方能举行。董事不能出席的，可以出具委托书委托他人代表其出席和表决。下列事项由出席董事会会议的董事一致通过方可作出决议：（一）合营企业章程的修改；（二）合营企业的中止、解散；（三）合营企业注册资本的增加、减少；（四）合营企业的合并、分立。其他事项，可以根据合营企业章程载明的议事规则作出决议。

（2）正副总经理

合营企业设经营管理机构，负责企业的日常经营管理工作。正副总经理（或正副厂长）由合营各方分别担任。经营管理机构设总经理1人，副总经理若干人。副总经理协助总经理工作。总经理执行董事会会议的各项决议，组织领导合营企业的日常经营管理工作。在董事会授权范围内，总经理对外代表合营企业，对内任免下属人员，行使董事会授予的其他职权。

第二节　获得拍卖许可

一、内资公司获得拍卖许可

拍卖企业是取得特殊行政许可的企业,除了要满足基本的企业设立的条件之外,申请拍卖许可,还必须符合《拍卖法》当中关于申请拍卖许可的条件规定,按照《拍卖法》第十二条的规定,企业申请取得从事拍卖业务的许可,应当具备下列条件:(一) 有一百万元人民币以上的注册资本;(二) 有自己的名称、组织机构、住所和章程;(三) 有与从事拍卖业务相适应的拍卖师和其他工作人员;(四) 有符合本法和其他有关法律规定的拍卖业务规则;(五) 符合国务院有关拍卖业发展的规定;(六) 法律、行政法规规定的其他条件。

(一) 获得拍卖许可的企业的注册资本条件

1. 企业获得拍卖许可的注册资本金额

我国《公司法》最早于 1993 年 12 月 29 日年颁布,于自 1994 年 7 月 1 日起施行。在《拍卖法》施行以前,《公司法》已经实施。按照最早的《公司法》的规定,公司注册资本有最低限制额,并且不同经营范围的公司有不同的注册资本要求,其中科技开发、咨询、服务性公司为人民币十万元,而股份有限公司注册资本的最低限额为人民币一千万元。其后《公司法》经历过几次修订,对注册资本进行了调整,在 2005 年修订时将有限责任公司注册资本调整为最低三万元,一人有限制责任公司为十万元,股份有限公司为五百万元;而 2013 年修订、2014 年 3 月 1 日开始施行的《公司法》,即目前的《公司法》则全面取消了最低注册资本的限制,即所谓一元也可以注册公司。

目前《公司法》不规定公司的注册资本最低额,但是《公司法》在有限责任公司注册资本里的规定同时又明确说明,法律、行政法规以及国务院决定对有限责任公司注册资本实缴、注册资本最低限额另有规定的,从其规定,对于股份有限公司的注册资本也有同样的规定。《拍卖法》作为拍卖行业的特别法,其对于拍卖企业注册资本的要求应当按照《拍卖法》的规定。

《拍卖法》对拍卖公司的注册资本明确规定必须要有一百万元人民币以上的注册资本。如果企业希望取得拍卖的许可,则非外商投资的境内企业必须具备注册资本不低于一百万元的基本条件。

2. 拍卖企业注册资本可以采取认缴制

《拍卖法》最初颁布于 1996 年 7 月,自 1997 年 1 月 1 日开始施行,而其时《公司法》[1]已经施行,在《公司法》颁布施行后直至最近一次[2]修订之前,对注册资本一直实行实缴制,即规定注册资本最低限额的同时,还要求公司股东在设立公司时的注册资本已经实际缴纳至公司,并对实缴制安排了验资程序,由会计机构对股东是否按照《公司法》的要求履

---

[1] 1993 年 12 月 29 日第八届全国人民代表大会常务委员会第五次会议通过,1994 年 7 月 1 日起施行。
[2] 2013 年 12 月 28 日第十二届全国人民代表大会常务委员会第六次会议通过修订,2014 年 3 月 1 日起施行。

行出资义务提供验资证明,验资证明成为公司设立时必须提供给公司登记机构的文件。

而现行《公司法》对公司注册资本采取认缴制,即不再要求公司必须有最低注册资本的同时,对于公司注册资本的到位时间可以由股东在章程上作出约定,无须公司在向公司登记机关申请设立时出资必须缴纳到位,《公司法》对验资程序也一并予以取消。认缴注册资本制是现代国际通行的做法,在公司设立时营业执照虽然可能仍然会列明注册资本的金额,但股东在此时可以没有任何实际注册资本的投入,因为公司的股东可以自由约定注册资本缴纳至公司的时间,甚至可以约定将注册资本到位的时间延长至公司营业期限届满之日。故公司在设立时的公司营业执照上载明的注册资本金额并不代表股东已经将注册资本实际投入公司。

《拍卖法》在颁布施行之后到目前为止对于拍卖企业注册资本仍然沿用以前的规定,但对于注册资本是否可以按照《公司法》的要求以认缴的方式并无明确说明,如果按照《拍卖法》颁布之时的《公司法》的规定,当然是要求注册资本实缴,但是依据现行的《拍卖法》的规定,拍卖企业在企业设立后需要向拍卖行业主管部门申请拍卖许可才可以从事拍卖业务,故公司是否符合设立的条件属于《公司法》调整的范畴,公司注册管理的主管机构是工商行政管理部门,商务部门只对拍卖业务实施许可。故只要公司设立时登记的注册资本超过《拍卖法》规定的注册资本的要求,均为符合《拍卖法》的规定。但拍卖企业虽然可能没有在注册时实缴注册资本,但并不影响股东在章程约定的期限内承担缴足注册资本的义务。

3. 公司注册资本实行认缴制并非不承担责任

有人将注册资本的认缴制度视为注册资本再无实际意义,然后进一步认为股东实际上可以无须出资,这种观念显然是错误的。

首先认为认缴制下的注册资本可以无限大是错误的。注册资本是股东对设立的公司所承担的将等同于注册资本的资金或资产转移给公司的义务。注册资本在实缴制的情况下,需要股东在设立公司之时,就已经完成注册资本注入的义务。而在认缴制的情况下,只是将时间进行了调整,可以由股东自由设定,但是注册资本的转移义务并没有发生任何变化。

如果股东以为认缴制下的注册资本反正无须立即缴纳,可以任意延后,就将注册资本设定为非常巨大,实际上股东仍然为自己设定了非常巨大的注资义务,只不过时间可以延迟。但如果在公司的经营过程中,公司发生无法支付债权人款项情形的,而此时的公司注册资本的缴纳时间已经届满,如果股东未缴纳出资,公司债权人可以要求股东在公司注册资本范围内承担连带责任。

依据《最高人民法院关于适用〈中华人民共和国公司法〉若干问题的规定(二)》,公司解散时,股东尚未缴纳的出资,均应作为清算财产。股东尚未缴纳的出资,包括到期应缴未缴的出资,以及依照公司法第二十六条和第八十条的规定分期缴纳尚未届满缴纳期限的出资。公司财产不足以清偿债务时,债权人主张未缴出资股东,以及公司设立时的其他股东或者发起人在未缴出资范围内对公司债务承担连带清偿责任的,人民法院予以支持。从这个角度上,数额巨大的注册资本实际给债权人提供了更高的保护,而不是股东无须承担责任。

还有人认为,既然公司注册资本采取认缴制,股东可以召开股东会随时通过减资的方式减少注册资本来减轻注册资本带来的巨大压力。然而,减少注册资本有着严格的法定条件,对于公司之外的债权人而言,在减少注册资本之前发生的债务,公司的债权人可以要求公司进行清偿或者提供相应的担保,如果公司在此时无法清偿,则公司和公司股东承担的责任和前面所述是完全一致的。

故将注册资本认缴制下的注册资本的金额视为意义不大,仅仅是一个数字,是十分错误和危险的。注册资本超出股东承受的范围,或者超出股东实际愿意承担的范围,实质上是加重了公司股东的责任,将原本公司股东可以承担的有限责任扩大,同时将公司原本可以承受的有限责任变成了由股东承担的连带责任,这显然和这些股东原先的认知背道而驰,但这才是符合国家实行认缴制的注册资本制的立法目的。

其次,认缴制下注册资本的认缴期限并非可以随意设定从而使得认缴制的认缴时间毫无意义。认缴制下的注册资本的时间交由股东来设定,只是时间发生了延迟,而注资的义务和性质没有任何变化。虽然理论上股东可以将认缴的时间设定得无限靠后,以试图来避免出资的义务,但是时间靠后并不改变股东对公司承担的责任的大小,在公司财产无法偿还第三人债务时,认缴时间的延长并不影响认缴的股东的上述责任。

拍卖企业的股东和其他公司的股东对公司承担的责任并无二致,故拍卖企业在设立时,对于认缴的注册资本不应超过股东可以承受的范围。无论实缴制还是认缴制,只有在公司注册资本及时到位,股东对公司的认缴注册资本的责任已经履行完毕的情况下,股东对公司承担的有限责任才会以已经缴纳的注册资本为限,盲目扩大注册资本和延后缴纳时间,不会减少股东责任。我们建议拍卖企业股东应当严格按照《公司法》的规定履行相应的注册资本缴纳义务,切不能因注册资本实施认缴制而忽略应承担的上述责任。

4. 注册资本的出资形式

根据《公司法》的规定,注册资本可以用货币出资,也可以用实物、知识产权、土地使用权等可以用货币估价并可依法转让的非货币资产出资。但是对于非货币出资,应当作出评估,核实财产,不得高估或者低估作价。根据《公司法》的规定,有限责任公司成立后,发现作为设立公司出资的非货币财产的实际价额显著低于公司章程所定价额的,应当由交付该出资的股东补足其差额;公司设立时的其他股东承担连带责任。

对于以非货币资产认缴注册资本的股东而言,其对公司承担两个义务,第一个义务是必须是让渡非货币资产的所有权。该股东应当将非货币资产转移至公司名下,如果属于动产应当交付给公司,并且可由公司自由处分和支配,如果属于不动产和其他应当进行登记的动产,该股东应当至公司登记机关履行所有权人登记的变更手续。只有将非货币资产的所有权转让给公司,才符合出资这一行为的核心要求,即作为注册资本的非货币财产必须归属公司所有。

非货币资产认缴出资的股东的第二个义务是要确保认缴的非货币资产的价值和承担的注册资本的金额一致,特别是不得低于应承担的注册资本价额。如果非货币资产出资低于该价额,则该股东对公司的出资义务没有到位,以非货币形式出资不能成为股东出资不到位的工具。为防止这一情况并保证公司注册资本充足,《公司法》规定了该股东的补足责任,如果未能补足的话,公司的所有股东应当承担连带补足的责任。

现行《拍卖法》对于公司注册资本的出资形式并未作出限定,《拍卖法》最早颁布时的

《公司法》对公司注册资本中非货币出资有着比例的限制（不超过注册资本的百分之二十），而其后《拍卖法》对于注册资本行使也从未作出任何规定和调整。随着《公司法》的修正，《公司法》允许公司的注册资本的形式多样，只要符合《公司法》出资的有关规定即可。故现行企业需取得拍卖许可，若企业设立时以非货币方式出资，只要注册资本的总额超过100万元，且出资的非货币资产的估价是合适的，并且转移至拍卖企业名下，并未违反《拍卖法》的规定，并无不可。

（二）获得拍卖许可的企业的名称

拍卖企业是需要商务部门进行特别许可从事拍卖活动的企业，故其名称中包括的"拍卖"字样必须得到商务部门的许可之后才能使用。按照现行的《企业名称登记管理规定》，企业名称中不得含有可能对公众造成欺骗或者误解的内容和文字；故只有企业经营范围包括拍卖，并且得到商务部门许可之后的企业才能使用拍卖字样。

至于拍卖企业的字号，也应当符合工商行政管理部门关于企业名称的规定，通过预核准形式初步确定名称，并按照后续的规定，正常办理企业注册登记手续。

（三）获得拍卖许可的住所地条件

按照现行公司设立及登记的规定，公司可以设立于市、县、区、镇，并在县、地级市、省及国家的工商登记机构登记注册，只不过登记机构对于能否在本级注册登记有着一些要求。故就一般的公司而言，对于公司的住所地并无设立地点的限制。

但是拍卖企业的设立则有着地点的限制，按照《拍卖法》的规定，拍卖企业可在设区的市设立，即实质上排除了在非设区的行政区域设立拍卖公司的可能性。简言之，在县级市或县无法设立拍卖公司。因为我国目前采取普遍的由地级市代管县及县级市的行政体制，而地级市普遍都为设区的市，故有人认为被代管的市或县仍然是属于设区的市的行政范围之内。这种观念是错误的，我国宪法对于我国行政区划的规定是明确的，即省、县、乡三级。被地级市代管的县或县级市显然并不是设区的市。故被代管的县及县级市不是《拍卖法》允许设立拍卖企业的地点。按照目前拍卖企业行政许可的办法，即在非设区的市及以下行政区划内设立的企业无法取得拍卖许可。

（四）获得拍卖许可的人员条件

《拍卖法》对于企业获得拍卖许可的人员条件规定为有与从事拍卖业务相适应的拍卖师和其他工作人员。而在《拍卖管理办法》当中对于企业获得拍卖许可的人员条件则明确为至少有一名拍卖师。拍卖师按照与拍卖师有关的管理规定，应当在拍卖企业注册，为拍卖企业的人员。对于其他工作人员在《拍卖管理办法》当中并未作要求。但是在特殊的拍卖许可，比如获得文物拍卖许可时，按照规定需要有文物知识的人员的条件，我们后面会涉及。

（五）获得拍卖许可需要有拍卖规则

拍卖规则是拍卖企业制定的从事拍卖活动时规则。拍卖企业欲获得拍卖许可，具有拍卖规则是法定条件，对于拍卖规则的具体有关内容和事项，我们会在后面拍卖规则部分详述。

二、内资企业申请拍卖许可提交的文件

我国现行拍卖行业的主管部门是商务管理部门。但《拍卖法》最开始颁布时，对拍卖企业实行特种行业管理,必须取得公安部门的特种行业许可;其后在2004年做了修正,取消了公安管理部门对于拍卖行业的特种行业管理权限。故企业获得拍卖许可只需要得到商务部门的许可即可。

按照《拍卖管理办法》规定,企业申请取得从事拍卖业务的许可,应当拍卖行业的主管商务部门提供如下资料:(一)申请书;(二)公司章程、拍卖业务规则;(三)企业法人营业执照副本(复印件);(四)法定代表人简历和有效身份证明;(五)拟聘任的拍卖师执业资格证书;(六)固定办公场所产权证明或租用合同。

三、外商投资拍卖企业申请拍卖许可

按照商务部颁布的《拍卖管理办法》的规定,外商投资企业申请取得从事拍卖业务的许可除应符合企业申请取得拍卖业务许可的条件外,外还应当符合下列条件:(一)符合外商投资企业注册资本和投资总额的有关规定;(二)外商投资拍卖企业的经营期限一般不超过三十年,在中西部设立外商投资拍卖企业的经营期限一般不超过四十年。

(一)外商投资拍卖企业申请拍卖许可所需提交的文件

按照《拍卖管理办法》规定,外商投资企业申请拍卖业务许可除应按照普通申请拍卖公司许可的要求提供相应文件外,还应提交下列材料:(一)合同、章程(外资拍卖企业只报送章程)及其附件等;(二)投资各方的银行资信证明、登记注册证明(复印件);(三)投资各方经会计师事务所审计的最近一年的审计报告;(四)中国投资者拟投入到中外合资、合作拍卖企业的国有资产的评估报告;(五)外商投资企业董事会成员名单及投资各方董事委派书。

(二)外商投资企业获得拍卖许可的办理程序

按照《拍卖管理办法》规定,外商投资企业及分公司申请取得从事拍卖业务的许可,按照下列程序办理:申请人应向所在地的省、自治区、直辖市商务部门报送第十九条规定的申请材料。商务部门应自收到全部申请材料之日起在规定时间内作出是否批准的决定,对于批准的,颁发外商投资企业批准证书,申请人凭外商投资企业批准证书向工商行政管理机关申请企业注册登记后,凭外商投资企业批准证书和营业执照向商务部门申请颁发拍卖经营批准证书,对于不批准的,应说明原因。对外商投资企业及分公司申请取得从事拍卖业务的许可可以采取听证方式。

四、获得拍卖许可后的拍卖企业连续六个月经营活动要求

按照商务部《拍卖管理办法》的规定,拍卖企业及分公司申请取得从事拍卖业务的许可后连续6个月无正当理由未举办拍卖会或没有营业纳税证明的,由商务主管部门收回拍卖经营批准证书。拍卖管理规定当中对拍卖企业的经营活动有着6个月的经营要求,对未正常开展经营活动的拍卖企业,因为其未能举办拍卖活动,也没有纳税行为,商务部门有权收回其拍卖许可。

上述6个月经营的规定也与《公司法》的规定一致,《公司法》规定公司成立后无正当理由超过六个月未开业的,或者开业后自行停业连续六个月以上的,可以由公司登记机关吊销营业执照。

实务中,一场成功的拍卖活动从拍卖标的的征集到公告到举办到最后交割会历时很久,故许多拍卖企业通过一年举办两次拍卖会的方式开展拍卖活动,这种方式不仅是为了拍卖企业经营的需要,也是符合《拍卖法》和拍卖管理规定的要求。

五、拍卖企业的变更

对于拍卖企业的变更主要涉及两方面的审批要求:其一是公司登记机构对符合公司登记变更所做的要求;其二是商务主管部门基于拍卖许可的变更所做的要求。按照《拍卖管理办法》的规定,拍卖企业向工商行政管理机关申请变更注册登记项目后,应当报省级商务主管部门核准,并由其换发拍卖经营批准证书。但是具体哪些项目的变更需要办理变更登记手续,《拍卖法》和《拍卖管理办法》并没有作出进一步的规定。

(一)工商行政管理部门对于公司变更登记的要求

拍卖企业作为公司法人,其发生变更的应当办理变更登记,变更登记的事项首先应当符合公司登记机构的要求,按照公司登记管理条例的规定,公司变更登记事项,应当向原公司登记机关申请变更登记。未经变更登记,公司不得擅自改变登记事项。

公司申请变更登记,应当向公司登记机关提交下列文件:(一)公司法定代表人签署的变更登记申请书;(二)依照《公司法》作出的变更决议或者决定;(三)国家工商行政管理总局规定要求提交的其他文件。公司变更登记事项涉及修改公司章程的,应当提交由公司法定代表人签署的修改后的公司章程或者公司章程修正案。变更登记事项依照法律、行政法规或者国务院决定规定在登记前须经批准的,还应当向公司登记机关提交有关批准文件。

根据《公司登记条例》的规定,公司以下事项的变更的,应当按照要求办理相应的变更登记手续:

公司变更名称的,应当自变更决议或者决定作出之日起30日内申请变更登记。

公司变更住所的,应当在迁入新住所前申请变更登记,并提交新住所使用证明。公司变更住所跨公司登记机关辖区的,应当在迁入新住所前向迁入地公司登记机关申请变更登记;迁入地公司登记机关受理的,由原公司登记机关将公司登记档案移送迁入地公司登记机关。

公司变更法定代表人的,应当自变更决议或者决定作出之日起30日内申请变更登记。

公司增加注册资本的,应当自变更决议或者决定作出之日起30日内申请变更登记。公司减少注册资本的,应当自公告之日起45日后申请变更登记,并应当提交公司在报纸上登载公司减少注册资本公告的有关证明和公司债务清偿或者债务担保情况的说明。

公司变更经营范围的,应当自变更决议或者决定作出之日起30日内申请变更登记;变更经营范围涉及法律、行政法规或者国务院决定规定在登记前须经批准的项目的,应当自国家有关部门批准之日起30日内申请变更登记。公司的经营范围中属于法律、行政法规或者国务院决定规定须经批准的项目被吊销、撤销许可证或者其他批准文件,或者许可证、其他批准文件有效期届满的,应当自吊销、撤销许可证、其他批准文件或者许可证、其他批准文件有效期届满之日起30日内申请变更登记或者依照本条例第六章的规定办理注销登记。

公司变更类型的,应当按照拟变更的公司类型的设立条件,在规定的期限内向公司登记机关申请变更登记,并提交有关文件。

有限责任公司变更股东的,应当自变更之日起 30 日内申请变更登记,并应当提交新股东的主体资格证明或者自然人身份证明。有限责任公司的自然人股东死亡后,其合法继承人继承股东资格的,公司应当依照前款规定申请变更登记。有限责任公司的股东或者股份有限公司的发起人改变姓名或者名称的,应当自改变姓名或者名称之日起 30 日内申请变更登记。

公司登记事项变更涉及分公司登记事项变更的,应当自公司变更登记之日起 30 日内申请分公司变更登记。

公司章程修改未涉及登记事项的,公司应当将修改后的公司章程或者公司章程修正案送原公司登记机关备案。

公司董事、监事、经理发生变动的,应当向原公司登记机关备案。

因合并、分立而存续的公司,其登记事项发生变化的,应当申请变更登记;因合并、分立而解散的公司,应当申请注销登记;因合并、分立而新设立的公司,应当申请设立登记。公司合并、分立的,应当自公告之日起 45 日后申请登记,提交合并协议和合并、分立决议或者决定以及公司在报纸上登载公司合并、分立公告的有关证明和债务清偿或者债务担保情况的说明。法律、行政法规或者国务院决定规定公司合并、分立必须报经批准的,还应当提交有关批准文件。

变更登记事项涉及《企业法人营业执照》载明事项的,公司登记机关应当换发营业执照。

(二) 商务部门对于拍卖企业变更的要求

《拍卖管理办法》当中仅是原则性地规定向工商行政管理机关申请变更登记后,应当向省级商务主管部门核准,对于核准的具体事项并未明确做出更具体的明细规定,但是根据拍卖批准经营证书的登记事项以及拍卖许可的条件,实践当中主要应当包括以下几个方面的变更。

1. 名称的变更

公司的名称变更按照公司登记机关的要求必须变更,且需要重新办理营业执照。企业获得拍卖许可的必要条件应当有名称,且企业名称是拍卖企业的拍卖批准经营证书的首要记载内容,拍卖企业名称的变化直接涉及拍卖批准经营证书的变化。商务部门对于拍卖企业变更名称的需要重新颁发拍卖批准经营证书,故拍卖企业的名称变化需要至商务部门履行拍卖许可的变更手续。

2. 住所的变更

《公司法》规定,公司以其主要办事机构所在地为住所。公司住所的变化是公司登记管理条例当中必须办理变更登记的事项。拍卖企业作为公司其住所地是拍卖企业的登记注册地,一般情况下住所地和实际经营地是一致的。根据《拍卖法》的规定,拍卖企业的住所地应当符合《拍卖法》当中关于拍卖企业地点的规定(在设区的市设立拍卖企业),如果拍卖企业变更的住所地不符合《拍卖法》的规定,商务主管部门则不会允许因住所的变更而违反《拍卖法》的规定。故商务部门需要对住所地的变更进行核准,同样对住所地变更的应当重新颁发拍卖批准经营证书。

3. 法定代表人的变更

公司的法定代表人是可以代表公司行使公司权利的特定自然人,按照《公司法》的规定,公司法定代表人变更,应当办理变更登记。《公司登记条例》当中也对公司法定代表人变更做出了明确要求。公司法定代表人不仅在公司营业执照上进行记载,也会在拍卖经营批准证书上记载,故拍卖企业法定代表人的变化直接意味着拍卖经营批准证书的变化。拍卖企业的法定代表人变更属于商务部门拍卖许可变更的事项。

4. 注册资本的变更

公司注册资本的变更也属于公司重大事项的变化。商务部门颁发的拍卖批准经营证书中也有公司注册资本数额的记载。商务部门在企业取得拍卖许可时的条件当中对注册资本存在明确的要求,对于普通许可为一百万元注册资本,文物拍卖企业的注册资本要求为一千万元,拍卖企业注册资本的变化直接影响拍卖许可是否能够满足要求。拍卖企业注册资本的变化不能导致拍卖许可的条件丧失,故拍卖企业注册资本也需要到商务部门办理变更登记手续。

5. 经营范围的变更

公司经营范围的变更时公司登记需要办理变更的事项。公司经营范围的变更需要修改公司的章程,并且至工商行政管理机构办理变更登记手续,同时需要换发营业执照。同样拍卖企业的经营范围也是拍卖经营批准证书的记载事项,经营范围的变更也需要换发拍卖经营批准证书。对于特殊的拍卖标的,比如经营文物拍卖的,其经营范围的应当包括文物拍卖,而文物拍卖的许可有其特殊的条件。故商务主管部门对于拍卖企业变更经营范围的,要求拍卖经营企业办理相应的变更登记手续。

6. 股权的变更

在公司登记行为中,一般情况下有限责任公司的股权变更涉及公司章程的变更,同时股权结构的变化会涉及股东的变化以及股东对公司的出资的变化,公司登记机构要求股权变更履行必要的登记手续才能对抗第三人。拍卖企业的股权情况虽然在拍卖经营批准证书中没有记载,但是拍卖企业的股权仍然是商务部门需要审核的重要内容,股权变更可能涉及公司的注册资本发生变化。此外比如文物拍卖企业对于股权有禁止外资持股的特别要求,如果拍卖企业的股权变更违反法律规定的,甚至会导致拍卖许可的取消。故商务部门对于拍卖企业股权的变更也属于变更登记事项的范围,拍卖企业必须按照商务部门的要求办理股权变更的手续。

第三节　文物拍卖许可法律实务

一、拍卖企业获得文物拍卖许可证的条件

拍卖企业欲取得文物拍卖的经营范围,必须预先获得文物拍卖许可证,该许可证的许可行政机关属于文物管理部门,按照现行《文物保护法》的规定,依法设立的拍卖企业经营

文物拍卖的,应当取得省、自治区、直辖市人民政府文物行政部门颁发的文物拍卖许可证。按照国家文物局《文物拍卖管理办法》规定,拍卖企业申请文物拍卖许可证,应当符合下列条件:(一)有1 000万元人民币以上注册资本,非中外合资、中外合作、外商独资企业;(二)有5名以上文物拍卖专业人员;(三)有必要的场所、设施和技术条件;(四)近两年内无违法违规经营文物行为;(五)法律、法规规定的其他条件。

(一)获得文物拍卖许可证的资本条件

根据《拍卖法》的规定,拍卖企业经营文物的最低注册资本金为1 000万元,该数额已经远远超过了普通拍卖企业注册资本仅为100万元的规定,可以视为对文物拍卖企业准入条件的提高。关于注册资本的金额问题,我们在前面部分已经述及,注册资本在目前《公司法》规定的认缴制的情况下,可以由股东确定金额和时间,故拍卖企业文物拍卖许可对于1 000万注册资本的要求也应是认缴制下的注册资本要求,但股东的缴纳义务本质上并无影响。

(二)获得文物拍卖许可证的无外国投资条件

按照我国《文物保护法》规定,我国禁止设立中外合资、中外合作和外商独资的文物商店或者经营文物拍卖的拍卖企业。故外商投资拍卖企业无法获得文物拍卖许可,这是我国文物拍卖许可的禁止性规定。

(三)获得文物拍卖许可证的人员条件

《拍卖法》同时规定,经营文物拍卖的应当具有文物拍卖知识的人员。提高文物拍卖市场准入条件是符合文物的复杂性以及与国家利益密切相关原则,可以防止文物通过拍卖企业出现流失等情形。国家文物局对于拍卖文物许可的人员要求是要有5名以上的文物拍卖专业人员。在后续拍卖活动中涉及的文物拍卖的相关问题,我们在后面再行叙述,此处不做讨论。

二、申请文物拍卖许可手续的办理

(一)申请文物拍卖许可需要提交的文件

按照《文物拍卖管理办法》的有关具体规定,拍卖企业申请文物拍卖许可证时,应当提交下列材料:(一)文物拍卖许可证申请表;(二)企业注册资本的验资证明,历次股权结构变动情况记录;(三)《企业法人营业执照》正本及副本复印件;《拍卖经营批准证书》正本及副本(含变更记录页)复印件;(四)文物拍卖专业人员相关证明文件、聘用协议复印件;(五)场所、设施和技术条件证明材料。

(二)文物拍卖许可的批准程序

按照《文物拍卖管理办法》规定,省、自治区、直辖市人民政府文物行政部门应当于受理文物拍卖许可证申领事项后30个工作日内作出批准或者不批准的决定。决定批准的,发给文物拍卖许可证;决定不批准的,应当书面通知当事人并说明理由。

三、文物拍卖许可证的管理

(一)文物拍卖许可证的使用

拍卖企业符合获得文物拍卖许可证的条件后,文物行政部门向拍卖企业颁发文物拍卖许可证。按照《文物拍卖管理办法》规定,文物拍卖许可证不得涂改、出租、出借或转让。

(二) 文物拍卖许可的年审

按照国家文物局的规定,文物拍卖许可实行年审制度。年审每两年进行一次。年审结果作为是否许可文物拍卖企业继续从事文物拍卖活动的依据。按照年审制度规定,文物拍卖企业必须于审核年度的 6 月 30 日前向所在地省级文物行政部门报送年审材料,如果文物拍卖企业无故未按期提交年审材料,其面临的行政处罚后果为,由国务院文物行政部门撤销其文物拍卖资质。

文物拍卖企业年审时向文物主管部门报送的材料包括:(一)《文物拍卖企业资质年审申报表》;(二)上两年度文物拍卖经营情况报告;(三)《文物拍卖许可证》;(四)上一年度工商行政管理部门年检合格的《企业法人营业执照》及商务行政管理部门年检合格的《拍卖经营许可证》;(五)上两年度文物拍卖图录及拍卖记录;(六)上两年度省级文物行政部门审核历次文物拍卖活动的核准文件;(七)企业聘用的文物拍卖专业人员的资格证书及双方签订的劳动合同,或聘用的文博高级职称人员的身份证、职称证、退休证及双方签订的聘用协议。聘用的文博高级职称人员不得超过 70 周岁。如企业新聘用符合条件的文博高级职称人员,还须提供人员所在地省级文物行政部门出具的该人员非国家、省、市级文物鉴定委员会委员,以及非文物拍卖标的审核、文物商店销售和文物进出境审核人员的证明文件。

(三) 文物拍卖资质的暂停

文物拍卖许可的资质管理部门可以对文物拍卖企业根据具体情况作出暂停文物拍卖资质的行政处罚。按照文物主管部门的规定,有下列情形之一的文物拍卖企业,由国务院文物行政部门责令其限期整改或暂停其文物拍卖资质:(一)一个自然年度内未独立举办一场文物拍卖会的;(二)因故未按要求报送年审材料的;(三)擅自拍卖国家禁止经营文物的;(四)从事文物购销经营活动的;(五)文物拍卖活动未经省级文物行政部门事前核准的;(六)未对文物拍卖活动进行规范记录并向国务院文物行政部门办理备案手续的;(七)文物拍卖专业人员或文博高级职称人员聘用不符合相关要求的;(八)超出《文物拍卖许可证》核定的经营范围征集文物拍卖标的的;(九)超出《文物拍卖许可证》核定的经营范围从事文物拍卖活动的;(十)涂改、出租、出借或转让《文物拍卖许可证》的;(十一)其他违规行为,尚未达到撤销文物拍卖资质处罚程度的。

被暂停文物拍卖资质的拍卖企业,可在暂停期终止后,申请恢复文物拍卖资质。

(四) 文物拍卖许可的撤销

从事文物拍卖的拍卖企业违反有关法律规定,可能会受到撤销文物拍卖资质的行政处罚,按照规定,有下列情形之一的文物拍卖企业,由国务院文物行政部门撤销其文物拍卖资质:(一)擅自拍卖国家禁止经营的文物,产生严重不良社会影响或构成犯罪的;(二)有违法违规行为,拒不接受调查处理,或不按期整改,情节严重的;(三)企业股权变更后,成为外资企业、中外合资企业、中外合作企业的;(四)提交虚假材料或者采取其他欺诈手段隐瞒重要事实取得《文物拍卖许可证》的;(五)《企业法人营业执照》被工商行政管理部门吊销或《拍卖经营许可证》被商务行政管理机关吊销的。

被撤销文物拍卖资质的拍卖企业,由国务院文物行政部门收回《文物拍卖许可证》,企业须依法到工商行政管理部门办理变更登记或者注销登记,且三年内不得申请文物拍卖资质。

四、未取得文物拍卖许可拍卖文物的法律责任

按照《文物保护法》的规定,未经许可经营文物拍卖的拍卖企业,尚不构成犯罪的,由工商行政管理部门依法予以制止,没收违法所得、非法经营的文物,违法经营额五万元以上的,并处违法经营额二倍以上五倍以下的罚款;违法经营额不足五万元的,并处二万元以上十万元以下的罚款。

第四节　拍卖企业设立所产生的法律责任

一、拍卖企业设立可能产生的法律责任

按照前面所述,拍卖企业的设立形式为符合中国《公司法》规定的公司。拍卖企业设立首先要符合公司设立的条件然后取得拍卖的许可,但是公司设立仍然存在两种情形,一种是正常设立后,公司成立并运行,一种是公司虽然进入设立程序,但是最终并未取得公司登记机构的营业许可,或者股东希望设立拍卖企业,但是未能取得拍卖许可,公司设立终止,这时公司设立活动中仍然会产生一系列的责任,无论对于公司发起人(股东)、公司、第三人都可能产生相应的责任和义务,这部分就主要讨论这方面的问题。

二、拍卖企业设立成功所产生的责任

如果拍卖公司设立成功,即拍卖公司取得了工商行政管理部门颁发的营业执照,并且获得了拍卖主管的商务部门颁发的拍卖许可,拍卖企业的设立股东在设立前应当对设立公司的义务进行约定,在股东之间如果有约定则按照约定来处理股东之间的责任。

(一) 发起人对拍卖企业承担的责任

拍卖企业设立成功之后,拍卖企业股东应当按照公司章程和《公司法》的规定,对公司承担应有的责任。最重要的是拍卖企业股东对公司承担的缴纳注册资本的责任,我们在前面已经叙述过,公司股东须按照公司章程规定的期限和价额向公司缴纳注册资本。

如果拍卖企业股东未能按照约定缴纳注册资本的,公司可以起诉股东要求股东履行缴纳注册资本的义务。值得注意的是,对于公司而言,所有股东之间的缴纳注册资本的义务属于连带责任,即公司可以起诉应当缴纳注册资本而未缴纳的股东,同时要求其他股东承担连带责任。其他股东如果替该未缴纳注册资本的股东缴清注册资本后,可以向未缴纳的股东追偿。

同时,对于未能缴纳注册资本的股东,其他股东和公司可以限制其享有利润分配权、新股认购权等权利,同时在公司对未缴纳注册资本股东履行了必要的催告程序后,仍未能按期缴纳注册资本的股东,可能会被公司取消股东资格。

（二）发起人以自己名义对外签订合同的责任

1. 发起人以自己名义对外签署合同，第三人要求发起人承担责任的

因拍卖企业尚未成立，故拍卖企业也不具有公章，会出现由发起人对外直接签署合同的情形。按照合同相对性原则，因公司并未在合同上加盖印章，拍卖企业并非合同的当事人，而签署人也仅是是公司的发起人，按照现行法律规定，如果第三人要求发起人承担责任的，应当由发起人承担责任。

在此类合同当中较为常见的有发起人对外进行采购等行为。第三人如果选择由签订合同的发起人承担责任，则由该发起人承担，至于发起人之间或者发起人与公司之间的责任分配承担，应当按照发起人之间的规定来确定。

一般情况下，出现上述纠纷的原因系发起人超越了发起人内部的授权擅自对外签署了有关合同，在此情况下，设立成功的公司对该种越权行为或者损害其他人利益的行为当然不予认可，合同签订的结果应当由行为人自承担。

2. 发起人以自己名义对外签订合同，但是公司进行追认或者履行的责任承担

发起人为了公司的利益在公司未能完成设立之前签订合同非常常见，故虽然合同系由发起人以自己的名义签订，发起人应为公司的隐名代理人，如果公司对发起人的行为进行追认，这种追认视为对发起人的代理行为的确认，故法律后果由追认的公司承担顺理成章。

在这一种情形下，设立成功后的公司对于发起人的行为予以确认，表明发起人的行为并未违反公司的授权，故设立成功后的公司愿意承担发起人对外签署合同的责任，第三人主张公司承担责任，当然法律予以认可。

另外一种情形是，公司虽然不予追认，但是发起人签订合同的结果实际上由设立成功后的公司进行享有，并且公司以自己的行为履行了相关合同的，则第三人选择公司作为责任承担对象会得到法院的支持。这种情况可能会出现在设立后的公司试图推脱发起人的行为责任时会出现，有可能发起人确实并未得到准确授权，但是公司在享有合同成果的同时又试图不愿承担责任，这显然不会得到法律的支持。

（三）发起人以设立中的公司名义对外签订合同的责任承担

这种情形和前面的情形有一个本质的区别，在前述情形中，发起人对外签订合同时没有表明其他任何身份，而是以自己的名义订立合同。而在这一种情形下，发起人虽然仍然由自己签署，但是在签署的同时向第三人明确表明自己代表正在设立中的公司的身份，只不过此时正在设立的公司尚未成立，尚不具有法律上的人格，从形式上而言并无公章，也无法定代表人等可以授权发起人系代表设立中公司签订合同。

鉴于发起人对外宣称或者表示系代表设立中的公司对外签署合同，那么在公司正式设立成功后如何确定责任呢。

1. 发起人为了公司的利益对外签订合同的法律责任承担

设立中的公司虽尚未设立，但是许多行为仍需要进行，发起人之间也实际认可发起人可以对外订立合同，实际对外订立合同的发起人为了向相对人说明其签订合同的目的是为了公司的利益，故在订立合同时该发起人明确说明其为设立中的公司订立合同的。实际情况中，诸如购买物品或者场地租赁、装饰装修、委托代办事项等就会出现这样的情形。

设立中的公司的发起人以公司的名义为了公司的利益签署合同,该发起人可以视为是公司的委托代理人,而且发起人以明示的方式告知第三人委托人系公司。虽然公司尚未成立,但这些合同的订立完全符合公司的利益,如果第三人主张由设立后的公司承担责任,完全符合法律的规定,也符合所签署合同的本意。

2. 发起人为了自己的利益对外签订的合同的法律责任承担

尽管发起人在签署合同时表明其系代表公司签署合同,但是如果实际签署的合同的内容却是为了发起人自己的利益,比如发起人因采购不符合实际并不是公司设立所需要的物品等而签署了买卖合同。

在此情况下,其本质上也是发起人超越代理权或者在无代理权的情况下与第三人签署了合同,按照无权代理行为的法律后果的一般定义,应当由行为人自己承担。在上述情形下,应该由发起人自行承担与第三人所签订合同的法律后果。但作为第三人而言,在订立合同时可以根据订立合同的实际情况来判定发起人是否系为了公司的利益,如果明显不符合公司利益的订立合同行为,第三人要求公司承担责任当然得不到法律的支持。

但是,基于信赖原则,如果发起人以设立中的公司名义对外签署合同,第三人签署合同时对发起人实际无代理权并不知情,第三人对该合同实际上是为了发起人自己的利益也不了解,而且第三人对该合同并无恶意,可以认定实际上第三人有理由相信发起人签署合同得到了授权,在此情况下,我们认为,发起人的行为符合表见代理的特征,第三人作为善意的第三人要求公司承担发起人签订的合同的责任的,符合法律规定。正如上面我们提到的一样,公司在承担责任之后可以追究发起人的有关责任,但这并不影响公司应当对第三人承担责任,如果公司以发起人损害公司利益或者没有得到授权等为由拒绝承担相关责任,不会得到法律的支持。但是第三人是否具有善意,应当根据合同订立的情形以及所订合同标的的具体情况来进行分析。

根据以上分析,拍卖人为了防止以上风险的发生,在设立拍卖公司过程中,公司的发起人之间应当订立有效的对各方均有约束力的协议,该类协议应当明确各方在公司设立过程中应当承担的角色和负责的范围,并且明确各方授权处理事项的权限。同时应当约定违反上述约定给公司或者其他发起人产生损失的责任承担。

发起协议的订立可以明确各发起人也是公司设立后的股东在公司设立过程中的享有的权利,同时约定了发起人在公司设立过程中承担的责任。这对各方解决因授权不明或者超越权限对公司产生的责任提供了合约依据。

值得提醒的是,在实务操作过程中各发起方在公司设立之初一般对此并不在意,倾向于各方的信赖和口头约定,虽然公司的设立之初不应出现这样的矛盾和问题,但是如果有任何一方因为某些情形存在主观的恶意,或者某发起人因为某特殊情形的变化,在公司设立之初订立合同时违反了诚实信用的原则,使得本不应该由公司承担的责任最终由设立后的公司来承担,实际是损害了公司的利益。出现这类情形,实际上在公司设立之初就对公司的经营带来了不好的影响,客观上也损害了其他股东的利益,这并不是设立公司之前大家所期望发生的,故对此,公司的所有发起人均应当予以充分的注意。

(四) 公司设立过程中产生的对他人侵权之责

公司作为法律拟制的人，在公司设立成功后，如果因公司设立过程中的行为对第三人产生损害的，这种损害包括对他人的人身权或者财产权等法定权利的侵害，作为受害人要求侵权人承担责任是其权利，关键是承担侵权责任的主体，如果发起人系履行的公司设立的职责，则发起人的侵权行为是其职务行为，该责任应当由设立后的公司来进行承继。即第三人有权要求设立后的公司对第三人产生的责任承担全部责任。

故拍卖公司在设立过程中应当做到勤勉义务，特别是设立公司的发起人应充分注意不应对第三人产生损害，否则设立后的公司将可能承担赔偿的法律后果。

当然如果发起人对第三人产生的侵权行为，并非履行公司设立义务的职务行为，发起人作为实际侵权人，应当就自己的侵权行为承担责任，该侵权责任不应当由设立后的公司来承担。

三、设立不成功之责任

所谓公司设立不成功，系指公司虽然前期进行了各种准备，可能因为客观原因，比如说公司设立的条件不具备。也可能因为发起人的主观原因，如发起人之间就公司设立产生不同意见。但最终结果一样，即公司未能获得营业执照。这种情况虽然不是很多见，但是同样会产生法律后果。但是无论如何，因为公司设立未能成功，公司作为法人的主体资格未能存在，故公司作为责任的承担主体已不可能，关键在于发起人之间如何承担相应的责任。结合拍卖公司设立，会出现以下几种情形。

(一) 对第三人产生的合同债务

公司设立过程中可能会产生各种支出，这种支出可能是对第三人的负债。因为公司未能正常设立，没有公司可以承继这种负债，故第三人可以向部分具体承办该业务的发起人主张，第三人也可以要求全体发起人承担，就此类债务，发起人之间应当承担连带责任。比如，公司已经租赁了场地，但是因故公司未能设立，再行租赁场地已无必要，但在此情况下出租人可完全要求所有的发起人共同承担因租赁合同不能履行的违约行为产生的连带责任。

(二) 对第三人产生的侵权之债

行为人因为过错侵犯他人民事权益的，应当承担侵权责任。设立中的公司除了因合同产生的债务之外，正如我们在上面提到的一样，公司设立过程中同样会出现对第三人产生侵害的侵权责任，这种侵权责任的承担主体和以上合同之债的承担主体一致，因为公司未能设立，第三人可以要求所有发起人对侵权的责任承担连带责任。

(三) 设立不成功之发起人之间的内部责任

内部责任基础是某发起人或部分发起人已经对外承担了责任，比如公司设立的过程中对外产生的债务由签订合同的发起人承担责任之后，发起人自己在内部就相关责任进行分担的问题。

如果发起人就相关责任承担存在协议约定的，只要没有违反法律规定，法律一般不会就此进行干涉，他们之间的权利义务，应当首先适用发起人之间的约定。

如果各发起人之间没有就此进行约定，按照现行的相关司法解释精神，可按照出资的比例进行分担。按照出资比例进行分担符合各方设立公司的本意,也符合各方权利义务对等的原则,在公司设立成功后按照出资比例享有权利并承担义务,在公司设立不成功时就产生的债务按照出资比例符合公平原则。如果各方就出资比例也没有约定,按照平等原则处理,即由各方进行平均分担。

第五节　收购设立拍卖企业

一、公司收购

除发起人成立公司,再由公司取得拍卖许可从事拍卖经营活动之外,当事人可以采取收购已经取得拍卖许可的公司方式从事拍卖经营活动。鉴于拍卖企业按照《拍卖法》的规定,其性质为公司,故收购拍卖企业的行为属于公司收购的范畴。

公司收购行为一般情况下有两种情形,一种是在收购资产的行为,即收购人对被收购公司的有效资产进行购买,被收购对象将可以转让的资产转让给收购人,收购人不会承担被收购公司的债务。但是如果被收购的对象为拍卖企业的许可资质,因拍卖企业的许可属于不允许转让的公司资质,故纯粹收购拍卖公司资质的情形没有可行性。

公司收购的另外一种情形,则是收购股权,即收购人将被收购公司的股权以支付对价的方式予以收购。在拍卖企业的股权收购中,由原持有具有拍卖许可的拍卖企业的股东将股权转让给新的股东,新的股东以替换股东的方式,支付原股东股权转让款从而获得拍卖公司的股权。因为原先的拍卖企业已经存在,拍卖企业作为独立的法人,其本身并没有发生变化,只不过股东因为收购而发生变化,对于新进入的股东而言,某种程度上,属于新设立公司,为了和发起设立相比较,我们在本书中称之为收购设立拍卖企业。另外,为方便起见,我们不在此讨论收购拍卖公司部分股权的问题,假定为拟以收购方式设立拍卖企业的股东全部收购原拍卖企业股东的所有股权。

二、收购的价格

股权收购的价格,理论上由双方协商确定,只要收购方和出售方之间确认了股权的价格,法律不对其进行干预。但是就股权的价格而言,体现了公司的价值,也有人认为应当是公司净资产的价值。其理论上的价格可以通过评估来确定,但是公司的价值不仅体现现在的价值,还体现在新的投资者对于公司可能给自己带来的利益,故最终的收购价格并不等同于公司净资产价值。总体而言,收购方和转让方一般会综合考虑原拍卖公司的注册资本情况、业务情况、资质情况、资产情况、公司债务等确定。最终仍然由双方博弈确定,在估价问题上,本书不做详细讨论。

三、尽职调查

尽职调查是股权收购方发起对公司的收购后,由收购方对目标公司的资产债务等情况进行调查,以利于收购方做出正确选择,并更有利地设定交易条件和交易方式,以避免风险发生,同时促成交易的完成。尽职调查一般包括两种尽职调查:财务尽职调查,通常由会计师事务所完成;法律方面的尽职调查由律师事务所完成,我们这里所说的尽职调查指的是法律尽职调查。

尽职调查对资产的调查可以更加确定收购对象的价值,对负债的调查可以避免对公司价值产生负面影响的因素,对其他风险因素的调查也是为了避免公司在收购后仍然出现其他给公司带来风险的因素。

尽职调查对于不同类型的企业包括的方面并不完全一致,对于拍卖企业的收购尽职调查应当结合拍卖企业的特点来进行,一般而言应当主要包括以下内容。

(一) 注册资本

原股东的注册资本是否到位,按照修正前的《公司法》的规定,在公司设立时注册资本必须已经实际缴清,如果存在未实际缴清或者有抽逃等行为的,收购方将可能就抽逃或未缴清部分对外承担责任。

如果是按照现行《公司法》,设立的公司,采取认缴制,如果分期缴纳的,必须注意已经发生的认缴注册资本是否已经缴纳,如果是已经缴纳应当注意是否实际缴足或者有抽逃行为,必要时应当由原股东作出承诺。

按照《公司法》司法解释的规定,有限责任公司的股东未履行或者未全面履行出资义务即转让股权,受让人对此知道或者应当知道,公司请求该股东履行出资义务、受让人对此承担连带责任的,人民法院应予支持;公司债权人向该股东提起诉讼,同时请求前述受让人对此承担连带责任的,人民法院应予支持。

另外需要特别注意的是,公司注册资本在现行的认缴制下会出现分期缴纳的情况,对于已经缴足的部分,收购方也不会承担责任,但对于后续未缴清部分,收购方仍应按期缴纳。我们在公司原始设立部分,对于有些人认为注册资本在看来似乎只是一个数字,注册资本可以随便声明多少的观点已经做了阐述,这种观念实际上是错误的,现行《公司法》虽然对注册资本的数额和缴纳期限做了灵活的规定,即交给股东来进行约定。但是一旦约定并且登记,同样对外产生公示效力,缴纳时间的押后,并未免除股东的缴清注册资本的责任。在收购公司时同样不能仅看公司注册资本的大小,还要继续查明公司注册资本是否按期缴足,如果未按期交足,则收购方不但要支付股权转让的对价,还要对公司负有支付未缴清注册资本的义务,实际上对于新股东而言,其购买公司的成本可能要超过股权转让款。

(二) 股权是否存在代持或者隐名股东的情形

股权如果存在代持或者隐名股东情形的,则在股权收购后可能会发生隐名股东要求确认成为显名股东的可能,收购方已经将股权转让款支付给了转让方,再出现其他隐名股东要求确认股东身份问题,无论如何显然会对收购方带来困扰。故收购方在收购股权时应当就股权是否存在代持情形由律师进行必要的核实和确认,如果存在隐名股东问题,则应在股权交割前予以解决,以避免后续发生纠纷。

(三) 股权转让是否存在限制

1. 章程是否允许转让

按照我国《公司法》的规定,有限责任公司的股权如果没有特别规定,是可以在股东之间自由转让,向股东之外的人转让股权的,应当得到其他股东的同意,不同意的股东视为同意转让,同时股东具有收购其他股东股权的优先购买权。但是应当注意到,股权转让的上述规定只是公司章程没有对股权转让特别作出有关限制要求所适用的一般情况下的法律规定,如果公司在章程中就股权转让作出了特别的规定,比如不得转让,或者转让设定了其他条件的,应当遵守公司章程的约定。

故收购方对于有限责任公司股权的收购,应确认公司章程中对于公司股权的转让是否存在限制性规定,如果存在限制性规定,需要公司的股东通过修改章程的方式排除转让限制的障碍,然后再实施股权转让的具体手续。

对于股份有限公司,其股份转让的限制要比有限责任公司要少,按照《公司法》规定,股东持有的股份可以依法转让,股东转让其股份应当在依法设立的证券交易场所进行或者按照国务院规定的其他方式进行。记名股票,由股东以背书方式或者法律、行政法规规定的其他方式转让;转让后由公司将受让人的姓名或者名称及住所记载于股东名册。无记名股票的转让,由股东将该股票交付给受让人后即发生转让的效力。

对于股份有限公司的股份,其转让也应符合法律的规定,如果章程上有特殊规定,则应符合章程的规定。

2. 其他形式的限制

股权限制是股权转让存在实质性障碍,股权转让属于权利转让其最终实现并具有对外公示力,则必须到股权登记部分办理变更登记,如果股权变更登记存在限制,则可构成股权转让的实质障碍,这种实质障碍直接决定这股权受让方的权利是否能够实现。

股权限制一般有以下几种情况。

(1) 质押

股权属于财产性权利,股权的原持有股东,因为自己的债务或者他人的债务,可以使用自己的股权对外提供质押担保,按照公司登记制度以及担保法的规定,股权质押的应当在股权登记机构办理股权质押登记,一旦股权质押登记存在,公司登记机构会限制股权转让登记,故股权受让方将不可能在工商登记机关变更为新的股东。

而对于股权质押担保的债权人而言,除非债权得以实现,否则质权人作为债权人不会向工商登记机构申请注销股权质押登记,只要债权人不申请,客观上股权收购方变更登记实际上不可能实现。

故如果股权收购方发现股权存在质押的情况,应当首先由股权转让方在和质权人进行债务清偿或者协商后,由质权人和股权收购方办理股权质押的注销手续,以消除障碍。否则先行签订股权转让合同,甚至先行支付股权转让款,而股权转让无法进行变更登记,则使股权收购方的合同目的难以实现,甚至落空。

(2) 股权存在被查封的情形

股权被查封,系指权力机关根据有关规定,冻结股权出让方股权的情形,此种冻结如果存在,则股权收购方办理股权变更存在法定障碍。

股权被查封一般由行使司法权力的机关实施。公安机关可以查封冻结财产,这种冻结一般因嫌疑人可能存在犯罪行为,公安机关为了防止财产损失而采取的冻结措施。也可以由检察机关进行冻结,这种冻结有可能因为涉嫌犯罪等原因被检察机关查封。法院也可能查封冻结股权,这种冻结有的是因为在诉讼之中股权出让方因为某些纠纷被采取了诉讼保全措施,也可能是因为案件结束后,进入了执行程序,即执行阶段的保全措施。无论股权被查封的机关是谁,客观结果将直接导致股权变更登记无法进行。故股权被查封情况也是尽职调查必须要了解的内容,一旦出现这种情形,则应当及时采取有关措施,消除障碍,否则继续进行股权收购将意义有限。

(四) 资产

被收购对象的资产是否存在,直接决定着被收购对象的价格。故查明被收购对象的资产情况非常重要。在对拍卖公司进行尽职调查中,对拍卖公司的资产应着重根据不同资产的类型确定,查明拍卖公司是否具有这些资产,拥有的资产是否存在权利的瑕疵。不动产主要查清土地、房屋等是否存在,是否进行过登记,已登记的不动产是否进行了抵押,是否被司法机关查封等情形。动产方面应当查明动产是否合法占有,车辆是否登记,已登记的车辆是否存在纠纷或者其他足以影响资产价值的情形出现。至于拍卖公司拥有的其他物品物资等,应结合会计的盘点进行确认。

(五) 债权

如果被收购企业对外享有债权,如果债权能够实现,可能会给企业带来利益。在股权转让时的定价过程中是否享有债权也会成为股权价格的重要指标,能够实现的债权一般都会体现在股权转让的价格当中。故作为收购方而言,对于转让方披露的债权应当进行必要的核实和评估,包括债权的种类、债权是否确定、债权的对象的能力、债权实现的难度大小等内容,以评估债权是否确定。

需要注意的是,会计师事务所在对企业进行财务尽职调查时对于债权的评估和律师事务所的评估是两个不同的概念,会计师事务所是要看是否符合会计准则,是否能够计量,而律师事务所则侧重于债权是否确定存在且具有实现的可能。

(六) 债务情况

我们这里所说的债务,指的是被收购的拍卖公司已经确定存在的,应当支付给其他方的债务。债务的大小决定着对拍卖公司价格减损额的大小。一般情形下的债务体现的是拍卖公司对外采购过程中所未能及时支付的款项,这类采购可以体现为拍卖公司为了公司的正常运营而进行的对外采购应予支付的款项。

拍卖公司的债务还可能体现为拍卖公司在公司经营过程中发生的其他需要对外支付款项的活动而应当支付的款项,如果未能履行完毕,则拍卖公司仍应当支付相应的款项。当然发生负债的种类和原因还有很多,我们不在此一一列举,需要结合具体情况予以查证。

(七) 担保等潜在债务

我们这里所说的担保是指被收购的拍卖公司以担保人身份对外提供的担保,与前面所说的公司原股东以股权作为质押提供担保不是同一个主体。根据我国法律规定,担保的形式主要包括抵押、质押、保证、留置等情形。抵押一般需要进行登记,质押需要转移物品或者权利的占有权,留置同样系转移占有产生的担保。收购方除了要关注以上情形外,还要重点要关注保证的情形。需要关注是连带保证还是一般保证,主合同是否已经履行完毕等内容。

按照《担保法》的有关规定,保证可以通过担保人单方向债权人出具担保书的方式承担担保责任,也可以由担保人在主合同上加盖公章确认担保人身份的方式承担责任,故保证的成立条件非常简单,一个公章的加盖即可能承担担保责任,具有极大的不确定性。应当引起高度的重视,在所有已经对外提供担保,而担保的债权人尚未主张权利的情况下,都可能会给拍卖公司带来潜在的债务。

(八) 员工情况

员工是公司运营的重要组成部分,公司发生收购后,公司本身没有发生任何变化,原来的员工和公司之间的劳动关系不受任何影响。故拍卖公司作为收购对象时,收购方应当查实拍卖公司的员工情况。主要应当体现在以下一些方面。比如,员工的数量和具体情况,是否存在一些隐名的挂名的员工;员工和公司之间的劳动合同的类型是什么,是固定期限员工,还是无固定期限员工;员工和公司之间是否存在薪酬未能支付,公司员工的社会保险是否足额确定支付,公积金是否确定支付;员工和公司之间是否存在劳动纠纷或者潜在的劳动纠纷等;公司的劳动制度的运行情况如何;是否还存在一些非全日制的员工,用工的模式如何;公司的薪酬制度如何,执行的具体情况;是否存在员工需要解除与之劳动关系的情形,如果需要解除是否应当办理有关手续。以上情况不一而足,纷繁复杂,总而言之员工和公司之间的劳动事项必须得到妥善的清查,以便在公司接手后进行有效的管理,同时可避免公司在收购后产生纠纷。

(九) 业务合同

合同指的是被收购的拍卖公司已经签订的尚未履行的合同,以及虽已履行但可能会产生潜在纠纷的合同。合同的种类当然花样繁多,但这些合同的履行情况如何对收购后的公司必然带来影响。如果正常履行,则若是权利性合同,则拍卖公司应当得到相应的财产或者权利。如果是义务性合同,则拍卖公司需要对外支付相应的款项或交付标的。如果不能正常履行,公司可能取得的权利存在不确定性,公司也可能不能正常对外支付款项或交付标的,无论情形如何,结果是势必产生纠纷。作为收购方显然希望是现有被收购的公司的纠纷越少越好,故对合同的审核也尤为重要,在查证的情况下,可以提前对合同的情形进行必要的判断,并对收购进行的评估提供有效的参考。同样,合同因为其具有高度的自由性,我们在此也不能一一列举。

(十) 以往拍卖活动中未了业务

拍卖活动按照现行法律规定每六个月应当组织一次拍卖活动,故拍卖公司以两次拍卖活动居多。正常的拍卖活动,如果拍卖成交,则付款完毕后转移拍卖标的作为结束的标志;拍卖未能完成,则退回拍卖标的或者进行下一次拍卖。但是拍卖活动中会出现各类异常情况,诸如拍卖后买受方未能及时付款,或者委托人未能及时转移标的,或者拍卖标的存在各类问题等。这些情形,我们在本书的后续部分将重点阐述,在此主要考虑在并购拍卖公司股权时,收购方应当考察以往的拍卖活动是否存在未了的业务。如果存在未了的业务,则需要找到原因,并且判断对公司是否带来风险。如果对过往发生的业务情况不了解,则可能在收购后存在不确定的风险。

(十一) 行政处罚

我们这里的所说的处罚,指的是被收购的拍卖公司因为违法行为而遭受行政机关的行政处罚,处罚包括财产性处罚和非财产性处罚。我国几乎所有的行政机关都有行政处罚权,包括诸如工商、税务、安监、商务等各个方面,拍卖公司作为从事拍卖业务的主体当然不可避免地会和这些部门发生联系。故拍卖公司有无遭受行政处罚的行为也是尽职调查需要查明的内容。非财产性的行政处罚,轻者停业整顿,重者吊销执照等,这些情形如果不能查清势必会对被收购后的正常运行产生负面影响,严重的甚至可致无法持续经营。至于财产性的处罚,则是因为违法行为而须对外支付的金钱,显然财产性处罚如果未履行完毕将直接给拍卖公司带来损失。行政处罚的问题对于拍卖公司而言影响深远,轻则给拍卖公司带来负债,严重的将无法经营,更须注意的是,行政处罚可给拍卖公司带来声誉上的损失。在此不再赘述,有待在具体实施尽职调查时进行分类处理和识别。

(十二) 诉讼和仲裁

诉讼和仲裁系指被收购的拍卖公司已经和其他方产生了纠纷并进入了法律程序。程序上需要查证的内容要查明这些案件进行到了何等阶段,如果已经裁决完毕,需要考量裁决的结果是否对公司产生影响,是否需要公司今后支付金钱,是否已经履行等。如果裁决尚未发生,要结合证据和审理的情况对后续的案件进展进行必要的判断,以便采取相应的应对措施。诉讼和仲裁总体而言属于已经暴露的风险因素。但仍然是尽职调查关注的重点。

总而言之,因为每个拍卖公司的情形并不相同,公司的构成、业务范围、经营情况、公司所在地的环境、公司的经营风格、历史等均不一致,任何一个方面的变化或者不同都可能使得不同公司的潜在风险存在显著的差异。故完全做到整齐划一的调查并不可能,我们在这里只是简单做一介绍。实际上,不同的调查人对于尽职调查的具体实施的方法也不一致,但无论如何都需要针对不同的公司制订不同的尽职调查计划,并且采取必要的调查手段,当然最终的目的就是为了查清情况,降低风险。

四、股权转让协议

收购方收购拍卖企业股权,需要与转让方订立股权收购协议,以明确双方的权利义务。股权转让协议是股权收购中十分重要的文件之一,对双方至关重要,具体股权转让协议的条款和内容应当按照本次股权收购行为的具体特点和双方的交易安排进行订立,股权转让协议的条款众多。但作为拍卖企业收购时的股权转让协议,一般而言会有以下主要条款需要注意:

(一) 股权转让的交易价格

股权转让的价格由双方之间通过协商方式确定,一旦确定对双方均有约束力,股权转让价格是股权转让方可以获得的交易价格,是股权收购方需要支付给转让方的对价。

(二) 股权转让款支付的条件

股权转让款的支付条件对双方而言意义不同,股权转让方希望以最早的时间获得股权转让款,而股权收购方则希望尽可能地延长款项支付的时间,以便在股权收购后对于后续拍卖企业可能发生的债务负担能有一定的保障。股权转让款的支付条件的最终确定取决于双方谈判地位和影响力。

(三) 拍卖企业的债权债务承担

股权收购方希望收购后的拍卖企业能够继承原有拍卖企业的全部资产,包括债权,因为一般而言股权转让的价格已经充分考虑了拍卖企业现有资产的全部价值。而对于拍卖企业的债务,则股权收购方不愿意承担,并且希望在一定时点之前的全部债务仍然由股权转让方予以承担。故在股权转让协议当中,双方一般会明确被收购企业中已经存在的主要资产和债务的情况,并且约定分担的时间点,同时股权收购方还会要求股权转让方承诺后续新发现的在某时点之前的债务仍然由股权转让方承担。对于不确定的债务,股权收购方还会要求股权转让方继续做出必要的予以承担的承诺。

(四)行使股东权利的时间

股权转让双方需要确定股权收购方可以行使股东权利的时间,一般情况下都会约定在完成股权交割之时,当然对于股权的交割双方也会设定必要的条件以保护各自的利益。

(五)股权的变更登记

股权的变更登记由拍卖企业在股权转让完成后向公司登记机关办理相应的手续,股权的变更登记一旦完成,则产生对抗第三人的效力。对于具体的股权变更登记条款,双方会约定相互配合等此类的内容。

五、股权收购的内部批准

股权收购以符合中国《公司法》规定的有限责任公司为例,仍需要履行必要的内部批准程序。对于被收购的拍卖企业而言,按照《公司法》的规定如果公司章程对于股权转让有特别规定的,应当符合公司章程的规定。如果公司章程没有规定的,应当符合《公司法》的规定。《公司法》规定股权转让首先可以在股东之间自由转让,不受其他条件的限制。但是如果公司股东对外转让股权的,应当征得其他股东的同意。其他股东在收到股权转让通知后未答复的,则视为同意对外转让。如果不同意对外转让的股东应当对该股权予以收购,否则也视为同意转让。同时如果其他股东同意转让的,其他股东对拟转让的股权享有优先购买权。多个股东要求行使优先购买权的可以协商比例,如果协商不成的可以按照出资比例行使优先购买权。

故拍卖企业股权转让时,首先应当符合拍卖企业章程所制定的转让规则。如果没有特别规则的,股权收购方应当要求股权转让方在拍卖企业内部履行必要的批准手续。原则上如果拍卖企业股东会以股东会的形式作出同意股权对外转让的决议,可以视为已经履行了必要的内部审批手续。该股东会决议也是其他股东放弃优先购买权的证明。

未履行必要审批手续的股权转让协议,即便签订,享有优先购买权的股东仍然可以要求人民法院确认该协议属于无效的股权转让协议。故履行必要的内部批准程序也是股权转让协议能够发生法定效力的前提。

六、拍卖企业股权转让的外部审批

拍卖企业是获得拍卖许可的企业,拍卖企业的股权转让除了要符合《公司法》的规定之外,还需要注意拍卖企业的股权转让后仍应当符合《拍卖法》以及拍卖行业主管部门对于拍卖许可条件的规定。比如如果拍卖企业将股权转让给外方,而根据拍卖企业许可的有关规定,文物拍卖企业就禁止外资参股。如果拍卖企业具有文物拍卖的许可,将股权转让给外方,将会失去文物拍卖资质。

此外如果是涉及国有股权转让的,则应当完成必要的国有股权转让的审批手续。我国目前对于国有企业的股权转让,纳入国有资产监督的范围之内。需要按照国有资产转让的程序规范履行必要的审批、评估、挂牌转让等手续,违反国有资产监督管理规定的国有股权转让行为将要承担相应的责任。

另外,我们在拍卖企业的变更登记部分对此已经述及,拍卖企业的变更事项中的股权转让也属于需要办理相应登记的范围。拍卖企业应当注意在发生股权变更后需要履行必要的向商务主管部门进行登记的手续。

第六节 拍卖企业分公司法律实务

一、分公司之民事责任承担

分公司是公司的分支机构,按照法律规定,分公司不具备法人资格,故分公司不能独立承担民事责任,最终的民事责任由法人承担。民法总则规定,法人可以依法设立分支机构。分支机构以自己的名义从事的民事活动,其法律后果由法人承担;也可以先由该分支机构管理的财产承担,不足以承担的,由法人承担。公司法第十四条规定,公司可以设立分公司。设立分公司,应当向公司登记机关申请登记,领取营业执照。分公司不具有法人资格,其民事责任由公司承担。

故拍卖公司可以按照法律规定设立分公司,但是最终的民事责任仍应由公司承担。故对于拟设立分公司的拍卖公司而言,如何对分公司进行有效的管理,避免分公司产生的不良法律后果最终由公司来承担,应引起高度的重视。实践当中会出现总公司将分公司承包给某主体进行经营的情形,基于分公司责任承担的法律规定,应当在相应的合同当中对相关权利义务进行明确约定,同时应当进行有效可控的管理以避免产生不确定的损失。

二、设立拍卖企业分公司的工商部门要求

拍卖企业作为公司设立分公司应当符合《公司法》以及工商行政管理机构的要求。设立分公司,应当向公司登记机关申请登记,领取营业执照。按照《公司登记管理条例》的规定,分公司是指公司在其住所以外设立的从事经营活动的机构。分公司不具有企业法人资格。分公司的登记事项包括:名称、营业场所、负责人、经营范围。分公司的名称应当符合国家有关规定。分公司的经营范围不得超出公司的经营范围。

同时按照《公司登记管理条例》规定,公司设立分公司的,应当自决定作出之日起30日内向分公司所在地的公司登记机关申请登记;法律、行政法规或者国务院决定规定必须报经有关部门批准的,应当自批准之日起30日内向公司登记机关申请登记。设立分公司,应当向公司登记机关提交下列文件:(一)公司法定代表人签署的设立分公司的登记申请书;(二)公司章程以及加盖公司印章的《企业法人营业执照》复印件;(三)营业场所使用证明;(四)分公司负责人任职文件和身份证明;(五)国家工商行政管理总局规定要求提交的其他文件。法律、行政法规或者国务院决定规定设立分公司必须报经批准,或者

分公司经营范围中属于法律、行政法规或者国务院决定规定在登记前须经批准的项目的，还应当提交有关批准文件。

拍卖企业分公司从事拍卖业务需要拍卖行业主管部门的许可，故拍卖企业设立分公司之前应当获得商务部门的拍卖许可。

三、拍卖企业分公司取得拍卖许可的条件

拍卖公司作为特定的商主体，系专业从事拍卖业务的机构，其分公司取得拍卖许可需要符合有关法律规定的特殊要求。按照《拍卖管理办法》规定，拍卖企业分公司申请取得从事拍卖业务的许可应满足下列条件：（一）符合拍卖业发展规划；（二）有固定的办公场所；（三）经营拍卖业务三年以上，最近两年连续盈利，其上年拍卖成交额超过五千万元人民币；或者上年拍卖成交额超过二亿元人民币。

四、申请分公司须递交的材料

按照现行《拍卖管理办法》规定，拍卖企业分公司申请取得从事拍卖业务的许可，申请人需要提交下列材料：（一）申请报告；（二）企业法人营业执照副本（复印件）；（三）最近两年经会计师事务所审计的年度财务会计报表；（四）分公司负责人简历及有效身份证明；（五）拟聘任的拍卖师执业资格证书；（六）固定办公场所的产权证明或租用合同。

五、拍卖企业及分公司申请拍卖许可的审批程序要求

按照《拍卖管理办法》的规定，企业及分公司申请取得从事拍卖业务的许可，按照下列程序办理：

企业及分公司申请取得从事拍卖业务的许可，应当先经企业或分公司所在地市级商务主管部门审查后，报省级商务主管部门核准并颁发拍卖经营批准证书。省级商务主管部门对企业及分公司申请取得从事拍卖业务的许可可以采取听证方式。拍卖经营批准证书由省级商务主管部门统一印制。

第七节 拍卖企业对外承包

一、承包经营

企业承包经营是我国在深化国有企业改革时制定的一种经营制度，按照现行仍然有效的《全民所有制工业企业承包经营责任制暂行条例》的规定，承包经营责任制，是在坚持企业的社会主义全民所有制的基础上，按照所有权与经营权分离的原则，以承包经营合同形式，确定国家与企业的责权利关系，使企业做到自主经营、自负盈亏的经营管理制度。该条例的适用对象为全民所有制工业企业以及有关行业。在我国改革开放之初承包经营较为常见，其目的是为了促进企业所有权和经营权的分离。

按照中国《公司法》成立的公司，其组织机构有着特殊的法律规定。对于公司是否可

以对外承包经营,现在存在理论上的争议。但是我们认为承包只是让渡的经营权,对于公司主体的法律地位并没有发生任何变化,承包行为本质上属于公司的内部约定,故对于公司以承包形式对外经营的不应轻易否定其承包经营的效力。

对于拍卖企业而言,拍卖企业的许可是拍卖企业获得特殊资质,该资质不具有可转让的属性,但是拍卖企业的股东将拍卖企业交由特定的主体以承包的方式经营未违反《拍卖法》或者其他禁止的法律规定。

二、整体承包

整体承包通常因为拍卖公司股东无暇顾及拍卖业务,为了保证资质的完整,将拍卖公司整体交由他人进行承包的情形。

整体承包则意味着公司的资质和其他经营管理权交由第三方行使,在此情形下应注意无论发包人和承包人之间签订的合同如何,拍卖公司的经营权的变化并不影响拍卖公司应当单独地就以拍卖公司名义实施的拍卖活动等行为对外承担责任。这类责任不仅包括拍卖公司对外承担的民事责任,也包括拍卖公司对外承担的行政责任,等等。

故如何规范地经营,避免各类风险的发生应成为发包人关注的重点。尽管发包人和承包人之间的合同仅仅在双方之间产生约束力,但是为了防止承包人滥用承包经营权,发包人与承包人应当在签订的承包合同当中进行妥善的约定和安排,以规避风险发生的可能性,并且确保最终的风险由承包人承担。

三、分公司承包

分公司承包的风险实际和整体承包一致,其核心在于分公司不具备法人资格,其只是总公司的分支机构,不具备独立地承担民事责任的能力,分公司的责任均最终由总公司承担。故无论分公司以何种方式运营,最终后果均须总公司承担。拍卖公司为了自己的经营区域的扩大,成立分公司经营比较常见。一种情形系由公司内部人员进行承包经营,由公司内部人员在某区域内以承包分公司的方式运营,鉴于公司对内部人员有着管理的手段和能力,在这种情况下,总公司应当强化经营管理,致力于将分公司的经营置于总公司的有效监督管理之下,以避免分公司风险的发生。另外一种情形是分公司由公司之外的人在当地进行承包经营,这种风险需要由承包合同中的条款来进行提前约定,同时总公司在此情形下也不能放松对分公司的管理,否则分公司的承包经营会给总公司带来潜在的巨大风险。

无论如何,对于承包经营这类经营的情况,我们建议公司应当妥善地选择合作的对象,并通过制度和合约限制承包人无限度地行使经营权,并且通过合约将承包人应尽的义务予以明确以防止风险过度扩大。

第二章 拍卖师法律实务

第一节 拍卖师执业资格证书的取得、变更、注销

一、拍卖师

拍卖师是指经全国统一考试合格,取得中国拍卖行业协会颁发的《中华人民共和国拍卖师执业资格证书》,并经注册获得《拍卖师执业注册记录卡》的拍卖活动主持人员。

二、申请参加拍卖师资格考试的条件

拍卖师执业资格纳入中华人民共和国人力资源和社会保障部《国家职业资格目录》。拍卖师资格考试工作在中华人民共和国人力资源和社会保障部、中华人民共和国商务部的指导下,由中国拍卖行业协会组织实施。《拍卖法》当中规定的拍卖师应具备的条件为:(一) 具有高等院校专科以上学历和拍卖专业知识;(二) 在拍卖企业工作两年以上;(三) 品行良好。被开除公职或者吊销拍卖师资格证书未满五年的,或者因故意犯罪受过刑事处罚的,不得担任拍卖师。

按照 2018 年 1 月 1 日起施行的《拍卖师资格考试管理办法》第十条的规定,符合下列条件的人员,可以报名参加拍卖师资格考试:(一) 具有中华人民共和国国籍;(二) 具有完全民事行为能力;(三) 拥有国家承认的专科以上学历或者普通全日制高等院校在校三年以上的在校生;(四) 品行良好;(五) 考试委员会规定的其他条件。

有下列情形之一的,不得报名参加拍卖师资格考试:(一) 被吊销拍卖师执业资格证书,自处罚决定之日起至申请报名之日止不满 5 年者;(二) 以往年度参加拍卖师资格考试违规,受到停考处理期限未满者;(三) 因故意犯罪受过刑事处罚者。

三、拍卖师资格的取得与注册

经考核合格的,由中国拍卖行业协会发给拍卖师资格证书。参加拍卖师执业考试合格者取得拍卖师执业资格证书,考试合格取得拍卖师执业资格的人员,须在三个月内到中国拍卖行业协会申请办理注册登记手续。逾期不办者,当年考试成绩作废。拍卖师只能在一个拍卖企业注册执业且不得以其拍卖师个人身份在其他拍卖企业兼职。拍卖师不得将《中华人民共和国拍卖师执业资格证书》借予他人或其他单位使用。拍卖师执业资格注册有效期为一年。

四、拍卖师注册机构的变更

拍卖师可在全国范围内依法、合理、有序调动。不在注册有效期内的拍卖师不能变更注册单位。拍卖师在一个注册有效期内,变更注册单位不得超过一次。拍卖企业被注销或吊销拍卖经营批准证书、营业执照或企业破产的,拍卖师变更注册单位时,不受此时间限制。

拍卖师申请变更注册到拟申请拍卖经营批准证书的企业时,应当在提出申请前连续执业满三年以上。

拍卖师申请变更时,应分别向变更注册所涉及的省(自治区、直辖市)拍卖行业协会提交《拍卖师变更注册申请表》,并提交以下材料:1.《拍卖师执业注册记录卡》原件;2. 中国拍卖行业协会要求提供的其他材料。

省(自治区、直辖市)拍卖行业协会在 10 个工作日内进行初审,签署意见后将相关材料报送中国拍卖行业协会。

中国拍卖行业协会经复审,对符合变更注册规定的,办理变更手续;对不符合变更注册规定的,向省(自治区、直辖市)拍卖行业协会或拍卖师说明。

五、拍卖师执业资格证书的注销

拍卖师有下列情形之一的,中国拍卖行业协会注销《中华人民共和国拍卖师执业资格证书》:(一) 出国定居的;(二) 死亡或失踪的;(三) 完全丧失民事行为能力的;(四) 其他可注销执业资格证书的行为。

第二节 拍卖师行业管理机构

按照《拍卖法》规定,拍卖行业协会是依法成立的社会团体法人,是拍卖业的自律性组织。拍卖行业协会依照《拍卖法》并根据章程,对拍卖企业和拍卖师进行监督。依据商务部《拍卖管理办法》规定,拍卖行业协会依法并根据章程,对拍卖企业和拍卖师进行监督。拍卖行业协会应当制定拍卖行业规范,加强行业自律管理,协调会员企业与政府有关部门及会员企业之间的关系,为会员企业提供服务,维护会员企业的合法权益。中国拍卖行业协会在商务部的指导下,具体实施全国拍卖企业信用管理制度和组织拍卖师考试、考核和资格认定工作。

一、中国拍卖行业协会

按照中国拍卖行业协会章程的规定,中国拍卖行业协会是由拍卖行业的企事业单位、社会团体和有关人员自愿结成的全国性、行业性、非营利性的社会组织,具有社会团体法人资格。中国拍卖行业协会的会员种类有单位会员和个人会员。

中国拍卖行业协会的宗旨是:遵守宪法、法律、法规和国家政策,遵守社会道德风尚,以为政府部门和会员双向服务为宗旨,发挥桥梁、纽带、协调、服务的功能,维护拍卖行业的合法权益,增强拍卖行业的凝聚力和自我保护、自我发展的能力,促进全行业经济效益和社会效益的提高。

中国拍卖行业协会接受业务主管单位国务院国有资产监督管理委员会、社团登记管理机关中华人民共和国民政部的业务指导和监督管理。

中国拍卖行业协会的业务范围是:(一)协助政府部门贯彻执行国家的方针、政策和法令,开展拍卖行业的理论研究,提出有关行业发展规划的建议;(二)协助政府部门开展行业管理工作,制定行规、会约,开展行业自律。在拍卖行业开展标准化工作,受政府有关部门委托组织实施拍卖企业的资质认定,促进企业规范化管理和规范化经营;(三)根据授权组织和实施行业统计,调查、整理全行业的基础资料,研究本行业发展历史、现状及发展趋势,建立信息网络,分析市场形势,为协会开展工作和政府部门指导协会工作提供依据;(四)向政府部门反映会员的合理意见、要求和建议,协调解决行业发展和企业经营中出现的问题,保护会员合法权益不受损害;(五)按照《拍卖法》的要求,做好拍卖师资格的考试、授证、注册和年检等管理工作;(六)组织会员开展各类信息和业务交流,为会员提供信息和法律咨询服务,促进企业之间的协作;(七)组织编写拍卖专业教材、行业刊物等资料,举办讲座、研讨会、培训班,提高行业职工队伍素质;(八)积极开展国际交往,扩大与国外同行业的交流与合作,并接受委托组织对外考察和接待来访等外事活动;(九)接受政府部门和会员单位委托的其他工件。

二、各省拍卖行业协会

各省、自治区、直辖市均有各自的拍卖行业协会,各省、自治区、直辖市的拍卖行业协会均各自有各自的章程,章程的内容基本一致,但具体规定不尽相同。各协会和中国拍卖行业协会基本一致规定由个人会员和单位会员组成。以浙江省拍卖行业协会为例,按照浙江省拍卖行业协会网站[①]中章程的记载,浙江省拍卖行业协会是由全省拍卖企业及有关企事业单位、社会团体和相关个人自愿结成的全省性、非营利的行业组织,具有社会团体法人资格。

浙江省拍卖行业协会的业务范围包括:(一)协助政府部门贯彻实施《中华人民共和国拍卖法》、商务部令《拍卖管理办法》等国家和省的有关法律、法规、规章及党的方针、政策,开展行业调研,提出行业发展规划及政策、立法等方面的意见和建议;(二)协助政府部门开展行业管理,制订行规、会约,开展行业自律,推进行业标准化工作,组织实施拍卖企业资质认定,促进企业规范化的管理与经营;(三)掌握行业动态,向政府部门报告行业情况,反映会员的诉求,协调处理行业中出现的有关问题,维护会员的合法权益;(四)组织会员开展各类信息与业务的交流,为会员提供政策法律咨询服务,办好协会刊物、网站,建设网络拍卖平台,指导、协助会员企业改善经营管理;(五)加强与国内外同行的交流与合作,研究、推广国内外先进的拍卖理论、方法和经验,提高全省拍卖行业的理论和业务水平;(六)经省主管部门授权,参与企业年检工作,组织实施行业统计,分析市场形势,为协会开展工作和政府部门指导行业发展提供依据;(七)受中拍协的委托,对国家注册执业

---

① 参见 http://www.zjpmw.com/jsp/template20000/news/toPInfo? newsId=402881902d2d00ed012d303310f20003。

拍卖师及其执业行为进行监督管理,举办拍卖师继续教育、业务交流、主持技巧竞赛,组织拍卖企业高级经营管理人员及员工的培训,举办讲座、论坛、研讨等活动,提高行业整体素质;(八)接受政府和会员委托的其他有关工作。

三、中国拍卖行业协会与省拍卖行业协会以及拍卖师和拍卖企业之关系

中国拍卖行业协会是全国性的拍卖行业协会,按照《拍卖管理办法》规定,对拍卖师的考试、注册等履行管理职责。

拍卖师违反《拍卖管理办法》第二十三条、第二十四条规定或有向监管部门隐瞒情况、提供虚假材料等其他违规行为的,省级商务主管部门可将其违规事实及处理建议通告中国拍卖行业协会,中国拍卖行业协会应依照有关规定对违规拍卖师进行处理,并将处理结果在十个工作日内书面抄送拍卖师执业地省级商务主管部门和行业协会。

各省、自治区、直辖市拍卖行业协会都是中国拍卖行业协会的会员,各拍卖企业既可以是中国拍卖行业协会的会员,也可以是各省拍卖协会的会员,只要加入各协会时符合各协会时的章程即可。

第三节　拍卖师执业要求

一、拍卖师的道德要求

(一)拍卖师职业道德标准

现在仍然施行的,由原人事部、国内贸易部制定的《拍卖师执业资格制度暂行规定》对拍卖师提出的职业道德标准为:(一)坚持四项基本原则;(二)恪守公正、客观的原则,保持廉洁的工作作风。

(二)总体职业道德规范要求

拍卖师应当遵守法律,尊重社会公德,不得损害公共利益和他人合法权益。拍卖师在执业活动中,应当遵循公开、公平、公正、诚实信用的原则。拍卖师应当忠于职守,维护拍卖当事人的合法权益。拍卖师在执业活动中,应当接受有关行政主管部门、拍卖当事人和社会的监督。拍卖师应当接受拍卖行业协会、所在拍卖企业的管理和监督。

(三)基本的禁止性职业道德规范

拍卖师禁止采用捏造、散布虚假信息,恶意竞争等不正当手段,损害其他拍卖师、拍卖企业的信誉。拍卖师不得主持拍卖法律禁止买卖的物品或财产权利;不得主持超出拍卖企业经营范围的拍卖活动;不得为非拍卖企业主持经营性拍卖活动。拍卖师不得授权他人以本人名义执业。拍卖师不得接受拍卖当事人的请客送礼。

(四)拍卖师在拍卖活动中的必须遵守的道德规范

拍卖师在业务活动中,不得有下列弄虚作假的行为:(一)对拍卖标的作虚假宣传,误导当事人对拍卖结果产生不合理预期;(二)故意隐瞒拍卖标的的瑕疵;(三)无人应价或未达到底价时落槌成交;(四)对未经公开拍卖程序的标的,虚造拍卖手续确认成交;(五)

其他弄虚作假的行为。

拍卖师主持拍卖不得有下列行为:(一) 参与竞买或者委托他人代为竞买;(二) 拍卖自己的物品或者财产权利;(三) 配合、参与或主持以假乱真(标的物)的拍卖;(四) 为他人谋取不正当利益;(五) 法律、行业规则规定的其他禁止性行为。

拍卖师不得与竞买人之间有下列行为:(一) 私下约定成交价;(二) 违反保密义务,泄露拍卖标的保留价;(三) 其他恶意串通行为。

二、拍卖师专业技术标准

拍卖师专业技术标准为:(一) 具有一定的经济理论水平和丰富的拍卖专业理论知识;(二) 具有与拍卖相关的其他学科及商品知识,对拍卖标的具有相应的鉴定水平和评估能力;(三) 熟悉、掌握、运用《拍卖法》及其相关的各种法律和法规;(四) 具有一定的外语水平;(五) 具有丰富的实践经验,了解和掌握国内外拍卖动态。

三、拍卖师行为能力标准

拍卖师行为能力标准为:(一) 具有自控能力,善于掌握分寸;(二) 具有社交能力,善于协调人际关系;(三) 具有组织能力,善于对工作、语言、文字进行组织和表达;(四) 具有知识转化能力,善于将已具备的专业知识与实际工作相结合。

中国拍卖行业协会制定了《拍卖师职业道德规范》,此规范当中对于拍卖师的职业道德规范要求做出了明确规定,违反有关规定的,中国拍卖行业协会有权给予处分。

四、拍卖师的继续教育义务

中国拍卖行业协会制定有《拍卖师继续教育管理办法》,按照该办法的规定,拍卖师享有继续教育的权利,任何个人和机构不得以任何理由限制或剥夺拍卖师参加继续教育的权利。参加和接受继续教育也是拍卖师履行职责的义务,是拍卖师执业资格年检的内容之一。继续教育贯穿于拍卖师的整个执业生涯,拍卖师应当按照本规定的要求接受继续教育。违反继续教育制度,拍卖师可能会受到相应的行政处罚。

(一) 继续教育的内容

按照规定,拍卖师继续教育的内容包括专业科目和公需科目。专业科目主要立足于拍卖业发展的前沿,传授新的理论和方法,了解行业发展的动态和趋势,及时更新知识,全面提高素质;公需科目以拓展知识面、开阔眼界,启发创新思维为主要内容,侧重吸收行业外相关领域的新鲜知识。以上科目内容大体包括以下几个方面:1. 党的路线、方针,国家宏观经济政策;2. 与拍卖业相关的最新法律、法规和政策;3. 拍卖师职业道德和执业行为准则;4. 拍卖师综合能力,业务素质及主持技巧和操作规范;5. 国外、境外拍卖业发展的最新动态;6. 拍卖典型案例分析;7. 拍卖业相关领域的理论、知识和信息;8. 其他内容。

(二) 继续教育的形式

按照规定,继续教育采取多种形式开展,主要有:(一) 中拍协和地方拍协举办或者委托专业培训机构举办的各种类型培训班、专业论坛、研讨会、学术报告会等;(二) 中拍协和地方拍协通过网站远程教育直播系统举办的拍卖师培训;(三)完成与拍卖相关的专业著作(有署名的)、专业论文或专业课题研究,并公开出版或在全国性刊物(包括在中拍协刊物)上发表的,或在省级刊物(包括地方拍协刊物)上发表的;(四)出国(或在境外)考察、交流或接受培训;(五)参加拍卖相关的专业在职学位教育;(六)经认可的专业论坛、研讨会或座谈会;(七)经认可的拍卖师所在企业组织的培训;(八)经认可的其他方式。

第四节　拍卖师的处罚和责任

一、处罚

《拍卖法》授权拍卖行业协会依照《拍卖法》并根据章程,对拍卖师进行监督。拍卖师在主持拍卖活动以及在拍卖企业注册期间必须遵守中国拍卖行业协会的规定,否则将受到行政处罚,按照《拍卖师执业资格制度暂行规定》,拍卖师有下列情形之一的,由中国拍卖行业协会视其情节轻重,给予警告、罚款、暂停执业、吊销执业资格的处分:(一)在执业期间,因违反法律法规规定对国家、委托人或竞买人所造成的经济损失有直接责任者。(二)利用执行业务之便,索取、收受委托人不正当的酬金或其他财物,或者谋取不正当的利益。(三)允许他人以本人名义执行业务。(四)同时在两个或者两个以上的拍卖企业执行业务。(五)以竞买人的身份参与自己组织的拍卖活动,或者委托他人代为竞买。(六)拍卖师工作变动,未在规定期限到中国拍卖行业协会办理变更或注销手续。(七)拍卖师执业资格未按规定注册。(八)违反法律、法规的其他行为。

中国拍卖行业协会在其制定的《关于加强拍卖师监督管理的规定》中对于具体如何适用相关处罚规定,作出了具体的明细规定,主要包括以下内容:

(一)视情节给予警告、暂停执业资格或吊销资格证书的处分

拍卖师有下列情形之一的,中国拍卖行业协会视情节轻重给予警告、暂停执业资格或吊销《中华人民共和国拍卖师执业资格证书》的处分:(一)以涂改、伪造或其他不正当手段提供虚假的材料申请注册或变更注册单位的;(二)违反本规定第八条,使用超过注册有效期的《拍卖师执业注册记录卡》主持拍卖会的;(三)违反本规定第九条,拍卖师主持有文物、烟草及食品等限制性流通标的拍卖会,超出拍卖企业的经营范围的;(四)违反本规定第十一条,拍卖师未取得所注册执业企业的同意,为其他拍卖企业主持拍卖活动的;(五)违反本规定第十二条,将执业资格证书借予他人、其他拍卖企业,用于主持拍卖会的;(六)违反本规定第十三条,拍卖师以拍卖师身份为非拍卖企业主持经营性拍卖活动。

(二)吊销《中华人民共和国拍卖师执业资格证书》

拍卖师有下列情形之一的,拍卖行业协会吊销《中华人民共和国执业资格证书》:(一)违反本规定第七条,因违规执业给当事人造成严重损害的;(二)违反本规定第十条,拍卖师利用执业之便接受拍卖活动当事人不正当利益,向他人输送不正当利益的,与拍卖活动当事人恶意串通、操纵价格,损害其他当事人利益的;(三)其他违反法律、法规的行为。

（三）注销拍卖师执业资格证书

拍卖师有下列情形之一的,中国拍卖行业协会注销《中华人民共和国拍卖师执业资格证书》:(一) 出国定居的;(二) 死亡或失踪的;(三) 完全丧失民事行为能力的;(四) 其他可注销执业资格证书的行为。

对于注销拍卖师资格证书的规定,我们认为其中部分情形属于依职权作出决定的行为,并不属于行政处罚的范畴,但如果因为拍卖师违反规定而受到注销处分的,则属于行政处罚的范畴。

二、经济赔偿责任

值得注意的是,在《拍卖师执业资格制度暂行规定》里,明确在执业期间,由于拍卖师自身原因造成拍卖标的成交价低于底价的,损失金额应由拍卖师个人负责赔偿。

这种责任属于拍卖师因为自己的过失给拍卖企业造成损失应承担的赔偿责任的范畴,严格意义上讲也属于劳动法律关系调整的范围。

对于拍卖师而言,其应当严格遵守拍卖师的管理规定,并且严格按照拍卖师操作规程主持拍卖活动。拍卖师作为拍卖人的工作人员,其失误或者过错均可能使得拍卖人对外需要承担责任,而拍卖人承担责任之后可以向拍卖师进行追偿。

第五节　拍卖企业对拍卖师的使用

一、拍卖师挂靠的风险

（一）获取拍卖许可借用拍卖师

现实中可能存在这样一种情形:拍卖企业在申办拍卖许可时,实际并无注册登记的拍卖师,或者名义上有注册的拍卖师,而实际上该注册的拍卖师并非该企业的雇佣人员,仅具备拍卖师资格并不实际从事拍卖业务,拍卖企业为了自己的资质需要,由该拍卖师挂靠在企业,并不要求该拍卖师实际在企业处工作。

挂靠行为对拍卖人而言存在劳动法律关系风险。挂靠的拍卖师并不在拍卖企业工作,然而为了满足行政许可的需要,需要拍卖企业提供与该拍卖师存在劳动关系的合同,有的要求提供缴纳社保的证明等。申请企业为了满足这些行政许可的需要,虽然该挂靠的拍卖师并非拍卖企业员工,但拍卖企业仍然会出具相应手续。一旦出现劳动争议,该拍卖师可能会被认定为与拍卖企业之间存在劳动关系,拍卖企业就要承担用工单位对劳动者应当负担的劳动责任。

挂靠行为对于拍卖师而言,存在违反拍卖师管理规定的行政处罚风险。拍卖师出借其资质的可能视情节轻重给予暂停执业资格一年或吊销《中华人民共和国拍卖师执业资格证书》的处分。

（二）拍卖活动中雇佣其他拍卖师

拍卖企业如果没有专门的拍卖师,在获得拍卖许可时借用其他拍卖师,则当然会在举办具体拍卖活动时出现临时聘请其他拍卖师主持拍卖活动的情形。

但是拍卖企业聘请非在本拍卖企业执业的拍卖师举办拍卖活动时,应取得拍卖师所注册执业企业的同意,否则拍卖师可能会遭受视情节轻重给予暂停执业资格一年或吊销《中华人民共和国拍卖师执业资格证书》的处分。

对于遭受吊销拍卖师执业资格证书处分的拍卖师,按照拍卖师资格考试的有关规定,在五年内将无法参加拍卖师执业资格考试。

故对于拍卖企业而言,在相关规定实际并未禁止使用其他拍卖师的情况下,雇佣非本企业拍卖师进行拍卖活动,应当按照规定由双方企业在拍卖活动开始前确认同意。

二、拍卖师个人行为均视为拍卖人的行为

拍卖师的注册是需要拍卖企业出具工作证明的,拍卖师属于拍卖企业的员工,拍卖师主办拍卖活动时的行为都是职务行为,在本企业注册的拍卖师所实施的行为都可以被视为拍卖人的行为。

不仅如此,如果拍卖企业使用其他企业的拍卖师,而参加拍卖活动的竞买人、买受人对此并不知情,那么拍卖师的代理行为的后果均应由拍卖人承担,因为临时雇佣的拍卖师和企业之间是存在代理关系的。

所有《拍卖法》所不允许拍卖人实施的行为,拍卖师当然不能实施,如果拍卖师作为拍卖企业的工作人员实施了《拍卖法》所不允许的行为,从民法上看,其法律后果均应当由拍卖人承担。

不仅如此,从行政责任角度来看,拍卖师的行为违反了行政管理规定,且被视为是拍卖企业的行为的,拍卖企业可能会因拍卖师的行为遭到行政主管部门按照不同的法律规定所作的处罚。

第三章 拍卖规则

第一节 拍卖规则的制定

一、申请拍卖许可的必备条件

拍卖规则是拍卖人从事拍卖活动的行为准则,拍卖规则包含了拍卖人从事的拍卖活动的全部方面。全部当事人,无论是委托人、拍卖人、竞买人、买受人等在原则上均应当按照拍卖规则行使各自的权利,履行各自的义务。

根据《拍卖法》的规定,拍卖企业在申请拍卖许可时的必备条件之一就是需要有符合《拍卖法》和其他有关法律规定的拍卖业务规则。没有拍卖业务规则,不可能获得拍卖许可。实务中,商务部门明确将业务规则作为企业获得拍卖许可需要提供的必备材料之一。

二、拍卖规则的主要内容

不同的拍卖人制定的拍卖规则各具特色,但大体来说都有着对委托人、拍卖人、竞买人、买受人等的权利义务的规定。拍卖规则是拍卖人的行为准则,同时也是约束委托人、竞买人、买受人的重要规定,故拍卖人应当审慎地制定符合自己拍卖特色的拍卖规则,不应照抄或者照搬其他拍卖人的拍卖规则。拍卖规则当中的内容,如果违反法律规定的,将会被视为无效条款。对于拍卖规则是否实际可行,是否具有可操作性,是否和其他文件一致,拍卖人均应有足够的重视。

(一)对委托人的规定

一般而言,在拍卖人制定的拍卖规则中,应当列明可以成为委托人的条件,委托人办理委托拍卖手续时应当完成的事项,委托人在拍卖成交之后应当承担的转移拍卖标的的义务,委托人在拍卖未能成交时,应当及时领回拍卖标的的义务等。

(二)对竞买人的规定

在拍卖规则中对竞买人的规定主要会涉及竞买人办理竞买手续、保证金的收取与退还、号牌的使用、竞价的基本规则等内容。

(三)对买受人的规定

买受人是由竞买人转化而来,拍卖规则中一般会约定买受人支付拍卖成交款的义务,未及时支付拍卖成交款时所面临的责任及后果。拍卖规则一般还会约定买受人及时领取拍卖标的的有关义务。

（四）与拍卖人有关的内容

拍卖规则中对于和拍卖人自身有关的内容,一般会说明拍卖的举办程序,拍卖的竞价规则,拍卖人对拍卖标的的处分权利,拍卖人对于违反约定的当事人所享有的有关权利等内容。

（五）瑕疵声明

拍卖人一般都会在拍卖规则中声明不对拍卖标的的品质和真伪承担责任。拍卖人制定的拍卖规则中的此项声明符合《拍卖法》的规定,我们在后续瑕疵担保责任里面会涉及其具体效力等内容。

（六）其他内容

每个拍卖人制定的拍卖规则的内容不一,但总体而言拍卖规则的其他内容应当能够反映拍卖人在拍卖时的基本要求。

（七）关于仲裁条款

有的拍卖人会在拍卖规则当中约定仲裁条款,即约定拍卖产生的争议提交某某仲裁委员会通过仲裁的方式进行解决。按照中国法律规定,平等主体的公民、法人和其他组织之间发生的合同纠纷和其他财产权益纠纷,可以仲裁。拍卖活动作为商事活动的一类,当事人可以约定争议交由仲裁机构进行解决。仲裁活动是法律予以认可的民间裁决行为,仲裁委员会依据自己的仲裁规则,就争议作出仲裁裁决。只要没有违反相关的法律规定,仲裁的结果和法院的判决并无本质的区别,具有强制力。

仲裁和法院的审理相比,具有以下一些主要的特点:

首先,仲裁需要当事人的书面确认。当事人之间要有确定的意愿将争议交付仲裁的协议。仲裁不得违背当事人的意愿而强制要求当事人参加。法院的审理则完全不同,法院对于案件具有的管辖权系依据法律的规定,法院可以主动或者依申请追加被告、追加第三人参加诉讼,而仲裁则不会出现强行追加当事人参加的情形。

其次,仲裁裁决为一裁终决。仲裁裁决作出后,即产生效力,没有上诉救济的可能性。而法院的判决在一审判决后,当事人可以针对自己的不服事项向上一级人民法院进行上诉,甚至在上诉后,仍然可以通过再审申请以及审判监督程序重新进行审理。

最后,仲裁裁决一般是非公开的审理。法院审理除了涉及隐私以及商业秘密的案件应当不公开审理之外,绝大多数案件均为公开审理,非当事人可以申请旁听,判决下达之后,法院一般会将判决文书公布,非当事方也可以查询到相关案件。而仲裁案件的审理均为不公开,仲裁案件的审理结果一般也难以查询,故仲裁具有隐秘的特点,不会暴露当事方的案件情况。

仲裁裁决在特殊情况下可以被撤销,但是仲裁裁决的撤销有着严格的要件,一般均不涉及实体问题,按照我国《仲裁法》的规定,当事人提出证据证明裁决有下列情形之一的,可以向仲裁委员会所在地的中级人民法院申请撤销裁决:(一)没有仲裁协议的;(二)裁决的事项不属于仲裁协议的范围或者仲裁委员会无权仲裁的;(三)仲裁庭的组成或者仲裁的程序违反法定程序的;(四)裁决所根据的证据是伪造的;(五)对方当事人隐瞒了足以影响公正裁决的证据的;(六)仲裁员在仲裁该案时有索贿受贿,徇私舞弊,枉法裁决行为的。人民法院经组成合议庭审查核实裁决有前款规定情形之一的,应当裁定撤销。人民法院认定该裁决违背社会公共利益的,应当裁定撤销。

第二节　拍卖规则的变更与冲突

一、拍卖规则的体现地点

正如前面所述,拍卖规则是拍卖人起草的拍卖行为规则。绝大多数拍卖规则的内容详细,而且文字较多,拍卖人会在不同的场合对拍卖规则进行发布。拍卖人会在拍卖的图录当中印发拍卖规则;拍卖人还会在拍卖的预展地点展示拍卖规则;拍卖人在和委托人签订的委托拍卖合同当中一般会将拍卖规则印制在委托拍卖合同的背面;拍卖人在与竞买人签订的竞买协议当中也可能将拍卖规则印制在背面。有的拍卖人在拍卖正式举行的场地上会以通告板的形式体现拍卖规则的内容。在网络高度发达的今天,我们也注意到许多拍卖人都在自己的网站上和在举办拍卖活动的网页当中发布自己的拍卖规则。

二、拍卖规则之间的冲突

对于拍卖规则,拍卖人应当做到拍卖规则的整齐统一,不同地点发布的拍卖规则不应产生内容上的冲突。如果拍卖规则发生修改,拍卖人应当在所有拍卖规则发布的地方对拍卖规则进行必要的修改。如果出现拍卖规则的发布时间产生冲突的,一般按照从新且经过双方确认的原则确定优先效力,即新确认并修改的拍卖规则的内容对原拍卖规则进行了变更。举例来说,拍卖人在其印制的拍卖图录有拍卖规则,但是在后续和竞买人签订的竞买协议当中,拍卖规则发生了变化,则拍卖人和竞买人之间应当按照竞买协议当中的拍卖规则进行。

如果拍卖人在和委托人签订的拍卖规则当中进行了签字确认,但是后来拍卖人在图录或者拍卖场地上展示的拍卖规则发生了变化,我们认为仍应当按照原确认过的拍卖规则来确定双方的权利义务关系,如果后续的拍卖规则对委托人的权利产生不利的影响,当然委托人可以援引原签订的拍卖规则来对抗拍卖人。

同样,如果竞买协议或者拍卖成交确认书当中约定的拍卖规则对拍卖图录中的拍卖规则进行了调整,买受人认为后签订的规则对自己有利,则可以援引后确认的拍卖规则对抗拍卖人。

但是,上述情况只是我们为了分析拍卖规则到底适用哪个时所做的理论上的分析,实际情况中如果出现拍卖规则冲突时到底援引哪个的问题会复杂很多,法院如果处理此类纠纷,也会综合考虑相关情形进行认定。

所以,如果拍卖规则产生冲突将可能对各方均产生不同的影响,各当事方当然会选择对自己有利的内容来对抗其他方,这种情况的出现,势必会产生混乱,拍卖人将会十分被动。故拍卖人应当杜绝出现拍卖规则变化后相关文件上的内容不进行调整的情况,一旦拍卖规则进行了修订,则拍卖人应当在所有的文件当中对于涉及的拍卖规则的内容都进行全面的修订,以保证拍卖规则的统一性,避免因拍卖规则的内容变化导致权利义务不清的情况发生。

三、拍卖规则能否成为合同的一部分

在委托人与拍卖人签订的委托拍卖协议以及拍卖人和竞买人签订的竞买协议当中,我们见到大部分拍卖人会在合同条款当中明确说明"拍卖人的拍卖规则构成本合同的一部分,当事各方均应遵守拍卖规则的规定"等类似的措辞。那么凭借这些措辞,拍卖规则能否成为合同的一部分呢?我们认为拍卖人在与有关当事方签订的文件当中明确约定拍卖规则成为合同的一部分,拍卖规则当然属于合同的内容,但是关键在于该拍卖规则能否对各方产生确定的约束力,即拍卖人试图用拍卖规则的内容来约束有关方或者向有关方主张权利时,该拍卖规则能否被法院认定为有效的条款,能否产生确定的拍卖人所期望的作用。

在不少的法院判例当中,将拍卖规则视为格式条款。按照《合同法》的规定,格式条款是当事人为了重复使用而预先拟定,并在订立合同时未与对方协商的条款。《合同法》明确规定采用格式条款订立合同的,提供格式条款的一方应当遵循公平原则确定当事人之间的权利和义务,并采取合理的方式提请对方注意免除或者限制其责任的条款,按照对方的要求,对该条款予以说明。

拍卖人制定拍卖规则,本期望其成为约束当事各方的有效条款,但如果拍卖规则被认定为格式条款,显然可能减损其效力,这并非拍卖人所乐见的事。拍卖人为了不使拍卖规则成为格式条款,在可能的情况下应当将拍卖规则的内容针对不同的对象体现在与之签署的合同当中。故拍卖人在和委托人签署的委托拍卖合同中应当体现拍卖规则的内容,即把拍卖规则当中涉及委托人的内容纳入委托拍卖合同当中去;在和竞买人签订的竞买协议当中应当把涉及竞买人、买受人的条款纳入竞买协议当中去。

不仅如此,在拍卖规则的提醒和注意义务方面,拍卖人应当对有关当事方针对其身份在拍卖规则当中涉及的符合免责或者限制责任条款部分,尽到充分的提醒义务,以尽最大可能地减少法律规定可能使拍卖人的拍卖规则效力减损的可能。

关于格式合同的确定无效方面,在《合同法》第四十条中规定,格式条款具有本法第五十二条和第五十三条规定情形的,或者提供格式条款一方免除其责任、加重对方责任、排除对方主要权利的,该条款无效。而《合同法》第五十二条规定,有下列情形之一的,合同无效:(一)一方以欺诈、胁迫的手段订立合同,损害国家利益;(二)恶意串通,损害国家、集体或者第三人利益;(三)以合法形式掩盖非法目的;(四)损害社会公共利益;(五)违反法律、行政法规的强制性规定。《合同法》第五十三条则规定合同中的下列免责条款无效:(一)造成对方人身伤害的;(二)因故意或者重大过失造成对方财产损失的。

第五十二条中的情形是一般的合同为无效合同时的条件,对于格式合同而言该条规定再次明确,如果格式合同的订立也符合合同无效的要件,格式合同也是无效的。第五十三条的规定规定了合同当中的免责条款无效的情形,如果格式合同存在第五十三条规定的免责条款的,也属于无效的条款。

　　另外,关于格式条款产生解释的异议时,《合同法》第四十一条规定,对格式条款的理解发生争议的,应当按照通常理解予以解释。对格式条款有两种以上解释的,应当作出不利于提供格式条款一方的解释。格式条款和非格式条款不一致的,应当采用非格式条款。

　　拍卖人为了避免拍卖规则在被认定为格式合同的情况下产生争议,应当仔细推敲拍卖规则,并以普通人的角度能够理解的原则来使用相关的语言。

第四章　拍卖当事方之法律关系

第一节　不同的法律关系的观点

拍卖活动发生于委托人、拍卖人、竞买人、买受人之间,委托人委托拍卖人拍卖,拍卖人举办拍卖活动,竞买人参加竞买并通过最高应价变为买受人,那么各方主体之间到底是何法律关系,存在着不同的看法,主要有以下一些说法。

一、委托合同法律关系

委托人和拍卖人之间需要订立委托拍卖协议,委托人委托拍卖人将委托人具有处分权的拍卖标的交由拍卖人进行拍卖,拍卖人举办拍卖活动后由最高应价者取得拍卖标的,拍卖人受托处分拍卖标的,故各方法律关系应以委托合同关系为基础。

(一) 委托合同关系的分析

1. 委托人与拍卖人之间

有人认为,委托人和拍卖人之间系委托合同关系。[1] 委托人为法律意义上委托合同的委托人,拍卖人为受托人,双方之间成立委托代理关系。基于委托关系的基础,委托的内容有以下几个方面:首先是委托销售,即委托人委托拍卖人销售拍卖标的,只不过销售的价格并没有确定;其次是委托拍卖人以最优的价格对外销售,最优价格的体现形式为通过拍卖方式获得;再次是委托收款,即委托拍卖人收取拍卖款。

2. 拍卖人和买受人之间

委托代理关系是委托人基于对受托人的信任,委托受托人在委托的权限内处理委托人事务,受托人的行为结果均由委托人来承担。按照《合同法》关于委托合同的规定,受托人以自己的名义,在委托人的授权范围内与第三人订立的合同,第三人在订立合同时知道受托人与委托人之间的代理关系的,该合同直接约束委托人和第三人。拍卖人在举行拍卖活动时显然为委托人的代理人,虽然拍卖人可能没有披露委托人身份,但是买受人和拍卖人订立的合同按照委托法律关系的原则,举办拍卖活动的结果约束委托人,即委托人须接受拍卖的结果。

3. 委托人和买受人之间

按照委托合同关系进一步而言,委托人委托拍卖人拍卖,其实质上是转让拍卖标的,因为拍卖人是受托人,而拍卖结果的承受者为买受人,故委托人因为拍卖人的代理行为在

---

[1]　参见刘宁元《中国拍卖法律制度研究》,北京大学出版社,第17页。

拍卖成交后,和买受人之间达成买卖合同关系,而作为代理人的拍卖人不再承担责任。买受人是否支付拍卖成交款应当由委托人向拍卖人主张,因为拍卖人只是作为受托人收取买受人支付的拍卖成交款,故如果买受人拒绝支付拍卖成交款,则委托人可以以委托代理中的本人身份要求买受人支付款项。

在拍卖标的交付义务方面,如果约定由拍卖人交付标的,因为拍卖人系受委托人的指示交付标的,即便拍卖人交付不能,则也应视为委托人自己的交付不能,在交付不能的情况下,买受人可以要求委托人直接承担交付不能的责任。

(二)委托合同关系产生的疑惑

然而,就上述支付款项的行为,《拍卖法》中的相关规定并不符合委托合同的规定。《拍卖法》规定,买受人未能支付拍卖款项的,按照约定承担违约责任,同时拍卖人可以在委托人同意的情况下继续拍卖。《拍卖法》将买受人未能支付拍卖款的违约责任交由当事人去进行约定,但只存在于拍卖人和买受人之间,委托人并无权利追究买受人的责任,并未说明买受人未支付拍卖款应当向委托人承担责任。

上述关于交付标的的行为,《拍卖法》中的规定也不符合委托合同的特征。《拍卖法》在委托人的章节中规定,如果约定由委托人向买受人交付拍卖标的的,则委托人负有移交拍卖标的的义务。而在拍卖人的章节中同样规定,拍卖成交后拍卖人应当按照约定将拍卖标的交付给买受人。如果是委托代理关系,拍卖人交付不能的责任应当由委托人来承担,拍卖人不应承担不能交付的后果。而在法院的许多判例当中,拍卖人不能将标的交付给买受人的责任,完全由拍卖人自己承担,与委托人无关。从这个角度来看,委托拍卖合同也不符合委托合同的特征。

如果委托人和拍卖人之间的合同属于委托代理合同的话,则买受人应当向直接向委托人支付款项。如果买受人未能按照约定支付拍卖成交款,则未能支付拍卖成交款的结果也应当由委托人来承担,即委托人可以直接要求买受人支付款项。然而在多次的诉讼中,法院认为委托人和买受人之间并不存在合同关系。

还有,如果拍卖人是委托人的代理人,则拍卖人可以收取的买受人的保证金,在没收保证金之后,也应当由委托人予以享有。然而司法实践当中明确认为,保证金是拍卖人和买受人之间就履行合同所作的约定,拍卖人有权单独决定保证金的大小,没收的保证金归拍卖人所有。这显然也和委托合同的特征存在矛盾。

另外,反对的人还认为,根据《拍卖法》的规定,拍卖人和委托人在拍卖时未说明拍卖标的的瑕疵,给买受人造成损害的,买受人有权向拍卖人要求赔偿;属于委托人责任的,拍卖人有权向委托人追偿。在委托人未能声明拍卖标的的瑕疵的情形下,如果拍卖人只是委托人的代理人,则其后果也应当由委托人承担,而《拍卖法》却规定由买受人直接向拍卖人进行主张,并且在委托人有责任时,向委托人主张权利的只能是拍卖人。故委托人和拍卖人之间并不符合委托代理合同的特征。

二、居间合同关系

也有人认为,委托人和拍卖人,拍卖人和买受人之间系居间合同关系,即拍卖人是委托人和买受人的居间人,作为居间人,拍卖人负责撮合委托人和买受人达成交易,拍卖人获取居间费用或者佣金。

按照《合同法》规定,居间合同是居间人向委托人报告订立合同的机会或者提供订立合同的媒介服务,委托人支付报酬的合同。《合同法》当中的居间合同以居间人为中心,居间人提供居间服务获取报酬。

按照居间合同的法律关系分析,拍卖人接受委托人之委托,由拍卖人通过举办拍卖活动,吸引潜在的受让方即竞买人参与合同竞争,竞买人通过竞价的方式成为买受人,拍卖人居间的服务得以完成,由买受人和委托人达成转让拍卖标的的法律关系。拍卖人以取得拍卖佣金和费用的方式,获取居间报酬。

但是,依据居间合同的法律关系,居间合同的受托人本质上提供的是居间服务。居间人并不直接参与合同双方的订立,居间人只要促成了合同的成立,就可以按照约定获取报酬。居间合同下的委托人和第三人还需要就合同的订立进行进一步的商谈并由委托人和第三人之间独立完成合同的订立。如果拍卖法律关系是居间关系,意味着拍卖人只要提供拍卖场所举办活动,成交则由委托人和买受人之间再行订立合同。

但是,在拍卖法律关系当中,拍卖人系通过举办拍卖活动得以确立买受人,买受人和委托人根本无须见面和熟悉,买受人直接向拍卖人支付款项,取得拍卖标的。而且,买受人和委托人之间并不订立合同,买受人只有基于最高价取得拍卖标的的权利,买受人无权以其他方式和委托人之间就合同的订立再行协商确定有关的合同内容。

同时,拍卖标的的交付如果未能完成,买受人可以直接要求拍卖人承担责任。拍卖人除了要承担保管拍卖标的等义务之外,还要向买受人承担瑕疵担保责任。如果是居间合同关系,拍卖人作为居间人无须承担如此的责任,居间人根本无须考虑买受人和委托人之间的合同如何订立,也不会对买受人和委托人之间的合同承担任何责任。

根据以上分析,拍卖合同关系虽然和居间合同有相似的地方,但是显然不能简单地用居间合同关系来界定拍卖当事方之间的法律关系。

三、行纪合同关系

有人认为,拍卖合同属于行纪合同法律关系。[①] 按照《合同法》的规定,行纪合同是行纪人以自己的名义为委托人从事贸易活动,委托人支付报酬的活动。

按照行纪合同关系的分析,拍卖人是行纪人,拍卖人以自己的名义转让委托人的拍卖标的。拍卖标的的成交价格通过拍卖的方式确定。拍卖成交之后,拍卖人和买受人订立买卖合同关系,拍卖人对买受人来说为拍卖标的的卖方,买受人为拍卖标的的买方,拍卖人和买受人之间确定买卖合同法律关系,买受人如果未能支付拍卖款,则应当向拍卖人承担支付不能的违约责任,同样拍卖人承担向买受人交付拍卖标的的义务。

如果拍卖人和委托人之间是行纪合同关系,那么和《拍卖法》的规定明显不一致。行纪合同关系下行纪人可以行使介入权,即行纪人卖出或者买入具有市场定价的商品,除委托人有相反的表示意思外,行纪人自己可以作为买受人或者出卖人。按照这个规定,拍卖人有权在拍卖活动中以买方取得委托人的拍卖标的,而根据《拍卖法》的规定,拍卖人是严

---

① 参见隋彭生:《合同法要义》(第二版),中国政法大学出版社,第579页。

格禁止参加自己的拍卖活动并以竞买人身份应价的。

此外行纪合同中要求行纪人承担卖方责任,而在拍卖法律关系中,如果委托人和拍卖人约定由委托人承担交付拍卖标的之责的,委托人未能交付标的的,则买受人仍可以要求委托人承担交付标的的责任。如果是行纪合同关系,则买受人和委托人之间不发生任何联系,委托人交付不能的责任应由拍卖人向买受人承担。

不仅如此,《拍卖法》同时规定,拍卖人有权在收取委托方佣金的同时,收取买受人佣金。按行纪合同关系看,拍卖人不可以收取买受人的佣金,两人之间是买卖合同关系,显然《拍卖法》赋予拍卖人向买受人收取佣金之权利和行纪合同关系并不一致。

四、服务关系

有的人认为拍卖人和委托人之间就是一种服务关系,[1]即拍卖人为委托人提供拍卖服务,拍卖服务的内容包括按照委托人的要求提供拍卖的场地,并且由拍卖人的拍卖师现场主持,帮助委托人获得最高应价。拍卖人同时帮助委托人收付拍卖款,交付标的。拍卖完成之后,拍卖人通过获取佣金的方式取得佣金报酬。

此外拍卖人和买受人之间也被认为是一种服务关系,即拍卖人为买受人提供拍卖服务,拍卖人通过举办拍卖活动,帮助买受人获得其期望的拍卖标的,买受人付清款项后,拍卖人协助将拍卖标的交付给买受人,同时买受人基于拍卖人提供的拍卖服务向拍卖人支付佣金,该佣金为拍卖人的服务报酬。

但是《拍卖法》规定拍卖人有权要求委托人说明拍卖标的来源和瑕疵,并且有权对拍卖标的进行鉴定,如果拍卖人在拍卖时未对拍卖标的的瑕疵作出说明的,拍卖人应当向买受人承担责任,拍卖对拍卖标的的瑕疵担保义务已经超出了拍卖人仅向委托人提供服务的范畴,拍卖人从某种程度上讲是超越委托人向买受人承担责任。拍卖人只有在承担完毕瑕疵担保义务之后才可以因为委托人的过错,向委托人追偿。

同样,拍卖人和买受人之间也超出了提供服务的范畴。拍卖人若仅是为买受人提供服务,则拍卖人不应承担交付标的不能的违约责任。对于瑕疵担保义务,拍卖人应单独向买受人承担,买受人无须向委托人主张而可以直接要求拍卖人承担瑕疵担保义务,这些均超出了拍卖人向买受人提供拍卖服务所应承担的责任的范畴。

第二节　拍卖法律关系

一、本质上属于买卖

我们认为,拍卖法律关系是多方当事人之间的法律关系,其根本法律关系为买卖法律关系。《拍卖法》第三条对拍卖的定义中明确规定拍卖是指以公开竞价的形式,将特定物品或者财产权利转让给最高应价者的买卖方式。同时,《合同法》在买卖合同的章节第一

---

① 参见刘双舟:《拍卖法原理》,中国政法大学出版社,第43页。

百七十三条规定,拍卖的当事人的权利和义务以及拍卖程序等,依照有关法律、行政法规的规定。可见《拍卖法》以及《合同法》将拍卖法律行为定义为一种买卖行为,但是在《合同法》中有关买卖合同中的当事人的权利义务条款并不适用于拍卖法律关系中的当事人。

这种买卖行为中的价格通过拍卖的方式进行确定,但是在标的转让方面则需要按照当事方的有关约定确定转让拍卖标的的各方责任,至于拍卖标的转让中的其他条件,如支付时间、质量等都是通过具体的拍卖的各环节中的内容确定。基于本质上的买卖行为,按照《拍卖法》的规定,各方之间确定有关的权利义务。

二、各方之间为拍卖法律关系

拍卖法律关系就是基于《拍卖法》的规定存在于委托人、拍卖人、竞买人、买受人之间的一种特殊法律关系,各方之间的法律关系会体现出某类合同关系,如委托合同、行纪合同、居间合同的特征,但是不能因为其具有某种合同法律关系的特征,就简单地将拍卖当事人之间的关系归入某类合同并以某类合同简单地确定有关权利和义务。

(一) 委托人和拍卖人

委托人和拍卖人之间就是委托拍卖关系,该法律关系具有某些委托关系特征。委托人将拍卖标的的事务交给专业从事拍卖活动的拍卖人进行拍卖,拍卖人通过拍卖活动组织的法定程序,举办拍卖活动,并通过拍卖师的落槌或其他公开买定的形式,帮助委托人确定拍卖标的的最高价格,同时确定拍卖标的的受让人。委托人应当接受通过法定拍卖程序后的拍卖结果,只要最高应价符合法律规定,委托人应当将拍卖标的由自己或者通过拍卖人转让给买受人。

委托人和拍卖人之间同时又具有提供服务的特征,拍卖人可以在拍卖标的成交基础上依据拍卖成交的结果收取由委托人支付的拍卖佣金。该佣金为拍卖人提供拍卖服务的报酬。

但是在委托人和拍卖人之间,委托人还要单独向拍卖人承担法定的义务。委托人有义务向拍卖人说明拍卖标的的来源和瑕疵,这个义务是委托人基于法律所负担的法定义务。同时拍卖人也基于法律规定,对委托人享有要求委托人说明拍卖标的的来源和瑕疵的权利。

拍卖人虽然以自己的名义对外进行拍卖,但是不应将委托拍卖的行为视为行纪合同关系,《拍卖法》完全排除了拍卖人以竞买人身份获取拍卖标的的可能。如果委托人在和拍卖人签订的合同当中委托拍卖人对外进行销售,并没有委托拍卖人拍卖,拍卖人和委托人之间的合同关系并不受拍卖法律约束,应当按照双方销售的合同特征来判定,其中如果拍卖人有权直接收购委托人交付的标的,双方可以构成行纪合同关系。只要拍卖人是以拍卖的方式处分委托人的拍卖标的的,双方之间仅能按照委托拍卖合同关系来处理。

(二) 拍卖人与竞买人

拍卖人和竞买人之间构成《拍卖法》下的拍卖合同关系。拍卖人发布拍卖公告,属于要约邀请,即拍卖人向所有潜在的购买方发出要约邀请。竞买人如果对拍卖标的有兴趣,则在拍卖人正式开始拍卖之前,通过与拍卖人签订竞买协议,缴纳拍卖保证金,领取拍卖号牌,由竞买人自己,或者竞买人委托拍卖人对拍卖师的叫价进行应答。

竞买人和拍卖人之间订立竞买协议,即受竞买协议的约束,我们可以把订立的竞买协议作为后续正式成交的预约协议。如果竞买未能成功,则竞买人有权依据竞买协议要求拍卖人承担返还竞买保证金的权利,拍卖人如果拒绝或者未按照约定返还竞买保证金,应当承担相应的违约责任。

在竞买活动中,拍卖师的叫价是要约邀请,竞买人的应价是要约,如果有新的竞买人发出更高的应价,则新的要约取代之前的要约成为有效的要约,在没有其他竞买人再行应价之后,拍卖师在拍卖中以最终落槌或者其他公开买定的方式确定最高应价有效即为承诺,此时拍卖人和竞买人之间的合同关系成立,竞买人则转化为买受人。同时原先的预约协议的内容因为竞买成功转化成为拍卖人和买受人之间应当遵守的内容。

(三) 买受人与拍卖人

买受人由竞买人转化而来,一旦竞买人成为买受人,则竞买协议中关于买受成功的约定对买受人产生效力,此时买受人和拍卖人之间成立拍卖合同关系。

买受人和拍卖人之间的拍卖合同关系并非买受人和拍卖人之间的买卖合同关系,拍卖人并非拍卖标的的出卖人,拍卖标的的真正出卖人为委托人。拍卖人不应被认定为行纪合同关系下的行纪人和买受人订了买卖合同。

拍卖合同关系成立之后,拍卖人并非《合同法》规定的委托合同下的受托人,买受人和拍卖人之间的拍卖合同关系直接约束买受人和拍卖人,拍卖人自拍卖合同订立后就可以向买受人承担瑕疵担保的责任。《拍卖法》并未赋予买受人越过拍卖人而直接要求委托人承担瑕疵担保责任的权利。委托人仅向拍卖人承担因其过错导致拍卖人承担瑕疵担保的赔偿责任。同时买受人应当向拍卖人承担支付拍卖成交款、支付拍卖佣金的义务。拍卖人还需要按照约定向买受人转移拍卖标的,如果拍卖人是承担协助义务的,拍卖人也应当按约承担。

(四) 买受人与委托人

拍卖成交之后,买受人虽然成为拍卖标的的受让人,委托人虽然成为拍卖标的的实际转让人,但是买受人和委托人之间并未达成直接的拍卖合同关系。

买受人并未和委托人订立任何协议,根据合同相对性原则,委托人仅和拍卖人订立合同,买受人仅和拍卖人订立合同,买受人未和委托人订立合同,买受人和委托人双方之间无直接的合同关系。拍卖人并非委托人的销售代理人,即使买受人和拍卖人订立了拍卖合同,买受人也不因该拍卖合同而和委托人之间成立直接的买卖合同关系。

如果拍卖人在和买受人订立的拍卖合同当中赋予了买受人某些请求权,则买受人可以依据约定向委托人主张权利。按照《拍卖法》的规定,委托人也可以自行承担拍卖标的的交付义务,委托人也应当依照《拍卖法》的规定承担交付标的不能的责任。如果拍卖人在和买受人的拍卖合同当中作出此类约定,则买受人有权直接向委托人主张交付标的。但是买受人主张交付标的产生的请求权依据是《拍卖法》的直接规定,并非买受人基于拍卖人的代理关系而产生的要求作为被代理人的委托人承担责任的权利。

但是在某些特殊的标的的拍卖当中,应根据情况做具体分析。比如在租赁权的拍卖中,买受人通过拍卖人的拍卖活动获得租赁权,一般情况下,买受人需要在拍卖成交之后和委托人订立租赁合同。一旦双方订立租赁合同,则买受人和委托人之间都应当受到租赁合同的约束,双方之间的权利义务受租赁合同调整。

在实务操作中,特别是审判实践中,不同的法院对于拍卖法律中各方当事人之间的法律关系的认识上仍然存在着不一致的地方,但是主要的意见还是认为拍卖人和委托人之间的法律关系以及买受人和拍卖人之间的法律关系是相互独立的法律关系,各方以实际订立的合同关系确立相互之间的权利义务,买受人和委托人之间除非有特别约定或者根据因为某些特别的情形产生直接的法律关系,否则应当严格按照《拍卖法》的规定来确定各方的权利和义务。

第五章　拍卖标的的征集

第一节　拍卖人自行征集

拍卖标的征集对于拍卖人而言是从事拍卖经营中十分重要的环节,特别是对于从事艺术品拍卖的拍卖人来说,拍卖的标的来源于委托人,拍卖标的征集的数量的多少、质量的高低直接影响拍卖活动最后成交的结果,当然也影响拍卖人的佣金收益。同样,拍卖征集活动也会因为不慎可能会给拍卖人带来损失。

拍卖人如果自己征集拍卖标的,则拍卖人和委托人之间直接发生业务关系,拍卖人和委托人可以就拍卖标的的状况进行审核,拍卖人和委托人需要签署必要的委托拍卖文件。拍卖人对于征集的标的的状况更为容易掌控,产生纠纷的可能性并不大。拍卖人在自己征集拍卖标的时一旦确定为委托人拍卖,则应和委托人办理正常的委托拍卖手续。

第二节　委托别人征集

所谓委托别人征集是拍卖人委托其他人对外征集拍卖标的以进行拍卖。正是因为和拍卖人自行征集不同,拍卖人应当对委托他人征集拍卖标的的引起足够重视,以免陷入纠纷。

一、委托代理关系

如果拍卖人委托他人(代为征集人)征集拍卖标的,即由他人代表拍卖人和委托人订立委托拍卖合同,则拍卖人和代为征集人之间成立委托代理关系,代为征集人为拍卖人的代理人,代为征集人的行为的后果最终应当由拍卖人承担。正是因为代为征集人在这种模式下的行为产生的法律后果应当由拍卖人承担,所以拍卖人应当按照委托代理关系要求和代为征集人之间订立明确的委托征集协议。

鉴于委托别人征集时的后果应当由拍卖人承担,拍卖人应当和代为征集人明确与委托人接洽时的注意事项,同时拍卖人又需要和代为征集人就双方之间的权利义务分配进行必要的约定,主要内容应当包括下面几个方面。

二、与委托人事项有关的约定

（一）说明拍卖标的的来源和瑕疵

拍卖人按照《拍卖法》的规定有权要求委托人说明拍卖标的的来源和瑕疵,这是拍卖人的权利,也是委托人应当承担的义务。在代为征集的模式下,从代为征集人角度而言,其获得利益的来源一般是征集的拍卖标的能够参加拍卖并且成交,其心理上并不关注拍卖标的的来源和瑕疵可能会给拍卖人带来的不良影响。拍卖人则不然,拍卖人在对拍卖标的的来源和瑕疵方面负有审查的义务,稍有不慎,都可能受到买受人的追偿。而且《拍卖法》对拍卖人需要承担的此项义务提出了较高的要求,这也是拍卖人承受风险最大的地方,故应当引起拍卖人的足够重视。

在代为征集的活动中,拍卖人应当要求代为征集人履行必要的核实义务,要求代为征集人在征集活动中及时发现和要求委托人向其陈述有关的事实,以避免囫囵吞枣最终由拍卖人承担责任。

（二）代为征集时保留价的确定

拍卖标的征集时需要和委托人协商确定的重要事项包括保留价,保留价的决定权在委托人,委托人通过委托拍卖协议的方式确定保留价。在代为征集时,代为征集人和委托人确定的重要内容当然包括保留价,保留价订立过高可能影响成交价,保留价订立过低可能使得委托人的利益受到损失。代为征集人和拍卖人之间系委托关系,虽然在很多情况下,代为征集人是能够为拍卖人带来拍卖标的的十分重要的来源,但是保留价的确定权不得由代为征集人行使,否则代为征集人又变成了委托人的代理人,这显然也违背了代理的基本规范。拍卖人和代为征集人在有关的协议当中应当明确保留价的决定方式、决定权,最为根本的内容需要由委托人通过特定的方式加以确立,而非由代为征集人予以确立。

对于保留价的确定即保密问题,拍卖人应当约束代为征集人不得透露委托人的保留价,除非委托人同意可以公开保留价,否则代为征集人因为泄露保留价给拍卖人带来任何损失或者责任的,应当由代为征集人承担。

（三）对委托人的保密义务

委托人有权要求拍卖人保密,这是《拍卖法》赋予委托人的权利,也是拍卖人承担的义务。在代为征集过程中,我们会发现代为征集人出于某种利益的考虑,有时拒绝向拍卖人披露委托人。我们认为这不符合《拍卖法》的规定,属于代为征集人的错位,代为征集人是拍卖人的代理人,而非委托人的代理人。如果代为征集人系委托人的代理人,则其不能再成为拍卖人的代理人。在代为征集人作为代理人的身份这一法定属性下,代为征集人无权对拍卖人保密委托人的身份。

代为征集人在征集拍卖标的过程中,遇到委托人需要对其身份进行保密时,应当告知拍卖人,并且在和委托人签订的委托拍卖协议中对此作出特别的说明和约定,以利于拍卖人在拍卖活动中保守该秘密,维护委托人的利益。

在这种情况下,拍卖人还必须和代为征集人明确代为征集人承担的保守商业秘密的义务,如果代为征集人泄露商业秘密的,应当承担全部的法律责任。

三、拍卖人与代为征集人之间的有关约定

（一）征集的标的范围

征集的标的范围是拍卖人授权代为征集人在其范围内可以帮助拍卖人征集的拍卖标的的范围。该范围可以约定为种类，也可以约定为某特殊的拍卖标的，等等，由拍卖人和代为征集人通过协商一致的方式确定。对于拍卖人而言，其一般情况下都是为了某场具体的拍卖会需要代为征集人征集拍卖标的，故该范围一般是确定且有目的的。为了避免代为征集人擅自以拍卖人名义征集拍卖标的，拍卖人应当将征集的范围进行明确约定，并且结合其他条件，对代为征集人进行必要的限制。

（二）时间期限

时间期限也是十分重要的条件，代为征集人本质上和拍卖人之间是合同关系，征集拍卖标的系拍卖人为了获得更多的委托人而与代为征集人进行合作。但是拍卖人作为专业的拍卖机构在拍卖活动中承担着较高的责任，拍卖人应当为代为征集人设定必要的时间期限，在确定的期限内，代为征集人方能代表拍卖人开展征集活动；期限届满之后，双方原有的代为征集的合同关系应予终止。

（三）代为征集时委托拍卖协议的签署

签署委托拍卖协议是委托人和拍卖人缔结委托拍卖关系最为重要的一环，一旦双方签订委托拍卖协议，则合同关系确立。代为征集人是否有权代表拍卖人和委托人订立委托拍卖协议是拍卖人需要考虑的内容。拍卖人会更多地关注委托拍卖协议中的具体内容是否能够做到，而代为征集人只关注委托拍卖协议是否签署，至于具体的内容是否能够完全做到，或者针对委托人的某些要求是否明确要求委托人做到，代为征集人不甚关注。

此外，委托拍卖协议签署时的诸多注意事项更需要引起注意的是拍卖人，故我们认为基于风险的考虑，委托拍卖协议仍然应当由拍卖人和委托人直接订立。如果由代为征集人以拍卖人的名义和委托人缔结合同，代为征集人和委托人之间所做的一切约定，即便不合理甚至是拍卖人不愿订立的条款，只要不违反法律的强制性规定，对拍卖人而言，他都要最终承受，这可能是拍卖人所不愿看到的结果。

如果拍卖人授权代为征集人以拍卖人的名义对外缔结合同，也应当与代为征集人之间就签订委托拍卖合同的权限作出明确约定，限制代为征集人任意以拍卖人名义对外缔结委托拍卖合同的权力。对于明确不能由代为征集人对外缔结委托拍卖协议的，应当在双方之间的合同当中明确约定，并且规定违反上述规则产生的违约责任。

（四）拍卖标的的接收与保管

1. 拍卖标的的接收

是否接收拍卖标的对于拍卖人来说十分重要。一方面及时收取委托人提供的拍卖标的可以及时确定和委托人之间的委托拍卖关系，尽早地开展后续的拍卖活动。而另外一方面，一旦接受拍卖标的，拍卖人就负有保管拍卖标的的责任，拍卖标的因为保管不慎发生的损毁灭失风险，均由拍卖人承担。

如果拍卖人自行征集拍卖标的时，拍卖标的的收取和保管都由拍卖人自己负责，且拍卖人一般也具备这样的保管条件，故对于拍卖标的保管产生的法定损毁之赔偿责任，拍卖

人也没有承担的压力。但是如果是由代为征集人从委托人处领受拍卖标的的,那么在拍卖标的实际交由拍卖人保管之前产生的保管不慎的风险并不受拍卖人所控制,而且代为征集人一般以自然人居多,自然人不具有较强的保管条件,而且存在遗失等可能,故产生风险的可能性较大,这种情况下,一旦发生保管之责任,拍卖人作为征集的委托方,仍然需要承担责任。

2. 代为征集人因为保管不善产生的责任

既然在由代为征集人保管拍卖标的的情形下拍卖人不可能完全在利益和风险之间找到平衡,拍卖人不妨按照具体的拍卖标的的确定不同的保管方案,如果拍卖人保管更为稳妥的,应当由拍卖人自行和委托人办理委托拍卖的手续,同时拍卖人可以妥善地将拍卖标的进行保管。如果基于方便的需要,由代为征集人暂时受领比较便利的,则应在代为征集人受领之后,拍卖人再及时为拍卖标的办理入库保管手续。

拍卖人应当妥善地在和代为征集人的合同当中明确约定有关保管的问题,同时应当要求代为征集人尽到合理的保管义务,并且承担必要的赔偿责任。但无论如何拍卖人应当最大可能地缩短由代为征集人保管拍卖标的的时间,尽可能地将保管可能产生的风险降到最低。

(五)费用与利润分配

1. 费用

代为征集人在征集过程中可能会发生部分的费用,按照委托代理合同的规定,双方之间可以通过协商的方式确定费用的承担方法。实务中以代为征集人承担全部自身的征集费用居多,代为征集人的费用补偿最终可以通过拍卖成交后产生的归属于代为征集人的利润来进行抵冲。

2. 利润分配

代为征集人帮拍卖人征集拍卖标的的一般都希望从拍卖所得中获得其应得的部分,故拍卖人和代为征集人在订立有关协议时应当明确约定双方之间的利润计算方法和最终的分配比例,利润的计算方法作为双方最终核算可供分配利润的标准,应当明确。如果双方的计算方法不明确,容易在确认利润金额时产生争议。利润计算的方法中如果有明确的条件的,该条件应当是可供双方准确确认的条件。

第三节　合作征集

合作征集是合作征集人与拍卖人约定由合作征集人帮助拍卖人征集拍卖标的的征集方式,在合作征集模式下,拍卖人和合作征集人之间是合作关系,非代理关系。

合作征集人并非拍卖人的代理人,合作征集人不应以拍卖人的名义从事征集活动。但在实务中,基于合作征集人和拍卖人之间的特殊关系,且合作征集人为了使自己的征集活动更为名正言顺,会倾向于以拍卖人的名义对外行事。这样的话,善意的第三方委托人有可能相信合作征集人为拍卖人的代理人,如此合作征集人即构成拍卖人的表见代理人,特别是合作征集人对委托人作出了某承诺时,拍卖人可能会承担不利的法律后果。

故对于拍卖人而言,在和合作征集人订立合同关系时,应当妥善地约定合作征集人的权利和义务,避免合作征集人可能成为拍卖人的代理人。合作征集的合同关系下,不应当赋予合作征集人收取拍卖标的、缔结委托拍卖协议等权利,这些权利的行使都应当由拍卖人自己和委托人之间通过正式订立委托拍卖协议来实行。

合作征集人应更多地体现为一种居间服务,在促成委托人和拍卖人订立委托拍卖合同并且拍卖成交后,合作征集人可以从拍卖所得中获得自己的报酬。

至于合作征集关系中的合作期限、费用承担、利润分配等条款,和上述代为征集关系中的代为征集人的有关内容相差不大。

第六章 委托人法律实务

《拍卖法》中对拍卖活动中的委托人的身份并无特别的限制,只要委托人享有处分拍卖标的的合法权利,包括公民、法人或者其他组织都可以成为委托人。《拍卖法》第二十五条对委托人的定义如下:委托人是指委托拍卖人拍卖物品或者财产权利的公民、法人或者其他组织。

第一节 自然人

一、自然人

自然人系自然存在的具有人的属性的主体,自然人作为拍卖委托人的情形非常常见。但是自然人因为其状况的不同,并不绝对地可以和拍卖人达成委托拍卖关系,还要根据自然人的不同状况进行分析。按照我国法律规定,自然人自出生开始直至死亡享有相关的民事权利,同时承担民事义务。

在自然人成为拍卖法律关系中的委托人的问题上,拍卖人必须要确认自然人是否具有民事行为能力,因为只有具有完全民事行为能力的自然人,其作出的处分自己财产的行为才能得到法律的认可,否则该自然人所做的民事行为可能是欠缺的,需要补强才有效力,有的则是无效的。

二、具有完全民事行为能力之人

(一) 成为完全民事行为能力人的条件

具有完全民事行为能力的自然人在民法上享有完整的民事权利,同时承担民事义务。完全民事行为能力人可以依据自己的判断从事民事活动。成为具有完全民事行为能力人的首要条件为年龄,按照我国法律规定,十八岁以上的成年人为具有完全民事行为能力的人,可以独立实施民事法律行为。

除了年龄须满十八周岁这一条件之外,自然人具有完全民事行为能力还有精神智力条件,即该自然人还应具有能完全辨认自己的行为的能力,否则将不是完全民事行为能力人。

以上两个条件完全具备的成年人才是具有完全民事行为能力的自然人,其实施的民事法律行为才没有法律上的缺陷。

拍卖人在举办拍卖活动时,如果自然人作为委托人,拍卖人应当要求自然人提供身份证件,确定自然人的年龄超过十八周岁。此外拍卖人还应通过表面确认其是否具有识别自己行为的能力。如果该自然人明显不具备正常的认知能力,拍卖人不应和该自然人达成委托拍卖合同关系。

简而言之,只有十八岁以上的成年人并且智力、精神不存在问题,其与拍卖人建立的委托拍卖关系受到法律保护,该自然人就应当承担作为委托人应当承担的责任。

(二) 视为完全民事行为能力之人

所谓视为完全民事行为能力之人,系指虽然该自然人的年龄条件不符合成年人的定义,即未年满十八周岁,并非成年人,但该自然人的其他方面符合法律的规定,所以视为完全民事行为能力人。随着社会生活水平的提高,十六岁以上的未成年人能够以自己的劳动收入成为生活主要来源的情形非常常见,故法律对于此类十六岁以上不足十八岁的自然人,在以其劳动收入为主要生活来源的前提下将其视为完全民事行为能力人。当然其潜在的否定条件,仍然是该自然人应当能够辨认自己的行为,否则也不得视为完全民事行为能力人。

拍卖人与委托人签订委托拍卖合同时,如果委托人的年龄不足十八岁,但是满足刚才所述的条件可以视为完全民事行为能力之人时,也即其有权利和能力与拍卖人达成委托拍卖合同关系,其签订的委托拍卖合同可以得到法律的保护。确定该自然人是否可以视为完全民事行为能力人,也需要验核该自然人的身份证件,并判断其智力、精神是否有问题。

根据我国法律规定,自然人的出生时间以出生证明上的时间为准,没有出生证明的以户籍登记或者其他有效的身份登记记载时间为准,但是如果有其他证据足以推翻上述记载时间的以该证据记载的事项为准。作为拍卖人,验证了自然人的年龄,并且表面确认了该自然人的精神智力状况,即应当视为拍卖人已经尽到了查实自然人状况的义务。

三、无民事行为能力之人

(一) 因年龄条件不足的无民事行为能力人

我国法律对无民事行为能力人的认定有两个绝对条件,一个是年龄条件,即八岁以下的儿童为无民事行为能力人。不满八周岁的儿童为绝对无民事行为能力人,因此八岁以下儿童和拍卖人之间不可能达成委托拍卖关系。

(二) 因精神智力状况不足的无民事行为能力人

另外一个绝对条件为行为人不能辨认自己的行为,即虽然该自然人的年龄条件符合年满十八岁,但是因为其精神或者智力存在障碍,其不能辨认自己的行为,故此成年人同样为无民事行为能力之人,其不能与拍卖人之间达成委托拍卖关系。

如果是精神智力状况不足不能辨认自己行为的人,一般来说,拍卖人能从交流中判断出来,故这种情况下拍卖人与之订立委托拍卖合同的可能性也不大。

四、限制民事行为能力之人

限制民事行为能力人只能从事和其年龄、精神智力状况相符的行为,其民事权利并非绝对无效,要针对不同的情况进行判断。对于限制民事行为能力人,我国法律规定两种情况。

（一）因年龄条件不足的限制民事行为能力之人

第一种情况为因年龄不足而成为限制民事行为能力之人。按照民法规定,年满十八周岁的人为成年人,成年人为完全民事行为能力人,而八周岁以下的未成年人为无民事行为能力人,故限制民事行为能力人的年龄条件即落在此区间,即八周岁到十八周岁之间的未成年人为限制民事行为能力人。

但是,我们在前面也曾经说过,十六周岁以上不足十八周岁的未成年人,只要其具备劳动能力,并且以自己的劳动收入作为主要生活来源的,视为完全民事行为能力人。

故我们可以说限制民事行为能力人的绝对年龄区间是八周岁到十八周岁,例外情况是十六周岁以上到十八周岁之间的未成年人有劳动收入作为主要生活来源的人可以成为完全民事行为能力人。

（二）因精神智力状况不足的限制民事行为能力之人

第二种情况为因精神智力不足而成为限制民事行为能力之人。精神智力状况异于正常人的成年人不能完全辨认自己的行为,尽管其年龄条件符合成年人的定义,但因精神智力状况存在一定的缺陷,其可以从事与他精神健康状况相适应的民事活动,故此类人群被规定为限制民事行为能力之人。

（三）限制民事行为能力人实施民事行为的法律后果

限制民事行为能力的自然人在实施民事行为时的法律后果可以是有效的民事法律行为,但是要满足必要的条件。

因为年龄不足的限制民事行为能力人可以从事与其年龄、智力相适应的民事活动。

不能完全辨认自己行为的限制民事行为能力人,可以实施与其智力、精神健康状况相适应的民事活动。

还有一种法律后果为效力待定,即该行为由其法定代理人进行进一步的意思表示,如果法定代理人代理或者追认该限制民事行为能力人的民事法律行为,则该民事行为为有效的民事行为,如果法定代理人拒绝追认或者否认该民事行为,则法律后果为无效。

委托拍卖法律关系属于商事法律关系,系委托人处分自己财产的行为,故在委托拍卖法律关系中,如果委托人系限制民事行为能力人,那么即使他作出委托拍卖意思表示,也不属于与其年龄、智力、精神健康状况相适应的行为,故此类委托人的行为必须得到其法定代理人的追认才有效力,但法定代理人的追认是否适格并且符合法律规定,我们在下面再行分析。

五、无民事行为能力人、限制行为能力人的监护人

无民事行为能力人和限制民事行为能力人的监护人为其法定代理人。在与拍卖人达成委托拍卖关系上,我们认为委托拍卖属于专业地将财产交由拍卖人对外竞价以获得最大财产利益的行为,限制民事行为能力人并无能力与拍卖人达成委托拍卖的意思表示,更不要说无民事行为能力的自然人了,故无民事行为能力人、限制行为能力人与拍卖人建立委托拍卖关系,均应当由其法定代理人,也就是监护人行使权利。从拍卖人防范风险的角度而言,只要是非完全民事行为能力人为委托人,必须由法定代理人代为实施或者追认。

在上述分析的基础上,我们需要进一步探讨,监护人也就是法定代理人作出建立委托

拍卖的意思表示后,是否就没有任何风险?答案显然是否定的。

委托人与拍卖人建立委托拍卖关系,其处分的是物品或者财产性的权利,根本上是对自己的财产进行转让的处分行为。法律对于监护人的规定主要是从保护被监护人的利益的角度出发,由监护人担负保护被监护人的职责,对于监护人代被监护对象处分属于监护人的财产时,法律作出了严格的限定性要求

法律规定,监护人除了维护被监护人利益外,不得处分被监护人的财产。故监护人以法定代理人的身份和拍卖人建立委托拍卖关系,拍卖的对象是属于被监护人财产时,必须考量这种处分行为是否为了被监护人的利益。如果并非为了监护人利益,则该行为违反了法律的强制性规定,属于无效的民事法律行为。

就拍卖人而言,我们认为应当慎重考虑法定代理人以监护人身份与拍卖人建立委托拍卖关系以处分被监护人的财产的行为,否则可能得到法律的反向评价,造成买受人损失的,拍卖人应当承担相应的赔偿责任。

第二节 法 人

按照《民法总则》的定义,法人是具有民事权利能力和民事行为能力,依法独立享有民事权利和承担民事义务的组织。法人应当依法成立,有自己的名称、住所、财产和经费。法人以其全部财产独立地承担民事责任。

法人是法律上拟制的人,从其成立后即具有民事权利能力和民事行为能力,法人终止时消灭。

结合到委托拍卖关系中,法人有权独立地处分自己的财产,法律允许法人作为拍卖合同的委托人参与拍卖活动。

在这里我们要再次澄清的是,法人是严格的法律概念,系指具有法律上拟制人格的人,一般以公司居多,当然还有其他法人。但是日常当中,许多人将法定代表人和法人混为一谈,许多人所称的"法人"指的是公司的法定代表人,比如公司的董事长、总经理等,但这个所谓的"法人"是自然人,而法律意义上的法人却并不是自然人。虽然公司等主体的法定代表人可以代表法人行使法人的全部权利,但是法定代表人只是法人的代表。故我们不应当将法定代表人简称为"法人"从而引起混淆。

一、营利法人(有限责任公司、股份有限公司等企业法人)

营利法人包括具有法人资格的企业和公司。公司按照《公司法》定义有限责任公司和股份有限公司,股份有限公司本质上也是有限责任公司。

我国在制定《公司法》之前大量存在着全民所有制企业和集体所有制企业,此类企业有许多还未进行公司制改制,在现实生活中仍然存在,这类企业虽然不属于公司,但是仍然是法人,具备法人的特征。

除了上述企业之外,我国还广泛存在三种主要的外商投资企业形态,即中外合资企业、中外合作企业、外商独资企业,也属于企业法人。

（一）法人资格的取得

营利法人都需要进行登记，无论是企业法人还是公司法人在获得登记机关登记后，会取得营业执照，法人取得营业执照的时间即为法人资格取得的时间。

（二）法人人格的终止

公司作为委托方与拍卖方订立委托拍卖合同，其法律上的人格应当存在。公司法人人格的终止以公司被依法注销为标志。公司设立必须经过登记机关的注册登记，并且由注册登记机关颁发营业执照，营业执照的颁发是公司具备法人资格的证明，领取营业执照后，公司进入经营状态，直至公司被注销之前，公司的法律人格一直存在，公司可以依据法律规定享有相应的民事权利。

1. 营业执照的吊销

营业执照是工商登记机关对公司的经营许可，如果公司在经营过程中违反法律规定，或者有其他可以吊销营业执照的行为，工商登记机关可以作出吊销营业执照的处罚决定。有许多人认为营业执照一旦被吊销，则公司的法人人格丧失，即公司就已经终止。这种观点有其渊源，国家工商行政管理局在 1999 年颁布的《关于企业登记管理若干问题的执行意见》中明确规定"企业被吊销营业执照的，其法人资格或经营资格终止。"国家工商行政管理总局在 2002 年《关于企业法人被吊销营业执照后法人资格问题的答复》中则称"根据《公司登记管理条例》第三条和《企业法人登记管理条例》第三条和第二十五条的规定，企业法人营业执照是企业法人凭证，申请人经登记主管机关依法核准登记，领取企业法人营业执照，取得法人资格。因此，企业法人营业执照被登记主管机关吊销，企业法人资格随之消亡。"

依据这两个规定的内容，可以看出公司登记机构当时将公司营业执照吊销视为公司法人资格的终止的标志之一。这种看法和规定，本质上是混同了公司注销和营业执照吊销的关系。

法院对此问题有着与工商行政管理局不同的看法，最高人民法院在《关于企业法人营业执照被吊销后，其民事诉讼地位如何确定的复函》中明确说明，吊销企业法人营业执照，是工商行政管理机关依据国家工商行政法规对违法的企业法人作出的一种行政处罚。企业法人被吊销营业执照后，应当依法进行清算，清算程序结束并办理工商注销登记后，该企业法人才归于消灭。因此，企业法人被吊销营业执照后至被注销登记前，该企业法人仍应视为存续，可以自己的名义进行诉讼活动。如果该企业法人组成人员下落不明，无法通知参加诉讼，债权人以被吊销营业执照企业的开办单位为被告起诉的，人民法院也应予以准许。该开办单位对被吊销营业执照的企业法人，如果不存在投资不足或者转移资产逃避债务情形的，仅应作为企业清算人参加诉讼，承担清算责任。

最高人民法院的规定虽然是针对的企业法人被吊销营业执照后是否具有诉讼资格的问题，但是在这个复函中最高人民法院的态度十分明确，即公司营业执照被吊销，其法人资格并未消失，只有经过注销后，公司的法人资格才终止。

2. 法人的注销

公司注销应当履行必要的程序，最重要的就是对公司进行清算，通过公司清算后对公司的债务进行清偿，如果公司清算后财产尚有剩余的，则财产在股东之间进行最后的分配,如果清算财产不足以清偿债务的,则应当进入破产程序。《公司法》规定公司经清算后,应当报送公司登记机关,申请注销公司登记,公司终止。《公司法》对于公司的清算、注销规定了确定的程序。

委托人不应当为注销的公司,公司一旦注销,其法人资格丧失,就不能参与民事活动,也不享有民事权利,在发生诉讼时,注销的公司不得成为诉讼的主体。但是我国普遍存在公章制度,如果公司注销后,公司的公章仍然存在,行为人在持有印章的情况下,仍然可以加盖印章。

我们认为拍卖人与委托人订立委托拍卖合同时,如果委托人为公司,拍卖人有义务核实该公司是否仍然为存续状态,虽然有公司印章加盖的协议,但是公司如果不存在,则责任无法由名义上的公司承担。拍卖人如果怠于核实公司是否为存续状态,致使买受人产生损失的,拍卖人仍应当向买受人承担责任。

(三) 法人财产和股东财产之区别

公司法人是最为常见的法人,在拍卖活动中,公司作为委托人也最为常见。但是拍卖人在接受委托人委托时要区分拍卖的财产属于公司财产还是股东财产。

从法律的角度来看,股东和公司法人之间存在着严格的界线,即股东通过将自己的财产投入公司,从而享有以股东身份在公司进行决策、享有分红等股东权利。只有股权才属于股东的财产。而股东一旦将自己的注册资金投入公司,该财产作为注册资本即属于公司所有。股东如果以其他形式的资产出资,则按照《公司法》规定,应当履行权利变更的手续,即股东投入公司作为资本的所有财产都转为公司所有。公司成为该财产的所有权人,公司后续经营所产生的所有财产都属于公司所有,其所有权人为公司,而非公司股东。股东无权直接处分公司的财产,股东只有通过一定的程序由公司处分公司的财产。

拍卖人如果接受公司的委托处分公司的财产,拍卖人应当和作为委托人的公司签订委托拍卖合同。而公司股权的处分则应当由股东作为委托人签署委托拍卖协议。

如果拍卖人混淆了公司财产和股东财产,则有可能产生委托人并不对拍卖标的享有处分的权利的情况,按照《拍卖法》的规定,委托人对自己不具有处分权的拍卖标的委托拍卖的,拍卖可能归于无效,拍卖人如果未能核实,极有可能向买受人承担瑕疵担保的赔偿责任。

(四) 法定代表人之行为

前面我们也已经提过,法定代表人可以代表法人从事民事活动。按照《民法总则》的规定,法定代表人系依照法律规定或法人章程规定,代表法人从事民事活动的负责人。法定代表人以法人名义从事的民事活动其法律后果由法人承受。另外,法定代表人因为执行职务造成他人损害的,由法人承担民事责任。

正是由于法人属于法律上拟制的人,其民事活动需要由具体的人来负责或代表。故法定代表人以法人的名义从事的活动,视为法人的活动。

如果是公司作为委托人与拍卖人订立委托拍卖合同关系,公司的法定代表人可以直接以公司的名义和拍卖人签署合同,只要该法定代表人表明了其系以公司名义签署委托拍卖合同,则委托拍卖合同的法律后果应当由公司来承担。

如果该自然人虽然系某公司的法定代表人,但是其签署委托拍卖文件时并非以公司名义签署,则该委托拍卖合同的法律后果应当由该自然人自己承担。当然我们还需要根据具体的情况,结合具体的标的来进行相关的分析。

如果拍卖的标的根本和公司没有任何关系,若因为委托拍卖合同产生了纠纷,委托人虽然系某公司的法定代表人,但并未表明其身份,拍卖人自然可以追究该自然人的责任。

二、非营利法人

在新颁布的《民法总则》当中,特别规定了非营利法人的概念。按照《民法总则》的规定,非营利法人系指为公益目的或者其他非营利目的成立,不向出资人、设立人或者会员分配所取得利润的法人。具体非营利法人包括事业单位、社会团体、基金会、社会服务机构等。

具备法人条件,为适应经济社会发展需要,提供公益服务设立的事业单位,经依法登记成立,取得事业单位法人资格;依法不需要办理法人登记的,从成立之日起,具有事业单位法人资格。

具备法人条件,基于会员共同意愿,为公益目的或者会员共同利益等非营利目的设立的社会团体,经依法登记成立,取得社会团体法人资格;依法不需要办理法人登记的,从成立之日起,具有社会团体法人资格。

具备法人条件,为公益目的以捐助财产设立的基金会、社会服务机构等,经依法登记成立,取得捐助法人资格。依法设立的宗教活动场所,具备法人条件的,可以申请法人登记,取得捐助法人资格。

非营利法人除了在存续期间,不得向出资人设立人或者会员分配财产外,在法人终止时,不得向出资人、设立人或者会员分配剩余财产。剩余财产应当按照法人章程的规定或者权力机构的决议用于公益目的。

非营利法人不以向出资人等分配利润为目的,其具有自己独立的财产权利,法律并未禁止非营利法人处分自己的财产或权利,非营利法人也可以成为拍卖委托人的主体。但是因为非营利法人具有其特殊性,在与拍卖人建立委托拍卖合同关系上,拍卖人仍应尽合理审慎的义务。

三、特别法人

根据《民法总则》的分类,机关法人、农村集体经济组织法人、城镇农村的合作组织法人、基层群众性自治组织法人为特别法人。

特别法人具有管理的职能,但在一些情况下可以参与拍卖活动。根据法律规定,机关法人可以从事为履行职能所需要的民事活动。一些行政机关具有行政处罚权,比如海关、税务机关和其他具有罚没职权的机关,其处分罚没物品的行为符合履行其职能的需要。故根据法律规定,此类主体可以委托拍卖人就罚没物品进行拍卖。

特别法人对于自己享有处分权的其他一些财产的处分,通过相应的程序,由特别法人通过拍卖公司委托其对财产进行处分也并未违反法律规定,也受《拍卖法》所调整,并且应当承担相应的责任。

《民法总则》规定居民委员会、村民委员会等具有基层群众性自治组织法人资格,可以从事为履行职能所需要的民事活动。此类基层自治组织只要其委托拍卖行为未违反强制性法律规定，其委托拍卖行为应当具有法律效力。

从拍卖人角度而言，特别法人参与拍卖活动和其他法人并无本质的区别，拍卖人与其缔结委托拍卖法律关系符合《拍卖法》规定，但是针对不同的拍卖标的，拍卖人应给予不同的关注，我们将在后面对不同标的的审核部分进行进一步的探讨，关于主体资格不再多述。

第三节 非法人组织

非法人组织系不具备法人资格的组织，其可以以自己的名义对外进行民事活动。非法人组织不具备法人资格的根本原因在于其不具备财产上的独立性，即非法人组织的财产和其设立者的财产是混同的，设立人必须以其全部的财产对非法人组织承担无限连带责任。非法人组织不具备财产上人格的独立性，当非法人组织的财产不足以清偿债务时，由设立人承担。

根据《民法总则》的定义，非法人组织包括个人独资企业、合伙企业、不具备法人资格的专业服务机构。

一、个人独资企业

个人独资企业是按照《个人独资企业法》的规定是指，在中国境内设立，由一个自然人投资，财产为投资人个人所有，投资人以其个人财产对企业债务承担无限责任的经营实体。

如果自然人在投资设立时以其家庭共有财产作为个人出资的，应当依法以家庭共有财产对企业债务承担无限责任。个人独资企业非公司，其最大的特点是由投资人承担无限责任，个人独资企业的全部财产属于个人的财产，个人独资企业并没有独立的财产权，个人独资企业和个人财产权利混同，个人独资企业虽然可以单独对外从事民事活动，但其后果和责任由投资人个人承担。

所以，如果委托拍卖协议的委托人为个人独资企业，其和该企业的投资人以其自己名义签订委托拍卖协议并没有责任上的差别，最终该委托拍卖协议的全部后果均应当由该自然人来承担。从个人独资企业的名称上来看，个人独资企业的名称不会出现公司或者有限责任公司字样。此外拍卖人确定委托人为个人独资企业可以从其营业执照上明显看出，新版的营业执照，在其类型当中会明确为个人独资企业，而老版本的个人独资企业的营业执照上的名称为《个人独资企业营业执照》。

二、合伙企业

合伙企业，是指自然人、法人和其他组织依照合伙企业法在中国境内设立的普通合伙企业和有限合伙企业。

(一) 普通合伙

普通合伙企业由普通合伙人组成,合伙人对合伙企业债务承担无限连带责任。国有独资公司、国有企业、上市公司以及公益性的事业单位、社会团体不得成为普通合伙人。

普通合伙的最大特征是所有的合伙人均对合伙的责任承担无限连带责任,即在普通合伙企业的对外债务无法清偿时,普通合伙的债权人可以要求普通合伙的所有合伙人或者其中某个合伙人承担责任,普通合伙的财产本质上也和合伙人的财产混同。各合伙人均以其全部财产对普通合伙的债务承担连带责任。至于合伙人内部的责任承担,则按照合伙企业的而协议来进行确定,合伙人对内的债务分担协议并不影响合伙人对外承担连带的无限责任。

(二) 特殊普通合伙

合伙企业中的普通合伙企业按照法律规定还有一类特殊普通合伙企业,以专业知识和专门技能为客户提供有偿服务的专业服务机构可以设立特殊的普通合伙企业。特殊普通合伙企业在其名称中必须标明"特殊普通合伙"字样。特殊普通合伙企业和普通合伙企业在合伙人的责任方面存在不同。

按照法律规定,特殊普通合伙企业的一个合伙人或者数个合伙人在执业活动中因故意或者重大过失造成合伙企业债务的,应当承担无限责任或者无限连带责任,其他合伙人以其在合伙企业中的财产份额为限承担责任。合伙人在执业活动中非因故意或者重大过失造成的合伙企业债务以及合伙企业的其他债务,由全体合伙人承担无限连带责任。

至于合伙人内部的责任承担,合伙人执业活动中因故意或者重大过失造成的合伙企业债务,以合伙企业财产对外承担责任后,该合伙人应当按照合伙协议的约定对给合伙企业造成的损失承担赔偿责任。

特殊普通合伙企业和普通合伙企业在对外责任承担上的共同之处在于,对于合伙企业的一般债务,无论是特殊普通合伙企业的合伙人,还是普通合伙企业的合伙人,如果以合伙企业的财产对外不能清偿时,则以全部合伙人的个人财产对合伙企业的债权人承担无限连带责任。

普通合伙企业的对外债务的承担并不区分某合伙人是否存在故意或者重大过错,均由所有合伙人对合伙企业的债务承担无限连带责任。而特殊普通合伙企业的对外债务如果是因某合伙人的故意或者重大过错导致的,则只有执行该活动的合伙人对外承担连带无限的连带责任,而其他合伙人则仅以其在合伙企业中的财产份额承担责任。

(三) 有限合伙

有限合伙企业由普通合伙人和有限合伙人组成,普通合伙人对合伙企业债务承担无限连带责任,有限合伙人以其认缴的出资额为限对合伙企业债务承担责任。

有限合伙和普通合伙的最大区别是并非所有的合伙人均承担无限责任。其特殊之处在于,其合伙人当中有承担有限责任的有限合伙人,有限合伙人和公司的股东的责任状况类似,有限合伙人对合伙企业承担的责任是有限的,即有限合伙人对合伙企业的责任仅以其认缴的出资额为限。同时有限合伙人对合伙企业的外部债务承担也是有限的,即有限合伙人仅以其对有限合伙的出资额为限对有限合伙的外部债务承担责任。有限合伙人的个人财产并不与合伙企业的财产混同,有限合伙人不以其全部财产对有限合伙的债务承担连带责任。

有限合伙企业和特殊普通合伙企业也存在区别,特殊的普通合伙企业在正常情况下的对外债务,仍由所有合伙人承担连带的无限责任。而有限合伙企业的有限合伙人承担的仅是有限责任,非无限连带责任。

特殊普通合伙企业的合伙人因为自身的过错和故意的原因对合伙企业造成的对外债务,其他的合伙人承担的责任则是有限的,该有限责任和有限合伙的有限责任类似,即无责任的合伙人仅以其在合伙企业当中的份额承担责任。

此外针对有限合伙应当特别注意的是,按照《合伙企业法》的规定,有限合伙企业由普通合伙人执行合伙事务,有限合伙人不执行合伙事务,不得对外代表有限合伙企业。

如果按照上述规定,有限合伙人被否认了代表有限合伙的资格,那么,在拍卖活动中,有限合伙人是否有权代表有限合伙对外签订委托拍卖协议?我们认为应当根据不同的情形来看,按照《合伙企业法》的规定来看,有限合伙人不得执行合伙事务,不得对外代表有限合伙企业系针对合伙企业的合伙事务而言,因为有限合伙人承担的是有限责任,而合伙企业的合伙事业的经营可能对外产生责任,故《合伙企业法》明确否认有限合伙人可以对外代表合伙企业执行合伙事务。一般情况下,有限合伙对外处分自己的财产,并非合伙事务的经营行为,故不应轻易否认有限合伙人可以代表有限合同签订委托拍卖合同的资格。

如果有限合伙人对外代表合伙企业签订委托拍卖协议得到有限合伙企业的合伙事务执行人的认可,则该有限合伙人当然基于代理产生对合伙企业的责任,该有限合伙人的行为视为有限合伙企业的行为。故有限合伙人普通的正常的委托拍卖的行为应当有效。

事实上,《合伙企业法》为了防止有限合伙企业以有限合伙人不得执行合伙事务为由逃脱责任,规定第三人有理由相信有限合伙人为普通合伙人并与其交易的,该有限合伙人对该笔交易承担与普通合伙人同样的责任。有限合伙人未经授权以有限合伙企业名义与他人进行交易,给有限合伙企业或者其他合伙人造成损失的,该有限合伙人应当承担赔偿责任。

该条规定实际上赋予了善意第三人可以请求有限合伙企业承担有限合伙人行为责任的权利,至于有限合伙人对内责任的承担则是有限合伙企业内部的责任分配,不影响有限合伙对外责任的承担。

为了避免相关纷争的产生,毕竟有限合伙签订委托拍卖协议系其处分自己的财产的行为,如果有限合伙人处分的财产金额巨大,或者该处分行为明显会影响合伙企业的经营等此类情形,拍卖人对此已经知晓,则拍卖人应当与普通合伙人代表有限合伙订立委托拍卖协议为妥。

鉴于合伙企业和公司等一般的法人在责任承担上存在明显差异,而且合伙人的个人行为能否代表企业,最终责任能否由企业承担也存在不同,故拍卖人应当注意识别合伙企业与公司。合伙企业的名称和公司存在明显差异,按照法律规定,"合伙"字样仅能出现在合伙企业的名称当中,非合伙性质的企业名称中不得出现"合伙"字样。此外对于合伙企业是否为有限合伙企业、是否为特殊的普通合伙企业,在合伙企业的名称当中按照法律规定,都必须明显体现。

拍卖人应当要求委托人提供营业执照,在旧版的营业执照当中,营业执照的抬头名称即为合伙企业营业执照,而新版的营业执照针对不同的企业类型,在类型当中会明确载明企业类型,拍卖人应识别不同的合伙类型,引起不同的注意。

三、个体工商户

公民在法律允许的范围内,依法经核准登记,从事工商业经营的,为个体工商户。《民法总则》当中对于个体工商户的定义和这个并无本质的差异。个体工商户可以有自己的字号。

个体工商户和个人身份紧密相连,个体工商户并非独立的法人,其财产和个人的财产混同,按照法律规定如果个体工商户为个人经营的,则个体工商户的债务由个人承担,如果系家庭经营的,则个体工商户的债务以家庭财产承担,无法区分由个人经营还是家庭经营的,则以家庭财产承担债务。

个体工商户作为民法中明确规定的可以从事经济活动的民事主体,可以以其名义和拍卖人建立委托拍卖合同关系。个体工商户作为委托人承担责任按照上述原则进行确立。拍卖人应当在签订委托拍卖协议时注意识别委托人个体工商户身份,有字号的个体工商户应当有个体工商户的营业执照。

第四节　委托人之代理人

委托人作为民事法律行为主体,按照我国民法规定,民事法律行为除了法律规定、当事人约定或者按民事法律行为性质只能由本人实施的民事法律行为外,民事法律行为均可以由代理人实施。故在拍卖活动中,委托人通过代理人与拍卖人订立委托拍卖合同为法律所承认。同样在后续的竞买行为中,竞买人也可以通过代理人实施。如果由代理人代为实施委托拍卖行为时,拍卖人应当注意从代理的法律关系当中去把握相关的风险,并采取积极有效的措施。

一、代理的规定

我国《民法通则》规定,公民、法人可通过代理人实施民事法律行为。代理人在代理权限内,以被代理人名义实施民事法律行为,被代理人对代理人的代理行为,承担民事责任。但依照法律规定或者按照双方当事人约定应当由本人实施的民事法律行为,不得代理。

《民法通则》的规定,实际上将被代理人局限于公民和法人,未将其他民事主体包括在内。可以实施民事法律行为的民事主体不仅包括公民和法人,还有其他经济组织等,但在实际生活中以及法院的判例中,法律并未不允许其他主体通过代理实施民事法律行为。

在《民法总则》当中,明确规定民事主体可以通过代理人事实民事法律行为。除了依照当事人的约定或者法律规定应当由本人亲自实施的民事法律行为不得代理外,民事法律行为都可以通过代理实现。《民法总则》的规定将委托人扩大到所有的能够实施民事法律行为的主体。

在代理的种类上,《民法总则》规定代理包括委托代理和法定代理,对《民法通则》里所述的指定代理不再作出规定,在法定代理的定义当中,阐明法定代理人依照法律的规定行使代理权,实际上将指定代理纳入法定代理范围内,与法定代理并不相悖。

二、代理后果由被代理人承担

代理人在代理权限内实施代理行为,其法律后果由被代理人承担。这也是设定代理的目的,被代理人因为自己的原因无法由本人实施某民事法律行为,故由被代理人的代理人代为实施,只要没有反向的否定性的原因,代理人实施的行为视为被代理人实施,故代理行为的后果应当由被代理人承担。

在此项含义之下,我们值得注意的是,代理人实施的事项要合法,如果实施的行为属于法律禁止或者违法的情形,代理人知道代理事项违法仍然实施代理活动,或者被代理人知道代理人的代理行为违法不表示反对的,则由代理人和被代理人承担连带责任。代理人实施违法行为的后果,不能依据普通的代理后果的规定,否则将会鼓励代理人实施违法行为,同样代理人实施违法行为的后果也不能由代理人自行承担,否则被代理人就可以通过代理人行为实施违法行为,违法行为不具有合法性,代理人和被代理人明知或者默认均应当连带承担相应的法律后果。

就拍卖法律关系而言,委托人欲与拍卖人建立拍卖合同关系,当然有权委托代理人实施委托拍卖的行为,但作为委托人的代理人和拍卖人缔结委托拍卖法律的后果约束委托人和拍卖人。后面我们会就具体的由他人代理进行委托拍卖的行为进行阐释。

三、代理人不承担责任

代理人在委托人或者被代理人的授权之下从事民事活动,只要代理行为是有权的,没有法律上的否定的情形存在,则代理人是无须对第三人承担责任,这是代理行为中代理人责任的核心之所在。代理人按照被代理人的指示行事,代理人只是代表被代理人从事某民事法律行为,代理人无须承担责任。

在委托拍卖合同关系中,如果委托人与拍卖人缔结委托拍卖合同系由代理人代委托人缔结的,正常情况下,代理的后果均由委托人承担,拍卖人作为相对人无权追究代理人的责任。被代理人可以根据授权和拍卖人订立委托拍卖合同,可以将拍卖标的交付给拍卖人,代理人可以根据被代理人的授权就委托拍卖合同的内容和拍卖人进行磋商确定,并可代表被代理人在委托拍卖协议上签字。

故在委托拍卖合同关系中,如果签订合同的主体明确表示其为某人之代理人,拍卖人首先要对被代理人的信息进行核实,如果被代理人是公司法人的,则应确定公司法人仍然处于存续状态。如果被代理人为自然人的,应当初步判定该自然人是否真实,对于自然人应当核实被代理人的身份证件,并从表面判断该被代理人是否为成年人,如果系成年人,拍卖人应当被视为尽到了表面的审核义务,但也不能因此而绝对忽略拍卖人应当核实被代理人虽然是成年人却属于无民事行为能力或者限制行为能力人的责任。如果被代理人为未成年人,则应确定该代理人是否具有法定的代理权,是否有权代表被代理人处分被代理人的财产,这在之前的委托人关于自然人部分已经做了阐述。

更为重要的是,拍卖人应当根据授权委托书的记载详细核实代理人的身份是否和授权委托书上记载的内容相同。拍卖人应当对代理人的身份进行核实,同样要确定代理人是否是具有完全民事行为能力的人,这可以从代理人的身份信息上予以确定,同时还要根据代理人的精神智力状况表面确认其自身是否具有民事行为能力。只有在符合法律规定的代理人实施的代理行为下,代理人才无须承担责任。

四、明示代理

所谓明示代理是指代理人与第三人实施民事法律行为时,明确告知第三人其系作为被代理人的代理人实施民事法律行为。《合同法》第四百零二条同时规定,受托人以自己的名义,在委托人的授权范围内与第三人订立的合同,第三人在订立合同时知道受托人与委托人之间的代理关系的,该合同直接约束委托人和第三人,但有确切证据证明该合同只约束受托人和第三人的除外。

在明示代理的情况下,代理人和被代理人的身份最为清晰,第三人也充分了解代理人的身份,代理行为的后果也最为清楚。故实施代理行为以明示代理为最佳代理方式,在代理人和被代理人身份问题上产生纠纷的可能性最小。

在拍卖活动中,如果委托人与拍卖人订立拍卖合同由他人代理,应当由代理人提交由被代理人签署的授权委托书,应载明委托拍卖的标的等内容,作为代理人具有授权的准确证明,在代理权限没有瑕疵等情况下,该委托拍卖的后果由委托人承担。

(一) 授权委托书

明示代理最为常见的形式应当是代理人向第三人提供由被代理人签署的授权委托书,该授权委托书是代理人受被代理人授权实施民事法律行为最充分的证据。按照法律规定,授权委托书应当载明代理人的姓名或名称、代理事项、权限和期限,并且由被代理人签名或盖章。授权委托书重在内容,形式为次要。

1. 委托人姓名和名称

如果委托人为自然人的,授权委托书上应当注明委托人的姓名、身份证号和地址,代理人应当提供委托人的身份证件以证明委托人确实存在。如果委托人是法人的,则应当载明准确的法人名称,并且应当确保法人是存续的,代理人应当提供委托人的营业执照。对委托人身份进行审核部分,我们在前面已经做了叙述。对于代理人提供的委托人的身份证明文件,拍卖人应当和授权委托书一并进行有效保管。

2. 代理人姓名和名称

代理人的姓名和名称代表代理人的身份,代理人如果是自然人的应当注明身份证号码。代理人应当提供准确的身份证明文件,拍卖人应当按照签署的审核要求对代理人的身份进行核实。对于代理人提供的其自己的身份证明文件,拍卖人应当留存并且进行有效保管。

值得注意的是,法律并未禁止代理人为法人,故如果代理人为法人的,仍必须由法人出具相应的授权委托文件,委托具体经办的自然人处理应由法人代理的事务,在此情形下,对于代理人的审核要求和前面一致。

3. 代理事项

代理事项是代理人代被代理人处理的事项,代理事项应当约定清楚。代理事项是确定代理人的代理权限是否完整的基础。代理事项和代理权限紧密联系,代理权限为代理事项的补充,并得以确定代理人是否在代理权限内处理被代理人委托的事务。对于委托拍卖实务而言,被代理人处理的事项应当是代为办理委托拍卖手续,委托的事项应当注明委托拍卖。

4. 代理权限

代理权限是代理人处理代理事项的权限范围,代理权限的明确可以确定代理人是否在代理权限内处理事务。关于代理权限,常见的表述为全权代理,虽然全权代理表面上显示为代理人可以完全代被代理人处理事务,但在何为全权代理这一概念上可能会产生偏差,参考我国《民事诉讼法》当中对代理人的权限当中的规定,全权代理并不是最完整的授权形式,在诉讼活动中代理人如果需要对当事人的诉讼权利进行处分时,需要特别授权,并予以明确,仅仅是全权代理不足以满足代理人可以就特别事项在诉讼中进行代理的条件。

当然在其他领域,我国民法并未对全权代理的表述作出任何限制。为了准确起见,我们建议拍卖人在代理人提交的授权委托书当中应当对代理权限作出比较准确的表述,以便当事各方既能顺利地办理相关事项,又能避免各方就权限问题产生争议。

具体到委托拍卖的代理行为,代理权限应当包括代为签订委托拍卖合同,如果涉及交付拍卖标的则应当包括交付拍卖标的、告知拍卖标的的瑕疵等内容。总而言之,代理权限能够确保代理人可以代委托人行使缔结委托拍卖合同的权利。

5. 代理期限

代理期限是代理人的代理权限是否有效的区间,代理期限是时间条件,也是被代理人对代理人的约束。代理期限实际上是被代理人和代理人之间就代理行为是否仍然有效对外作出的明确意思表示。代理的期限应当注明授权代理的起止时间,如果起止时间明确的,第三人应当确保代理人实施的行为在起止时间之内。

代理期限如果只载明终止时间,则可以认定从授权委托书签发之日起至终止时间,代理人可以实施代理行为。终止时间一旦届满,代理权就终止,代理人丧失代理权,更不用谈论具体的代理权限了。

当然,代理期限也可以不载明具体的期限,在这种情况下,则默认自授权委托书签发之日起一直有效,可以认为委托人自出具授权委托书之日起即授权代理人可以与第三人实施民事法律行为。但是代理人的代理行为是否一直可以实施并且有效,仍然需要根据具体的代理权限和代理事项进行分析。

代理人代委托人和拍卖人缔结委托拍卖合同关系时,拍卖人应当注意代理人的代理行为发生之时,其代理权限是否仍然在代理期限之内。一旦代理期限届满,拍卖人应当要求代理人提供新的授权委托书,以确保代理人的代理权是无瑕疵的。

特别需要引起拍卖人注意的是,代理人在订立委托拍卖合同时在代理期限内,在后续拍卖活动举行后,如果和委托人之间存在争议或者需要委托人对某事项作出决定时,拍卖人疏于查核代理人的代理期限是否已经过期,仍然接收代理人对于被代理人的事项的处分的指示,而陷于被委托人追究责任的境地。

6. 签名和盖章

授权委托书应当由被代理签名盖章,签名盖章表示被代理人确定由代理人在被代理人认可的期限内以允许的权限办理代理事项。

拍卖人需要关注的是,如果被代理人也就是委托人是公司法人的,需要由其盖章。正如前面所述,需要确认该被代理人是存续的公司法人。另外,按照我国法律规定,公司的法定代表人可以代表公司对外处理公司事务,故如果法人为委托人的,也可以由该法人的法定代表人签署授权委托书。但是拍卖人应当确认该签字人是否为公司的法定代表人,并且应当要求代理人提供公司法定代表人的身份证等信息。按照现在的法律规定,公司的法定代表人可以由董事长、执行董事、经理(总经理)担任。同时作为法定代表人签字的该自然人应当表明其法定代表人身份。

对于自然人签署的授权委托书,拍卖人必须关注的地方已经在上面进行了阐述,此不再赘述。

(二) 介绍信

需要说明的是,授权委托书虽然是最能证明代理人和被代理人关系的证明,但是被代理人也可以通过其他的方式指定代理人代其实施某法律行为。除了授权委托书之外,被代理人还可以通过开具介绍信指定代理人办理。只要介绍信的内容对代理的事项明确予以说明,就具备了授权委托书的性质。介绍信等也可以成为代理人受被代理人委托的证明。

拍卖人如果收到的是授权委托书之外的其他书面文件,也应当按照授权委托书需要关注的内容和要点出发,审核代理权限、代理事项、代理期限等内容,以避免因为某内容未能交代清楚而可能产生争议。

(三) 意思表示确认

民事法律行为能够产生效力的一个重要要求是意思表示真实,故在代理关系当中,即便没有授权委托书之类的文件,如果被代理人明确告知第三人其指定某代理人代其实施某民事法律行为,该口头的意思表示同样具有效力。

在委托拍卖关系中也不例外,委托人以口头的方式指定代理人符合法律规定,但是关键在于是否有充分的证据证明委托人曾经作出此意思表示。拍卖人应当及时通过证据确立代理关系真实存在,否则在被代理人否认的情况下仍然会陷入被动。拍卖人如果由于特殊情况,暂未取得代理人有权代理的书面证明时,应当及时要求委托人书面确认代理行为。

五、默示代理

所谓默示代理系代理人实际已经得到了被代理人的授权,即代理人和被代理人之间已经建立了委托代理关系,但是代理人在实施民事法律行为时并未向第三人披露其系代理人身份,在这种情况下如何认定代理人和拍卖人之间的法律关系要进行具体分析。

(一) 委托人的介入权

我国《合同法》第四百零三条规定,受托人以自己的名义与第三人订立合同时,第三人不知道受托人与委托人之间的代理关系的,受托人因第三人的原因对委托人不履行义务,受托人应当向委托人披露第三人,委托人因此可以行使受托人对第三人的权利,但第三人与受托人订立合同时如果知道该委托人就不会订立合同的除外。此条规定规定了由于第三人的原因致使委托人的利益受到损害的,委托人可以自己直接向第三人主张权利,作为并不知情的第三人可以以订立合同时如果知道委托人就不会订立合同进行抗辩。但是从第三人角度,在由于第三人自己的原因不能履行合同时,第三人本身就应承担违约责任,至于违约责任承担的对象对第三人来说并无实质的影响。

委托拍卖活动经常会出现这样的情形,即委托人对在哪个拍卖公司完成拍卖并不在意,委托人只关注拍卖能够按照自己的心理价位成交即可,故委托人作为被代理人可以指示代理人就自己的拍卖标的对外寻求拍卖公司进行拍卖,被代理人可以概括地授权代理人可以代为与任何拍卖人建立委托拍卖合同关系,无须具体指定哪个拍卖人。与委托人的代理人缔结委托拍卖合同关系的拍卖人是第三人,代理人得到这种授权之后,实际以自己的名义和拍卖公司签署了委托拍卖合同,或者以行为建立了委托拍卖合同关系。

如果因为拍卖人的原因代理人无法完成代理任务的,则按照法律规定在披露的情形下,可以由被代理人直接向拍卖人按照委托拍卖合同的约定行使相应的权利。

但是因为拍卖人在与代理人订立拍卖合同的过程中并不知晓代理人具体代理谁,故法律赋予拍卖人在此情况下可以基于信赖的原则仍然由其向代理人承担义务。但是从另外一个角度出发,承担义务的将是拍卖人,故拍卖人是义务方,其向谁承担责任并不影响其责任的大小,此规定不会加重拍卖人应当承担的责任。

(二)第三人的选择权

另外一种情形是如果代理人因被代理人原因无法履行合同时,法律赋予第三人选择权。我国《合同法》第四百零三条规定,受托人因委托人的原因对第三人不履行义务,受托人应当向第三人披露委托人,第三人因此可以选择受托人或者委托人作为相对人主张其权利,但第三人不得变更选定的相对人。该法律规定将由谁向第三人承担责任的权利赋予第三人,第三人在知晓了代理人与委托人之间的委托关系之后,可以选择相对方,被选择的一方将要直接对第三人承担法律责任。

在委托拍卖法律关系中,代理人以其自己的名义与拍卖人缔结委托拍卖合同关系,拍卖人为第三人,但是委托拍卖合同因为委托人原因无法履行而应当向拍卖人承担义务时,因为拍卖人并不清楚被代理人存在,故必然会首先要求委托人的代理人承担责任。在这种情况下,代理人会以自己受被代理人委托签订委托拍卖合同为由进行抗辩。即便代理人此时向拍卖人披露已经存在的代理关系,但是因为在缔结委托拍卖合同时,拍卖人对代理人的身份不知情,如果代理人因为披露代理关系即从委托拍卖关系中免责,显然对拍卖人不公平。故法律允许拍卖人作为善意第三人可以进行选择责任承担方。

基于此种情形,我们认为拍卖人可以选择有实力的一方作为委托拍卖合同的义务承担人来承担责任,即拍卖人既可以选择代理人,也可以选择被代理人作为相对一方承担责任。拍卖人可以综合判断到底哪一方更具有实力、更有能力成为责任承担的一方。

但是同时依据法律规定,拍卖人一旦作出选择,则不得作出变更。这也和禁反言的原则相一致,法律关系的双方一旦确定,就不应再被随意打破。法律实务当中,如果出现以上默示代理情形,拍卖人应慎重选择合同相对一方承担责任,至于如何选择和判断实力,并非法律事项范围内的事情。

六、无权代理的三种类型及其法律的后果

（一）无权代理的三种情形

1. 没有代理权

没有代理权的代理行为系指代理人根本没有事先获得被代理人的授权,代理人自己可能声称为被代理人实施的某项行为,或者在事后声称其有代理权,而实质上被代理人并未对代理人的行为进行授权。没有代理权可分为广义和狭义的没有代理权。狭义的没有代理权是指从未获得过被代理人的授权。广义的没有代理权还包括超越代理权与代理权终止的情形,这两点我们会进一步论述。

没有代理权的实质是代理人根本没有权力处分被代理人的财产,或者没有权力代表被代理人办理某项事务。没有代理权的代理行为的后果理应由无权代理人自行承担,因为建立民事法律关系的双方为无权代理人和第三人,被代理人不会因此承担无权代理人实施民事法律行为的后果,同时基于合同相对性原则,代理人实施行为产生的法律关系存在于无权代理人与第三人之间,与被代理人无涉。

但是法律充分考虑到允许当事人自治的原则,如果被代理人认可无权代理人实施的行为,一旦被代理人对无权代理人的行为进行了追认,则视为无权代理人获得了代理权,从这个角度上来看,代理人在没有代理权的情况下实施的民事法律行为对于被代理人而言属于效力待定的民事法律行为,如果被代理人对该行为没有进行追认,则该民事法律的法律后果对于被代理人而言无效,代理人应当独自承担该行为的全部法律后果。若被代理人对该代理行为进行了追认,则该民事法律行为对于被代理人而言有效,代理人实施的行为直接约束被代理人和第三人。

2. 超越代理权

超越代理权的前提是代理人是存在代理权,即被代理人授权代理人实施某项行为,但是代理人实施某项代理行为的权限超越了被代理人授权的范围,所以说从广义角度来看,超越代理权也是属于无权代理。超越代理权的行为实际上并未得到被代理人的许可,超出了被代理人和代理人之间的约定,被代理人不应对代理人的行为承担责任。

和没有代理权一样,如果被代理人不对代理人的代理行为予以追认或认可,则该行为的法律后果应当由代理人自行承担,如果代理人超越代理权与第三人订立了合同,则该合同只能约束代理人和第三人,对于被代理人而言没有任何法律效力。同样,如果被代理人对于代理人超越代理权的行为进行了追认,则代理人的代理行为合法有效,被代理人应当受到代理行为的约束。

3. 代理权终止

代理权终止的前提是代理人曾经存在代理权,代理人曾经可以代表被代理人实施某项代理行为,但是被代理人对代理人的授权存在期限。如果被代理人的授权期限已经届满,代理人与被代理人之间的代理法律关系即已终止。此时代理人仍然实施代理行为,实际上并未得到被代理人许可,故代理权终止也属于广义的代理人没有代理权的行为。被代理人有权作出选择可以决定是否对该代理行为予以追认,如果被代理人没有作出追认

的意思表示,则该代理行为对被代理人没有约束力,法律后果由代理人自行承担。如果被代理人对该行为进行了追认,则意味着被代理人自愿接受该代理行为,相应的法律后果仍由被代理人承担。

（二）无权代理的法律后果

以上无权代理的情形的法律后果一样,对于被代理人而言属于效力待定的民事法律行为,如果被代理人追认则对被代理人有效,否则归于无效。无权代理的追认权的行使赋予了被代理人单方选择权,在现实生活当中仍然颇具意义,虽然代理人实施了无权代理的行为,但是该行为也许是为了被代理人的利益而实施的,如果允许被代理人追认,则意味着被代理人接受了该后果。

如果被代理人没有追认,当然不能对被代理人产生任何效力,否则使得代理权的授予变得毫无意义,任何人均可以任何名义对外从事所谓无权代理的行为。对于那些被代理人不予认可,或者根本不能接受的行为,赋予被代理人的追认选择权,则将否定该类无权代理行为的权力赋予无辜的被代理人来行使,相应地否定之后的法律后果应当由代理人自行承担。

对于第三人在无权代理情况下的责任则应当根据具体的情况来进行分析。如果第三人对于代理人无权代理的情形没有过错的,主要情况有代理人在和第三人之间实施某民事法律行为时,并未向第三人披露其具有代理权,这时第三人为善意的第三人。第三人和代理人之间的民事法律关系成立,并且产生效力,如果存在代理人违约等应当承担责任之情形时,若被代理人拒绝对于代理人的行为进行追认,第三人当然可以依据其和代理人之间的法律关系追究代理人的责任。

但是如果第三人和代理人之间建立法律关系时,第三人对于代理人为无权代理的情况明确知晓时,产生法律责任则按照法律规定,由第三人和代理人按照各自的过错进行承担。这种责任可以体现在代理人和第三人之间的法律后果上,如第三人和代理人之间的合同未能得到履行,第三人和代理人之间的合同责任如何进行分配。这种责任还可以体现在代理人和第三人之间的民事法律行为对他人造成的损害赔偿,利益受到侵害的当事方可以要求代理人和第三人承担责任,责任的分担同样应按照代理人和第三人之间的过错来分配。

故第三人在接受代理人的实施民事法律行为时理应确认代理人的代理权是否完整,是否已经终止,是否具备代理权,第三人如果已经发现代理人具备无权代理的情形,即应当审慎地决定是否接受代理人的行为,如果决定不接受当然不会产生任何无权代理的法律后果;如果第三人在知道代理人无权代理的情况下,仍然决定接受和代理人实施某项行为,则应接受该代理行为无法得到被代理人追认的情形,一旦被代理人没有对该行为进行追认,则第三人与代理人所订立的合同只能约束代理人和第三人自身,而无法向被代理人主张责任,还可能因为自己的过错承担不利后果。

拍卖人和没有代理权的代理人订立委托拍卖合同时应当特别予以注意,拍卖人作为特殊的专门从事拍卖业务的主体,其对于拍卖标的负有特殊的高于普通主体的义务,主要体现在审核拍卖标的来源和瑕疵的义务,对于无权代理的代理人,其原则上不可能对拍卖标的享有所有权,故如果拍卖人仍然和无权代理的代理人订立委托拍卖合同,拍卖人的过错明显要大于代理人。

更为重要的是,对于对拍卖标的没有处分权的拍卖行为,一般会被认定为无效的拍卖行为。这种权利上的瑕疵如果拍卖人未能向买受人披露,属于瑕疵担保责任,在拍卖成交后,买受人势必会因无法获得拍卖标的而要求拍卖人予以赔偿。

(三)无权代理的具体风险防范

针对无权代理可能带来的风险和不确定性,在拍卖活动中,对于拍卖人而言,首先考虑的是要杜绝出现无权代理的情形出现。

当某委托拍卖的人声称其为代理某人建立委托拍卖关系时,应当查验授权委托书,并对授权委托书的被授权人、授权的权限、授权的期限予以核实,只有其委托权限等不存在瑕疵或者问题的情况下,建立的委托拍卖关系才能当然约束于实际的委托拍卖人。

当然,社会生活的纷繁复杂,规定这样的要求在具体实施或者经办时远不可能如此完美,则风险控制人员应当根据实际情况采取不同的措施。

1. 无授权委托书情形

行为人仅有口头的声明其系受托处理拍卖事项,我们认为在此情形下,可以先行订立委托拍卖合同,但是不应收取其标的,同时在委托拍卖合同当中应当注明,行为人应当及时提供授权委托书,在行为人未能及时提供授权委托书时,不应进入下一个拍卖的程序。

2. 超越代理权和代理权终止的情形

在行为人明显超越代理权或者代理权终止的情形下,拍卖人应当明确对行为人作出要求,要求行为人提供有效的授权委托,在授权委托书内容完整并且正确的情况下方和其缔结委托拍卖关系。

(1)催告

以上无权代理的情形出现时,并且在行为人明确告知其系代理人时,拍卖人应可以主动向行为人披露的被代理人发出要求其确认是否存在授权委托关系的函件,待委托人书面进行追认或者认可的情况下,该无权代理的瑕疵已经得到了补救,拍卖人即仍可进入实质性的拍卖程序中,当然在此情况下,委托拍卖关系约束于实际委托的被代理人。

我们需要注意的是,关于催告的时限问题,按照民法总则的规定,相对人可以催告被代理人自收到通知之日起一个月内予以追认。被代理人未作表示的,视为拒绝追认。

(2)撤销

法律在赋予被代理人可以就代理人的行为进行追认的情形下,同时允许第三人可以就尚未被追认的代理行为作出撤销的意思表示。但撤销应当以通知的方式作出。对于撤销的时间期限,民法总则规定可以在被代理人追认之前都可以作出撤销的表示。撤销的行使权由第三人选择行使,一旦选择行使撤销权,则第三人和代理人之间的民事法律行为也归为未发生,即不再产生约束力,当然也不会约束被代理人。

如果第三人没有及时行使撤销权,将视为默认代理人的代理行为。拍卖活动关系中,拍卖人在已经缔结了委托拍卖关系的情况下,应当根据不同的情况及时行使撤销权,否则撤销权灭失后,拍卖人只能向代理人就委托拍卖关系追究相应的责任。

七、滥用代理权的行为

所谓滥用代理权意指代理人利用其为代理人的身份,做出了有损委托人利益的行为,对于滥用代理权的行为实质上是属于违法的行为,应当承担相应的法律后果。滥用代理主要包括自己代理、双方代理、恶意代理。

(一) 自己代理

自己代理的行为是代理人接受委托人的委托后,与自己实施的行为。自己代理的行为违背了代理行为的宗旨,代理人与自己实施的行为势必会倾向于实现自己的利益最大化,从而与委托人的利益相冲突,故法律一般对这种行为持否定态度,通说均认为自己代理的行为是滥用代理权的一种,该行为会被认定为无效法律行为。

在委托人交由代理人代为和拍卖人缔结拍卖法律关系中,一般不会产生代理人自己代理的情形。

(二) 双方代理

双方代理的行为也是滥用代理权的典型之一,双方代理行为是受托人既接受委托人的委托代行其事,同时又接受第三人的委托代行其事。在买卖合同下,代理人既作为买方的代理人又作为卖方的代理人,一般情况下,这种代理也为法律所不允许,法律对此类双方代理行为的法律后果也是认定为无效法律行为。

之所以法律对于双方代理行为持否定性意见,原因和自己代理实际没有本质上的区别。如果允许代理人代理双方的事务,则代理人实际上很难做到忠实履行各自的代理义务,本质上合同双方之间的利益是冲突的,代理人应当追求委托人的利益的最大化,然而一旦构成双方代理,代理人很难做到这一点。

但是民法允许当事人对双方代理的行为进行许可,《民法总则》明确规定,代理人不得以被代理人的名义与自己同时代理的其他人实施民事法律行为,但是被代理的双方同意或者追认的除外。民法总则的规定尊重当事人对双方代理进行同意的意思表示。

(三) 恶意代理

我国《民法通则》规定,代理人和第三人串通,损害被代理人的利益的,由代理人和第三人负连带责任。代理人理应接受委托人的授权在授权范围内行事,代理人实施的行为应为实现委托人的利益,代理人可以获得委托人支付的代理报酬。如果代理人为了自己的利益与第三人串通,损害了被代理人的利益,当然应当承担法律上的责任。恶意代理的行为违背了民法最基本的诚实信用原则,为法律所否定。

法律特别强调,如果代理人构成和第三人串通损害被代理人的利益的,除了代理人应当承担责任外,第三人实际亦构成损害被代理人的利益,从另外一个角度出发,第三人实际上和代理人一起构成了侵权,并应承担侵权的连带责任。

委托拍卖法律关系下,代理人为委托人的利益实施委托拍卖民事法律行为,拍卖人为第三人,拍卖人不得和代理人作出任何有损于委托人利益的行为,否则即应当和代理人共同承担对委托人的责任。

八、表见代理

表见代理本质上属于无权代理,因为行为人并不存在实际的代理权,被代理人并未授权其从事某行为,但是和绝对的无权代理不同的是,基于某种原因,相对人可以信赖代理人存在合法的代理权限,法律允许由被代理人承担责任。

（一）表见代理的条件之一是代理人没有代理权

我国《合同法》第四十九条规定，行为人没有代理权、超越代理权或者代理权终止后以被代理人名义订立合同，相对人有理由相信行为人有代理权的，该代理行为有效。该条规定的就是表见代理行为，表见代理行为的前提是行为人没有代理权。表见代理首先应当是代理人没有代理权，这种没有代理权的规定是广义的无权代理，即代理人是没有代理权、超越代理权，或者代理权已经终止。或者换句话而言，该类的代理行为没有符合代理行为的完整要件。从代理人和委托人之间的角度而言，代理人已经违反了与委托人之间的约定，没有按照委托人的约定代行其事，该代理行为本不应当对委托人产生任何法律效力。但是只不过是因为其他的原因，为了保护相对善意的第三人的利益，法律强制性要求委托人仍然应当承担责任。

（二）表见代理的条件之二是第三人有理由相信代理人有代理权

第二个重要的条件是，相对人因为有理由相信代理人有权进行某项活动，则视为该代理行为有效。作为无辜的第三人在与代理人订立合同时，因为某种客观的情况，直接导致了第三人认为其仍在和委托人的代理人订立合同。这类理由一般情况下，均应当是由于委托人的原因所产生的，或者说是因为委托人的某种疏忽或者意思导致第三人相信代理人的代理权是正常的、没有任何障碍的，从而与代理人订立了合同，故虽然委托人并无明确的代理的意思表示，法律仍然要求委托人承担相应责任。

比较常见的情形是代理人持有委托人的空白介绍信、授权委托书后进行商业活动被相对人认定构成代理。实际的商务操作中因为情况的千差万别，委托人在出具授权委托时授权由代理人独自进行相应委托权限或时间的记载，举例而言委托人本来和受托人讲明该委托书的代理期限仅为一个月，但是为了方便，并没有在委托书中予以写明，仅留空白留待受托人进行补记，但是双方之间的约定为一个月。但在实际操作过程中，受托人在向第三人出示授权委托书前，将期限写为半年甚至更长时间，本来这已经违背了委托人和受托人之间的约定。但是作为第三人而言，在收到代理人出示的授权委托时，只能相信该代理人是在代理期限内行事，故而签订合同之后委托人无法以委托人和受托人间的约定予以抗辩。还有的情形是被代理人根本没有授权代理人行事，但是代理人偷用了被代理人的介绍信导致相对人以为代理人得到了充分的授权。此外还有加盖公章的行为，虽然被代理人没有授权代理人也没有主动在有关文件中加盖公章，但是相对人取得了代理人提供的盖有被代理人公章的文件，此类情况下均有可能构成表见代理，而由被代理人承担代理人行为的法律责任。至于被代理人如何追究代理人责任已经属于代理人和被代理人之间的事情。

委托拍卖法律关系中，拍卖人在一些情况下，虽然可以依据表见代理的法律规定追究被代理人责任，但是表见代理最终是否构成一般都会通过诉讼或仲裁的方式来进行确认是否成立，显然已经落入了纠纷的范畴。拍卖人应当尽到合理的审慎义务，避免使用表见代理这一救命稻草来保障自己的权利。

第七章　委托拍卖法律实务

第一节　委托拍卖协议的签订与生效

委托拍卖协议样本[①]

××××公司委托拍卖合同

委托人：＿＿＿＿＿＿＿＿＿＿　　　　合同编号：＿＿＿＿＿＿＿

委托人联系人：＿＿＿＿＿　国籍：＿＿　证件号码：＿＿＿　电话：＿＿＿

联系地址：＿＿＿＿＿＿＿＿＿　　　　邮编：＿＿＿＿＿＿＿＿＿＿＿＿＿

开户银行：＿＿＿＿＿＿＿　　账号：＿＿＿＿＿＿＿＿＿＿＿＿＿＿＿＿

传真：＿＿＿＿＿＿＿

拍卖人：××××公司　　法定代表人：＿＿＿＿＿　拍卖人代表：＿＿＿＿

联系地址：＿＿＿＿＿　邮编：＿＿＿＿＿　电话：＿＿＿＿　传真：＿＿＿

委托人与拍卖人就委托拍卖本合同第七条所列拍卖标的之相关事宜，订立合同如下：

1. 委托人就下列拍卖标的不可撤销地向拍卖人保证：自己对所委托拍卖标的的拥有所有权或享有处分权，对该拍卖标的的拍卖不会侵害任何第三方的合法权益（包括著作权权益），亦不违反相关法律、法规的规定；自己已尽其所知，就该拍卖品的来源和瑕疵向拍卖人进行了全面、详尽的披露和说明，不存在任何隐瞒或虚构之处。如违反上述保证，致使拍卖人蒙受损失时，委托人应负责赔偿拍卖人因此所遭受的一切损失，并承担因此而发生的一切费用和支出。

2. 委托人授权拍卖人对拍卖标的进行与拍卖有关的各种形式的展示，并印刷、制作拍卖图录及各类宣传品。

3. 委托人在拍卖日前任何时间，向拍卖人发出书面通知说明理由后，可撤回其拍卖标的。但撤回拍卖标的时，若该拍卖标的已列入的图录或其他宣传品已开始印刷，则应支付相当于该拍卖标的保留价＿＿＿＿％的款项并支付其他各项费用。如图录或任何其他宣传品尚未印刷，也需支付相当于该拍卖品保留价＿＿＿＿％的款项并支付其他各项费用。

4. 委托人保证自己不参与同时也不委托他人代为参与竞买自己委托的拍卖标的。如其违反本保证，委托人应自行承担相应之法律责任，并赔偿因此给拍卖人造成的全部损失。

———————————

[①] 参见《文物艺术品拍卖规程》。

5. 自委托人与拍买人订立本合同并将拍卖标的交付拍卖人后,拍卖人对拍卖标的负有保管义务。

若拍卖标的属于拍卖人投保范围内的物品,则凡属因拍卖人为拍卖标的所购保险承保范围内的事件或灾害所导致的拍卖标的毁损、灭失,应根据中华人民共和国有关保险的法律和规定处理。拍卖人在向保险公司进行理赔,并获得保险赔偿后,将保险赔款扣除拍卖人费用(佣金除外)的余款支付给委托人。保险金额以保留价为准。

若拍卖标的不属于拍卖人投保范围内的物品,则保管期内,委托拍卖标的如有毁坏或消灭(不可抗力导致者除外),由拍卖人负责赔偿,赔偿金额以保留价为最高限额进行赔偿。

6. 图录费收取标准:整页人民币_____元;1/2页人民币_____元;1/3页人民币_____元;1/4页人民币_____元。

7. 委托拍卖标的如下:

图录号	序号	作者/年代	作品	质地	形式	尺寸/cm	拍卖标的现状	保留价/元	其他

注:保留价如有调整,以调整后的保留价为准。

8. 委托人同意按表列标准向拍卖人支付佣金及费用:

拍卖标的成交		拍卖标的未成交		其他费用	
保险费/保管费	成交价之____%	保险费/保管费	保留价之____%	装裱/镜框/囊匣/	人民币____元/件
佣金	成交价之____%	未拍出手续费	保留价之____%	修复/清洗	人民币____元/件
图录费	人民币____元/件	图录费	人民币____元/件		人民币____元/件

9. 拍卖人认为需要对本合同第7条所列拍卖标的进行鉴定的,可以进行鉴定。鉴定结论与本合同载明的拍卖标的状况不符的,拍卖人有权变更或解除本合同。若拍卖标的因任何原因未上拍,拍卖人应于拍卖开始前书面告知委托人,委托人应自收到拍卖人领取通知之日起_____日内取回该拍卖标的。超过上述期限,每逾一日,拍卖人有权按保留价的万分之_____另收保管费,并按拍卖规则之规定处理。

10. 拍卖人对本合同第七条所列拍卖标的的拍卖日期、拍卖场次、拍卖地点及在拍卖图录中作内容说明等事宜拥有决定权。

11. 根据政府之税务规定,拍卖人将代扣委托人应缴纳之税费。

12. 拍卖标的成交后,如买受人已按《××××公司拍卖规则》的规定付清全部购买价款,拍卖人应自拍卖成交日起_____天后将扣除委托人应付佣金及各项费用后的余额以_____方式支付委托人。

13. 特别约定：

上述第_____号无保留价作品_____的保险金额或最高赔偿额为人民币_____元。

14. 本合同自签署之日起生效，至双方权利义务履行完毕之日终止。若拍卖标的未成交，委托人应自收到拍卖人领取通知之日起_____日内自负费用取回该拍卖标的，并向拍卖人支付未拍出手续费及其他各项费用，超过上述期限，每逾一日，拍卖人有权按保留价的_____‰另收保管费，并按拍卖规则之规定处理。

15. 本合同及本合同附件为不可分割的同一整体，由双方分别签署，具有同等法律效力。

16. 本合同的约定与《××××公司拍卖规则》的相关条款不一致的，以本合同的约定为准；本合同未约定事宜，委托人与拍卖人按照签订本合同时施行的《××××公司拍卖规则》的相关条款执行。签订本合同时施行的《××××公司拍卖规则》详见本合同背面，为本合同之组成部分。

17. 本合同有关的任何争议，相关各方均有权向拍卖人住所地人民法院提起诉讼。解决该等争议适用中华人民共和国法律。

18. 本合同由双方于_____年_____月_____日签署。

委托人(签章)：_____　　　　　拍卖人(签章)：_____

一、委托拍卖合同的性质

委托拍卖合同是委托人与拍卖人之间的合同，委托拍卖合同可以由委托人自己订立，也可以由委托人的代理人代委托人订立，这并不影响委托人和拍卖人之间的委托拍卖合同关系。

在拍卖法律活动的三方法律关系中我们已经给委托人和拍卖人之间的法律关系定性。从委托拍卖合同的本质上来看，我们认为委托拍卖合同本质上具有委托合同的属性，但并非完全属于委托合同。

委托合同按照合同法的定义，是委托人和受托人约定，由受托人处理委托人事务的合同。而在拍卖合同关系中，委托人和拍卖人之间订立委托拍卖合同，委托人将其有处分权的物品和权利交由拍卖人对外进行拍卖转让，由最高应价者获得物品或权利，委托人将物品转让的定价权交由拍卖人按照法定的程序对外实施。委托人也基于信任将拍卖标的交由拍卖人实施拍卖活动。

二、委托拍卖合同的订立

委托拍卖合同的双方为委托人和拍卖人，故委托人只要和拍卖人达成订立合同的合意，并且双方通过签章等方式予以确定，双方具有订立合同的主体资格，意思表示是真实的，订立合同的内容并没有违反法律的规定，则该委托拍卖合同就已经成立。

三、委托拍卖合同的签署

按照合同法的规定,合同的订立并不绝对需要签字盖章。然而对于委托拍卖合同这种书面合同而言,签字盖章是最常见的成立合同的方式。故拍卖人一般也会和委托人通过签字盖章的方式订立委托拍卖合同。

(一) 签字

如果委托人是自然人,一般情况下都是签字订立合同。从风险防范的角度来考量,拍卖人应当确认签字人和委托人系同一人,即委托拍卖合同由委托人本人签字,如果委托拍卖合同并非由委托人本人签字,则委托人可以抗辩该协议并非其签署的,出现这种纠纷,显然会令拍卖人陷入一定的被动。

拍卖人对于由自然人签署的委托拍卖合同应当留存委托人的具体身份信息,一般情况下我们所说的身份信息指的是委托人的身份证上的所有的信息。委托人的身份证信息是唯一的,是足以证实委托人身份的法定证明。委托拍卖协议如果仅仅有签名,而无其他信息予以验证,则在后续产生纠纷时,可能会因为主体不明致拍卖人陷入被动。不仅如此,如果连委托人的身份都无法核实,拍卖人面对买受人主张权利时,可能承担更多的过错。

(二) 盖章

1. 法人盖章

盖章订立合同的行为在委托人为法人时较为常见,我国法人一般都有公章,公章的加盖成为代表法人意志的最直接体现。故拍卖人在委托人为公司签订委托拍卖协议时应当要求委托人加盖公章。我们在前面也已经提到,如果公司的法定代表人代表公司订立合同,其实无须加盖公司的印章,只要法定代表人在签订合同时,表明其系以公司名义订立合同即可。

除了公章之外,许多法人还有合同专用章等印章。值得说明的是,虽然合同专用章也很常见,但是并非所有的合同专用章都在公安部门进行了备案,故到底该合同专用章是否为该公司所持有,在很多情况下出现过纠纷。为了避免因加盖合同章产生争议,加盖公章要比合同章更为稳妥。我们认为应当综合判断印章的加盖是否具有确定的效力,具体实践中应当结合每个案件的具体情况,根据标的交付、具体经办人的情况,以及双方之间接洽的情形等来进行综合判断,不应当仅依据印章这一唯一的要件来确定加盖印章的委托拍卖合同是否有效的问题。

2. 自然人印章

自然人加盖印章的情况曾经也非常普遍,在现代商事活动当中并不常见,但仍然会有这种情况出现,比如委托人自己因为某种原因不能和拍卖人订立合同,故委托人指定他人携带委托人的印章与拍卖人订立委托拍卖合同。

我们建议拍卖人在和自然人订立委托拍卖合同时,还是以签字为妥。签字可以证明系由委托人自己对合同进行确认,仅仅加盖印章容易产生争议。

3. 自然人摁手印

我国存在摁手印的传统。在我国的刑事诉讼的证据中,对于由自然人提供的证据等均保留着摁手印的传统。摁手印本一般是自然人如果无法用签字证实时,特别是不会写字时使用的确认方式,虽然现代民事活动中已经很少见,但是对于摁手印的民事法律效力,最高人民法院的司法解释对这种实践的效力予以了确认。合同法司法解释二中明确规定,当事人采用合同书形式订立合同的,应当签字或者盖章。当事人在合同书上摁手印的,人民法院应当认定其具有与签字或者盖章同等的法律效力。该条司法解释的规定,将摁手印的行为明确作为可以订立合同的行为。

委托拍卖活动中,如果自然人可以签字的,使用签字的方法能够使得双方的合同成立,如果自然人摁手印的,法律仍然会予以尊重。

四、委托拍卖合同中当事人的通讯联络方式

对于委托拍卖合同中委托人的通讯联络方式,许多拍卖人并未引起足够的重视。拍卖人也应当在委托拍卖合同当中将委托人的通讯联络方式予以准确记载并留存,我们在后面的竞买人签订协议时也强调了这一点。

有效的通讯方式和地址会为可能产生的法律诉讼文书的送达提供准确的方式,否则在面临法律诉讼时,通过公告等方式送达等可能会花费更多的时间。对于自然人而言,应当是该自然人的家庭住址或者可以邮寄到达的地址;对于法人而言,应当是法人实际经营的地点,总而言之,应当是相关法律文件可以准确递送的地址。

除了邮寄的联络方式外,随着科技的进步和发展,还有电子邮件、传真、微信等电子联络方式,拍卖人也应当在订立委托拍卖合同时准确记载此类信息。

五、委托拍卖合同的生效

委托拍卖合同成立后如果没有其他特殊情形即已经生效,生效的委托拍卖合同在委托方和拍卖方之间发生法律效力。双方都应当按照委托拍卖合同的约定履行自己的合同义务,同时享有合同约定的权利。

(一) 附生效条件

在某种情况下,拍卖人和委托人还可以约定合同生效的条件。一方面,因为拍卖合同需要对拍卖标的进行拍卖,故在很多情况下,拍卖人只有在接到拍卖标的之后,才会就该标的进行下一步投入和处理,在委托人并未向拍卖人移交拍卖标的之前,拍卖人不愿承担更多的义务。另外一方面,对于委托人而言,其可以寻找多家拍卖人并选取一家进行拍卖,在正式确定拍卖人之前,委托人也不愿多承担合同的义务,比如委托拍卖合同当中约定的图录制作、宣传等费用等,故委托人也希望在双方交接拍卖标的后才正式确立委托拍卖合同关系。对于此种情形,拍卖人可以和委托人在拍卖合同当中明确约定,拍卖标的的交付拍卖人时,拍卖合同生效。对于这种合同,虽然双方进行了签字或盖章,但是合同只是成立,只有交付拍卖标的的条件成就时,该合同才生效并对双方产生约束力。

(二) 附生效期限和终止期限

除了可以就委托拍卖合同附条件之外,还可以附生效期限。如果委托人和拍卖人基于某种考虑,暂时并不希望合同生效,双方可以先行签订合同,同时约定从某个时间点开始该合同才正式生效。这种附生效期限的合同也为法律所允许,届时,只要生效的期限届至,则该合同对双方均有约束力。

除附生效期限之外,双方还可以约定终止期限。如委托人希望自己的拍卖标的能够迅速地进入拍卖程序,但是拍卖人举办一场拍卖会需要很多的组织活动,故委托人为了防止拍卖活动的举办周期过长,可以在合同当中约定如果在签订合同之后多长时间内,拍卖会仍未举办,双方的委托拍卖协议予以终止。对于拍卖人而言,也可以利用类似的条款来保障自身的权利,比如拍卖人为了吸引委托人将拍卖标的交由拍卖人拍卖,故拍卖人在费用等条款方面给予了委托人一定的优惠,但是同时希望委托人及时将拍卖标的交给拍卖人以便进入拍卖程序,如果委托人在一定期限内无法将拍卖标的交给拍卖人,则拍卖人可能会产生损失,故拍卖人可以约定委托人将拍卖标的交付给委托人的时间,若委托人未在约定期限内交付拍卖标的的,则双方的合同终止,届时拍卖人自然无须再对委托人的承诺承担责任。

第二节　口头订立委托拍卖合同

一、口头订立委托拍卖合同

委托拍卖合同的订立以书面订立为宜,但是并不排除委托人与拍卖人之间直接将拍卖标的交付给拍卖人,并未书面订立委托拍卖合同的情形。委托人和拍卖人之间口头订立委托拍卖合同,并将拍卖标的交付给拍卖人,符合委托拍卖合同成立的特征,具备法律效力。

《合同法》第十条规定,当事人订立合同,有书面形式、口头形式和其他形式。《拍卖法》并未强制性规定拍卖人和委托人之间订立委托拍卖合同必须采用书面合同形式。至于合同订立的方式,法律规定具备要约和承诺的方式,合同就能成立。委托人和拍卖人之间口头确定委托人将拍卖标的交给拍卖人拍卖,拍卖人同意接受委托就足以订立委托拍卖合同。若委托人将拍卖标的交付拍卖人,可进一步证明委托人已经通过行为在履行拍卖合同,委托人和拍卖人之间的口头订立的委托拍卖合同对双方都有约束力。

二、口头订立委托拍卖合同的弊端

以口头方式订立的委托拍卖合同存在明显弊端,其根本原因在于没有书面的方式可以证实双方之间订立的委托拍卖合同的细节内容,诸如保留价是否确定,佣金如何确定,费用如何承担,等等。还有重要的关于拍卖标的的来源和瑕疵的说明是否得到双方的确认和认可等内容。

《合同法》规定,合同生效后,当事人就质量、价款或者报酬、履行地点等内容没有约定或者约定不明确的,可以协议补充;不能达成补充协议的,按照合同有关条款或者交易习惯确定。当事人就有关合同约定不明确,无法达成补充协议或者无法按照交易习惯确定的,适用下列规定:(一)质量要求不明确的,按照国家标准、行业标准履行;没有国家标准、行业标准的,按照通常标准或者符合合同目的的特定标准履行。(二)价款或者报酬不明确的,按照订立合同时履行地的市场价格履行;依法应当执行政府定价或者政府指导价的,按照规定履行。(三)履行地点不明确,给付货币的,在接受货币一方所在地履行;

交付不动产的,在不动产所在地履行;其他标的,在履行义务一方所在地履行。(四)履行期限不明确的,债务人可以随时履行,债权人也可以随时要求履行,但应当给对方必要的准备时间。(五)履行方式不明确的,按照有利于实现合同目的的方式履行。(六)履行费用的负担不明确的,由履行义务一方负担。

如果委托拍卖双方对达成的口头合同的具体内容争执不下,虽然可以参照上述原则确定,但是在双方之间发生争议后,对于口头合同约定的内容各执一词,最终结果也不一定真实反映当时双方之间的客观事实。而委托拍卖合同是一种典型的商事合同,委托拍卖有着其独特的特征和要求,当事人之间通过书面订立合同的方式最能体现双方平等协商一致确认委托拍卖合同法律关系。故拍卖人作为专业机构应当慎重选择采用口头合同形式订立委托拍卖协议。

三、口头订立委托拍卖合同的补救

既然拍卖人和委托人之间订立口头拍卖合同存在诸多的潜在风险,那么在委托人和拍卖人达成委托拍卖口头合同关系之后,拍卖人应当及时通过补充签订合同的方式,与委托人完善委托拍卖协议,并且通过书面的委托拍卖协议将双方已经达成的口头约定予以固定,只有如此,双方之间才不容易就具体的委托拍卖条款的约定产生争议。

第三节　委托拍卖的拍卖标的

拍卖标的是拍卖的客体,委托人将拍卖标的交给拍卖人拍卖以实现拍卖标的的价值,拍卖人和委托人订立委托拍卖协议时对拍卖标的的有关内容应当明确作出约定,一般情况下,在拍卖协议中应当约定如下内容。

一、拍卖标的的名称

拍卖标的的种类繁多,对于动产而言,应当明确动产标的的名称,如果简单名称不足以说明或代表该拍卖标的时,应当加以详细列明,诸如字画应当说明字画的作者,以能准确代指拍卖标的的名称。对于不动产而言,应当列明拍卖不动产的种类,如果是房屋应当列明具体房屋的坐落房号,对于土地应当明确土地的地址。对于拍卖标的属于权利的,应当准确说明拍卖标的的权利名称。

二、拍卖标的的质量

各种拍卖标的的状况千差万别,用文字描述时,应当尽量通过详细的文字进行描述,以避免在后续争议中因拍卖标的的状况不明在各当事主体之间产生争议。比如属于特殊材料制作的拍卖标的,应当标明拍卖标的的质地等,如果对于质地等无法确认时,拍卖人则须慎重考虑是否标注质地,这一内容我们在后续有关拍卖标的的瑕疵担保责任中也有涉及。现在证明手段的方法较多,必要时我们建议委托人和拍卖人之间可以通过图片、视频等形式予以固定和确认拍卖标的的质量,此点,我们在拍卖标的移交部分已经有叙述。

三、拍卖标的的数量

拍卖标的的数量也千差万别。如果是物资拍卖的,应当标明拍卖标的的具体数量,以及拍卖标的的计量单位。对于数量不能确定的,拍卖人和委托人订立的委托拍卖协议中则不应当使用准确数字对拍卖标的数量进行描述。

四、拍卖标的的瑕疵

拍卖标的瑕疵对于拍卖人而言属于十分重要的条款,我们在瑕疵担保责任中已经着重强调。按照《拍卖法》的规定,包括物品和权利,即有形物和无形的财产权利等,因为物品和权利种类繁多,我们在此部分不作阐述,会放在后面关于瑕疵担保义务的内容里面就各类物品和权利的内容进行阐释。

不仅如此,如果瑕疵约定不清,在拍卖人向委托人返还拍卖标的时,也容易引起纠纷。

第四节　委托拍卖的保留价

保留价是委托人对拍卖人所指示的,在拍卖中最低的成交价,如果拍卖中的最高应价低于保留价,则不得视为成交。保留价是委托方对自己交付拍卖的拍卖标的的最低期望值,拍卖本质上就是委托人卖出属于自己的物品和权利,只不过选择了通过拍卖人寻找更优价格的方式。委托人设定的最低成交价不能突破,否则就损害了委托人的利益。《拍卖法》对于保留价作了明确的规定。

一、保留价的确定权

保留价的确定权在于委托人。委托人是对拍卖标的具有处分权的权利人,保留价是委托人对于拍卖标的成交的最低目标,保留价的确定权由委托人行使。委托人一旦和拍卖人确定了保留价,就应当接受保留价带来的后果,即只要最高应价超过或者达到保留价,最高应价即产生应价的效力,买受人支付拍卖款后,委托人或拍卖人即应当将拍卖标的交付给买受人。

保留价一般作为合同条款在委托拍卖协议当中进行明确约定,其作为合同条款是双方达成合意的结果,在双方没有同意进行变更之前仍应当按照变更前的条款执行。那么如果拍卖人没有同意,委托人是否可以单方修改保留价呢?我们认为按照《拍卖法》的规定,保留价由委托人确定,这是拍卖法赋予的委托人的权利,拍卖人是帮助委托人处理拍卖事务,拍卖人应当遵守委托人的指示,委托人应当有权变更自己确定的保留价。

但是,我们也认为,虽然委托人可以变更保留价,但是委托人不应享有单方无限制地修改保留价的权利。比如拍卖正式开始之前,委托人可以修改保留价,但是拍卖一旦开始,委托人的单方修改保留价的行为直接影响拍卖的实施,如果允许委托人在此阶段仍然可以修改保留价,则可能导致竞买人的应价不产生效力,从而损害了竞买人的利益,不仅如此,因为委托人的任意修改,也会致使拍卖人陷入被动的境地,甚至受损。

《拍卖法》对于委托人是否可以任意修改，以及在何时可以修改保留价也没有作出明确规定。为了避免产生争议，拍卖人在与委托人的委托拍卖协议当中，应当对委托人修改保留价的权利进行必要的约定，以保障拍卖人的利益不受委托人的任意变更产生影响。

二、特殊标的的保留价的确定

《拍卖法》第二十八条规定，拍卖国有资产，依照法律或者按照国务院规定需要评估的，应当经依法设立的评估机构评估，并根据评估结果确定拍卖标的的保留价。这一条法律规范在《拍卖法》中委托人这一章节，系委托人作为国有资产的权利人应当遵守的法律规范，在拍卖标的为国有资产的情况下，委托人应当履行必要的手续，否则就应当承担国有资产管理方面的责任。

但是如果委托人并未按照国有资产管理的规定，履行必要的评估程序，对拍卖标的进行了委托拍卖，在买受人主张交付的情况下，是否可以依据此条款确认拍卖无效？我们认为，答案是否定的，拍卖成交并不因未履行国有资产的评估程序而简单地归于无效。

该条规定属于义务性法律规范，并非效力性规范，也并非禁止性规范。拍卖活动是按照《拍卖法》的规定，由拍卖人组织的活动，竞买人通过公开竞价的程序，以最高应价的方式成为资产的买受人，只要未违反禁止性规定，其拍卖结果对各方均有约束力。国有资产的权利人未履行评估程序，由权利人承担未履行评估程序的法定责任，国有资产在《拍卖法》当中的评估程序仅仅是确定保留价的依据，实际也并非以评估价作为保留价，不应仅以拍卖资产未经评估即轻易确认拍卖无效。

三、拍卖人对保留价的保密

保留价是委托人与拍卖人确定的拍卖最低成交价格，委托人可以要求不保密保留价，不保密的保留价可以告知所有的竞买人。对于竞买人而言，不保密的保留价和起拍价有相同之处，只要出现最高应价，且高于保留价的，拍卖确定成交。

《拍卖法》规定，委托人可以确定保留价并要求保密。保留价是委托人的心理价位，保留价的泄露将可能导致委托人的利益得不到最大化。故保密的义务属于拍卖人法定的义务，拍卖人不应因故意或者过失泄露委托人的保留价，否则应当承担相应的责任。按照《拍卖管理办法》的规定，拍卖人泄露保留价的，视为拍卖人和竞买人恶意串通的行为，这样的拍卖成交应属于无效的成交。委托人可以因拍卖无效产生的损失而要求拍卖人予以赔偿。

在大多数拍卖人举办的拍卖活动中，一般委托人都会有保留价，故不少拍卖人在制定的拍卖规则中声明默认所有的拍卖标的均有保留价。委托人约定好保留价，有利于拍卖的实施，并且有利于拍卖的成交。

四、保留价的法律后果

保留价的法律后果即为最高应价不得低于保留价，否则该最高应价不发生效力，拍卖师在拍卖时应当停止拍卖标的的拍卖。

实际上，在拍卖过程中仍会出现成交价低于保留价的情形，因为竞买人并不知道拍卖标的的保留价，故在拍卖过程中拍卖人基于某种考虑，如希望烘托拍卖气氛等情形，仍然由拍卖师进行落槌。对买受人而言,其认为拍卖已经成交,而对委托人而言,因为拍卖品并未达到保留价,他不会接受这种后果,这时即会产生争议。如果拍卖标的的价格上涨,则买受人当然希望以拍卖的价格成交并获得拍卖标的。在买受人主张交付拍卖标的时,拍卖人和委托人会以保留价未能超过为由拒绝予以交付拍卖标的。可是如果拍卖标的价格下跌或者实际价值远低于成交价格,买受人则会拒绝付款,此时买受人会以拍卖标的未能达到保留价为由拒绝履行拍卖合同。

我们认为,拍卖不同于一般的买卖,是一种应当严格按照法律规定并符合法定程序的买卖,既然拍卖标的约定了保留价,就应当严格按照拍卖标的的保留价来进行拍卖活动。如果拍卖人的拍卖师在拍卖过程中明知最高应价低于保留价而落槌,拍卖人即应当承担相应的法律后果。

如果买受人因为拍卖的物品未能超过保留价,在落槌后不能取得拍卖标的,则可以追究拍卖人的法律责任;如果价格上涨,我们认为可以要求拍卖人就差价部分进行赔偿。

如果买受人拒绝支付款项,在价格下跌的情况下,要具体分析保留价是否作出调整。我们认为,保留价系委托人和拍卖人之间就拍卖标的的确定的价格,在拍卖行为发生之前,保留价可以作出调整,只要拍卖人和委托人之间达成一致即可。但是一旦拍卖活动开始,即拍卖师开始进行拍卖,委托人不能因为拍卖标的的成交情况不理想而根据拍卖现场的拍卖情况来重新核定保留价。如果认为保留价可以在拍卖时进行调整,实质上是使得买受人的应价有效,而法律规定的保留价是一个法定的最低价格,只要应价低于保留价就不产生效力。在拍卖标的的价格下降或者实际价值较低的情况下,允许拍卖人和委托人随意确定或者修改保留价实质上是损害了竞买人或者买受人的利益,不应得到法律的支持。故我们认为,即便委托人在拍卖过程中调整了保留价,或者事后进行了追认,仍然不能使应价产生效力。如果存在这种情形,拍卖人应当向买受人承担赔偿责任。

所以我们认为,拍卖人应当杜绝为了某种目的,在最高应价低于保留价予以落槌的情形,否则应当承担对其不利的法律后果。

五、委托人确定的保留价的其他作用

保留价可以作为确定委托人和拍卖人之间就委托拍卖的拍卖标的的价值的认定。拍卖标的纷繁复杂,而且拍卖的成交价格和买卖力量的对比存在很大的关系,拍卖的实际成交价格并不一定体现拍卖标的的实际价值。有些拍卖标的的价值甚至难以评价,比如古玩、玉器等各种物品。正是这些价格的难以估量,如果某些赔偿责任的产生需要以物品的价值作为衡量的基础,就需要确定一个参考价值,保留价可以作为此基准。比如在物品发生损毁时的风险,产生的赔偿责任,比如保险责任,比如流拍后支付的费用标准等。

故保留价的价值指示作用对于委托人和拍卖人之间的有关责任承担具有重要参照意义。委托人和拍卖人对于以保留价作为拍卖标的相关赔偿责任的计算基数都可以接受。

六、保留价与其他价的名称和关系

关于保留价的名称,我们倾向于用明确的"保留价"这三个字为妥,不应使用最低价等不规范的词汇。值得注意的是,《拍卖术语》(SB/T 10641—2011)这一标准中对于保留价

的定义为底价,委托人确定的拍卖标的可以成交的最低价格。该标准将底价放在保留价的解释中进行了说明,故一般会认为底价也是保留价的内容。但是从《拍卖法》的规定来看,只有保留价这三个字才准确地落入法律所规定的保留价的法律意义范畴。

(一)保留价与成交价及佣金的关系

之所以我们要以保留价作为准确的词汇,就是要杜绝和其他费用之间发生歧义。保留价仅指拍卖活动中拍卖人指示的最低成交价,和佣金、费用等扣除不应存在任何联系。在拍卖成交后,拍卖人在收到买受人支付的款项后,会扣除相关的佣金费用,再将款项支付给委托方。这时,可能会出现委托人最终获得的款项低于其约定的保留价的情形,即拍卖成交的价格等于或略大于保留价,但在扣除佣金等费用后,委托人获取的款项低于保留价。

以上情形本没有争议,但是如果约定采用了保底价等词汇,委托人可能会以其净得款取代保底价等含义,从而产生争议。这种情形完全可以通过明确约定予以避免。

(二)保留价与起拍价

起拍价是拍卖师在正式拍卖时确定的起始叫价,起拍价和保留价系不同的概念,起拍价可能低于保留价,也可能等于或者高于保留价,由拍卖师决定。如果有最高应价,但最高应价低于保留价,不产生成交的效力。

起拍价作为拍卖的开始价格,其定价的高低可能会直接影响最后的成交结果,但是起拍价和最后成交价之间存在何等明确的数量关系却很难确定。成交价是在起拍价的基础上逐步确立,但是最后成交价却和竞买人之间的竞争关系最为密切。起拍价的高低有着调动竞买人参加竞买积极性的作用,故如何确定起拍价有一定的意义。

1. 有约定

我们认为如果委托人对起拍价有明确约定,应当遵守委托人和拍卖人之间的约定。委托人可以在委托拍卖合同当中明确约定起拍价,委托人也可以通过其他方式和拍卖人确定起拍价的高低。只要委托人和拍卖人就起拍价进行了约定,拍卖人有义务按照委托人的要求通过拍卖师以约定的起拍价开始拍卖。如果拍卖人未按照委托人约定的起拍价起拍,特别是起拍价高于保留价未成交的,委托人可以追究拍卖人的违约责任。

2. 未约定

如果委托人未和拍卖人约定起拍价,按照惯例,起拍价可以由拍卖人的拍卖师在拍卖活动开始时自由确定。一般认为,拍卖师作为拍卖活动的主持人,其对于拍卖活动的实际举行拥有相应的自主权利,拍卖师可以根据场上的竞买人的多寡、拍卖标的保留价的大小、拍卖预估价的大小自由地决定起拍价。拍卖师确定起拍价的最终目标仍然是期待拍卖能够成交。

拍卖师对于起拍价的决定权应当得到支持,除非拍卖师确定的起拍价明显不合理,比如存在将起拍价故意设定为超过保留价很多等情形。如果出现这种情形,则存在拍卖人恶意与竞买人串通损害委托人利益的重大嫌疑。

拍卖师对于起拍价的具体设定为多少,是低于保留价,高于保留价,或者等同于保留价,均可以由拍卖师灵活根据拍卖活动的具体情况进行决断。

3. 防范方法

为了防止委托人和拍卖人之间就起拍价设定的高低产生争议,从拍卖人角度,作为专业从事拍卖活动的拍卖人应当在委托拍卖合同当中或者拍卖规则中确定拍卖人有决定起拍价的权力,并且将起拍价的设定权明确赋予拍卖现场的拍卖师。

(三) 保留价与净得价

在委托人和拍卖人订立委托拍卖合同关系时,可能会出现净得价的说法。关于净得价的含义法律并没有作出规定,拍卖行业的术语标准等也没有明确予以说明,但是净得价的说法却极容易产生很大的争议,故对于净得价的说法应当予以注意。

从委托人的角度,净得价是指委托人最终从拍卖人处取得的扣除所有其他费用的价款。净得价和保留价并非同一概念,保留价是最低成交价,但是委托人还应当承担拍卖佣金费用等,故如果以保留价的价格成交,但是扣除佣金费用等后,委托人实际收取的款项应当低于保留价。当然如果成交价远超过保留价,扣除各项费用后的价格仍可能超过保留价。

对于委托人和拍卖人之间而言,如果仅仅约定净得价,而没有约定保留价,产生争议的可能性就会很大。如果按照委托人的说法,则拍卖人需要通过复杂的计算才可能测算出保留价是多少,但是按照法律规定,保留价应当由委托人确定,故如果拍卖人按照净得价的价格得出保留价并且单方设定保留价就会引起争议。如果拍卖能够成交,委托人获得了期望的相关利益,产生争议的可能性较小。但是如果拍卖后交付委托人的款项未达到净得价的,则会因为拍卖人定义的保留价是否就是委托人所述的净得价,或者该保留价和净得价之间的关系等产生争议。不仅如此,按照国家税务总局的规定,个人财产拍卖所得应纳的个人所得税税款,由拍卖单位负责代扣代缴,并按规定向拍卖单位所在地主管税务机关办理纳税申报。故如果涉及有关税收,则产生的净得价的差别会很大。当然如果还要涉及其他行政机关可能需要征收的税费时,净得价就会因为这些费用的支付而减少很多,自然就更会产生争议。

第五节　委托方佣金与费用

一、佣金

这里的佣金是委托人应当支付给拍卖人的,在拍卖成交之后,拍卖人可以自委托人处获得的报酬。委托人应当支付给拍卖人的佣金本质上是属于拍卖人从主持的拍卖活动中所获得的服务报酬。《拍卖法》允许当事人通过约定的方法来确定佣金。故佣金的比例、支付方法、条件等均可由双方在委托拍卖合同当中进行约定。

但是如果双方并未就佣金的比例进行约定,《拍卖法》对佣金的比例作了参考性的强制性规定,即在未约定佣金比例的情况下,在拍卖成交后,拍卖人可以向委托人收取拍卖成交价百分之五的佣金。

(一) 佣金支付的条件

佣金支付的条件可以由双方通过协议的方式予以约定,但是佣金应当以拍卖人帮助委托人拍卖成功作为基本条件,如果拍卖未能成交,拍卖人也收取佣金显然不符合法律的规定,至于具体的佣金支付条件可以通过当事方的约定予以确定。拍卖人可以和委托人约定固定的佣金比例,拍卖人和委托人还可以约定佣金支付的超额累进比例等,以拍卖的具体结果作为调整佣金支付比例的依据等。这些约定均未违反法律的规定,当事各方均应当予以遵守。

(二)佣金支付的时间

佣金支付的时间是拍卖人和委托人之间就款项的支付时间作出的约定,双方既可以约定在拍卖成交后由委托方先行支付,也可以约定由拍卖人在拍卖成交款中予以扣除等,对于允许拍卖成交价款分批支付的情形,拍卖人可以约定佣金的具体支付时间。正常情况下以拍卖人从拍卖成交价款中直接予以扣除居多。

(三)委托人和拍卖人约定的买受人佣金条款是否约束买受人

如果委托人和拍卖人之间就买受人的佣金比例进行了约定,即在委托拍卖协议当中约定或者委托人与拍卖人单独进行约定,但同时拍卖人在与竞买人签订的竞买协议或者竞买人适用的其他文件当中亦约定了佣金比例,当二者之间出现冲突时,特别是委托人和拍卖人约定的由买受人承担的佣金比例或者金额小于拍卖人和买受人之间的约定时,买受人是否可以主张遵守委托人和拍卖人之间的佣金约定。

根据合同相对性原则,合同只能约束签订合同的双方,委托拍卖合同约束委托人和拍卖人,买受人未签署该合同,不受此合同约束。买方佣金是拍卖人向买受人收取的佣金,该佣金为拍卖人向买受人收取的报酬,只要拍卖成交,则买受人应当按照和拍卖人之间的约定支付。而买受人和拍卖人之间的拍卖合同由买受人和拍卖人之间订立,故买受人应当按照和拍卖人之间的关于买方佣金的约定支付佣金。委托拍卖合同和拍卖合同属于拍卖法律关系当中不同的合同,买受人以委托人和拍卖人之间的约定为由要求按照委托人和拍卖人之间关于买受人佣金支付比例的约定履行,而不以买受人和拍卖人之间的拍卖合同条款履行并不符合法律规定。

(四)违反佣金比例规定的法定责任

《拍卖法》允许当事人之间约定佣金的收取比例。但是当事人之间就佣金比例未作约定的,《拍卖法》允许拍卖人向委托人包括买受人收取不超过成交价百分之五的佣金。在公物拍卖当中,《拍卖法》未能允许委托人和拍卖人通过约定的方式随意约定佣金比例,而是允许拍卖人收取不超过成交价百分之五的佣金。

对于佣金收取错误产生的责任,《拍卖法》规定,如果拍卖人未按照法律规定的比例收取佣金的,拍卖人应当将超收部分的佣金返还给委托人、买受人。这里的返还之责应当是在普通拍卖的情况下,拍卖人和委托人之间对佣金未作约定且最后收取佣金超过百分之五的情形。如果委托人和拍卖人之间就不同的拍卖的约定比例超过百分之五,没有违反法律的规定,拍卖人不承担责任。

对于公物拍卖,《拍卖法》强制拍卖人只能收取不超过成交价百分之五的佣金,即便委托人和拍卖人之间有约定,约定的比例也不能超过百分之五,否则拍卖人负有返还超过百分之五比例部分佣金的法定义务。

不仅如此,拍卖人在违法收取佣金后还应当承担行政责任,物价管理部门可以对拍卖人处以拍卖佣金一倍以上,五倍以下的罚款。

二、委托拍卖产生的费用

拍卖活动自然会发生很多的费用，比如宣传、保管、推广、保险等为了拍卖活动顺利进行而发生的费用。这些费用系拍卖人为了保障和促进拍卖进行而发生的支出，无论拍卖是否成功，这些费用已经发生。

在拍卖顺利完成的情况下，拍卖成交款由买受人予以支付，拍卖人可以从拍卖成交款中扣除相应的费用。

拍卖已经发生费用未能成交的情况非常常见，即发生了流拍。流拍后拍卖人因拍卖活动推广所做的支出已经发生，拍卖未能成交导致拍卖人无法获得佣金收益。一般情况下拍卖人对于此种情形不收取费用，但是也有拍卖人会和委托人约定拍卖未能成交时委托人承担费用。还有一种情形是委托人在开始拍卖之前撤回拍卖标的的，拍卖人和委托人之间约定撤回拍卖标的应当支付的费用。

这里的约定费用，由双方在委托拍卖合同当中约定，双方可以约定固定比例，也可以约定单项费用等。鉴于合同是由双方签署，体现了双方之间的合意，故一般情况下对于当事人之间就此项费用的支付数额和方法，法律应当予以认可，不应干涉。

《拍卖法》当中对于委托人撤回拍卖标的的情形，明确规定首先适用双方的约定，如果没有约定的，应当由委托人支付合理的费用，即按照填补的原则弥补拍卖人的损失。

我国《合同法》当中的委托合同部分也有类似规定，即受托人完成委托事务的，委托人应当向其支付报酬。因不可归责于受托人的事由，委托合同解除或者委托事务无法完成的，委托人应当向受托人支付相应的报酬。当事人另有约定的，按照其约定。从《合同法》的条文来看，《合同法》允许受托人在委托事项没有能够完成的情况下获取委托报酬，并且允许当事人自行进行有关约定。

至于费用的收取时间，可以由委托拍卖合同约定，可以约定事先收取，即在拍卖发生前就支付；也可以约定在拍卖结束后收取，即拍卖成交后从拍卖成交款当中扣除。拍卖未能成交的，可以约定在取回标的物时，或者在拍卖结束后的一定期限内支付。

三、拍卖人基于佣金费用清偿的其他权利

（一）留置标的

留置权属于担保物权的一种，按照《担保法》的定义，留置系指在符合《担保法》的规定的情形下，因保管合同、运输合同、加工承揽合同发生的债权，债务人不履行债务的，债权人有权行使留置权。即债权人按照合同的约定占有债务人的动产，债务人到期不按照合同约定的期限履行债务的，债权人有权依照规定处置该财产，以该财产折价或者拍卖、变卖该财产的价款优先受偿。

《担保法》定义下的留置权局限于保管、运输、加工承揽等合同当中，如果依据这个定义，按照物权法定的原则，在委托拍卖合同当中拍卖人无法行使留置权。但 2007 年 10 月 1 日起已经施行的《物权法》对留置权作出了宽泛的规定，并未将留置权的形式局限在某几种合同中。《物权法》第二百三十条规定，债务人不履行到期债务，债权人可以留置已经合法占有的债务人的动产，并有权就该动产优先受偿。第二百三十一条规定，债权人留置

的动产,应当和债权属于同一法律关系,但企业之间的留置除外。

故我们认为,在委托拍卖合同当中,就委托人和拍卖人之间的法律关系而言,如果委托人未能履行有关义务,拍卖人有权留置已经合法占有的动产,当然这里所指的一般是依据委托拍卖合同中拍卖人可以收取费用的情形,即委托人积欠拍卖人款项的情况。

委托拍卖合同当中应当约定拍卖人有权留置委托人的财产的情形,特别是当委托人应当支付的费用如图录费、保险费等各类拍卖活动中发生的应当由委托人承担的费用,以及流拍后委托人所承担的费用,委托人撤回拍卖标的产生的违约金以及其他委托人对拍卖人承担的债务未支付时,拍卖人有权行使留置权。即通过留置权的行使覆盖拍卖人对委托人享有的相关权利。

值得说明的是,留置权的行使也有限制,按照《物权法》的规定,留置财产为可分物的,留置财产的价值应当相当于债务的金额。

(二) 牵连清偿

我们这里所述的牵连清偿,指的是拍卖人在和委托人签订的委托拍卖合同当中约定,如果委托人在某个拍卖标的下的款项未能付清时,拍卖人享有用委托人委托的其他拍卖的成交所得进行清偿的权利。

如果拍卖人和委托人之间并没有明确的约定,那么他们之间订立的不同委托合同每个都单独成立一个委托拍卖合同关系。每个拍卖标的产生的费用佣金各不相同,如无特别约定,拍卖人应当针对不同的拍卖标的负有向委托人支付拍卖成交款、返还标的、保管拍卖标的等义务,而且不同的拍卖标的之间是可分的,故拍卖人本无权用其他标的拍卖所得清偿另外标的应负的债务。

但是如果拍卖人和委托人之间作出了特别约定,则拍卖人可以针对一个委托人之委托的全部拍卖标的,甚至是非本次拍卖活动中的拍卖标的产生的款项,对委托人的任何债务进行连带清偿,法律并不会予以干涉。从防范风险的角度来看,拍卖人的此类规定,可以有效地防止委托人利用不同合同之间的独立性来抗辩其应当承担的债务。

(三) 抵销权的行使

1. 法定抵销权

按照《合同法》的规定,当事人享有法定抵销权,即当事人互负到期债务,该债务的标的物种类、品质相同的,任何一方可以将自己的债务与对方的债务抵销,但依照法律规定或者按照合同性质不得抵销的除外。当事人主张抵销的,应当通知对方。通知自到达对方时生效。抵销不得附条件或者附期限。

上述法定抵销权是法律赋予当事人的权利,即便双方没有约定,只要符合抵销的条件,则主张抵销方发出抵销的通知到达对方时产生抵销的效果。但是法定抵销权的行使有着严格的条件,必须是标的物的种类品质相同,如果属于不同的法律关系,则法定抵销权的行使会受到限制。

在委托拍卖法律关系当中,拍卖人和委托人之间如果没有符合法定抵销情形的,如果想行使抵销权,可以采用约定抵销的办法。

2. 约定抵销权

所谓约定抵销,指当事人互负债务,标的物种类、品质不相同的,经双方协商一致,也可以抵销。约定抵销权的行使由双方当事人进行约定,法律不干涉,不论标的物的种类和品质等是否相同,只要当事人之间存在着合意,则通过约定可以抵销债务。

如果拍卖人和委托人之间存在不同的法律关系,双方之间产生不同的债务,比如双方之间就不同的拍卖标的产生的支付拍卖款、支付佣金、支付费用等情形,或者拍卖人和委托人之间还存在其他性质的非拍卖产生的债务的情况下,为了便于双方债权债务的清偿,委托人和拍卖人可以提前约定,各法律关系下的债务可以互相抵销,一旦作出了类似约定,双方应当予以遵守。

第六节　委托拍卖标的的交付

交付标的的义务系在拍卖成交之后,由谁向买受人交付拍卖标的。交付义务看起来非常简单,但是在实际拍卖活动中,是产生纠纷最多的领域,须引起拍卖人的高度重视。

交付标的的义务应当在委托拍卖协议里约定清楚,针对不同的标的和对象,交付的方式也应不同,拍卖标的的交付分为两种。

一、拍卖人交付

拍卖人交付拍卖标的的情况是指在拍卖人与委托人签订委托拍卖协议之后,拍卖人即收取了委托人提供的拍卖标的,拍卖人对已经由拍卖人保管的拍卖标的进行展示、拍卖等程序后,如果拍卖成功,收到拍卖价款,则由拍卖人直接交付给买受人。

对动产物品这一类的拍卖标的,由拍卖人交付最为常见。拍卖人的交付义务和后面我们所说的拍卖人的保管义务紧密相连。拍卖人应当在和委托人订立的委托拍卖合同中约定由拍卖人行使交付权利,并且约定委托人不得将拍卖标的提前取回,否则拍卖人将可能面临无法交付拍卖标的的困境。

二、委托人交付

对于涉及特别的标的以及不动产和其他财产性权利而言,如大宗物资、股权、房屋、土地使用权、承租权等,拍卖人并非实际占有财产,故拍卖标的的交付义务应当由委托人完成。除了不动产和需要登记的财产之外,在大额物资的拍卖过程中,拍卖人也不会亲自去占有和保管拍卖标的,一般由委托人自行交付给买受人。

在委托人交付的拍卖情况下,应当在委托拍卖合同当中约定委托人的具体交付义务。除了具体的交付外,如果需要办理交付转移手续的,则需要委托方的配合。拍卖人和委托人应当在委托拍卖合同中明确约定委托人交付不能以及不予配合产生的责任。

无论如何,拍卖人在和委托人之间的委托拍卖合同当中应当就拍卖标的的交付义务进行约定。更为重要的是,拍卖人在举办的拍卖活动中,就标的的交付应当作出明确的说明,不应和委托拍卖合同的约定产生冲突,否则容易产生纠纷。

虽然我们也阐述过,买受人和委托人之间并无直接的合同关系,买受人和拍卖人之间的拍卖合同关系以及委托人和拍卖人之间的委托拍卖合同关系相互独立,但是《拍卖法》

对于拍卖标的交付义务明确规定,如果拍卖标的交付义务由委托人承担的,委托人应当将拍卖标的交付给买受人。只要拍卖人在对该拍卖标的的有关说明中明确告知竞买人交付义务由委托人承担,则要求委托人交付标的的权利自然赋予了买受人。买受人可以依据《拍卖法》的规定对委托人所承担的交付义务主张权利,这种权利是《拍卖法》赋予买受人的法定权利。

第七节　委托拍卖的撤销

一、单方撤销拍卖的权利

在委托合同关系下,委托人和受托人之间系基于信任才建立合同关系,信任是双方合作的基础,如果信任关系丧失,则委托关系的基础不存在,故法律允许双方当事人都可以行使任意解除权以终止已经建立的委托关系。但是终止委托关系并非无须承担任何法律后果,提出解除合同的一方应当赔偿给另外一方造成的损失。

在委托拍卖合同关系当中,无论是委托人还是拍卖人在委托拍卖合同关系订立之后,虽然可以行使解除权,但是行使解除权应当承担相应的损失赔偿责任,这种赔偿责任应当在委托拍卖合同中进行约定。

二、委托方撤回拍卖

所谓撤回拍卖,系指在拍卖标的正式由拍卖师宣布拍卖开始之前,因为某种特定的原因,委托人撤回拍卖,即不再就拍卖标的进行拍卖。正如我们在刚才的部分所谈到的,委托拍卖也是一种委托,委托合同可以随时由委托人或拍卖人予以解除,故委托人有权随时撤回拍卖,只不过委托人在拍卖撤回后应当向拍卖人承担违约责任。

依照法律规定,委托人撤回拍卖的应当承担约定的费用。一般情况下,委托拍卖合同中会约定,委托人主动撤回拍卖的,应当按照约定支付相应的佣金或者其他费用。如果合同当中作出了此种约定,只要撤回拍卖并非拍卖人原因导致的,则委托人应依约承担佣金费用。委托人撤回拍卖实质上属于行使了合同解除权,虽然这种合同解除权是法律所允许的,但是这种解除权的行使应当承担法律后果,即应当按照约定承担相应的违约责任。

三、拍卖人取消拍卖

一般情形下拍卖人会在拍卖规则或者委托拍卖协议中约定,拍卖人享有单方的随时决定终止拍卖的权利,就拍卖人而言,其追求和希望的是拍卖的成交,只有在拍卖成交的情况下,拍卖人才能取得拍卖的收益,其利益才能最大化,所以拍卖人不以取消拍卖作为其追求的目标。但是基于拍卖行为的复杂性,包括拍卖标的可能存在争议、拍卖行为继续可能承担其他责任等情形,拍卖人一般希望享有单方面的取消拍卖的权利。这里所说的取消拍卖的权利是拍卖人通过合同和委托人约定由拍卖人单方享有的权利,和我们在后面所论及的拍卖的终止存在区别。后面我们所述的拍卖终止系拍卖行业主管部门要求拍卖人在拍卖活动中必须遵守的规定情形,我们留在后面讲述。

就取消拍卖的后果,我们建议也应当作出相应的约定,取消拍卖和流拍在拍卖的结果上没有本质区别,只不过一个是因为某种原因导致拍卖标的被终止拍卖,而一个是经过了拍卖的程序。如果终止拍卖的后果没有明确约定,拍卖人无法获得拍卖收益,同时可能发生相应的费用成本,则会产生争议。我们认为就公平的原则而言,应当根据终止的归责原因,作出相应的约定。

第八节　拍卖人的保管义务

一、保管责任与义务

按照《拍卖法》第十九条的规定,拍卖人对于委托人交付拍卖的物品负有保管义务。这项义务是《拍卖法》施加于拍卖人的,是由拍卖人承担的法定义务。拍卖人在和委托人建立委托拍卖合同关系之后,如果接受了委托人提交的拍卖标的,则拍卖人负有保管的法律义务。在商务部制定的《拍卖管理办法》当中规定,对委托人送交的拍卖物品,拍卖企业应当由专人负责,妥善保管,建立拍卖品保管、值班和交接班制度,并采取必要的安全防范措施。

保管法律义务的含义在于,如果保存期间保管的物品发生损毁的,拍卖企业应当承担赔偿责任。委托人交付拍卖标的,在拍卖人举办拍卖活动直至标的交付给买受人之前,拍卖人应当妥善地保管拍卖标的,这是保管义务的最核心的内容。

保管标的的风险存在不确定性,并且风险的种类很多,而出现损毁的风险,是一种绝对责任,无论是过失还是过错,均不应免除拍卖人的保管责任,而且许多拍卖标的一般具有价值较大的特点,所以拍卖人为了合理地转嫁风险,会采取向保险公司投保的方式。关于保险的问题,本书后面会进行进一步的阐述。

二、保管费

拍卖人与委托人订立的委托拍卖合同当中,一般约定需要委托人支付一定金额的保管费,支付的标准一般按照标的的金额来确定。从保管费交付的角度而言,拍卖人在收取了委托人的保管费后,双方之间的保管法律关系更为明确,拍卖人更应承担保管的责任。

对于拍卖标的保管费支付的标准和承担方式,由拍卖人和委托人在委托拍卖合同当中予以订立,一般来说,委托人在拍卖成交的情况下不会单独支付与拍卖有关的保管费用,委托人和拍卖人都乐意从拍卖成交的价款当中就保管费进行必要的扣除。

三、拍卖未能成交时对拍卖标的的保管义务

《拍卖法》在规定拍卖人承担的保管义务时指向的承担义务对象是委托人,因为委托人是对拍卖标的享有处分权利的权利人,委托人将拍卖标的交付拍卖人,拍卖人负有保管之义务。但是拍卖活动中存在许多不确定因素,保管义务的承担对象可能会发生变化,拍

卖正常顺利进行的保管义务我们不再赘述。

除了拍卖正常成交之外，还有拍卖未能成交的情形。拍卖未能成交的，拍卖人和委托人之间的委托拍卖合同应当终止。对于拍卖合同的标的，拍卖人应当及时将拍卖标的返还给委托人，同时委托人应当按照约定支付相关的费用。如果委托人在拍卖未能成交后，及时领回拍卖标的，自然也不会产生纠纷。但是在拍卖结束后，拍卖标的未能成交的，委托人也未及时领回拍卖标的，假设拍卖标的产生损失，就拍卖人是否承担责任势必会产生纠纷。

委托人不及时领回拍卖标的有以下几种情形：

第一种情形是委托人怠于领取拍卖标的，或者故意不领取拍卖标的。持有这种心理的委托人可能会因为自身原因如没有时间，认为拍卖人可能会有比自己更好的保管条件，况且法律规定拍卖人对委托人交付的拍卖标的负有保管的义务，故会认为只要放在拍卖人处，随时取回问题不大。但是对拍卖人而言，委托人的拍卖标的未能成交，其不应无限期地保管拍卖标的，保管拍卖标的不仅会产生必要的费用，而且拍卖标的在保管期间发生损毁对拍卖人而言仍然是要承担责任的。针对这种情况，为了防止委托人故意不领取标的而增加拍卖人风险，在许多拍卖人的拍卖规则当中约定，在委托人接到拍卖人通知取回拍卖标的的一定期限内，委托人应当领回，否则拍卖人不承担保管责任，即拍卖标的的损毁的责任由委托人承担。有人认为这些约定不能代替《拍卖法》中关于拍卖标的的保管义务的规定，即拍卖人仍应负有保管义务。我们认为拍卖标的流拍后，拍卖人应当尊重和委托人之间就拍卖标的的保管义务的约定，拍卖人在通知委托人取走拍卖标的后，委托人怠于领取而产生的损毁责任应当由委托人自行承担。故拍卖人应当在委托拍卖合同中针对拍卖未成交的情况为委托人取回拍卖标的的设定必要的期限，委托人未及时取回的风险可以通过双方在合同中约定转移给委托人自己承担。

第二种情形则是委托人没有支付必要的费用。在拍卖未能成交的情况下，委托拍卖合同中如果约定了委托人必须支付相应的费用时，如果委托人未能支付费用，拍卖人一般会行使留置权，直至委托人将费用支付完毕才会将拍卖标的的返还给委托人。但是值得注意的是，如果拍卖人行使的是留置权，按照我国《物权法》当中留置权的相关规定，留置权人负有妥善保管留置财产的义务，因保管不善致使留置财产损毁、灭失的，应当承担赔偿责任。故在拍卖人行使留置权的保管期间应当妥善保管拍卖标的的，同时拍卖人还应注意及时行使留置权，未及时行使留置权中产生的保管责任对于拍卖人而言仍然存在。

第三种情形是收取延期领取的保管费。委托人在怠于及时领取拍卖标的时，如果拍卖人仍然向其收取保管费的，则应当视为拍卖人愿意为其承担保管之则，并且双方之间构成保管合同关系，拍卖人对保管费收取期间产生的拍卖标的的损毁灭失之责应当承担。从这个角度出发，拍卖人不应当在委托拍卖合同当中约定，委托人未及时领取拍卖标的的，拍卖人有权收取保管费等约定。这种约定有违诚实信用原则，也不符合法律规定，拍卖人不能因此而免责。

四、撤回拍卖的保管义务

委托人作为委托拍卖合同的当事人，按照《拍卖法》的规定，可以随时要求撤回拍卖。

只不过委托人应当承担撤回拍卖的责任,需要向拍卖人支付预定的费用或者在没有约定的情况下支付合理的有关费用。委托人行使撤回权,其实质上是委托人单方终止合同的行为,委托人应当取回拍卖标的,一旦委托人领回拍卖标的,拍卖人的保管之责自然解除。但是如果委托人在向拍卖人作出撤回拍卖或者终止拍卖的意思表示之后,拒不领取拍卖标的时,如何界定拍卖人对于拍卖标的的保管义务,《拍卖法》并没有作出规定。

在《合同法》中规定,因买受人的原因致使标的物不能按照约定的期限交付的,买受人应当自违反约定之日起承担标的物损毁、灭失的风险。

《合同法》的保管合同当中将保管人的职责界定为:保管期间,因保管人保管不善造成保管物损毁、灭失的,保管人应当承担损害赔偿责任,但保管是无偿的,保管人证明自己没有重大过失的,不承担损害赔偿责任。

在仓储合同中,《合同法》规定,储存期间,因保管人保管不慎造成仓储物损毁、灭失的,保管人应当承担赔偿责任。

虽然拍卖标的的保管义务由拍卖人承担,但是在拍卖被委托人终止之后,委托人首先负有及时取回拍卖标的的义务,委托人怠于行使取回拍卖标的的义务,可以视为委托人故意放任可能发生的风险,如果拍卖人给予了委托人充分的可以取回拍卖标的的时间之后,委托人仍然未能及时领回拍卖标的,拍卖标的的非因拍卖人故意产生的损毁之责应当由委托人自行承担。但为了体现意思自治的原则,拍卖人最好能在委托拍卖合同当中就委托人撤回拍卖标的后的保管义务的期限作出明确的约定,以避免拍卖人的保管义务的扩大。

五、拍卖成交后买受人未能按约支付拍卖成交款的保管义务

拍卖成交之后,买受人应及时支付拍卖成交价款,并按约及时取走拍卖标的。一般情况下,买受人支付了拍卖成交款后,拍卖标的的所有权应归买受人所有,拍卖人对买受人承担拍卖标的的保管义务,对于拍卖人向买受人承担的保管义务,我们在后面的部分会进一步述及,这里所要阐述的是买受人未能按约支付拍卖成交款的情形。

(一)委托拍卖合同下的保管义务仍然存在

因为拍卖人的保管义务一般都是在拍卖人接受委托人的拍卖委托,收到委托人的拍卖标的情形下才产生,故我们这里只探讨在由拍卖人保管并转移拍卖标的的情形下的保管义务。拍卖人收取了委托人交付的拍卖标的,才产生了拍卖人对委托人的拍卖标的的保管责任问题。一般情况下,委托人作为拍卖的委托人当然不会愿意在拍卖成交价款未能收到的情况下将拍卖标的先行交付给买受人。同样对于拍卖人而言,买受人拍卖在成交后不及时支付拍卖成交价款已属违约行为,拍卖人当然不会在买受人未支付拍卖价款的情况下将拍卖标的直接交付给买受人,否则拍卖人会面临需要向委托人承担支付拍卖成交价款的义务,如果委托人要求返还拍卖标的,拍卖人还会面临无法返还拍卖标的的窘境。故在拍卖成交价款买受人未能及时支付的情况下就会产生拍卖人仍然保管拍卖标的的情形。

买受人未能按约支付拍卖成交价款,拍卖人未能将全部委托人应得的款项支付给委托人,则委托人和拍卖人之间的委托拍卖合同并未因履行完毕而终止,双方之间的委托拍

卖合同既然未能终结,拍卖人仍然需要对委托人承担保管拍卖标的物之责任。另外从物权的角度出发,一般情况下买受人未能支付拍卖成交价款,委托人自然不会同意拍卖标的的物权发生变动,故在此情况下的拍卖标的的所有权人仍然为委托人,拍卖人对委托人的拍卖标的的负有的保管义务和委托拍卖合同中约定应承担的保管义务一致。

(二) 拍卖人要求买受人继续履行拍卖合同责任时对委托人承担的保管责任

在买受人未能支付拍卖成交价款之后,拍卖人会面临不同的选择,买受人未能支付拍卖成交款的行为属于违约行为,拍卖人可以要求买受人承担违约责任,而要求继续履行合同是承担违约责任的一种。故拍卖人可以要求买受人继续履行拍卖合同,即要求买受人继续支付拍卖成交价款。在这种情况下,拍卖人继续对委托人的拍卖标的的承担保管义务。只要在买受人的违约责任未能全部履行完毕之前,理论上拍卖人的保管义务一直持续。

(三) 拍卖人向买受人追究其他违约责任的保管义务

在实务操作中,拍卖人一般不会主动要求买受人承担继续履行拍卖成交合同的违约责任,因为对于拍卖人而言,单方要求买受人继续履行拍卖合同的成本过高,拍卖人需要投入相当大的财力去追究买受人的责任,而买受人支付的拍卖成交价款将最终会支付给委托人,对于拍卖人而言代价过高。

拍卖人在实务操作中会向买受人追究支付佣金承担损失的违约责任,即拍卖人仅向买受人要求支付拍卖人应得的部分款项。在这种情况下,拍卖人和委托人之间的委托拍卖合同关系是否存在以及是否终结不受拍卖人和买受人之间的合同关系的影响。拍卖人和委托人之间的权利义务仍然按照委托拍卖合同关系来进行。在拍卖人与买受人之间的拍卖合同无法履行的情况下,不应无限扩大拍卖人对委托人的保管义务,毕竟拍卖人对委托人拍卖标的的保管义务是为了保障拍卖的正常进行。

在实务中,一般情况下,拍卖人会明确约定在买受人未能按约支付拍卖成交价款时拍卖人终止与委托人之间合同关系的权利,即要求委托人及时取回拍卖标的,此时的拍卖标的的保管义务纳入双方确定的由委托人取回拍卖标的的范围。如果委托人未及时取回拍卖标的,则应由委托人承担相应的法律后果。

第九节　拍卖标的的保险实务

保险是投保人向保险公司支付保费,由保险人对于保险合同中约定的可能发生的事故因其发生所造成的财产损失承担赔偿保险金责任。拍卖人对拍卖标的的投保是有效防御风险的措施。拍卖人在拍卖活动当中依照法律规定,负有保管责任,但是即便采取有效的保护措施,仍然可能产生风险,产生拍卖标的的损失,拍卖人通过投保后由保险公司对保险事故承担赔偿责任,能有效降低风险。

一、保险合同的订立与如实告知义务

拍卖人需要和保险公司(保险人)订立保险合同,保险人才会对保险事故承担责任。故拍卖人必须要履行必要的订立保险合同的手续。按照我国《保险法》的规定,保险合同是投保人与保险人约定保险权利义务关系的协议。投保人提出保险要求,经保险人同意承保,保险合同成立。保险人应当及时向投保人签发保险单或者其他保险凭证。保险单或者其他保险凭证应当载明当事人双方约定的合同内容。当事人也可以约定采用其他书面形式载明合同内容。依法成立的保险合同,自成立时生效。投保人和保险人可以对合同的效力约定附条件或者附期限。

正常情况下,拍卖人在与保险人确定保险条款之后,支付保险费用,保险合同即生效,保险人即应按照保险合同的约定承担保险事故责任。

拍卖人在订立保险合同时,应当履行必要的义务,主要有如实告知义务。按照《保险法》第十六条的规定,保险人就保险标的或被保险人的有关情况提出询问时,投保人应当如实告知。投保人故意或者因重大过失未履行前款规定的如实告知义务,足以影响保险人决定是否同意承保或者提高保险费率的,保险人有权解除合同。前款规定的合同解除权,自保险人知道有解除事由之日起,超过三十日不行使而消灭。自合同成立之日起超过二年的,保险人不得解除合同;发生保险事故的,保险人应当承担赔偿或者给付保险金的责任。投保人故意不履行如实告知义务的,保险人对于合同解除前发生的保险事故,不承担赔偿或者给付保险金的责任,并不退还保险费。投保人因重大过失未履行如实告知义务,对保险事故的发生有严重影响的,保险人对于合同解除前发生的保险事故,不承担赔偿或者给付保险金的责任,但应当退还保险费。保险人在合同订立时已经知道投保人未如实告知的情况的,保险人不得解除合同;发生保险事故的,保险人应当承担赔偿或者给付保险金的责任。

二、保险责任范围

投保人应当高度关注保险条款当中的保险责任范围,即保险人对保险标的发生的何种事故承担责任,拍卖人投保的一般为财产损失险,覆盖的是投保标的因灾害产生的损失,一般情况下可以理解为天灾与人祸,当然这里的天灾和人祸只是我们的非法律性的表达,具体需要按照保险条款进行解读。保险责任的范围在保险条款当中就各类保险事故一般都有定义性的描述。

值得注意的是,保险条款一般都比较晦涩难懂,甚至可以说具有高度的专业性,普通人完全理解保险条款可能很费周折。

故法律对于保险条款当中的内容,作出了在发生争议时,应当作出有利于被保险人的解释的规定,但是无论如何,拍卖人作为投保人应当对保险责任范围进行仔细阅读,如果发现存在明显可能发生的风险却不能覆盖,应当通过协商的方式和保险人作出相应的变更,以便保险能够真正意义上产生保险的效果。

拍卖人希冀通过保险合同以避免保管的拍卖标的发生意外产生的赔偿风险,故拍卖人对于保险人提供的保险条款应当予以特别注意,拍卖人应当确保投保的保险条款能够覆盖可能产生的风险,对于不能覆盖的风险,拍卖人仍应当采取其他措施尽量予以避免。拍卖人认为只要对拍卖标的投保后,相关损毁的风险就能被覆盖的观念是不正确的。

三、免责条款

投保人还应当高度注意保险条款当中的免责条款,这些免责条款都是保险人订立的免除自己责任的条款,一旦落入免责条款的范围内,保险人将会依据保险合同拒绝承担保险责任。免责条款一般在保险条款当中,保险人会以黑色或者加粗字体予以显示以进行提醒。《保险法》规定,对保险合同中免除保险人责任的条款,保险人在订立合同时应当在投保单、保险单或者其他保险凭证上作出足以引起投保人注意的提示,并对该条款的内容以书面或者口头形式向投保人作出明确说明;未作提示或者明确说明的,该条款不产生效力。尽管《保险法》存在保护投保人利益的法律规定,但拍卖人对这些免责条款也应当给予高度重视,否则在发生免责事由时会非常被动。

实务中几乎所有的保险人提供的保险条款当中都存在免责条款,对于此类免责条款应当引起拍卖人足够的重视,拍卖人应当考察这些免责条款是否跟自己的期望存在冲突。

四、免赔率与绝对免赔额

免赔率是保险条款或者保险合同当中约定保险人对于保险事故发生后的赔偿数额在某比例范围内不予赔偿。免赔额则是保险人对于某数额以下的赔偿责任不予赔偿。无论是免赔率还是免赔额,本质上体现投保人和保险人共担风险,实质上是减少保险人的责任,增加了投保人或者被保险人对于保险事故发生后应当承担的损失范围。故拍卖人作为投保人在保险条款中看到免赔率和免赔额时,也应当予以高度重视,必要时可以和保险人进行协商,尽量减少免赔率和免赔额的出现。

五、保险金额

按照《保险法》的规定,投保人和保险人约定保险标的的保险价值并在合同中载明的,保险标的发生损失时,以约定的保险价值为赔偿计算标准。投保人和保险人未约定保险标的的保险价值的,保险标的发生损失时,以保险事故发生时保险标的的实际价值为赔偿计算标准。保险金额不得超过保险价值。超过保险价值的,超过部分无效,保险人应当退还相应的保险费。保险金额低于保险价值的,除合同另有约定外,保险人按照保险金额与保险价值的比例承担赔偿保险金的责任。

根据上述规定,保险金额指投保人在投保时确定的,所投保险标的在发生事故时全部发生损失的金额。值得注意的是,因为保险金额是由投保人在投保时进行确认的,故保险金额和投保标的的价值即保险价值可能发生偏差。拍卖公司作为拍卖人对投保标的应当按照合适的价值进行投保,不应超过也不应减少,如果超过则超过部分的金额保险公司不会赔偿,如果减少则发生保险事故时,保险公司只会按照实际价值等比例理赔。

拍卖人作为投保人,对于拍卖标的的投保应当杜绝重复投保的情形。重复投保是指投保人对同一保险标的、同一保险利益、同一保险事故分别与两个以上保险人订立保险合同,且保险金额总和超过保险价值的保险。重复投保不会对保险标的的保险金额进行增加,即除合同另有约定外,各保险人按照其保险金额与保险金额总和的比例承担赔偿保险金的责任。

拍卖人作为投保人,重复投保只会导致保险费的增加,起不到增加保障的目的。况且《保险法》还要求重复保险的投保人应当将重复保险的有关情况通知各保险人。

六、保险事故发生后的注意事项

(一) 采取必要措施防止损失扩大

基于《合同法》的规定,守约方在违约方违反合同产生损失之后,应当采取措施进行止损。在保险法律关系当中,保险人作为承担保险责任的当事人,在收受保险费用后承担了更高的风险。风险发生后,投保人应当采取有效措施防止损失扩大,有效措施可能包括救助等各个方面,总而言之应当针对风险扩大而采取必要措施。我国《保险法》第五十七条规定,保险事故发生时,被保险人应当尽力采取必要的措施,防止或者减少损失。

(二) 及时通知的义务

按照我国《保险法》第二十一条规定,投保人、被保险人或者受益人知道保险事故发生后,应当及时通知保险人。故意或者因重大过失未及时通知,致使保险事故的性质、原因、损失程度等难以确定的,保险人对无法确定的部分,不承担赔偿或者给付保险金的责任,但保险人通过其他途径已经及时知道或者应当及时知道保险事故发生的除外。

故拍卖人作为投保人在保险事故发生时应当采取报案的方式,及时通知保险公司,以便保险公司对事故进行审核,同时确认保险标的的损失,如果未能及时通知导致保险公司无法核定相关事项的,则达不到保险的目的。

(三) 不得随意放弃对第三者的求偿权

保险事故的发生可能是由第三方引起的,根据《保险法》的规定,保险人在赔偿投保人或者被保险人之后,可以就保险赔偿的金额依据保险事故的原因向第三人追偿。该追偿权的行使一方面可以由应当承担责任的责任方承担责任,另外一方面保险公司可以依法减少自己的损失。我国《保险法》第六十一条规定,保险事故发生后,保险人未赔偿保险金之前,被保险人放弃对第三者请求赔偿的权利的,保险人不承担赔偿保险金的责任。保险人向被保险人赔偿保险金后,被保险人未经保险人同意放弃对第三者请求赔偿的权利的,该行为无效。被保险人故意或者因重大过失致使保险人不能行使代位请求赔偿的权利的,保险人可以扣减或者要求返还相应的保险金。

故保险责任发生之后,无论基于何种情况,拍卖人作为投保人不得擅自作出放弃对第三者主张权利的行为,以避免保险人减少赔偿责任。

七、投保人仍负有必要的保管义务

虽然有了保险对保险事故的覆盖,但是投保并非将所有的风险完全甩给保险公司,投保人也绝非自己可以置风险于不顾,放任保险事故的发生。按照《保险法》第五十一条的规定,被保险人应当遵守国家有关消防、安全、生产操作、劳动保护等方面的规定,维护保险标的的安全。保险人可以按照合同约定对保险标的的安全状况进行检查,及时向投保人、被保险人提出消除不安全因素和隐患的书面建议。投保人、被保险人未按照约定履行其对保险标的的安全应尽责任的,保险人有权要求增加保险费或者解除合同。

故拍卖人即使对拍卖标的享有保险利益,就拍卖标的的可能发生的事故向保险公司投保,仍应当遵守基本的法律规定,并采取合理的措施保障保险标的的安全,否则可能导致不良的法律后果。

八、拍卖人与委托人之间就保险的约定

在委托人和拍卖人订立的合同当中就费用部分,一般会要求委托人应当承担某金额的保险费,并约定不承担保险费的不利后果。大多数拍卖人承诺拍卖标的自动受保于拍卖人在保险公司的投保。值得说明的是拍卖人对于委托人提供的拍卖标的的保管责任实际并不因委托人未支付保险费而不再承担。拍卖人就拍卖标的的投保无疑提高了拍卖标的的安全性,但是从另外一个角度出发,拍卖人如果明确拍卖标的的已经投保并且收取了保险费,就更应承担保管拍卖标的的责任。

拍卖人除了应当在与委托人之间的委托拍卖合同当中告知委托人应当承担拍卖标的的保险费的义务之外,还应当将保险所不能覆盖的风险予以说明,避免拍卖人因投保而增加不应承担的责任。

第十节　拍卖人亲自处理拍卖的义务

一、亲自处理的义务

除非另外有约定,受托人应当亲自处理委托的事务,这是《合同法》当中委托合同部分对受托人的原则性要求。在《拍卖法》当中对于拍卖人也有着类似的明确要求。

《拍卖法》对于拍卖人亲自拍卖的义务的规定为,拍卖人接受委托后未经委托人同意,不得委托其他拍卖人拍卖。在委托拍卖合同中,拍卖人作为专业从事拍卖业务的当事一方,在接受委托人的拍卖委托之后,应当独立地从事拍卖活动,这是拍卖人必须遵循的基本准则。委托人基于对拍卖人的信赖,将拍卖标的交由拍卖人处理,如果拍卖人未经同意再行将拍卖标的转给他方拍卖,违背了双方之间基于信任订立的委托拍卖合同的原则。

二、未经同意转委托的后果

如果未经委托人同意转委托拍卖的,拍卖人与接受其委托再拍卖的拍卖人(这里称为转拍卖人)之间成立委托拍卖合同关系,因为拍卖人的转委托行为属于违反《拍卖法》禁止性规定的行为,我们认为应当是无效的民事法律行为,同时因为拍卖人对拍卖标的的不享有处置权,基于无处置权而和转委托人签订的拍卖合同也属于无效的委托拍卖合同。

(一) 转拍卖人和买受人之间

在未经同意转委托的情形下,转拍卖人和拍卖人之间的转委托拍卖合同无效。如果转拍卖人未能将拍卖标的拍卖出去,则转拍卖人应当返还拍卖标的给拍卖人,委托人可以收回拍卖标的,也可以重新委托拍卖人拍卖。

如果转委托拍卖成交的,情况则要复杂很多。因为拍卖合同无效,各方都要承担合同无效的法律后果。如果拍卖标的能够返还的,买受人无权再要求交付拍卖标的,如拍卖成交价款没有全额支付完毕的,拍卖标的尚未转移给买受人的,则转拍卖人应当将已经支付

的拍卖成交价款返还给买受人,拍卖标的应当由转拍卖人返还给拍卖人。如果拍卖标的已经转移给买受人,但是买受人并未完全支付完毕拍卖成交价款的,则买受人应当将拍卖标的返还给转拍卖人,即便买受人在收到通知后再行交付全部拍卖成交价款,买受人也无权取得拍卖标的。

但是如果拍卖标的已经交付给买受人,同时买受人已经完全将拍卖成交价款支付完毕的,则又要区分不同的情况予以看待。若买受人同意返还拍卖标的的,则买受人将拍卖标的返还,同时要求转拍卖人将全部已经支付的拍卖成交价款和佣金等返还给买受人,对于产生的其他损失费用,可以要求转拍卖人承担。若买受人不同意返还拍卖标的的,并且主张善意取得拍卖标的的所有权的,如果善意取得能够成立,则买受人可以拒绝返还拍卖标的,全部责任应当由转拍卖人和拍卖人之间根据过错进行承担。

作为买受人而言,其参加转拍卖人举办的拍卖活动,对转拍卖人拍卖的拍卖标的的来自拍卖人的情况不存在任何过错,所有因为拍卖合同无效产生的损失都可以要求转拍卖人承担。

(二) 拍卖人与转拍卖人和之间

拍卖人和转拍卖人之间则应当按照双方的过错来确定双方的责任,如果拍卖人在转委托时明确告诉转拍卖人该拍卖标的来自委托人,转拍卖人也是专业的拍卖机构,其应当对于《拍卖法》禁止未经同意转委托的规定是明知的,双方之间均有过错,应当各自承担相应的后果。如果拍卖标的可以返还的,则产生的费用应当各自承担,如果拍卖标的无法由转委托人返还给委托人的,双方过错均等,应当共同承担损失。

如果拍卖人在转委托时并未告知转拍卖人拍卖标的来自委托人的,即拍卖人以自己为该拍卖标的享有处分权利人的身份委托转拍卖人拍卖的,则转拍卖人对于双方之间的委托拍卖没有任何过错,转拍卖人不应向委托人承担责任。特别是在拍卖标的无法返还的情况下,拍卖标的无法返还产生的责任应当由拍卖人向委托人承担。

(三) 拍卖人和委托人之间

转委托行为发生后,拍卖人和委托人之间必因此产生争议。如果如前所述,拍卖标的最终得以返还的,当然委托人的损失只是因为拍卖未能举行产生的部分费用,该费用应当由拍卖人自行承担。如果拍卖标的无法返还的,委托人也很尴尬,无法返还的原因一般是拍卖成交已经发生,即转拍卖人已经拍卖成交,若转拍卖人将拍卖成交价款支付给了拍卖人,拍卖人也将拍卖成交价款支付给了委托人,则委托人虽然可以主张损失,但是损失的多寡比较难以界定。如果拍卖标的无法返还,但是拍卖成交价款委托人没有全部获得的,委托人当然可以要求拍卖人承担支付全部成交价款的责任,同时也可以主张因此产生的损失,同样,只不过损失多寡比较难以界定而已。

三、与委托人约定的转委托拍卖的内容

实践中会出现,拍卖人因为自己的原因,需要将委托人交付的拍卖标的转由其他拍卖人实行。《拍卖法》并未禁止拍卖人进行转委托,只不过需要委托人对拍卖人的转委托行为进行明确的约定。未经允许的拍卖人的单方转委托行为在前面我们已经叙述过,属于拍卖人的违约行为,即便拍卖人可能是为了委托人的利益,委托人也可以追究拍卖人的责

任。为避免风险和不确定的情况发生,如果拍卖人存在转委托其他拍卖人进行拍卖的可能,拍卖人应当与委托人明确订立合同,约定拍卖人可以就拍卖标的转委托其他拍卖人进行拍卖,并就有关事项约定清楚,在此情形下拍卖人和转拍卖人之间成立新的委托拍卖合同关系。

在拍卖人和接受委托的转拍卖人之间,如果拍卖人不向转委托人披露委托人,则拍卖人为委托人的隐名代理人,拍卖人和转委托人之间按照双方的合同确定权利义务。

一般而言,拍卖人如果可以将拍卖标的转由转拍卖人进行拍卖,拍卖人应当和委托人双方之间就如下事项作出必要的约定。

(一)转拍卖机构的范围

既然拍卖人可以将拍卖标的转由转拍卖人进行拍卖,转拍卖机构的选择就很重要,委托人应当和拍卖人确定转拍卖人的范围,如果委托人对此有明确要求的,应当在双方的委托拍卖合同当中作出明确规定,一旦双方约定清楚,则拍卖人只能在委托人确认的转拍卖人中进行选择。

当然双方之间也可以约定由拍卖人全权决定转拍卖人的范围,毕竟拍卖人作为专业的拍卖机构,对于拍卖行业当中何人更具有良好的拍卖能力更有判断力,拍卖人可以基于自己的判断从方便的角度或者从能够更好地成交的角度来确定具体的转拍卖人。

(二)转拍卖的保留价

转拍卖的保留价对于实现委托人的利益至关重要,超过保留价的竞买人应价才具有效力。委托人和拍卖人订立委托拍卖合同时一般会约定保留价,同样如果委托人同意拍卖人将拍卖标的转其他拍卖人进行拍卖,也应当约定保留价。一般情况下,委托人只关注最终的成交价格超过保留价,并且愿意支付必要的佣金费用,转拍卖的保留价只要所产生的佣金和费用等并未超过拍卖人收取的部分,委托人都不会太在意。但是作为拍卖人而言,应当对转拍卖人收取的佣金费用和保留价之间的数额关系进行必要的测定,在能够保证自身的利益的情况下,应当合理地和委托人确定必要的转拍卖的保留价。

(三)转拍卖产生的费用

转拍卖必然会产生由转拍卖人收取的费用,一般情况而言,委托人更愿意和拍卖人之间进行结算,对于拍卖人和转拍卖人之间产生的费用不太关注。如果是这种情形,则在合同当中可以约定由拍卖人自行承担即可。

(四)转拍卖的佣金承担

转拍卖的佣金是转拍卖人应当向拍卖人收取的委托方佣金,转拍卖的佣金由拍卖人和转拍卖人之间进行约定,只要转拍卖人收取的佣金不超过拍卖人向委托人收取的佣金,委托人对此也不会予以关注。此外,由于拍卖人和转拍卖人之间属于同行关系,他们之间确定的佣金比例一般要小于普通委托人订立委托拍卖合同收取的佣金,所以拍卖人和委托人之间就转委托的佣金承担只要约定由拍卖人自行承担即可。

(五)转拍卖的期限

如果是转拍卖的,委托人一般会要求确定转拍卖的期限,即委托人希望在确定的时间内取得拍卖的结果。转拍卖的期限一旦确定,拍卖人应当在必要的时间之内将拍卖标的交由适格的转拍卖人进行拍卖,以实现委托人的利益。

（六）转拍卖的款项支付

转拍卖的情况下涉及拍卖成交后买受人支付拍卖成交款后的支付问题，主要是支付的条件和期限。一般情况下拍卖人应当是收到转拍卖人支付的拍卖成交款后将拍卖成交款支付给委托人。就支付的期限双方可以确定支付延期的违约责任。不及时支付的拍卖人应当向委托人承担延期支付的违约责任。

第十一节　对委托人身份的保密义务

按照《拍卖法》的规定，委托人有权要求拍卖人对其身份进行保密。在委托人要求身份保密的情况下，拍卖活动均由拍卖人举办，拍卖成交后的标的交付也由拍卖人向买受人移交，买受人亦只与拍卖人发生拍卖合同关系。委托人的保密要求是基于其不愿意被他人知晓其身份所做的安排，《拍卖法》尊重委托人的保密要求，并且要求拍卖人对此予以遵守。

《拍卖法》以及相关行政规章均未对拍卖人违反对委托人身份保密的义务的行为规定行政责任，拍卖人的保密义务属于法定义务，违法该义务拍卖人应当对委托人承担民事赔偿责任，如果因为泄密给委托人造成损失的应当赔偿损失，如果产生人身损害的，则应当承担人身损害民事责任。

拍卖人对委托人的保密义务不得对抗行政机关对拍卖人的法定监督检查的权力，我们在后面拍卖人对买受人的保密义务中也会述及这一问题，拍卖人在向有关机构的报送材料中应当注明"保密"字样。

第八章　瑕疵担保责任

第一节　拍卖人向买受人承担的瑕疵担保责任

我国《拍卖法》第六十一条直接规定了拍卖人就拍卖标的瑕疵所应当承担的责任。第六十一条规定如下:拍卖人、委托人违反本法第十八条第二款、第二十七条的规定,未说明拍卖标的的瑕疵,给买受人造成损害的,买受人有权向拍卖人要求赔偿;属于委托人责任的,拍卖人有权向委托人追偿。

该条规定所援引的《拍卖法》第十八条的规定如下:拍卖人有权要求委托人说明拍卖标的的来源和瑕疵。拍卖人应当向竞买人说明拍卖标的的瑕疵。其中后一句话即为第二款。另外,《拍卖法》第二十七条的规定如下:委托人应当向拍卖人说明拍卖标的的来源和瑕疵。

按照《拍卖法》的规定,拍卖人向买受人承担瑕疵担保责任。虽然我们认为拍卖人是基于委托人的委托对拍卖标的进行拍卖,拍卖的结果最终由委托人承担,但是在瑕疵担保的义务上,法律规定向买受人承担瑕疵担保责任的主体是拍卖人,买受人可以向拍卖人要求赔偿,并没有规定买受人可以向委托人要求赔偿。按照此规定,即便委托人存在过失,向委托人追究责任的主体也是拍卖人,而非买受人。

一、默认前提为无瑕疵

瑕疵担保义务的前提是默认拍卖标的是无瑕疵的,不存在瑕疵情形,除非拍卖人在拍卖时作了披露。

拍卖法律关系中存在几个关系:委托人和拍卖人之间的委托拍卖关系,拍卖人和买受人之间的拍卖合同关系,以及买受人和委托人之间在拍卖成交后可能产生的法律关系。

买受人和委托人之间并不存在合同关系,买受人和拍卖人之间的拍卖合同关系与拍卖人和委托人之间的委托拍卖关系是各自独立的法律关系,买受人对委托人和拍卖人之间的约定并不知晓。法律实质上将拍卖人视为具有更高义务的专业从事拍卖业务的商主体,买受人同时也是竞买人,竞买人在成为买受人之前和委托人一般不存在接触关系,竞买人依赖于拍卖人在拍卖过程中的公告、预展、说明等来决定是否参加拍卖,拍卖人作为专业机构对于拍卖标的的瑕疵具有更高的鉴别能力。

故如果拍卖人对于拍卖标的的没有作出瑕疵说明,则默认该标的不存在瑕疵。成交后如果买受人发现标的存在瑕疵,或者取得标的后发现瑕疵,可以追究拍卖人的责任。

二、委托人应当向拍卖人披露瑕疵

根据《拍卖法》第二十七条的规定,委托人应当说明标的的来源和瑕疵。在这里,法律规定用了应当,应当属于权义性规范用词,即委托人有义务说明标的的来源和瑕疵。委托人如果没有说明标的的瑕疵,则违反了《拍卖法》的规定。

委托人说明标的的来源和瑕疵的时间应当是在委托拍卖合同关系成立时,由委托人向拍卖人披露标的瑕疵。委托人向拍卖人承担披露义务,拍卖人应当通过与委托人的接洽和自己的能力知悉拍卖标的瑕疵。

但是考察委托人的心态,委托人作为准备卖出自己的物品或权利的一方,当然知晓瑕疵可能会使拍卖标的的拍卖价值降低,所以一般会不愿意披露标的的瑕疵,生怕瑕疵会使得拍卖无法成交或者拍卖成交价低。但是从买受人角度而言,在成为买受人之前,他以竞买人身份以竞价的方式,和其他竞买人一起竞价,最终以最高价格取得拍卖标的,如果拍卖标的存在瑕疵没有披露,则对买受人不公。故法律规定了委托人有义务披露拍卖标的的瑕疵。

在本书的前面部分,我们已经提及了委托人的身份问题,这里不再赘述。对于拍卖标的瑕疵,委托人应当首先向拍卖人进行披露以履行委托人的披露义务。

三、拍卖人应当要求委托人披露瑕疵

《拍卖法》第十八条规定拍卖人有权要求委托人说明拍卖标的的来源和瑕疵。这一条系《拍卖法》赋予拍卖人针对委托人可以行使的权利,这种权利的规范和施加于委托人身上要求委托人承担披露义务的规范构成一对规范,力图将瑕疵披露规范得更加完整。

当然,正如我们之前所述的,委托人从利益的角度,会尽力避免瑕疵披露。当然也会存在委托人囿于能力有限,不知晓拍卖标的存在瑕疵的情况。拍卖人作为更有能力的专业机构,应当要求委托人就瑕疵作出披露,以避免出现无辜的买受人利益受损的情况。

故拍卖人为了避免在拍卖成交后因为未披露瑕疵受损,其应当在与委托人达成的委托拍卖合同当中明确约定委托人拒绝披露瑕疵的后果及相应的使拍卖人受损后的委托人的赔偿责任。

如果委托人简单声称自己的拍卖标的并不存在瑕疵,拍卖人应当就委托人的无瑕疵声明取得由委托人书面作出的标的物瑕疵的声明或担保。

(一) 披露

这里所述的披露系委托人基于自己在《拍卖法》下应承担的披露的义务主动向拍卖人披露拍卖标的的瑕疵,或者委托人基于拍卖人的要求向拍卖人披露拍卖标的的存在的瑕疵。这里披露的瑕疵应当是完整的,即主观上委托人就自己所能了解的拍卖标的的瑕疵作了有效的揭示。这种瑕疵可能是表面的,可能是内在的,总而言之,拍卖标的的存在某种缺陷。

(二) 不披露

不披露系指委托人自己选择了不对瑕疵进行披露,即委托人基于自己的目的对瑕疵进行了隐瞒,在此情况下,委托人会笼统地对拍卖人声称,该拍卖标的不存在瑕疵。不披露不意味着委托人对拍卖标的进行正向的保证性承诺,只是委托人对拍卖人声称拍卖标的没有瑕疵。

委托人不披露瑕疵尚不足以使得拍卖人必然承担责任,拍卖人承担责任在于第二步,即拍卖人是否在拍卖活动中对瑕疵进行担保。后续我们将继续讨论这个问题。

(三) 不完全披露(披露不完整)

不完整披露,意味着披露的瑕疵不完整,即对部分的瑕疵进行了披露,另外的瑕疵没有披露,这种不完整可能是委托人避重就轻,也可能是委托人基于自己的知识不足等原因,但我们认为无论如何,这种不完全披露和不披露其实并没有本质的差异,即仍然存在瑕疵未能披露,其后果应当和不披露是一致的。因为发生纠纷后,一定是买受人认为标的存在未能披露的瑕疵,对于已经披露的瑕疵,买受人要求责任主体承担责任显然可能性不大。

四、拍卖人享有要求鉴定的权利

《拍卖法》赋予拍卖人要求对拍卖标的进行鉴定的权利。《拍卖法》第四十三条规定,拍卖人认为拍卖标的需要鉴定的,可以进行鉴定。鉴定结论与委托拍卖合同载明的拍卖标的的状况不符的,拍卖人有权要求变更或者解除合同。

拍卖人所享有的要求鉴定权,实际上也是因为《拍卖法》将拍卖人视为更为专业的机构才赋予拍卖人的。拍卖人从专业的角度可以合理怀疑拍卖标的的状况和委托人声称的状况存在不符,在此情况下,拍卖人即有权要求鉴定。

鉴定的目的在于检验委托人所声称的拍卖标的的表面状况和鉴定结果是否一致。鉴定权也多次被法院认定为拍卖人不能简单地引述瑕疵声明条款而逃避责任的重要依据,这一点应当引起拍卖人的注意。

五、拍卖人应当向竞买人披露瑕疵

《拍卖法》第十八条第二款规定,拍卖人应当向竞买人说明拍卖标的的瑕疵。我们认为,虽然拍卖人应当向竞买人说明拍卖标的的瑕疵的义务条款紧跟于拍卖人有权要求委托人说明拍卖标的的来源和瑕疵的条款,但这并不意味着拍卖人仅仅转述委托人所陈述的瑕疵即可。

正如我们之前所述的,拍卖人对竞买人所负有的说明拍卖标的的瑕疵的义务,是拍卖人对拍卖标的的状况的承诺,是对买受人利益的保护,买受人依赖于拍卖人的公告等参加拍卖活动,买受人对拍卖标的的状况并不熟知,故如果拍卖标的存在瑕疵,对买受人而言可能存在损失。

(一) 委托人披露后拍卖人转述

委托人如果已经对拍卖标的的瑕疵向拍卖人进行了说明,拍卖人在举办的拍卖活动中对该瑕疵进行了转述,即在拍卖中声明了委托人所述的瑕疵,在此情形下,买受人显然就已经披露的瑕疵无法再向拍卖人主张责任。

(二) 委托人披露后拍卖人未转述

刚才所述的情形貌似非常简单,但是实际上拍卖人在举办拍卖活动的过程中很可能会出现未能转述的情形,即委托人虽然进行了披露,但是拍卖人基于某些情况,可能是疏忽或者其他原因，未能对瑕疵进行披露。出现这种情形，很显然，拍卖人系过错方，应当按照《拍卖法》的规定向买受人承担必要的赔偿责任，而拍卖人则无权基于自己的损失向委托人主张赔偿。

(三) 委托人披露后拍卖人转述错误

这里所述的转述错误是指拍卖人披露的瑕疵与委托人向拍卖人披露的瑕疵存在不一致的情形，特别是拍卖人披露的瑕疵没有覆盖委托人披露的瑕疵，即拍卖人未能完整地向竞买人披露委托人披露的瑕疵。

拍卖人转述瑕疵错误，看起来不应该出现，但是在拍卖活动中这种情形经常出现。一场拍卖活动中，可能会出现很多拍卖标的，这么多的拍卖标的，拍卖人因为工作失误出现转述错误并不鲜见。主要有以下一些情形：

1. 客体对象完全错误

委托人交付拍卖人拍卖的标的可能存在多种，而拍卖标的可能存在相似性，在这种情况下，委托人就甲标的进行了瑕疵说明，而拍卖人误认为是乙标的，即在拍卖活动中错误地将甲标的的瑕疵放在乙身上，出现张冠李戴的情形，买受人获得拍卖标的时发现瑕疵，显然会要求拍卖人其承担责任。

2. 某些内容表述错误

某些内容陈述错误，系指委托人披露的瑕疵和拍卖人对外披露的瑕疵存在偏差。如果拍卖人披露的瑕疵程度小于委托人的披露内容，或者拍卖人所披露的内容和委托人披露的内容不一致，则买受人主张瑕疵担保责任时，拍卖人可能承担责任。

反过来说，如果拍卖人披露的内容大于委托人披露的内容，致使拍卖标的未能成交，或者成交价较低，委托人是否可以追究拍卖人的责任呢？我们认为如果拍卖标的约定了保留价，只要拍卖成功，委托人的拍卖目的已经实现，委托人追究拍卖人的可能性很低。如果拍卖成交价过低，委托人追究拍卖人的责任，是否可以因此得出瑕疵披露的内容和成交价之间存在因果关系？这个问题值得商榷。

六、瑕疵担保可能产生的行政责任

我国《拍卖法》里面对于拍卖标的瑕疵担保责任仅规定了承担的民事责任，但是如果拍卖人的某些属于瑕疵担保范围内的行为违反了有关部门的规章，还可能会承担行政责任。

商务主管部门的《拍卖管理办法》中规定的拍卖人不得实施的行为中包括对拍卖标的进行虚假宣传，给买受人造成经济损失的行为。对于该类行为的行政责任后果，《拍卖管理办法》明确规定由有关行政机关依法进行处罚。在国家工商行政管理局公布的《拍卖监督管理办法》当中，则明确规定拍卖企业不得利用拍卖公告或者其他方法，对拍卖标的作引人误解的虚假宣传，同时对于违反此项规定的拍卖企业，工商行政管理部门可以依照《中华人民共和国反不正当竞争法》有关规定处罚。

拍卖行业管理部门明确了虚假宣传造成买受人经济损失的行为属于其他部门处罚的范畴，而在工商行政管理部门的规章中明确将此类行为纳入不正当竞争的行为，并且处罚的依据也是《反不正当竞争法》。故拍卖人是否承担行政责任的关键就在于拍卖人的某些瑕疵未予披露的行为是否落入上述规定的处罚行为当中。

我们认为,拍卖人对于委托人提供的拍卖标的,在明知拍卖标的存在瑕疵的情况下,无论是基于故意还是疏忽,在拍卖行为中,不仅未进行披露,反而掩盖瑕疵并将其作为宣传的内容,就属于虚假宣传行为,即应当受到工商行政管理部门的行政处罚。

至于何谓虚假宣传,《反不正当竞争法》当中明确为引人误解。在拍卖活动中,应当是使买受人引起误解。拍卖人在主观宣传时,本意在于推广拍卖标的,希望有更多的竞买人参与竞买,希望拍卖标的可以获得更高的拍卖价格,从而实现更高的拍卖佣金收益。但是如果宣传的内容属于拍卖标的本身的瑕疵,拍卖人本来有义务向所有的竞买人予以告知,不仅未能告知反而宣传,客观上掩盖了瑕疵,应属于虚假宣传范畴。

故对于拍卖人而言,这种情况会发生在委托人实际上已经向拍卖人进行了披露,而拍卖人可能因为疏忽而忽略了此瑕疵,反而宣传。拍卖人作为拍卖活动的主办者,应当尽到高度的注意义务,对上述瑕疵未能披露即可能承担瑕疵担保的经济赔偿责任,甚至因为不注意而承担行政处罚责任,对于拍卖人而言更是雪上加霜。

第二节 拍卖人向委托人追偿瑕疵担保责任

一、委托人向拍卖人承担瑕疵担保责任的合同关系

按照《拍卖法》第六十一条的规定,委托人存在瑕疵担保责任的,拍卖人有权向委托人追偿。委托人和拍卖人之间是委托拍卖合同关系,拍卖人和买受人之间是拍卖合同关系。两个合同有不同的主体,合同之间虽然有牵连性,但是均是独立的合同。买受人在拍卖人未能履行瑕疵担保义务之后,可以基于拍卖合同要求拍卖人承担责任。但是如果委托人有过错,而仅由拍卖人对外承担责任,显然对于拍卖人不公。故拍卖人可以依据与委托人之间的委托拍卖合同要求委托人承担责任。

拍卖人和委托人之间就瑕疵担保产生的责任虽然法律有了明确规定,但是如果双方就瑕疵担保产生的具体情形有委托拍卖合同可以作为界定责任的依据,则对拍卖人的风险防范最为有利。

二、委托人向拍卖人承担责任的条件

1. 拍卖人已经向买受人承担了责任

按照《拍卖法》规定,拍卖人在向买受人承担了赔偿责任之后,拍卖人才有权向委托人追偿。拍卖人向委托人的追偿是基于损害已经发生。对于拍卖人而言,该损害是指拍卖人已经基于瑕疵担保责任赔偿了买受人的损失。

委托人向拍卖人承担的也是损害赔偿责任,当然这种责任既是基于双方的委托拍卖合同关系,因为委托人的原因未能向拍卖人披露拍卖标的的瑕疵,致使拍卖人因此产生了损失;同时也是基于《拍卖法》的规定,是委托人承担的法定责任。

如果拍卖人的损害没有发生,自然谈不上拍卖人向委托人追究赔偿责任之说。

2. 委托人存在过错

委托人存在过错也是拍卖人可以向委托人追究瑕疵担保责任的前提。委托人的过错的基础是委托人应当向拍卖人说明拍卖标的的来源和瑕疵而未说明。委托人如果明知拍卖标的存在瑕疵而故意未向拍卖人说明的,则委托人存在过错。委托人的过错情况又存在以下两种情形:

(1) 故意隐瞒

所谓故意隐瞒是指委托人对拍卖人声称该拍卖标的不存在瑕疵,而实际上委托人自己明知拍卖标的存在瑕疵,在拍卖人要求委托人说明的情况下,委托人未能履行说明义务。在委托人故意隐瞒拍卖标的的瑕疵的情况下,拍卖人基于委托人对拍卖标的的瑕疵担保,无法向买受人披露拍卖标的存在的瑕疵,故拍卖人在向买受人承担责任后可以向委托人主张赔偿责任。

(2) 委托人故意降低瑕疵的程度

另外一种情形是,委托人基于自己的考虑故意将瑕疵的程度降低,即委托人淡化瑕疵的表达,使得拍卖人仅以淡化的瑕疵向买受人进行了说明,而实际上拍卖标的的瑕疵远比说明的瑕疵程度严重。这种情形我们认为和隐瞒没有本质的区别,其实质上仍然是委托人没有尽到向拍卖人说明拍卖标的的瑕疵的义务,违反了《拍卖法》中对委托人规定的应尽的义务。故委托人仍然应当承担赔偿责任。

另外,如果拍卖人未要求委托人说明拍卖标的的瑕疵时委托人是否存在过错? 委托人和拍卖人之间是委托拍卖合同关系,拍卖人帮助委托人处理拍卖标的。按照《拍卖法》规定,拍卖人有权要求委托人说明拍卖标的的来源和瑕疵。这是拍卖人享有的权利,但并非拍卖人的义务。而对于委托人而言,委托人应当向拍卖人承担说明拍卖标的的瑕疵的义务,这是委托人的法定责任。即便拍卖人没有要求委托人说明,但是委托人在明知拍卖标的存在瑕疵的情况下,并未向拍卖人说明,其违反了法定义务,仍应当认定为委托人存在过错。如果拍卖人因为委托人未能说明而向买受人承担了责任的,拍卖人仍然有权向委托人追偿。

第三节　委托人是否向买受人承担责任

正如我们在前面说述,依照《拍卖法》的规定,买受人主张瑕疵担保责任的对象应当是拍卖人。而在实务诉讼当中会出现买受人基于某种考量,比如委托人更具有实力等原因,直接要求委托人承担责任的情况。我们结合具体情况进行分析。

一、委托人无过错则失去承担责任的基础

委托人是否有过错是委托人最终是否承担实体上的赔偿责任的关键。如果委托人在委托拍卖人举办拍卖活动时,对拍卖标的的来源以及拍卖标的的瑕疵向拍卖人进行了必要的说明,而拍卖人因为自己的原因,无论是疏忽还是故意,未向买受人作出披露,则委托人在委托拍卖合同当中并无责任,故其也不应当向拍卖人承担责任。在这种情况下,买受人

要求委托人承担责任也不可能得到法律的支持,因为委托人根本无须向拍卖人承担责任,更不用说向买受人承担责任了。

二、委托人存在过错

相反的情形是委托人在委托拍卖时存在过错,即委托人并未按照拍卖人的要求说明拍卖标的瑕疵,按照《拍卖法》规定,在委托人存在过错的情况下,拍卖人向买受人承担责任后,可以向委托人追偿,即拍卖人基于和委托人之间的委托拍卖合同关系追究委托人的责任。

但是如果买受人在诉讼中坚持直接要求委托人承担责任时,不同的法院的判决的态度并不一致。主要分为两种类型。

（1）委托人无须向买受人承担责任

有法院认为,买受人只和拍卖人之间产生拍卖合同关系,而买受人和委托人之间无合同关系,故买受人不得越过拍卖人要求委托人承担责任,委托人是否向拍卖人承担责任,该权利由拍卖人行使,故对买受人主张委托人承担责任的请求不予支持。

（2）买受人基于和委托人之间达成买卖关系可以承担责任

也有理论认为,委托人和拍卖人之间是委托合同关系,拍卖人是受托处理委托人的拍卖标的,只不过是通过拍卖的形式达到标的价值的最大化,其根本是委托人将拍卖标的转让给买受人,一旦买受人接受转让,则买受人和委托人之间成立买卖合同关系。故如果拍卖标的存在瑕疵,而且委托人有过错时,该拍卖标的瑕疵的责任的后果应当由委托人来承担,故委托人应当直接对买受人承担责任。

三、特殊条件下的穿透承担责任

有的法院在审理后认为,委托人本不应对买受人承担责任,但是在综合考量后,如果委托人的确存在过错,委托人最终仍应当承担责任,只不过承担责任的对象是拍卖人,而委托人在诉讼当中要求委托人承担责任,对于委托人而言,其承担责任的范围并没有扩大,法院基于避免当事人诉累的考虑,裁量由委托人直接对买受人承担责任。

我们认为尽管法院作出的上述裁判是基于利益考量,并且避免司法资源浪费,减少当事人的诉累,但是从法律关系上看《拍卖法》作为特别法对于瑕疵担保责任作了明确规定,委托人对买受人承担瑕疵担保责任仍值得商榷。

四、委托人和买受人之间签订合同产生的责任

但是还有一种情形是,拍卖成交之后,委托人和买受人签订协议的情况不同,有的是签订租赁协议,有的是签订买卖合同,等等。我们认为一旦买受人和委托人之间签订合同,则他们双方之间成立买卖合同关系或者其他关系,在这种情况下,如果拍卖标的存在瑕疵,买受人可以基于双方签订的合同要求委托人承担责任。

但是买受人要求委托人承担的责任不属于《拍卖法》六十一条规定中基于拍卖关系承担的瑕疵担保责任,而是基于买卖合同或者其他合同关系当中委托人对于标的应承担的诸如质量保证等责任。

第四节　瑕疵担保责任的免责条款

一、瑕疵担保责任的免责条款

《拍卖法》第六十一条的规定,拍卖人、委托人在拍卖前声明不能保证拍卖标的的真伪或者品质的,不承担瑕疵担保责任。这一条普遍被认为是拍卖人不承担瑕疵担保责任的免责条款。故拍卖人几乎无一例外地根据该条款的约定,将不能保证拍卖标的的真伪或品质的声明纳入了拍卖规则,希冀以此来对抗瑕疵担保责任。

拍卖标的具有复杂性,每个拍卖标的都具有各自的特性,瑕疵的种类也千差万别,而拍卖人仅仅是以拍卖行为获取拍卖佣金收益的商业机构,如果苛求拍卖人就拍卖标的的本身承担担保责任,拍卖人无法承受,故《拍卖法》规定了拍卖人可以免责的情形。

那么是否只要拍卖人在拍卖活动中声明不能保证拍卖标的的瑕疵就可以安然脱身?答案显然是否定的。

二、免责的范围

(一) 真伪和品质的免责

《拍卖法》规定,委托人、拍卖人拍卖前声明不能保证拍卖标的的真伪和品质的,不承担瑕疵担保责任。从这个条款当中我们可以看出免责的范围局限在两个方面,即真伪和品质。

真伪的问题在拍卖活动中是比较常见的问题,特别是在艺术品如古玩、字画,甚至文物等的拍卖中,对于拍卖标的的真伪问题往往当事方之间争执不下。因为拍卖标的的历史久远,也没有权威的机构能够就拍卖标的的作出为大家都能接受的认定,甚至在不同的专家之间对于某标的的真伪出现截然相反的结论。在司法实践当中也无明确的鉴定结论可以依据。而真伪问题对于拍卖标的的价值影响又很大。故《拍卖法》当中针对拍卖人或者委托人对于拍卖标的的真伪不做保证时明确不予承担责任。

另外一个可以免责的瑕疵是拍卖标的的品质。品质就是拍卖标的的质量。质量应当表示拍卖标的的优劣,但是何为优何为劣,其实很难用一个标准来确定,但是可以明确的是,拍卖标的存在的任何质量上的瑕疵都有可能导致拍卖标的的优劣发生变化,从而影响拍卖标的的价格。这种品质上的瑕疵既可以通过表面观察发现,也可能因为质地等原因的影响不容易被发现,故《拍卖法》规定品质上的瑕疵如果拍卖人事先作出声明不能保证的,拍卖人也不承担责任。

(二) 处分权的瑕疵并非通过瑕疵声明可以排除

值得注意的是,处分权的瑕疵属于严重的瑕疵。这种瑕疵不属于《拍卖法》第六十一条的范畴。《拍卖法》对拍卖标的的最基本要求即是拍卖标的应当是委托人可以处分的财产,如果委托人对拍卖标的不具有处分权,那么这种拍卖是属于无效拍卖。而拍卖人作为专业从事拍卖的机构有要求委托人说明拍卖标的的来源的权利,同时委托人也有向拍卖人说明拍卖标的来源的义务,这项义务属于法定义务,拍卖人怠于行使该权利,导致拍卖标的的权利瑕疵存在缺陷的,拍卖人应当承担责任。同时鉴于委托人对拍卖标的的无权处分,会直接导致拍卖无效,而无效拍卖的责任属于法定责任,拍卖人和委托人不能通过声明予以免除。该责任应当由当事方以过错大小的方式予以承担。我们在后面关于拍卖标的的审核当中对不同的拍卖标的的审核要求作出了一些阐述,这里不再赘述。

三、瑕疵免责声明的时间要求

《拍卖法》规定的瑕疵声明的时间要求为拍卖开始前。我们认为拍卖开始的时间应当是拍卖师宣布拍卖正式开始前,即拍卖师开始就拍卖标的的开始喊价之前。《拍卖法》在拍卖的程序当中规定了拍卖前发布公告的时间期限,还规定了拍卖前预展的时间,同时在拍卖的实施部分,要求拍卖师在拍卖前应当宣读拍卖规则和注意事项。从《拍卖法》的这些规定可以看出,拍卖的开始时间应当为正式喊价拍卖之前。

既然《拍卖法》允许拍卖人和委托人在拍卖开始之前作出瑕疵声明不保证真伪和品质,那么拍卖人可以最迟于拍卖师宣读拍卖注意事项时向竞买人声明不能保证拍卖标的的真伪和品质。但是我们建议拍卖人作为专业机构可以在拍卖公告、预展,以及拍卖前的注意事项中对不能保证真伪和品质作出声明,以最大限度地告知竞买人拍卖标的的可能存在的某些瑕疵,以利于竞买人作出选择。

四、免责声明的失效

(一)仅凭声明尚不足以定免除瑕疵担保责任

只要拍卖人作出了上述声明,就绝对免除了拍卖人的责任,显然不是立法的本意。《拍卖法》不仅仅规定了拍卖人可以免责,而且同样赋予了拍卖人可以要求委托人说明瑕疵的权利,以及规定了拍卖人应当核实委托人提供的资料等一系列的义务,因而在拍卖人没有尽到相应义务时,仍应承担责任。

(二)笼统地声明不保证标的的真伪和品质达不到免责的目的

我们最常见的情形是,拍卖人笼统地声明不对拍卖标的的真伪和品质承担责任,而没有根据不同的拍卖标的的性质,针对不同拍卖标的的具体情况,就不同拍卖标的的不同瑕疵进行不同的声明。我们会在后面的内容当中就这部分的内容做进一步的阐述,即如何根据不同的拍卖标的考量存在的瑕疵情形,这里暂且不表。拍卖人被视为专业的机构,具有比委托人更高的能力和水平去发现和甄别可能存在的瑕疵,拍卖人理应承担更高的责任,故对于某些瑕疵产生的争议,法院会认为拍卖人应当能够发现,而拍卖人怠于行使自己的权利,或者拍卖人故意放任这些瑕疵而不做任何审查,仅仅依靠瑕疵声明作为免责的依据不足,部分拍卖人因此被法院判决承担赔偿责任。有关这一点我们会在后续结合具体的标的进一步分析拍卖人针对不同的标的应当如何处理,以及其应当尽到何种义务。

第五节　瑕疵担保责任的诉讼时效

一、诉讼时效的概念

诉讼时效是指民事权利受到侵害的权利人在法定的时效期间内不行使权利,当时效期间届满时,债务人获得诉讼时效抗辩权。诉讼时效届满后,权利人行使权利时,债务人以时效进行抗辩的,法院会以时效届满为由驳回权利人的请求,从而使得债权人丧失实体权利。

二、普通诉讼时效

我国之前施行的《民法通则》中对于普通诉讼时效的规定为两年。但是自 2017 年 10 月 1 日开始施行的《民法总则》将普通诉讼时效延长至三年。但是自权利受到损害之日起超过二十年的,人民法院不予保护;有特殊情况的,人民法院可以根据权利人的申请决定延长。

《民法总则》规定的最长诉讼时效为二十年,这是法律可以保护的最长期限,超过二十年,除了特殊情况之外,诉讼时效期间绝对丧失。

三、特殊诉讼时效

《民法总则》在规定普通诉讼时效的同时,明确规定法律另有规定的除外。《民法通则》当中对于人体受到损害、出售不合格商品未声明的、延付或者拒付租金的、寄存财物丢失等情形适用特殊的一年诉讼时效,此外在其他的法律当中如果对于诉讼时效有特别规定的,按照特别法的规定处理。

《拍卖法》当中对于瑕疵担保责任的诉讼时效有明确规定:因拍卖标的存在瑕疵未声明的,请求赔偿的诉讼时效期间为一年,自当事人知道或者应当知道权利受到损害之日起计算。

故按照《拍卖法》的规定,买受人在知道或者应当知道权利受到损害之日起一年内,可以向拍卖人主张权利,超过这个诉讼时效期间,拍卖人可以以诉讼时效届满为由进行抗辩。

《拍卖法》还规定因拍卖标的存在缺陷造成人身、财产损害请求赔偿的诉讼时效期间,适用《中华人民共和国产品质量法》和其他法律的有关规定。上述的产品缺陷导致的人身和财产损害请求赔偿的诉讼时效,是指侵权的诉讼时效,即因拍卖标的的缺陷侵犯权利人的人身权、财产权的诉讼时效,和瑕疵担保义务的请求赔偿权的诉讼时效是不同的概念。按照《民法通则》的规定,身体受到伤害的诉讼时效为一年;按照《民法总则》的规定则诉讼时效为三年;但是按照《产品质量法》的规定,因产品存在缺陷造成损害要求赔偿的诉讼时效期间为二年,自当事人知道或者应当知道其权益受到损害时起算。

四、诉讼时效的起算期间

按照《民法总则》的规定,对于诉讼时效的起算时间明确为自权利人知道或者应当知道损害或者义务人之日起计算。而《民法通则》当中对于诉讼时效的起算时间为自权利人知道或者应当知道权利被侵害之日起计算。《民法总则》的规定增加了知道义务人的时间。对于权利人而言,如果义务人未能确定的,则从义务人得以确定的时间开始计算。在拍卖法律实务中,除非拍卖人无法确定,否则拍卖人承担拍卖的瑕疵担保责任的时间仍然应当从知道或者应当知道权利被侵害之日起计算。

五、诉讼时效的中断与中止

(一) 诉讼时效的中断

诉讼时效在权利人主张权利或者义务人履行义务时产生中断的效力。《民法总则》规定有下列情形之一的,诉讼时效中断,从中断、有关程序终结时起,诉讼时效期间重新计算:(一) 权利人向义务人提出履行请求;(二) 义务人同意履行义务;(三) 权利人提起诉讼或者申请仲裁;(四) 与提起诉讼或者申请仲裁具有同等效力的其他情形。

特别的诉讼时效同样适用中断的规定,故在拍卖法律关系当中,如果买受人要求拍卖人承担瑕疵担保责任,则仍然适用上述关于中断的规定,时效一旦中断,则重新计算诉讼时效。

(二) 诉讼时效的中止

《民法总则》规定,在诉讼时效期间的最后六个月内,因下列障碍,不能行使请求权的,诉讼时效中止:(一) 不可抗力;(二) 无民事行为能力人或者限制民事行为能力人没有法定代理人,或者法定代理人死亡、丧失民事行为能力、丧失代理权;(三) 继承开始后未确定继承人或者遗产管理人;(四) 权利人被义务人或者其他人控制;(五) 其他导致权利人不能行使请求权的障碍。自中止时效的原因消除之日起满六个月,诉讼时效期间届满。

诉讼时效的中止是诉讼时效的暂时停止,只发生在最后六个月内,发生中止事由的诉讼时效延长六个月,一旦中止事由消失,诉讼时效将在六个月之内届满。

诉讼时效的中止和中断存在很大的区别,诉讼时效中止后,权利人应当及时行使权利。中止后至届满之日,符合诉讼时效中断情形的,诉讼时效也可以中断。

六、诉讼时效届满后的履行

诉讼时效虽然属于法定的时效规定,但是义务人在诉讼时效届满后仍然履行义务的,则无权再以诉讼时效届满进行抗辩拒绝履行。对于义务人已经履行的,义务人也不得请求返还。

七、不主动审核诉讼时效

诉讼时效的抗辩权的行使权利在义务人,法院在诉讼过程中不会主动以诉讼时效届满为由驳回权利人的请求。当事人未提出诉讼时效抗辩,人民法院不应对诉讼时效问题进行释明及主动适用诉讼时效的规定进行裁判。义务人如果以诉讼时效为由进行抗辩的，则应当承担诉讼时效届满的举证责任，相应的权利人应当证明诉讼时效未予届满。按照有关司法解释的规定，当事人在一审期间未提出诉讼时效抗辩，在二审期间提出的，人民法院不予支持，但其基于新的证据能够证明对方当事人的请求权已过诉讼时效期间的情形除外。当事人未按照前款规定提出诉讼时效抗辩，以诉讼时效期间届满为由申请再审或者提出再审抗辩的，人民法院不予支持。

第九章　不同拍卖标的的审核及拍卖

第一节　拍卖标的审核的基本要求

一、拍卖标的应当具有可转让性

（一）禁止流通的拍卖标的不得拍卖

《拍卖法》规定的拍卖标的是委托人享有处分权利的物品或者财产权利。在《拍卖法》当中有三个条款与此有关联，首先，在拍卖的定义中即第三条规定了拍卖是指以公开竞价的形式，将特定物品或者财产权利转让给最高应价者的买卖方式。其次，在第六条当中规定拍卖标的应当是委托人所有或者可以处分的物品或者财产权利。最后，在委托人的定义中即第二十五条规定委托人是指委托拍卖人拍卖物品或者财产权利的公民、法人或者其他组织。

对于不得拍卖的拍卖标的，《拍卖法》第七条规定，法律、行政法规禁止买卖的物品或者财产权利，不得作为拍卖的标的。第八条规定，依照法律或者按照国务院规定需经审批才能转让的物品或者财产权利，在拍卖前，应当依法办理审批手续。商务部制定的《拍卖管理办法》中规定，下列物品或者财产权利禁止拍卖：（一）法律、法规禁止买卖的；（二）所有权或者处分权有争议，未经司法、行政机关确权的；（三）尚未办结海关手续的海关监管货物。

对于海关监管货物，按照《海关法》的规定，未经海关许可，不得开拆、提取、交付、发运、调换、改装、抵押、质押、留置、转让、更换标记、移作他用或者进行其他处置。进口货物自进境起到办结海关手续止，出口货物自向海关申报起到出境止，过境、转运和通运货物自进境起到出境止，应当接受海关监管。人民法院判决、裁定或者有关行政执法部门决定处理海关监管货物的，应当责令当事人办结海关手续。拍卖作为买卖方式的一种，当然必须遵守《海关法》的规定。对于擅自转让海关监管货物的行政处罚责任，按照《海关行政处罚实施条例》的规定为处货物价值5%以上30%以下罚款，有违法所得的，没收违法所得。

（二）限制流通的拍卖标的

委托人享有处分权的财产和财产性权利都可以成为拍卖标的，但是有些拍卖标的因为存在转让流通的限制，属于特定的拍卖对象，主要有以下两种情形。

第一种情形：某一类拍卖标的的转让需要特殊的审批手续，只有经过审批和批准后才能够转让，比如文物拍卖、土地使用权的出让。针对这种拍卖标的，《拍卖法》第八条规定，依照法律或者按照国务院规定需经审批才能转让的物品或者财产权利，在拍卖前，应当依法办理审批手续。

第二种情形：对拍卖标的的受让人有着特殊的资格要求，只有具有某资格的主体才能成为受让拍卖标的的买受人，比如烟草、危险化工品等特殊的商品。对于此类拍卖标的的拍卖，拍卖人应当在与委托人订立协议时明确拍卖标的属性，同时在拍卖时应当对竞买人的身份要求作出明确的规定，否则没有经营资格的竞买人即使拍卖成功也无法成为买受人。

二、委托人对拍卖标的应具有处分权

（一）拍卖标的所有权

根据《拍卖法》的规定，拍卖标的包括物品和财产权利，委托人应当对拍卖标的享有处分的权利。根据《民法通则》的规定，财产所有权系指所有人依法对自己的财产享有占有、使用、收益和处分的权利。包括物权、债权、知识产权等在内的财产权利都可以成为拍卖标的。所有权是最完整的权利，对拍卖标的享有所有权的委托人当然有权处分属于自己所有的拍卖标的。在绝大多数情况下，都是所有权人将拍卖标的交付拍卖。

（二）其他处分的权利

除了基于所有权的权利人可以对拍卖标的进行处分之外，其他权利人也可以对拍卖标的进行处分。比如代理人以自己名义处分属于被代理人的标的，只要被代理人进行了授权，代理人可以和拍卖人订立委托拍卖合同；比如说基于合同关系，租赁方对于属于出租方所有的标的，在出租方允许的情况下，也可以对该出租标的再次转租；再比如按照我国法律规定，国有土地资源属于国家所有，但国有土地使用权人可以基于使用权进行转让；等等。对拍卖标的所享有的处分权利，只要得到了相关授权或者符合法律规定，享有处分权的人可以将该拍卖标的以拍卖的方式进行处分，这和《拍卖法》当中并未将处分权限定于所有权的精神完全一致。

（三）对拍卖标的所有权或者处分权的核实义务在拍卖人

依照《拍卖法》第四十一条规定，委托人委托拍卖物品或者财产权利，应当提供身份证明和拍卖人要求提供的拍卖标的所有权证明或者依法可以处分拍卖标的的证明及其他资料。如果委托人委托拍卖其没有所有权或者依法不得处分的物品或者财产权利的，应当依法承担责任。拍卖人明知委托人对拍卖的物品或者财产权利没有所有权或者依法不得处分的，应当承担连带责任。

同时，第四十二条规定，拍卖人应当对委托人提供的有关文件、资料进行核实。拍卖人接受委托的，应当与委托人签订书面委托拍卖合同。

虽然《拍卖法》规定了委托人对拍卖标的应当提供相关的证明材料，但是这些证明材料提交后的审核义务在拍卖人这里。而且第四十二条的规定用了"核实"这个词汇，核实显然不仅仅是对委托人的提交资料进行表面性审查，其实质上规定了拍卖人应当对委托人提供的资料进行真伪的核实，这样的义务本质上也是将拍卖人视为专业的机构，并且认为拍卖人有这样的能力和手段对委托人提供的资料进行核实。

值得注意的是，我们曾经在瑕疵担保的章节中提到了标的的瑕疵问题，但是对于标的瑕疵，法律并没有用核实这样的用语，在权利文件中，《拍卖法》明确规定了拍卖人应当对委托人提供的权利资料进行核实。故拍卖人必须对拍卖标的的权属问题进行核实,虽然我们认为从广义的角度看,权利的瑕疵也属于瑕疵的一种,但是所有权的瑕疵可能会导致拍卖标的无法进行交割,拍卖行为自始可能就存在问题,所以对于权利是否存在瑕疵,拍卖人要采取手段加以鉴别。拍卖人以权利瑕疵的声明来对抗审核义务不会得到法律的支持。

1. 动产物权的核实

按照《物权法》的定义,物权是指权利人依法对特定的物享有直接支配和排他的权利,包括所有权、用益物权和担保物权。鉴于拍卖标的包括物品和权利,实际上是财产性的权利,用益物权也可以成为拍卖标的。这里我们主要阐述动产物权。

动产是可移动的财产,按照物权法定的原则,动产所有权以占有作为标志,谁占有动产,对相对人而言,可以相信占有人对该动产享有物权。

拍卖人在接受委托人的委托后,如果委托人持有物品之类的动产,则可以认定委托人对该物品享有动产所有权。但是拍卖人在援引此条时,不应免除拍卖人的基本注意义务,即拍卖人不得仅援引此条规定,而故意怠于行使核实的义务,特别是拍卖人实际存在过错,比如明显知道拍卖标的存在权利瑕疵的情况下,仍援引此条进行抗辩。

如果委托人在委托拍卖合同当中就拍卖标的的来源进行了承诺,并且实际占有某动产,乃至将动产交付拍卖人以备拍卖,则应可以相信委托人享有对该拍卖标的的所有权,拍卖人可以被认定为是善意第三方。

当然动产的种类繁多,还有许多动产和普通的物品存在区别,我们会在后面根据不同的拍卖标的进行分析。

2. 不动产物权的核实

按照《物权法》的规定,不动产物权的设立、变更和消灭应当按照法律规定,即应当依法进行登记,只有登记的才发生效力,未经登记,不发生效力,除非法律另有规定。此外,属于国家所有的自然资源,所有权可以不登记。

不动产一般包括土地、房屋等不动产,即不可移动的财产,我们在后续还会继续分析,这里暂且作初步陈述。

法律默认包括拍卖人在内的所有主体对于国家法律是明知的,更勿论拍卖人被视为专业机构,故拍卖人应当尽到合理的审查义务。

3. 权利的核实

当委托人享有的财产性权利成为拍卖标的时,拍卖人在接受此类委托时也应核实委托人所拥有的此类财产性权利是否完整,是否具有可处分性,是否存在处分的限制,处分此类权利时是否涉及其他主体的利益。我们会在后面的部分中针对某些具体的内容作出详细的叙述。

第二节　物品器物拍卖

关于动产物权的问题,我们在之前的部分已经阐述过了,动产以占有作为动产物权所有权为标志,理论上而言,谁持有动产并交付给拍卖人进行拍卖,就应当认为交付人具有对该动产的所有权。

一、一般注意事项

（一）拍卖品的交付人与委托人应为一人

拍卖人应当注意在接受拍卖标的时，必须确保签订委托拍卖协议的人和交付拍卖标的的人为同一人，不得出现主体不同的情形，除非二者之间有必要的授权。这样的问题看似不应成为关注的问题，但实际上因为拍卖活动组织者的某些原因，经常会因此产生纠纷。虽然某委托人和拍卖人之间签订了委托拍卖合同，但是实际上拍卖人却从其他地方取得拍卖标的，如果拍卖未成交，拍卖人可能会按照原来的途径将拍卖标的返还，但是签订委托拍卖合同的委托人却可能会向拍卖人要求主张返还拍卖标的，比如艺术品等留存于展览地点而被拍卖人自展览处取得时会出现这种争议。拍卖人只有确保交付标的的人和委托的人为同一人，且委托人对于拍卖标的有合法的处分权，才不容易产生这种纠纷。

（二）交接手续

拍卖行业特别是从事小件物品拍卖的拍卖人，不太注重拍卖标的的交接，也许从拍卖人角度来看，拍卖人以及委托人之间有着一些习惯做法，故不会严格办理有关的交接手续，但虽然不办理有关手续会显得比较便利，但也会因交接问题产生纠纷。从法律角度来看，从委托人将拍卖标的交付给拍卖人那一刻起，拍卖人即负有保管拍卖标的的义务，如果拍卖成交，拍卖标的会在拍卖人收到全部拍卖款以及相关佣金费用后，交付给买受人。如果拍卖未能成交，则拍卖人负有将拍卖标的返还给委托人的义务。

如果委托人和拍卖人之间没有就拍卖标的的交付时拍卖标的的状况进行有效的记载，以确认委托拍卖时拍卖标的的状况，会产生返还标的时委托人认为拍卖标的发生变化，或者买受人受领拍卖标的时，认为拍卖标的非委托人交付时标的的状况。

为了避免上述争议出现，我们建议对于拍卖标的的交付状况，双方应当进行必要的确认，如有必要应当通过文字、录像、拍照等形式确定拍卖标的的状况。特别是在某些拍卖标的明显存在瑕疵的情况下，或者产生瑕疵变化的可能性较大的情况下，拍卖人更需要特别重视，以免产生不必要的纷争。实际上，这类案件已经发生过，委托人和拍卖人之间就拍卖标的的状况争执不下，最后法院只能依据法律事实作出相应的判决。

二、字画的拍卖

（一）真伪

字和画是两种不同的标的。画的种类繁多，根据不同的分类标准有不同的分类方法，主要有国画、油画、版画等的分类，在国画领域又有写意画、工笔画，等等。字指中国书法艺术品，其分类方法也有很多。字画自古就是收藏者青睐的对象，在拍卖市场上屡见不鲜，也容易为大众所熟知。但是字画作为拍卖标的存在许多拍卖人需要注意的问题，最关键的就是赝品的问题。

赝品其实古已有之，只是在字画领域比较突出罢了，有的赝品其实本身也年代久远。值得注意的是对于字画的真伪依赖专家的鉴定，但是专家的鉴定仅仅反映了专家的意见，不同的专家对于字画的真伪有时存在着不同的意见。故在收藏界字画的交易有着不成文的惯例，即交易后不得反悔。也就是说，即使是赝品，买受人也只能承担并且照价付款。

拍卖人在拍卖字画作品时，无一例外都会特别声明，不对作品的真伪和品质负责，我们认为这符合字画的流通特性。同时已有判决书也认为，买受人以竞买人身份参与字画的拍卖，其能力应当不能等同于普通人，其应当对于字画可能存在赝品的情形有充足的心理准备；另外，拍卖品在正式拍卖之前也有预展期，买受人不应以字画为赝品为由主张取消拍卖成交，或者要求退款等。

现在存在一个应当注意的倾向，有的拍卖人为了提高自己在业界的知名度，对于某些拍卖标的的对外宣传为保真，即保证拍卖标的是真实的，并非赝品。我们认为这是拍卖人对于买受人的确定承诺，如果买受人拍得的拍卖标的为赝品，则拍卖人应当承担保真的责任。

（二）年代与作者

书画作品的年代和作者紧密相关，因为作者的年代决定了书画作品的年代。但是不同的年代的作品因为书画作者的水平的高低不同，其价值相应也有很大的变化，一般来说，书画作品的作者的年代越晚，其价值越高，因为作者的水平就显得更为老到，功力更为深厚。

鉴于赝品在字画作品当中屡见不鲜，拍卖人在对书画作品进行介绍时，一般是在图录中对其进行介绍，对于无法确定真伪的作品，拍卖人在进行陈述时不应作出肯定和确定的承诺，并且应当提醒竞买人注意，该拍卖作品是否为真品拍卖人不予担保。

（三）出版物

拍卖人有时为了体现拍卖标的的字画的正宗，会在拍卖字画的图录当中引述该作品已经由某出版物进行了记载。对于已经由出版物公开的字画，拍卖人应当核实拍卖标的的来源，并且确认是否和出版物当中的记载确实一致，如果疏于核查，仅仅依赖于委托人的承诺，在记载拍卖标的的图录当中引用出版物，若出现和出版物不一致的情形，拍卖人仍然可能承担瑕疵担保责任。

（四）印章

中国字画作品一般都有印章，印章系作者表明其身份加盖于其作品上的。印章的种类很多，作者可能也会有多枚印章，故印章也会成为鉴定拍卖的字画是否为真品的重要参考指标。对于印章，拍卖人在援引时也应引起注意，对于并不确定的印章，同样不能作出确定性的声明。曾经一案例中，原告就声称拍卖人所说明的印章和实际所引用的著作当中的印章存在不同的情况，以此作为其要求拍卖人承担瑕疵担保之责的重要理由。

故如果拍卖人对于拍卖标的上加盖的印章并不确定，一般仅能引用印章的内容和某作品中出现的一致，应避免直接声称此枚印章和某出处之印章属于同一枚的表述。

三、玉石瓷器

玉石种类繁多，价值高低不一。即便是同一种类，因为其品质的不同，价格也有着天壤之别。瓷器也是中国收藏界青睐的品种，价格也相差悬殊。玉石瓷器是经常出现的拍卖标的，有的拍卖人经常组织专场拍卖活动，专门就玉石瓷器进行拍卖。

我们认为，正是由于玉石瓷器之类的拍卖标的的品相差悬殊，作为专业的拍卖机构应当具备对玉石瓷器等超出普通人的认知能力,在接受委托人拍卖委托之后,对于玉石瓷器的相关审核标准应当着重于年代、成分等。

拍卖人应当严格按照《拍卖法》的规定要求委托人披露拍卖标的的瑕疵,同时拍卖人应当根据自己的判断对潜在的风险向所有竞买人进行披露,以避免承担瑕疵担保责任。

四、象牙、犀牛角等野生动物保护制品的拍卖

拍卖人作为专业拍卖机构,对于委托人委托拍卖的物品,如果属于野生动物制品的必须引起高度重视,慎重处理。

我国是《濒危野生动植物种国际贸易公约》成员国,应当遵守国际公约。同时我国已经将《濒危野生动植物种国际贸易公约》附录一和附录二所列非原产我国的所有野生动物(如犀牛、食蟹猴、袋鼠、鸵鸟、非洲象、斑马等),分别核准为国家一级和国家二级保护野生动物。我国野生动物保护有着完整的法律体系。《中华人民共和国野生动物保护法》第二十七条规定,禁止出售、购买、利用国家重点保护野生动物及其制品。因科学研究、人工繁育、公众展示展演、文物保护或者其他特殊情况,需要出售、购买、利用国家重点保护野生动物及其制品的,应当经省、自治区、直辖市人民政府野生动物保护主管部门批准,并按照规定取得和使用专用标识,保证可追溯,但国务院对批准机关另有规定的除外。实行国家重点保护野生动物及其制品专用标识的范围和管理办法,由国务院野生动物保护主管部门规定。出售、利用非国家重点保护野生动物的,应当提供狩猎、进出口等合法来源证明。出售本条第二款、第四款规定的野生动物的,还应当依法附有检疫证明。第三十二条规定,禁止网络交易平台、商品交易市场等交易场所,为违法出售、购买、利用野生动物及其制品或者禁止使用的猎捕工具提供交易服务。我国对于合法收藏的象牙及制品采取严格管理制度,《国务院办公厅关于有序停止商业性加工销售象牙及制品活动的通知》规定禁止在市场摆卖或通过网络等渠道交易象牙及制品。对来源合法的象牙及制品,可依法加载专用标识后在博物馆、美术馆等非销售性场所开展陈列、展览等活动,也可依法运输、赠与或继承;对来源合法、经专业鉴定机构确认的象牙文物,依法定程序获得行政许可后,可在严格监管下拍卖,发挥其文化价值。

此外,根据《刑法》第三百四十一条规定,非法猎捕、杀害国家重点保护的珍贵、濒危野生动物的,或者非法收购、运输、出售国家重点保护的珍贵、濒危野生动物及其制品的,处五年以下有期徒刑或者拘役,并处罚金;情节严重的,处五年以上十年以下有期徒刑,并处罚金;情节特别严重的,处十年以上有期徒刑,并处罚金或者没收财产。

对于使用犀牛角、玳瑁、老虎等保护动物制作的艺术品或其他制品,拍卖人不应和委托人签署委托拍卖合同,即便签订了委托拍卖合同也不应进行拍卖,即便进行了拍卖该拍卖活动也不受法律保护,无论拍卖上述保护动物制品中的哪一个,当事方均可以确认合同无效,对于拍卖人而言投入人力、物力将得不到任何收益,而且可能会面临严重的行政和刑事责任。

五、信札的拍卖

名人信札历来具有收藏价值,最重要的原因在于名人信札和名人有关,具有很高的轰

动效应,而且这些名人信札一般都是近现代为大家所熟悉的人。拥有这些拍卖标的的人为了更好地获得回报,经常将信札交付给拍卖人进行拍卖,而拍卖人对于这样的拍卖标的兴趣也较大。但是从法律的角度出发,信札等容易产生法律纠纷,应当引起拍卖人的重视并要采取一些必要的措施。

(一) 书信的所有权

信札首先是物品,这是其物理属性所决定的,即信札首先属于物,是动产。按照我国物权法定的原则,除非有其他相反的证明,否则动产的占有者对其占有的动产享有所有权。

按照《拍卖法》的规定,委托人拍卖其物品的应当向拍卖人说明拍卖标的的来源。对于此项义务实际上是委托人对拍卖人承担的表明其合法拥有拍卖标的的义务。因为只有委托人对其享有处分权利的物品或权利才能够被拍卖。如果委托人委托拍卖其没有所有权或者依法不得处分的物品或者财产权利的,应当承担法律责任。

回到信札上来,因为信札等是由名人留下的,也许已经经过了多手的转让,故对于信札作为动产的物而言,拍卖人依据占有而认定信札持有人对于信札转让享有处分权并无不当。当然,如果有确切证据证明信札的持有人并非合法占有该物,另当别论。

(二) 与继承权的冲突

继承是继承人对于被继承人的财产所享有的权利。因为书信的原始所有人应当是这些名人,名人去世之后,其财产应当由继承人承担。我国的《继承法》对于继承有着相关的规定。但是继承权是否能够对抗书信持有人的所有权问题,需要结合具体的情况进行分析。曾经有类似的案件,书信的亲属在书信进行拍卖之后,要求确认对于该书信享有继承的权利,进而要求取消拍卖。法院审理后认为请求人的依据尚不足以请求取消拍卖,拍卖人基于动产物的占有而对书信进行的拍卖并未违反法律规定,如果权利人要求主张有关权利,应当通过其他诉讼进行解决,而非在涉及拍卖的纠纷当中进行处理。

但无论如何,拍卖人作为拍卖机构应当在书信之类的拍卖标的进行拍卖时引起足够的重视,应当履行拍卖人作为拍卖专业机构所尽的义务,以避免产生纠纷。

(三) 书信作为作品的著作权

另外还需要注意,书信不仅仅是物本身,书信是作品,具有著作权。而著作权的行使实际上和书信并不一定结合在一起,即便书信物品的所有权人发生转移,但是书信内容的作者对于书信仍然享有著作权。

书信作品的原著作权人虽然已经去世,但是其著作权仍然受到法律的保护。书信作为作品的著作权中的人身权利,包括署名权、修改权、保护作品完整权的保护期限不受限制,即人身权利没有时间的期限,永远受到法律保护。按照我国法律规定,著作权人去世后,则该作品的人身权利归著作权人的继承人或者遗赠人所享有,也就是说,即便书信已经进入了拍卖程序,书信已经作为物被书信持有者委托交由拍卖人进行了拍卖,但是该书信的署名权、修改权、保护作品完整的权利等人身权利不应被侵犯。如果拍卖人未尽相关义务,在拍卖活动中侵犯了上述人身权利,著作权的权利人仍然可以要求拍卖人承担相应的侵权责任,即著作权人的后代可能是基于继承人的身份要求拍卖人承担责任。

（四）关于发表权

发表权即决定作品是否公之于众的权利。如果拍卖的书信的内容早已经公开,则拍卖该书信并不涉及发表权问题。如果该书信的内容属于首次公开,则拍卖人应当注意拍卖标的的内容的公开是否侵犯著作权人的发表权。我国包括发表权以及财产性权利的保护期限为作者终生及死亡后五十年。根据我国《著作权法》规定,作者生前未发表的作品,如果作者未明确表示不发表,作者死亡后 50 年内,其发表权可以由继承人或者受遗赠人行使。

故拍卖人将书信公开,无论是基于宣传还是展示的需要,可能构成对书信的发表,如果书信的发表权尚在著作权的保护期内,拍卖人应当注意该发表权应当得到发表权权利保护人的同意,否则,拍卖人就不应当对该作品的内容进行公开,以避免侵犯发表权。

（五）书信的隐私权

书信还会涉及隐私权。因为书信的内容本来就属于原作者和他人进行书面往来的内容,如果该书信的内容中有会产生对原书信作者负面评价的内容,拍卖人应当有足够的重视,拍卖人在公开展示拍卖标的或者进行宣传的时候,将隐私公布于众将直接侵犯原书信者的隐私。而书信的作者的继承人对于被继承人死亡后,被继承人的隐私受到侵犯可以向人民法院提起诉讼,要求责任人承担精神损害赔偿责任。

拍卖人作为专业的拍卖机构应当对涉及的隐私内容进行必要的识别,并且采取必要措施,不应进行公开,特别是在拍卖图录上,应当避免使用他人隐私作为推广拍卖的噱头,以免成为精神损害的共同侵权人,进而遭受到相关权利人的索赔。

第三节　文物的拍卖

拍卖人举办拍卖活动时,如果拍卖标的为文物的,则拍卖人应当具有拍卖文物的许可,即拥有拍卖文物的资质,获得文物拍卖许可的,按照文物部门取得相应资格。拍卖人同时应当注意,凡是涉及拍卖标的为文物的,拍卖人应当遵守国家有关文物管理的规定。

一、文物的范围

按照《文物拍卖管理办法》的规定,在中华人民共和国境内,以下物品为标的拍卖活动,适用本办法下列物品将被视为文物:(一) 1949 年以前的各类艺术品、工艺美术品;(二) 1949 年以前的文献资料以及具有历史、艺术、科学价值的手稿和图书资料;(三) 1949 年以前与各民族社会制度、社会生产、社会生活有关的代表性实物;(四) 1949 年以后与重大事件或著名人物有关的代表性实物;(五) 1949 年以后反映各民族生产活动、生活习俗、文化艺术和宗教信仰的代表性实物;(六) 列入限制出境范围的 1949 年以后已故书画家、工艺美术家作品;(七) 法律法规规定的其他物品。

二、文物拍卖标的审核

按照《文物保护法》规定,拍卖企业拍卖的文物,在拍卖前应当经省、自治区、直辖市人民政府文物行政部门审核,并报国务院文物行政部门备案。文物局颁布的《文物拍卖管理办法》规定,拍卖企业须在文物拍卖会举办前,将拟拍卖标的整场报省、自治区、直辖市人民政府文物行政部门审核。报审材料应当由文物拍卖专业人员共同签署标的征集鉴定意见。

(一) 文物拍卖标的审核的具体受理机构

按照文物拍卖标的的审核办法的具体规定,拍卖企业应向注册地省级文物行政部门提交文物拍卖标的审核申请。拍卖企业在注册地省级行政区划以外举办文物拍卖活动的,按照标的就近原则,可向注册地或者拍卖活动举办地省级文物行政部门提交文物拍卖标的的审核申请。两家以上注册地在同一省级行政区划内的拍卖企业联合举办文物拍卖活动的,由企业联合向省级文物行政部门提交文物拍卖标的审核申请。两家以上注册地不在同一省级行政区划内的拍卖企业联合举办文物拍卖活动的,按照标的就近原则,由企业联合向某一企业注册地或者拍卖活动举办地省级文物行政部门提交文物拍卖标的的审核申请。联合拍卖文物的拍卖企业,均应具备文物拍卖资质。其文物拍卖资质范围不同的,按照资质最低的一方确定文物拍卖经营范围。

(二) 文物拍卖标的审核的材料

按照规定,拍卖企业申请文物拍卖标的的审核时,应当提交下列材料:(一) 有效期内且与准许经营范围相符的《拍卖经营批准证书》《企业法人营业执照》及《文物拍卖许可证》的复印件;(二)《文物拍卖标的审核申请表》;(三) 标的清册(含电子版);(四) 标的图片(每件标的图片清晰度 300 dpi 以上);(五) 标的合法来源证明(如有);(六) 文物拍卖专业人员出具的标的征集鉴定意见;(七) 省级文物行政部门要求提交的其他材料。

合法来源证明材料包括:(一) 文物商店销售文物发票;(二) 文物拍卖成交凭证及发票;(三) 文物进出境审核机构发放的文物进出境证明;(四) 其他符合法律法规规定的证明文件等。

(三) 不得拍卖的文物范围

根据国家文物管理的有关规定,一旦被拍卖的标的被确定为不得拍卖的文物,则拍卖人应当终止对该拍卖标的拍卖。不得拍卖的文物的范围按照法规规定如下:(一) 依照法律应当上交国家的出土(水)文物,以出土(水)文物名义进行宣传的标的;(二) 被盗窃、盗掘、走私的文物或者明确属于历史上被非法掠夺的中国文物;(三) 公安、海关、工商等执法部门和人民法院、人民检察院依法没收、追缴的文物,以及银行、冶炼厂、造纸厂及废旧物资回收单位拣选的文物;(四) 国有文物收藏单位及其他国家机关、部队和国有企业、事业单位等收藏、保管的文物,以及非国有博物馆馆藏文物;(五) 国有文物商店收存的珍贵文物;(六) 国有不可移动文物及其构件;(七) 涉嫌损害国家利益或者有可能产生不良社会影响的标的;(八) 其他法律法规规定不得流通的文物。

如果有文物虽然没有被列入上述范围内,但是经文物行政部门审核不宜进行拍卖的,也不得进行拍卖。

对于上述国家规定不得进行拍卖的文物,文物拍卖企业仍然拍卖,不仅违反了国家有关的行政规定而可能承担行政责任,违反刑法的将可能承担刑事责任。

（四）文物拍卖审核的结果

省级文物行政部门受理文物拍卖标的审核申请后，应于 20 个工作日内作出审核决定。如果符合《中华人民共和国行政许可法》第四十二条、第四十五条相关情形的，不受该时限限制。对于能够延长期限的《行政许可法》第四十二条的规定是二十日内不能作出决定的，经本行政机关负责人批准，可以延长十日，并应当将延长期限的理由告知申请人。但是，法律、法规另有规定的，依照其规定。依照本法第二十六条的规定，行政许可采取统一办理或者联合办理、集中办理的，办理的时间不得超过四十五日；四十五日内不能办结的，经本级人民政府负责人批准，可以延长十五日，并应当将延长期限的理由告知申请人。

省级文物行政部门依据实物审核情况出具决定文件，并同时抄报国家文物局备案。备案材料应包含标的清册、图片（含电子材料）、合法来源证明（如有）等。两家以上拍卖企业联合举办文物拍卖活动的，审核决定主送前列申请企业，同时抄送其他相关省级文物行政部门。文物拍卖标的审核决定，不得作为对标的真伪、年代、品质及瑕疵等方面情况的认定。

（五）文物拍卖标的未经审核拍卖的行政法律责任

按照《文物保护法》的规定，文物拍卖企业拍卖的文物未经审核的，由工商行政管理部门没收违法所得、非法经营的文物，违法经营额五万元以上的，并处违法经营额一倍以上三倍以下的罚款；违法经营额不足五万元的，并处五千元以上五万元以下的罚款；情节严重的，由原发证机关吊销许可证书；

按照《文物保护法实施条例》的规定，文物拍卖企业被处以吊销许可证行政处罚的，应当依法到工商行政管理部门办理变更登记或者注销登记；逾期未办理的，由工商行政管理部门吊销营业执照。

三、文物出境手续

如果拍卖的标的为文物且得到文物部门的审核同意拍卖的，拍卖成交之后，如果是买受人取得的文物需要出境的，则需要办理文物出境手续。按照现行《文物进出境审核管理办法》，下列文物的出境应当办理出境许可：（一）1949 年（含）以前的各类艺术品、工艺美术品；（二）1949 年（含）以前的手稿、文献资料和图书资料；（三）1949 年（含）以前的与各民族社会制度、社会生产、社会生活有关的实物；（四）1949 年以后的与重大事件或著名人物有关的代表性实物；（五）1949 年以后的反映各民族生产活动、生活习俗、文化艺术和宗教信仰的代表性实物；（六）国家文物局公布限制出境的已故现代著名书画家、工艺美术家作品；（七）古猿化石、古人类化石，以及与人类活动有关的第四纪古脊椎动物化石。

拍卖人作为文物拍卖企业，我们建议在涉及文物作为拍卖标的的，应当说明文物拍卖应当履行的有关的手续。

四、优先购买权

文物具有特殊的价值，故法律赋予国家对某些文物享有优先购买权，按照《文物拍卖管理办法》规定，国家对拍卖企业拍卖的珍贵文物拥有优先购买权。国家文物局可以指定国有文物收藏单位行使优先购买权。优先购买权以协商定价或定向拍卖的方式行使。

以协商定价方式实行国家优先购买的文物拍卖标的,购买价格由国有文物收藏单位的代表与文物的委托人协商确定,不得进入公开拍卖流程。

《文物保护法》第五十八条规定,文物行政部门在审核拟拍卖的文物时,可以指定国有文物收藏单位优先购买其中的珍贵文物。购买价格由文物收藏单位的代表与文物的委托人协商确定。

五、拍卖的事后报告

涉及的文物拍卖还需要再拍卖后向文物行政管理部门备案,按照《文物拍卖管理办法》的规定,拍卖企业应当在文物拍卖活动结束后 30 日内,将拍卖记录报原审核的省、自治区、直辖市人民政府文物行政部门备案。省、自治区、直辖市人民政府文物行政部门应当将文物拍卖记录报国家文物局。

第四节　物资的拍卖

委托人需要对物资进行出售,拍卖人对物资进行拍卖的情况也很常见,物资一般具有数量较大、需要经过计量工具对其数量进行计量的特点。物资作为常见的拍卖标的,拍卖人对物资拍卖也应根据物资的特点进行特别的注意,并且通过相应的手段排除可能给拍卖人带来的风险。

一、限制流通或者禁止流通产品

对于物资,拍卖人首先要确认该拍卖标的是否为限制流通或者禁止流通的物品,如果属于限制流通的物品,则需要按照国家的规定由专门的机构予以收购或者特定的对象才具有购买的资格,如果属于禁止流通产品则就不能进入拍卖程序。

对于属于限制流通的物资,我们认为拍卖人应当准确把握限制的程度及是否可以拍卖以及拍卖的竞买人是否具有相应的资格。当然从保险的角度来看,拍卖人应尽量不涉及此类物品。

二、物资的所有权

对于流通不存在障碍的物资,拍卖人首先应当确认委托人对物资是否具有所有权。物资属于动产,按照动产的所有权的规定,动产所有权以占有为标志,如没有其他的否定性条件,谁占有即应当认定其为动产的所有权人。但是我们认为,尽管物资属于动产,但是一般来说,物资数量较大,而且在绝大多数情况下,在订立委托拍卖合同时物资并非由委托人交付拍卖人进行保管,即没有将动产的占有权转移给拍卖人,故如果拍卖人没有占有物资,拍卖人应当对委托人是否合法占有物资进行必要的核实。

委托人对于物资的存放会出现不同的情形,但大体可以分为两种情况:一种情形是存放于委托人住所,存放于委托人住所的物资可以视为被委托人占有;还有一种情形是存放于其他场地,该场地可能是委托人租赁的场地或者专门从事仓储保管的场地。

对于第一种情况,尽管物资表面上被委托人占有,拍卖人仍应当按照《拍卖法》的规定要求委托人说明拍卖物资的来源。如果该物资并非委托人常用的物资,或者和其生产经营并无任何联系,更应引起拍卖人足够的重视,拍卖人可以要求委托人提供必要的资料予以证实,以确认该物资是否为委托人所有。如果委托人提供的物资存在来路不明等情形的,拍卖人应当拒绝委托人的委托。

对于存放于其他场地的物资,拍卖人应当要求委托人出具其对该物资享有所有权的有关凭证,委托人提供必要的凭证之后,拍卖人仍有必要至存放拍卖物资的场所进行必要的核查,必要时应当由保管人对仓储的物资的所有权进行确认。

拍卖人在和委托人签订委托拍卖合同时,应当在合同内对上述拍卖标的所有权的问题由委托人作出必要的承诺,无论如何,只有委托人对拍卖标的享有所有权或者完全的处分权时,拍卖活动才是合法有效的。

三、物资的数量

除了因物资的所有权产生纠纷之外,当事人之间经常会因为物资的数量问题出现纠纷。最核心的问题就是买受人在支付拍卖款之后,发现物资的数量和拍卖公告当中宣称的数量并不一致。为了避免这种情形的出现,拍卖人首先应当在接受拍卖委托时要求委托人提供拍卖数量的资料,并且要求委托人对拍卖数量作出承诺。必要时,拍卖人应当聘请专业的人士对拍卖物资的数量进行计量。如果有第三方进行保管的,第三方对于其出具的保管凭证可以认定物资的数量应当是准确的,否则第三方也可能会对物资的数量短少承担责任。

最为重要的是如果拍卖人对于拍卖物资的数量无法确认或者准确地计量,则应当对该拍卖的物资的数量作出瑕疵声明,给予竞买人充分的验核时间,由其至现场对拍卖标的进行必要的估计。拍卖人不应对拍卖物资的短少作出任何保证。尽管如此,如果拍卖物资的实际数量和宣称的数量之间存在巨大的差异,买受人仍然可以以重大误解等提起撤销或者变更的请求,当然这需要根据不同案件的不同情况来进行判断。

四、规格质量

除了数量对于当事方会产生严重的影响之外,拍卖物资的规格以及质量状况同样会对物资的价值产生严重的影响。完全同类的物资一般不易出现这种问题,因为物资的规格和质量状况是一致的。但是如果物资是由不同品种、不同规格的物品构成,则这一问题就会显得比较重要。

就拍卖人而言,一般情况下,拍卖人只能依赖于委托人所作的陈述进行初步的估计和判断,拍卖人不可能对所有的物资进行完全的衡量和确认。所以拍卖人对存在上述问题的物资进行拍卖时,应当就拍卖物资的品质规格标准等作出必要的声明,一般情况下拍卖人会宣称拍卖物资的情况以现状为准,要求竞买人至物资存放的场地自行检查等内容。对于上述此类的声明,一般可以认定拍卖人对于拍卖标的的真伪和品质未作出承诺,但是我们认为拍卖人有必要根据不同物资的不同特点作出有针对性的声明。

五、物资的交付

1. 委托人交付

物资的交付人在大多数情况下都不是拍卖人,正如在前面所述,拍卖的物资数量较大,拍卖人一般不会占有该物资。故物资的交付人大多数情况下是委托人。对于拍卖标的的交付是委托人时,按照《拍卖法》的规定,如果约定由委托人交付的,则交付义务由委托人承担。故对于此种情况,拍卖人应当在拍卖公告或者相关的文件当中就拍卖标的的交付人,明确告知竞买人。如因疏忽等原因,未能明确告知,则按照法律规定默认交付义务由拍卖人承担,如果拍卖人实际不能交付时即会承担责任。

2. 保管人交付

如果拍卖的物资是由具体的保管人进行保管的,比如凭借仓单或者提货凭证等到指定的场地进行提货等,这种情况下拍卖物资的交付人仍然是委托人,委托人应当负有及时向买受人提供可以提货的凭证的义务,实际交付拍卖物资的保管人如果不能按照凭证的约定交付物资给买受人的,委托人仍应当承担物资交付不能的责任。对于这类情形,拍卖人在制定拍卖公告等文件时,同样应当向竞买人作出明确说明,一旦作出说明之后,物资交付不能的责任应当由委托人来承担。

此外拍卖人在和委托人签订的委托拍卖协议当中,也应当明确物资的交付方式和交付人,如果是属于委托人交付的,拍卖人应当在委托拍卖协议当中明确委托人交付不能产生的责任。

第五节　土地的拍卖

土地属于典型的不动产。土地的拍卖特别是土地使用权的出让拍卖,拍卖人除了要按照《拍卖法》的规定进行拍卖之外,还应当注意遵守土地行政管理部门颁布的有关土地拍卖的规章的规定。如果拍卖人没有尽到《拍卖法》当中规定的义务,需要承担《拍卖法》所规定的责任。

一、国有土地使用权出让拍卖

土地使用权出让是指国家以土地所有者的身份将土地使用权在一定年限内让与土地使用者,并由土地使用者向国家支付土地使用权出让金的行为。

土地使用权出让的地块、用途、年限和其他条件,由市、县人民政府土地管理部门会同城市规划和建设管理部门、房产管理部门共同拟订方案,按照国务院规定的批准权限批准后,由土地管理部门实施。

(一) 只有国有土地使用权才能出让

按照我国《土地管理法》规定,城市市区的土地的所有权归属于国家所有,农村和城市郊区的土地,除由法律规定属于国家所有的以外,属于农民集体所有;宅基地和自留地、自留山,属于农民集体所有。

我国关于建设用地申请的主要规定有：任何单位和个人进行建设，需要使用土地的，必须依法申请使用国有土地；但是，兴办乡镇企业和村民建设住宅经依法批准使用本集体经济组织农民集体所有的土地的，或者乡（镇）村公共设施和公益事业建设经依法批准使用农民集体所有的土地的除外。《土地管理法》规定，建设占用土地，涉及农用地转为建设用地的，应当办理农用地转用审批手续。省、自治区、直辖市人民政府批准的道路、管线工程和大型基础设施建设项目、国务院批准的建设项目占用土地，涉及农用地转为建设用地的，由国务院批准。在土地利用总体规划确定的城市和村庄、集镇建设用地规模范围内，为实施该规划而将农用地转为建设用地的，按土地利用年度计划分批次由原批准土地利用总体规划的机关批准。在已批准的农用地转用范围内，具体建设项目用地可以由市、县人民政府批准。

根据《土地管理法》，由国务院行使批准权的征收土地范围包括基本农田、基本农田以外的耕地超过三十五公顷的、其他土地超过七十公顷的。

（二）国有土地使用权出让在拍卖中的审核

土地是否具备出让条件，即土地的出让是否履行了必要的审批程序是前提。按照《拍卖法》第八条规定，依照法律或者按照国务院规定需经审批才能转让的物品或者财产权利，在拍卖前，应当依法办理审批手续。土地使用权是典型的需要经过审批才能转让的权利。拍卖人不能因为委托人为国土管理部门就怠于行使审核确认的权利和义务。

值得一提的是，签订土地使用权出让拍卖合同的委托人一般是当地土地行政管理部门，拍卖人作为受托拍卖土地使用权的合同一方，应当在合同当中明确约定土地出让的批准手续由委托人提供。土地出让之前的审批等属于土地管理部门权限范围内的事情，拍卖人作为商业机构不可能替代土地管理部门行使审核权，但是拍卖人应当尽到合理的审核义务，至少应当取得该土地可以被出让的证明文件，以符合《拍卖法》的规定。

（三）国有土地使用权出让拍卖中对于出让人的要求

根据国土资源部《招标拍卖挂牌出让国有建设用地使用权规定》的要求，出让人应当至少在投标、拍卖或者挂牌开始日前20日，在土地有形市场或者指定的场所、媒介发布招标、拍卖或者挂牌公告，公布招标拍卖挂牌出让宗地的基本情况和招标拍卖挂牌的时间、地点。

（四）土地出让拍卖的公告

按照国土资源部的行政规章的规定，拍卖公告应当包括下列内容：（一）出让人的名称和地址；（二）出让宗地的面积、界址、空间范围、现状、使用年期、用途、规划指标要求；（三）竞买人的资格要求以及申请取得竞买资格的办法；（四）索取拍卖出让文件的时间、地点和方式；（五）拍卖时间、地点和竞价方式等；（六）确定竞得人的标准和方法；（七）竞买保证金；（八）其他需要公告的事项。

（五）土地拍卖会的程序

按照国土资源部关于土地拍卖的规章的规定，土地拍卖会依照下列程序进行：（一）主持人点算竞买人；（二）主持人介绍拍卖宗地的面积、界址、空间范围、现状、用途、使用年期、规划指标要求、开工和竣工时间以及其他有关事项；（三）主持人宣布起叫价和增价规则及增价幅度。没有底价的,应当明确提示;(四)主持人报出起叫价;(五)竞买人举牌应价或者报价;(六)主持人确认该应价或者报价后继续竞价;(七)主持人连续三次宣布同一应价或者报价而没有再应价或者报价的,主持人落槌表示拍卖成交;(八)主持人宣布最高应价或者报价者为竞得人。

二、国有土地使用权转让拍卖

土地使用权转让是指土地使用者将土地使用权再转让的行为,包括出售、交换和赠与。未按土地使用权出让合同规定的期限和条件投资开发、利用土地的,土地使用权不得转让。

(一)国有土地使用权转让的前提

首先是国有土地使用权,才有土地转让的前提基础,土地属于不动产,不动产的所有权的须通过登记得以证明,如果委托方取得了国有土地使用权证,是可以初步判定该土地可以转让的证明,但是仅仅有土地使用权证还不够。

(二)有权证不绝对意味着可以转让

如果土地使用权证上载明的土地取得的来源是划拨,按照法律规定,必须补交土地出让金,完成土地出让金的缴纳手续后才能转让。故拍卖人在获得委托人交付证明土地具备转让条件的土地权证后,还应审核土地是否属于划拨取得。一般情况下,政府机构用地、事业单位用地、部分国有企业用地等可能会出现土地使用权系划拨取得的情况,应当引起拍卖人的重视,否则即便履行了拍卖手续,拍卖也可能是无效的,或者履行了拍卖手续之后,买受人无法过户,必然会追究相关当事人的责任。所以拍卖人应当就被拍卖土地向有关机构进行必要的核实,不能仅依据土地权证或者委托人提供的资料进行简单认定。如按照《物权法》第十七条即明确规定,不动产权属登记证书是权利人享有该不动产物权的证明。不动产权属证书记载的事项,应当和不动产登记簿一致,记载不一致的,除有证据证明不动产登记簿确有错误外,以不动产登记簿为准。曾经出现过类似的案件,因为历史的原因土地权证上登记的情况和实际土地的状况并不一致,拍卖完成后事后发现土地系划拨取得,对拍卖人十分不利。

(三)没有权证也并不绝对意味着转让无效

基于历史的原因,我国土地管理制度有着一系列变化,在某些地块上会出现土地权证没有办理的情形,那么这样的土地是否一定意味着不能转让呢。答案是否定的。按照最高人民法院司法解释的规定,转让方未取得出让土地使用权证书与受让方订立合同转让土地使用权,起诉前转让方已经取得出让土地使用权证书或者有批准权的人民政府同意转让的,应当认定合同有效。

故我们认为,在拍卖的土地未取得土地权证时的拍卖并不绝对意味着后续的土地拍卖行为无效,只要土地转让人在一定期限内取得了证书或者得到了有权人民政府的批准。但是拍卖人作为从事拍卖业务的专业机构,其在拍卖活动中所承担的义务和转让方是不一样的,如果拍卖人未对作为拍卖标的土地的可转让性进行必要的审核,则拍卖人可能会向买受人承担瑕疵担保的义务。故拍卖人在对土地必须进行必要的核查时若发现拍卖土地存在没有权证的情形,应当就该拍卖标的的权属瑕疵进行必要的披露和说明,即对于拍卖土地目前没有权属证书的情形进行准确的说明,如果委托人承诺拍卖标的没有问题,不存在过户上的障碍时,拍卖人应当对此予以特别强调,否则拍卖人试图以上述司法解释来对抗其应承担的拍卖人责任是无用的。

三、国有土地使用权拍卖时关于地上房屋的问题

在国有土地使用权的转让中,如果转让土地上存在房屋的,拍卖人应当予以注意。虽然按照我国房地产转让有关规定,土地使用权转让的,地上的房屋等一并予以转让,但是这是属于管理性的规定,土地上如果存在房屋的,若该房屋存在不得转让情形的,或者土地所有权人无法对房屋进行处分的,土地使用权的转让并不意味着受让人可以取得相应的房屋。

拍卖人在对土地使用权进行转让拍卖时,如果没有其他声明,应视为默认委托人对土地有完整的处分权,对买受人而言,买受人在受让土地之后不仅可以登记成土地使用权人,同时可以对所在土地进行处分。如果买受人虽然取得了土地使用权,却无法对土地进行处分,则该土地存在着瑕疵。拍卖人就应当就该瑕疵作出说明,不对其进行担保,否则就应当承担瑕疵担保责任。

拍卖人需要引起注意的就是在对土地使用权进行拍卖时,不仅要查看、核实土地使用权证的情况,还要对土地坐落上的状况进行必要的核实,如果存在附着的房屋或者建筑物等,要确认是否在土地使用权证的范围之内,如果在土地使用权证范围内,要确认房屋等的所有权是否属于委托人,如果属于委托人所有要确认是否和土地一并拍卖。如果非委托人所有,应当进一步查明该房屋的状况,并且核实房屋能否一并拍卖,如果不能进行拍卖,拍卖人应当就此类瑕疵作出说明。

四、土地上的林木

在拍卖标的为国有土地使用权时,拍卖人对土地上的林木也应引起注意。按照我国《森林法》的规定,森林资源属于国家所有,如果系土地出让,土地涉及林地的应当先行办理林地征用手续后才可以办理土地出让手续。

如果是土地使用权转让,比如说城市范围内的已经取得国有土地使用权的国有土地的转让的,在土地坐落上如果存在林木,则土地使用权人实际上并非可以随意地处分,因为按照我国《城市绿化条例》的规定,任何单位和个人都不得损坏城市树木花草和绿化设施。砍伐城市树木,必须经城市人民政府城市绿化行政主管部门批准,并按照国家有关规定补植树木或者采取其他补救措施。

故如果买受人取得土地使用权,对于土地上的林木的处分应当办理相应的手续才能进行必要的砍伐,而且砍伐后应当补种或者采取其他补救措施,这就意味着买受人可能会受到一定程度的损失。这亦属于土地使用权取得后,土地使用权上存在的瑕疵,如果拍卖人对此并未作出披露或者进行必要的提醒,买受人可以依据瑕疵担保责任的条款向拍卖人主张赔偿责任。

五、集体土地承包经营权的拍卖

我国土地除了有国有土地之外,还有所有权属于集体所有的土地。按照《土地管理

法》的规定,农村和城市郊区的土地,除由法律规定属于国家所有的以外,属于农民集体所有;宅基地和自留地、自留山,属于农民集体所有。

属于集体所有的土地的经营管理权由有关集体行使。农民集体所有的土地依法属于村农民集体所有的,由村集体经济组织或者村民委员会经营、管理;已经分别属于村内两个以上农村集体经济组织的农民集体所有的,由村内各该农村集体经济组织或者村民小组经营、管理;已经属于乡(镇)农民集体所有的,由乡(镇)农村集体经济组织经营、管理。

农民集体所有的土地应当由本集体组织的成员承包经营,从事种植业、林业、畜牧业、渔业生产。土地承包经营期限为三十年。发包方和承包方应当订立承包合同,约定双方的权利和义务。

农民集体所有的土地,可以由本集体经济组织以外的单位或者个人承包经营,从事种植业、林业、畜牧业、渔业生产。发包方和承包方应当订立承包合同,约定双方的权利和义务。土地承包经营的期限由承包合同约定。承包经营土地的单位和个人,有保护和按照承包合同约定的用途合理利用土地的义务。农民集体所有的土地由本集体经济组织以外的单位或者个人承包经营的,必须经村民会议三分之二以上成员或者三分之二以上村民代表的同意,并报乡(镇)人民政府批准。

农民集体所有的土地的使用权不得出让、转让或者出租用于非农业建设;但是,符合土地利用总体规划并依法取得建设用地的企业,因破产、兼并等情形致使土地使用权依法发生转移的除外。

农村集体土地的所有权除非转归国有,其所有权不发生变化。土地承包经营权属于可以拍卖的标的,但是拍卖人在处理涉及农村集体土地承包经营的拍卖时,应当注意集体土地相关拍卖应当符合上述法律规定。集体土地用于非农业生产应当予以特别注意。此外,因为农村集体土地对于使用人有着严格的范围规定,对于能够以竞买人身份参加拍卖的主体应当予以明确,并且确认如果是集体组织之外的主体承包经营的,应当符合法定的批准条件,而且要保护存在优先权的集体组织内部主体享有必要的权利。我们在林地的拍卖中对于集体林地的拍卖转让也有详述,这里不再赘述。

第六节　房屋的拍卖

房屋和土地一样,属于典型的不动产。鉴于房屋坐落的土地不同,房屋存在多种类型,故对于房屋能否转让拍卖,需要注意哪些事项,需要结合具体情况进行分析。

一、已取得房屋所有权证的商品房的拍卖

这种类型的房屋一般是房地产开发商开发后售出的,即已经取得房屋所有权证并且具有国有土地使用权的房屋。因为土地是房地产开发商从国家以土地出让等方式取得的,而且房屋已经办理了房屋所有权证,故从房屋和土地本身的可转让性上而言,其可转让度更高,但是拍卖人作为专业拍卖机构仍须关注和审核以下方面,避免陷入被动。

(一) 权证真伪

房屋所有权证①的真伪本来不应该成为一个命题,因为伪造房屋所有权证的人应当承担相应的刑事责任。但是房屋的权证出现伪造的情况却并不鲜见,故拍卖人首先应当验证房屋权证的真伪。

房屋权证的真伪包括完全是伪造的、部分信息是伪造的等情形,拍卖人应当注意识别。另外还有房屋权证上所记载的信息本身出现瑕疵的问题,即因为房产登记机构的原因,房屋权证上记载的信息和房产登记机构的信息出现不一致的情形。

如果房屋权证系伪造的,拍卖人当然应当立即终止拍卖。如果存在非伪造的信息瑕疵,拍卖人在进行核实之后,应当对此情况进行必要的披露,以避免买受人受损,同时也避免拍卖人自身受损。

(二) 房屋是否存在

可能有人会认为房屋是否存在是个可笑的问题,其实不然,虽然不动产的权利的变动以登记作为对外宣示的标志,但是房屋的权属证书其实只能做到证明房屋所有权权利的作用,如果所登记的房屋已经灭失,自然该房屋的所有权也一同灭失,房屋的权证自然也没有任何价值。故拍卖人必须至现场核实该房屋是否存在,仅依据房屋权证持有人持有的房屋权证显然达不到核实房屋是否存在的作用。如果存在房屋已经灭失的情形,拍卖人应当终止和委托人之间的委托拍卖合同,如果拍卖已经开始,则应当取消拍卖。

拍卖人如果不对房屋是否存在这样的基本事实进行核实,仅仅对外笼统地依据不能担保拍卖品品质的责任等声明来免除责任,我们认为是不够的。

(三) 门牌号码和实际地点的核实

1. 地址的准确性

门牌号码的核实其实和上面所述的房屋是否存在的核实有相似之处,我们这里具体说明主要是为了避免出现拍卖标的和拍卖公告等文件中宣传的房屋存在不一致的情形,即拍卖人对外公告或者展示的拍卖标的和实际权证上所载明的房屋并非同一标的。实际上这类案件已经多次出现。

这种情况的出现有两种情形,一种是因为年代的原因,房屋周围环境发生了很大的变化,房屋的门牌号牌发生变动,甚至现存房屋上根本没有门牌号码。另一种情形是拍卖人的经办人没有仔细核实,而房屋所在地的各房屋又存在高度的相似性,存在张冠李戴的情形。

这种错误发生后,买受人自然不会接受拍卖的结果,必然会要求退房或者主张其他权利,出现这种情况显然对于拍卖人而言是不利的。

2. 是否属于分割房屋的拍卖

房屋属于不动产应当办理产权登记,在现实中,会出现一个门牌号码下存在多间房屋的情况,多间房屋的情况又存在两种情况,一种是房屋在建造时就已经是多间房屋,即该房屋在设计、建造时就已经由多间房屋构成,在办理房产权利证书时登记为一个房屋权利

---

① 2015年之后,国家开始实行不动产统一登记的规定,房屋所有权证和国有土地使用权证合二为一成为不动产登记证书。

证书,但客观上是多间房屋共同办理了同一个房屋权属证书。另外一种情况是,房屋建造完成后结构由权利人进行了新的分割,产生了同一个房屋权属证书下多间房屋的情形。

拍卖人在拍卖房屋时,如果是对所有房屋进行整体拍卖,因为所有的房屋办理了同一个权属证书,其让渡和登记都不会存在问题。但是如果拍卖人拍卖的房屋属于一个权属证书下的某部分房屋,即使拍卖成功,买受人仍然会因为竞买的只是部分房屋,而无法在房屋登记机构办理权属变更手续。

拍卖人如果未能尽到审核和瑕疵告知义务,即便拍卖成交,也可能面临买受人的索赔。故拍卖人应当对房屋的实际状况和权属证书上的情况进行必要的核对,在出现拍卖房屋系部分房屋时,首先应当要求委托人办理分户的手续;如果分户手续无法办理,则必须要对该房屋存在的明显的不能过户的情形作出明确声明。

（四）面积

房屋面积在房屋存在权属证书的情况下,初看不应成为问题。房屋权属证书取得时按照法律规定应当取得测绘成果,并且在测绘的基础上登记发证,故如果房屋权属证书上记载的面积是准确的,不应成为争议的焦点。

但是如果房屋的权属证书上记载的面积不准确,特别是实际面积小于房屋权属证书上记载的面积,则买受人在取得房屋之后,肯定会认为房屋存在瑕疵。

我们认为作为拍卖人有理由相信权属证书上记载的面积是准确的,如果权属证书不存在伪造面积的情形,拍卖人不应对此承担责任。但是如果房屋的面积并非权属证书记载的面积,则需要引起拍卖人的注意,我们放在后面关于建筑物的拍卖部分去阐述。

（五）所有权人

1. **房屋的所有权人的身份**

拍卖人应当关注房屋权证上记载的房屋所有权人是否和委托人一致,拍卖人必须确保房屋权证上的权利人和委托人完全一致。如果不一致应当区分情况进行识别。一种情形是房屋所有权人的名称发生变化了,这种情况主要出现在房屋所有权人为法人和其他组织的情形的,拍卖人应当注意如果法人或者其他组织仅仅是名称上发生变化,并不影响该权证的效力,但是应当对委托人所主张的名称发生变化的情形进行必要核实,不能仅仅依赖于委托人的说明就疏于履行核实的义务。

如果不是公司名称的简单变化,应当注意是否存在子公司、兄弟公司等情形,公司的关联企业之间名字的差异很小,有时一个字的差异,但却是两个不同的公司,而作为公司的经营管理者,其也并不太在意这种名称的区别。但是作为拍卖人,其必须确保是权证上载明的权利人和拍卖人办理委托拍卖手续。拍卖人不应出现这种疏忽,否则拍卖后真正的权利人会主张其并未委托拍卖此处房屋而令拍卖人陷入被动。

2. **涉及未成年人或者限制民事行为能力人和无民事行为能力人利益的房屋**

关于涉及未成年人或者限制民事行为能力人和无民事行为能力人等此类主体利益的房屋情形,应当包括两种,一种是房屋的权利人就是此类主体,第二种是此类主体和其他人共同共有该房屋。

按照我国民法的有关规定,以上主体的民事权利能力自其出生之时即已存在,这类主体享有财产性的权利。但是将其名下的房屋交付拍卖的行为显然是属于处分自己财产的民事行为,这类民事行为的实施需要主体具有民事行为能力,而以上主体显然不具备将房屋交付拍卖的民事行为能力,那么其法定代理人是否有权处分其名下财产呢? 在本书前面部分我们就此已经有论述,除非是为了必要的该类主体的利益需要,否则法律并不允许法定代理人处分此类主体的财产。故我们认为如果委托拍卖的主体是权利人的法定代理人,对于此类房屋,拍卖人应当慎重处理,避免陷入委托人自身的利益纠纷当中去。

3. 共同共有、按份共有

拍卖人还应识别房屋是否存在共有关系,共有存在两种形式,一种是按份共有,一种是共同共有。我国法律允许由两个以上的单位、个人共有不动产。按份共有人对共有的房屋按照份额享有所有权。共同共有的共有人共同对房屋享有所有权。值得注意的是,《物权法》对于按份共有还是共同共有的默认情形的原则规定和之前发生了变化,按照现行的《物权法》规定,共有人对共有的不动产或者动产没有约定为按份共有或者共同共有,或者约定不明确的,除共有人具有家庭关系等外,视为按份共有。即以双方约定作为前提,否则默认为按份共有,其排除条件是如果共有人之间是家庭关系的,则为共同共有。

如果是按份共有的房屋,拍卖人应当核实委托人是否为全部按份共有人,如果是全部按份共有的共有人共同对房屋的拍卖作出委托拍卖自然没有问题,如果仅仅是部分共有人作出了委托拍卖的意思表示,则按照《物权法》的规定,应当由占份额三分之二以上的按份共有人同意,否则共有人不能处分该财产。

故如果拍卖人拍卖的财产属于按份共有的财产,但并非所有的按份共有人对共有财产作出了统一的意思表示,仅仅是占份额三分之二以上的多数同意时,拍卖人同样应当对此种情形进行必要的披露,披露的内容应当包括该房屋的全体权利人的名称以及已经经过三分之二多数同意的情形,以便让竞买人充分了解该房屋的权利情形。

如果是共同共有的财产,则需要由全体共有人共同同意才能对财产进行处分。但是否在共同共有的情况下,就绝对不能分割财产呢,答案是否定的。按照《物权法》的规定,共有人约定不得分割共有的不动产,以维持共有关系的,应当按照约定,但共有人有重大理由需要分割的,可以请求分割;没有约定或者约定不明确的,共同共有人在共有的基础丧失或者有重大理由需要分割时可以请求分割。因分割对其他共有人造成损害的,应当给予赔偿。

故对于委托人共同共有的财产,原则上应当由全部共同共有人共同对拍卖的标的进行委托后才能进行拍卖。如果共同共有人未能达成一致拍卖房屋,我们认为应当经过法院的诉讼程序:由法院依据司法权力进行分割后方可进行拍卖,或者拍卖人接受法院的委托就共同共有房屋进行拍卖,以避免拍卖人介入委托人内部之间的纠纷当中,从而致使拍卖人遭受损失的情形出现。

(六) 房屋状况

1. 表面状况

房屋的状况指的是房屋是否存在一些足以导致买受人不愿接受的情况,比如说房屋是否属于危房。危房本质上已经不具备居住和使用的条件,当然危房的等级程度不一样,对居住人的影响不同。拍卖人和委托人在建立委托拍卖关系时,应当要求委托人说明房屋是否为危房,即便如此,拍卖人仍然应当至现场查看房屋的状况,如果现场房屋明显存在危险情形的,我们建议拍卖人应当就房屋的情形作出合理的披露。

房屋的状况还包括房屋的装修等情况,一般情况下拍卖人都会在拍卖公告中声明竞买人应当到现场查看房屋的状况,房屋的状况以现场为准等。但是有些房屋的现状或者瑕疵目测是无法发现的,拍卖人应当特别声明不保证其品质等内容。

2. 房屋的附属设施情况

房屋的附属设施包括电、水、通信、有线等附属设施,此类设施是否存在问题可能会给交付后的买受人产生费用,比如漏水等问题,这些附属设施的价值和房屋的价值相比虽然较小,但是如果拍卖人对此类问题没有重视,并且没有就此类瑕疵作出必要的说明,那么拍卖人仍然可能因此而承担瑕疵担保责任。

房屋有关的费用的种类繁多,大概包括水费、电费、通信费用、物业费、有线电视、煤气费、供热费用等,此类费用因为和房屋本身密切相关,如果未能及时结清,可能会导致提供该服务的服务方停止提供相关服务。另外还会出现房屋因为种种原因,积欠的上述费用金额较大的情形。

应当注意到,如果此类费用的金额不大,和房屋本身的价值相比微不足道时,一般买受人不会对此过于关注,但是如果积欠的金额较多,需要买受人承担较大金额时,买受人可能会拒绝承担。但是无论如何,如果拍卖人就房屋积欠的费用情形没有核实也未进行必要的披露的情况下,买受人可能会认为这是其产生的损失而要求拍卖人进行赔偿。故拍卖人应当避免履行赔偿责任的情形出现,如果拍卖人无法对有关费用进行必要的核实时,拍卖人应当对该瑕疵作出披露,并声明对于房屋欠费的情形不承担相应责任。

3. 租赁情况

租赁会对转让的财产包括房屋产生影响,原因在于,根据《合同法》的约定,租赁标的发生转让的不影响原有的租赁关系,即买卖不破租赁原则。

在房屋买卖当中,房屋转让人如果和承租人之间存在租约关系,则在房屋转让后,房屋受让人和承租人之间的租赁关系延续原有的租赁关系继续有效。

故在拍卖活动中,如果房屋存在租赁关系,买受人虽然取得房屋,但是房屋的租赁关系对其仍有约束力,房屋买受人不得随意终止和承租人之间的租约,否则就应当按照双方之间的租赁合同关系承担违约责任。

故拍卖人和房屋产权人签订委托拍卖合同时,应当和委托人约定房屋是否存在租赁情况,除了约定房屋有没有租赁情况外,拍卖人应当对房屋是否存在租赁情况进行必要的核实,比如委托人虽然声明房屋没有租赁,但是现场却发现房屋存在租赁。拍卖人需要核实租赁关系的年限,并应当将年限等在内的租赁信息在拍卖的公告当中对外进行声明。

除了买卖不破租赁问题,租赁问题还存在着侵犯承租人的优先购买权问题。根据法律规定,承租人对于转让的标的享有优先购买权,委托拍卖的房屋承租人享有优先购买权。这个优先购买权体现在承租人可以参加拍卖,在同等的拍卖价格下,房屋应当优先转让给房屋承租人。

针对这种情况,存在两种可能:

第一种可能是承租人放弃优先购买权,即承租人在知晓房屋将会拍卖的情况下明确放弃优先购买权。如果承租人放弃优先购买权,则拍卖房屋自然由最高应价者获得。但是委托人应当将房屋承租人放弃优先购买权的证明文件交给拍卖人,拍卖人在确认房屋存在租赁的情况下也应核实承租人是否已经书面放弃了优先购买权,如果承租人的意思表示和委托人的声明存在不一致,拍卖人应当进一步就此问题与承租人确认其取得的文件是否属实,如果有关证明文件并非承租人所出具,即应当认定承租人并未放弃优先购买权。

第二种可能是承租人不放弃优先购买权。如果承租人不放弃优先购买权,委托人应当将房屋将要进行拍卖的情况通知给承租人,委托人未能及时通知的,拍卖人在核实了租赁关系后,也应当将拍卖活动的通知告知承租人,承租人如果在知晓房屋即将进行拍卖后未到拍卖的现场参与拍卖的,可以视为承租人放弃了在拍卖情况下的优先购买权。如果承租人参加拍卖的,拍卖人应当引起特别重视,拍卖师在进行拍卖时应当就此房屋的拍卖情况再次予以说明,并明确告知如果包括承租人在内的竞买人之间的价格相同,最终成交方将被认定为承租人。

如果出现承租人到达拍卖现场,并且领取了号牌,但是在拍卖的过程中一直未进行举牌,在拍卖成交落槌后,承租人却主张其享有优先购买权时,我们认为应当认定承租人放弃了优先购买权,优先购买权应当在承租人和买受人之间存在相同条件的情况下才具有意义,承租人一直未能参与竞买,其实际上以意思表示放弃了参加拍卖,在落槌成交后,其再主张优先购买权显然也违背了禁反言的基本原则,不应得到法律的支持。

(七) 抵押状况

房屋的抵押情况也属于必要的核实项目,如果作为拍卖标的的房屋存在抵押情形的,按照《担保法》规定,抵押期间,抵押人转让已办理登记的抵押物的,应当通知抵押权人并告知受让人转让物已经抵押的情况;抵押人未通知抵押权人或者未告知受让人的,转让行为无效。转让抵押物的价款明显低于其价值的,抵押权人可以要求抵押人提供相应的担保;抵押人不提供的,不得转让抵押物。抵押人转让抵押物所得的价款,应当向抵押权人提前清偿所担保的债权或者向与抵押权人约定的第三人提存。超过债权数额的部分,归抵押人所有,不足部分由债务人清偿。

《担保法》司法解释则规定,抵押权存续期间,抵押人转让抵押物未通知抵押权人或者未告知受让人的,如果抵押物已经登记的,抵押权人仍可以行使抵押权;取得抵押物所有权的受让人,可以代替债务人清偿其全部债务,使抵押权消灭。受让人清偿债务后可以向抵押人追偿。

鉴于以上法律规定,如果拍卖的标的为房屋,且房屋存在抵押的,房屋拍卖应当通知抵押权人,并且在拍卖成交后妥善处理拍卖款,以保证抵押权人的利益。

当然,拍卖标的的抵押情况作为拍卖标的的重要情况应当在拍卖过程中进行必要的披露,以免出现因为竞买人不知道存在抵押的情形,拍卖人如不能就此瑕疵作出说明,拍卖人可能会承担瑕疵担保的损害赔偿责任。

实际上有多起案件,在拍卖成交后,拍卖人甚至已经转移支付了拍卖款,买受人发现拍卖的房屋存在抵押,出现过户不能的情形,进而起诉拍卖人要求拍卖人承担连带责任。一般认为,拍卖人作为专业拍卖机构有义务和能力发现拍卖房屋上的抵押情况,拍卖人仅以简单的不承担拍卖标的的真伪和质量瑕疵为由不足以否定拍卖人应尽的义务,拍卖人因未及时披露抵押瑕疵而给买受人造成的损失应当予以赔偿。

(八) 房屋转让涉及的税费

房屋在进行转让登记时,按照国家有关规定会涉及税收的问题。本来纳税主体应当按照我国税收管理规定向税务部门缴纳应缴的税收,但是现在普遍存在房屋转让过程中由买受人承担税收的问题。买受人承担税收实际上是房屋转让人将税务成本转移给买受人,买受人并非缴纳税收的主体,只是代转让人缴纳税收。

除了税收之外,房屋登记机关在房屋转让时还需要收取一些费用,这些具体的费用可能会随着时间和地点的变化有所不同。和上述税收问题一样,行政机关收取的费用也应当按照相关文件规定,由相应的主体承担。但是在房屋转让人不愿承担此部分费用的情况下,也普遍存在由买受人承担有关费用并向相关行政机构缴纳的情形。

当然除了行政机构收取的费用之外,还有一些与房屋转让有关的其他有关机构收取的费用问题。包括这些税收、费用在内,拍卖人在接受委托人的拍卖委托时,如果委托人特别强调委托人不承担任何费用,拍卖人应当就这些不承担的税、费的事项进行必要的调研,并且应当在举办拍卖活动时告知所有的竞买人,竞买人除了要支付拍卖转让价款之外,还需要承担全部转让的税、费。如果拍卖人未能及时披露,则会在拍卖结束后和买受人之间产生纠纷。

二、农村集体房

农村集体房屋,系在非国有土地范围内,由农民兴建在农村集体土地上的房屋,根据我国《土地管理法》的规定,农村宅基地归农民集体所有。根据《房屋登记办法》和我国目前土地房屋管理规定,农民集体房屋可以进行产权登记,并且颁发相应的权属证书。但是集体土地上房屋不能随便买卖,除了农村集体组织成员在内可以在特定的情况下取得集体房屋外,非集体组织成员无法取得房屋登记,当然因为特定的原因如继承等除外。

故如果农村集体房屋成为拍卖的标的,其转让存在多种限制性的条件,作为拍卖人应当就房屋产权的性质进行说明,并告知不符合条件的竞买人可能面临的后果。

三、经济适用房

经济适用住房,是指政府提供政策优惠,限定套型面积和销售价格,按照合理标准建设,面向城市低收入住房困难家庭供应,具有保障性质的政策性住房。

经济适用住房建设用地以划拨方式供应。正是因为经济适用房是为了解决特定的家庭住房需要而建设的住房,且经济适用房的土地由划拨取得,另外经济适用房在许多费用方面享受国家优惠政策,故经济适用房取得的价格比较低,同时经济适用住房购房人拥有有限产权。

按照现行有关规定,购买经济适用住房不满 5 年,不得直接上市交易,购房人因特殊原因确需转让经济适用住房的,由政府按照原价格并考虑折旧和物价水平等因素进行回购。购买经济适用住房满 5 年,购房人上市转让经济适用住房的,应按照届时同地段普通商品住房与经济适用住房差价的一定比例向政府交纳土地收益等相关价款,具体交纳比例由市、县人民政府确定,政府可优先回购;购房人也可以按照政府所定的标准向政府交纳土地收益等相关价款后,取得完全产权。已经购买经济适用住房的家庭又购买其他住房的,原经济适用住房由政府按规定及合同约定回购。

经济适用房原则上不能成为拍卖的标的,除非房屋产权人已经按照经济适用房的有关规定,取得了完整的产权。

四、拆迁安置房

拆迁安置房是原有的权利人因为城市拆迁而取得的房屋,可能是因为集体土地征用产生的拆迁安置房,也可能是国有土地房屋拆迁安置房,也可能是原有的享有公房使用权的权利人因为拆迁获得的拆迁安置房,还可能是商品房拆迁产生的安置房。

拆迁安置房具有很强的地方性,许多地方在颁发拆迁安置房的房屋所有权证时明确记载5年内不得转让等内容。关于拆迁安置房是否可以转让的问题,如果拆迁安置的仍然是集体土地房屋,房屋当然不得转让;如果拆迁安置的是经济适用房,则应当符合经济适用房的有关交易规定;如果拆迁安置的并非是经济适用房,现行法律并没有作出强制性规定,但是各地一般都有交易的限制。实例中,对于拆迁安置房的交易是否有效的问题,各地的规则不尽相同。故作为拍卖人应当按照各地方关于拆迁安置房的有关规定,进行合理的处理,如果当地并未有不得交易规定的,其可以成为拍卖标的,如果当地有不得转让规定的,即使拍卖成交也可能面临无法过户等诸多法律纠纷,应当引起拍卖人的足够重视。

五、车位的拍卖

随着汽车成为家庭必需品,车位的价值也越来越高,车位成为拍卖标的也非常常见。按照现行《物权法》的规定,建筑区划内,规划用于停放汽车的车位、车库应当首先满足业主的需要。建筑区划内,规划用于停放汽车的车位、车库的归属,由当事人通过出售、附赠或者出租等方式约定。占用业主共有的道路或者其他场地用于停放汽车的车位,属于业主共有。

具体而言,车位包括有所有权的车位和无所有权的车位。有产权的车位,即车位有权属证书,这种类型的车位和商品房没有本质差异,具有可流通性。但是应当注意业主具有优先购买的权利,因为按照《物权法》的规定,车位应当优先满足业主的需要。

拍卖人在处理此类车位的拍卖时,应当参照关于承租人优先购买权的问题,就车位拍卖发出公告,并对同等条件下业主的优先购买权应当予以保障。

没有产权的车位,即所谓仅有使用权的车位,这种车位的拍卖实质上和租赁权的拍卖没有本质的差异,其核心是买受人取得了拍卖车位的使用权。但是作为拍卖人应当在拍卖标的的声明中就拍卖车位的产权性质等作出说明,我们认为最好应当注明为车位使用权,避免相关争议。当然就车位的其他可能的瑕疵等,应当作出相应的说明和披露。这里不再赘述。

六、建筑物的拍卖

这里所说的建筑物的拍卖,是指建筑物本身,既不具备土地使用权,也不具备房屋权证的房屋。房屋作为典型的不动产和土地紧密结合在一起,按照"房随地走,地随房走"的原则,土地使用权转让的,土地上的房屋一并转让,房屋转让的,房屋所在的土地使用权一并转让。

但是实际情况中的确有很多房屋虽然没有产权证书,但是仍然具有很强的财产属性,并且具有利用价值,故经常出现不能过户的房屋拍卖问题。特别是在法院委托拍卖人拍卖被执行人财产时极为常见,还有对非住宅的土地上的建筑物比如厂房库房等进行拍卖的情况也非常常见。

我们认为,这种房屋的拍卖本质上属于建筑物的拍卖,和法律上规定的房屋存在着差异,建筑物的拍卖并不违反国家法律规定,只不过建筑物的买受人取得建筑物后,能否取得相应的权属证书,或者是否属于合法建筑等,但无论如何,建筑物是建造者投入物力、财力建造的,属于财产,故建筑物可以成为拍卖标的。

但是,正是由于建筑物和有权属的房屋不同,拍卖人在拍卖建筑物时应当说明建筑物的土地使用权情况,如果建筑物的土地使用权无法过户的,应当明确说明,同时对于建筑物没有取得权属证书的情况也应当进行明确的披露,并声明对建筑物的权利瑕疵不承担相关的责任,同时对于建筑物的过户问题,也应说明,即拍卖标的的交付以实际的建筑物交付为准。

(一) 建筑物面积

建筑物面积产生问题系因为建筑物并没有经过准确测绘,会出现实际建筑物面积与委托人所说的面积产生误差的问题。如果误差不大,买受人主张权利的可能性低,但是如果误差较大,可能会面临买受人依据拍卖标的说明中载明的面积要求降低付款的问题。

为避免拍卖人因为对面积的承诺而承担责任,我们认为拍卖人应当对面积作出初步说明,并且明确声明不能保证面积的准确性,并要求竞买人至现场自行进行测量等内容,如果拍卖人作出了如此的说明,拍卖人不应当就此类的瑕疵承担责任。值得说明的是,特别是历史久远的房屋,部分房屋甚至发生了损毁,出现面积不一致的情况的概率较高,拍卖人在处理此类房屋的拍卖时应当予以特别注意。

(二) 建筑物的其他问题

建筑物是没有取得产权登记的不动产,除了建筑物的面积外,拍卖人需要注意其他的事项和房屋并无二致,所有在房屋拍卖中应当注意的事项,拍卖人均应当予以注意,有需要进行披露的必须进行披露,对于应当查明的事项应当尽到拍卖人应尽的义务,这里不再赘述。

第七节　林权的拍卖

按照我国《森林法实施条例》的规定,森林资源,包括森林、林木、林地以及依托森林、林木、林地生存的野生动物、植物和微生物。森林,包括乔木林和竹林。林木,包括树木和竹子。林地,包括郁闭度 0.2 以上的乔木林地以及竹林地、灌木林地、疏林地、采伐迹地、火烧迹地、未成林造林地、苗圃地和县级以上人民政府规划的宜林地。

根据《中华人民共和国森林法》第三条规定,森林资源属于国家所有,由法律规定属于集体所有的除外。国家所有的和集体所有的森林、林木和林地,个人所有的林木和使用的林地,由县级以上地方人民政府登记造册,发放证书,确认所有权或者使用权。国务院可以授权国务院林业主管部门,对国务院确定的国家所有的重点林区的森林、林木和林地登记造册,发放证书,并通知有关地方人民政府。森林、林木、林地的所有者和使用者的合法权益,受法律保护,任何单位和个人不得侵犯。

一、林权的转让

林权的转让指林权的所有权人或者使用权人,将其享有权利的可以依法转让的森林、林木的所有权或者使用权和林地的使用权,转让给他人。林权作为一项财产性权利,有可以转让的属性,按照《拍卖法》的规定,可以成为拍卖标的。

二、可以转让的林权的范围

并不是所有的林权都可以依法转让,按照《森林法》的规定,下列森林、林木、林地使用权可以依法转让,也可以依法作价入股或者作为合资、合作造林、经营林木的出资、合作条件,但不得将林地改为非林地:(一)用材林、经济林、薪炭林;(二)用材林、经济林、薪炭林的林地使用权;(三)用材林、经济林、薪炭林的采伐迹地、火烧迹地的林地使用权;(四)国务院规定的其他森林、林木和其他林地使用权。依照前款规定转让、作价入股或者作为合资、合作造林、经营林木的出资、合作条件的,已经取得的林木采伐许可证可以同时转让,同时转让双方都必须遵守本法关于森林、林木采伐和更新造林的规定。

三、农村林地的承包规定

(一)家庭承包林地

农村集体所有的林地承包,采取农村集体经济组织内部的家庭承包方式。按照我国《农村土地承包法》的规定,林地属于农村土地的范畴,对其可以进行承包经营,农村土地承包后,土地的所有权性质不变。故集体所有的农村林地虽然可以进行承包经营,但是其土地所有权仍属于集体所有,但是其使用权可以由承包经营人享有。

农村集体组织成员享有法定的承包经营权利。按照法律规定,农村集体经济组织成员有权依法承包由本集体经济组织发包的农村土地。任何组织和个人不得剥夺和非法限制农村集体经济组织成员承包土地的权利。林地的承包期为三十年至七十年;特殊林木的林地承包期,经国务院林业行政主管部门批准可以延长。林地承包的承包人死亡,其继承人可以在承包期内继续承包。

(二)家庭承包后的经营权的流转

按照法律规定,通过家庭承包取得的土地承包经营权可以依法采取转包、出租、互换、转让或者其他方式流转。但是土地承包经营权流转应当遵循以下原则:(一)平等协商、自愿、有偿,任何组织和个人不得强迫或者阻碍承包方进行土地承包经营权流转;(二)不得改变土地所有权的性质和土地的农业用途;(三)流转的期限不得超过承包期的剩余期限;(四)受让方须有农业经营能力;(五)在同等条件下,本集体经济组织成员享有优先权。

故家庭承包林地的经营权可以成为拍卖的标的,但是拍卖人在对家庭承包经营权进行拍卖时应当注意遵循上述原则。必须说明的是,上述原则都属于禁止性规范的范畴,如果承包经营权的流转拍卖违反上述原则,都会导致拍卖的无效。对于集体组织其他成员的优先权,在拍卖时应当予以注意,应确保只有在其他人放弃优先权的情况下,非集体组织成员才可以通过拍卖方式取得流转后的林地经营权利。

(三) 林地承包经营权的拍卖

按照法律规定,不宜采取家庭承包方式的荒山、荒沟、荒丘、荒滩等农村土地,可以采取招标、拍卖、公开协商等方式承包。在林地的范畴内,如果家庭承包方式无法进行的,可以通过拍卖的方式将林地的承包经营权,转让给他人。

但是,按照《农村土地承包法》的规定,通过以上包括拍卖的方式承包农村土地,在同等条件下,本集体经济组织成员享有优先承包权。故拍卖人在对承包经营权进行拍卖时,应当注意保障林地所在集体经济组织成员的优先权。

不仅如此,同样向集体组织成员之外的人发包的,按照规定发包方将农村土地发包给本集体经济组织以外的单位或者个人承包,应当事先经本集体经济组织成员的村民会议三分之二以上成员或者三分之二以上村民代表的同意,并报乡(镇)人民政府批准。

故拍卖人在对林地承包经营权拍卖时,对于竞买人的身份要予以明确,如果竞买人存在集体组织之外的人的,应当在和委托人签订委托拍卖合同时,要求委托人出具经过本集体组织成员同意并批准的文件,以保证非集体组织成员的买受人可以取得林地承包权。

总体而言,在涉及林权拍卖时,拍卖人要注意,对于委托人,要确认委托人对林权有没有处分的权利,如果有相应的林权证书的,要确认林权证书记载的内容和拍卖的林权占地是否一致。

对于林权的记载事项还要确认是否存在客观的障碍,有没有被限制处分的情形,必要时要向林权登记机关进行核实和确认,如果存在障碍可能阻却买受人获得林权,则应当停止拍卖,避免遭受买受人索赔。

除了对林权记载的事项的书面审核之外,拍卖人还应当至现场查看,确认林权的实际范围,如果对于林地的实际范围无法明确确认的,应当在瑕疵声明中明确予以说明,以使得所有的竞买人对于林权所在地的现状知晓。

再次,竞买人应当符合林权管理的有关规定,如果必须是特定对象才能获得相应林权的,则需要限定竞买人的身份。对于可以由所有人参与竞买的,则应当保证享有优先权人的利益不受到损害。

第八节　探矿权采矿权的拍卖

一、探矿权与采矿权

根据《矿产资源法》的规定,我国矿产资源属于国家所有,由国务院行使国家对矿产资源的所有权。地表或者地下的矿产资源的国家所有权,不因其所依附的土地的所有权或者使用权的不同而改变。

探矿权,是指在依法取得的勘查许可证规定的范围内,勘查矿产资源的权利。取得勘查许可证的单位或者个人称为探矿权人。采矿权,是指在依法取得的采矿许可证规定的范围内,开采矿产资源和获得所开采的矿产品的权利。取得采矿许可证的单位或者个人称为采矿权人。

探矿权和采矿权,国家可以采取出让的方式转让给许可进行探矿和采矿的权利人,探矿权和采矿权的出让可以采取招标、拍卖、挂牌的方式进行,对于探矿权和采矿权的拍卖,我国矿产资源主管部门制定了相应的办法,在拍卖探矿权和采矿权时应当遵循相关的规则进行。

二、探矿权采矿权的特殊管理要求

(一) 探矿权采矿权的竞买人数的限制

根据《探矿权采矿权招标拍卖挂牌管理办法(试行)》的规定,探矿权采矿权拍卖的,竞买人不得少于三人。少于三人的,主管部门应当停止拍卖。

国土资源部此办法关于竞买人不得少于三人的规定属于行政机关的规定,对于行政机关具有普遍约束力。举办探矿权采矿权出让的国土部门在进行出让拍卖时应当根据规定制定规则,对于少于三人的情形应当停止拍卖。

如果拍卖人接受国土资源部门委托举办此类拍卖活动时,并未按照此办法制定拍卖的规则和说明,没有三人以上参与竞买,是否可以因此确定拍卖无效?我们认为不应轻易否认效力,按照我国法律规定,只有违反国家法律、行政法规的禁止性规定的民事法律行为才是无效行为,故国土资源部门的此办法不具有否定拍卖活动效力的效力。

拍卖人为了防止出现符合《拍卖法》却不符合有关部门规章的情形出现,应当在举办此类拍卖活动时,按照有关部门规章的规定,制定专门的拍卖规则,即在拍卖的相关公告文件当中明确所需竞买人的数量。拍卖的主持人应当在拍卖之前,确认竞买人的数量,并宣布具体的竞买人规则,如果竞买人数少于三人,拍卖师应当及时宣布拍卖停止。

(二) 探矿权采矿权拍卖公告的时间条件

探矿权采矿权拍卖的,主管部门应当于拍卖日 20 日前发布拍卖公告。按照《拍卖法》的规定,拍卖公告的日期为 15 天。如果出现该类拍卖标的的公告时间小于 20 天,是否可以认定为拍卖程序违反法律规定?我们认为,行政机关的部门规章虽然在本部门内具有普遍约束力,但是对于拍卖活动这一民事活动,确定其是否违反国家禁止性规定,要看其是否违反了法律和行政法规的规定,而部门规章不足以否认拍卖行为的有效性。

三、探矿权和采矿权的拍卖程序

按照国土资源部的规定,拍卖会依照下列程序进行:(一) 拍卖主持人点算竞买人;(二) 拍卖主持人介绍探矿权采矿权的简要情况;(三) 宣布拍卖规则和注意事项;(四) 主持人报出起叫价;(五) 竞买人应价。该办法同时规定,无底价的,拍卖主持人应当在拍卖前予以说明;有底价的,竞买人的最高应价未达到底价的,该应价不发生效力,拍卖主持人应当停止拍卖。竞买人的最高应价经拍卖主持人落槌表示拍卖成交,拍卖主持人宣布该最高应价的竞买人为竞得人。主管部门和竞得人应当当场签订成交确认书。

国土资源部门对拍卖程序的规定和《拍卖法》的规定并无本质的冲突，拍卖人和拍卖师应当予以遵守，以避免出现和行政规章相冲突的情形。

第九节　车辆的拍卖

我们这里所述的车辆是机动车辆，虽然机动车属于动产，但是按照我国法律的规定，机动车必须按照规定履行登记手续，我国车辆登记机构为公安局车辆管理部门，对于从事运输的车辆，交通部门还会对使用于运输经营的车辆进行相应的管理。鉴于车辆具有流动性和许多不确定的因素，拍卖人在接受委托人拍卖后应当对车辆的有关问题予以关注，对于无法核查的情况，应当作出明确声明，不承担瑕疵担保的责任。

一、权属证书

机动车的所有人对于其享有机动车的权利证明有两个，一个是行驶证，一个是机动车登记证书。行驶证除了具有权属证明的效力之外，还是公安局交通管理部门对机动车可以上路行驶的许可证明。机动车登记证书主要侧重于权利记载，登记证书记载有机动车的详细信息，也包括机动车抵押等情形。

拍卖人在接受委托人委托时，应当取得委托人提供的行驶证和机动车登记证书，并确认上述信息的一致性。我们认为除了取得上述证明之外，拍卖人应当去机动车登记机构验明委托人提交的权属文件的真伪。根据规定，登记机构的权属证书以及登记机构记载的内容的效力要优先于驾驶证上记载的信息。

正是因为机动车采取强制登记的法律措施，在机动车辆的登记机关可以查询到车辆的相关情况，故对于机动车的核实义务，拍卖人不应怠于行使，仅仅依赖于委托人所作的声明等不足以免除拍卖人的核实责任。已经有不少生效的法院判决将该责任施加于拍卖人身上，认定拍卖人是从事拍卖业的专业机构，认为拍卖人有能力和必要对机动车的情况进行核实。

因为机动车有登记机构，如果拍卖人未能核实，一旦发生委托人提交不真实的权属证明，机动车拍卖之后必然产生纠纷，届时拍卖人可能会承担瑕疵担保的责任。

二、表面状况

机动车作为车辆，其表面状况如何直接影响机动车的价格，当然机动车的表面状况可以通过机动车的展示体现出来。拍卖人应当声明机动车的表面状况以机动车展示的情形为准，我们认为竞买人自己疏于检查机动车的表面状况，在拍卖成交之后以此为理由试图追究责任不应得到法律的支持。

三、违章情况

如果车辆有违章而不进行处理，会影响机动车的年检。另外因为机动车的违章处理涉及罚款的支付和驾驶人员的扣分等处罚,故如果机动车的违章没有得到妥善处理,势必会对买受人造成损失。

值得说明的是,在现行车辆管理制度下,机动车的违章情形可以通过公开的渠道进行查询,故拍卖人应当要求委托人就机动车的违章情形进行必要的说明,同时应立即进行必要的查询,防止委托人的陈述存在不实的情形。

拍卖人对拍卖车辆的说明或者公告中不应对车辆的违章情况进行担保,应当声明对此不承担责任。

四、交通事故

发生交通事故,特别是严重交通事故的车辆会发生过修理等情形,发生过修理的车辆的价值必然会大打折扣,故事故车辆也是买受人比较忌讳的情形。虽然拍卖人是从事拍卖的专业机构,但是也无从去直接判定车辆是否发生过交通事故,故我们认为拍卖人不应就此承担瑕疵担保责任,只要拍卖人声明不对车辆可能存在的缺陷承担责任。

五、过户问题

车辆过户问题带有很强的政策性,而且随着时间的不同,变化较大。但是我们认为,既然车辆是必须进行登记的,那么车辆所有人发生变化也应当进行登记。故车辆的拍卖,其默示的义务就是该车辆应当是可以进行过户登记的。当然影响过户登记的情形有许多种,但是我们认为在拍卖时不应出现影响车辆过户的绝对障碍。比如说,我国现在对于环境问题比较重视,因为汽车是能够产生污染物的,故有些地区对于不能达到排放标准的机动车辆,不再办理过户登记,即不允许在特定范围内进行过户转让。我们认为如果拍卖人所在地区有此种政策,则拍卖人对这种车辆不应进行拍卖。如果拍卖成交后,买受人无法过户,拍卖人应当承担必要的责任,除非拍卖人明确声明该车辆在所在区域内无法过户。

六、查封问题

车辆属于进行登记的动产,故相关司法机构可以在车辆登记机构对车辆进行查封,即禁止车辆进行交易过户。

为了防止出现车辆被查封而仍然进入拍卖程序的问题,拍卖人接受委托时应当到车辆登记机构进行查询,如果车辆有被查封的情形,应当立即停止拍卖。因为按照我国法律规定,被查封的财产是禁止转让的,故就被查封的财产进行拍卖属于无效的行为,拍卖人如果没有尽到审核义务,可能会面临不利的后果。

七、抵押问题

和我们曾经提到的房屋相同,车辆属于可以抵押的财产,车辆抵押的登记机构为车辆管理部门。一般情况下车辆登记证书上会注明车辆抵押登记的情况,拍卖人应当就车辆是否存在抵押情形进行必要的核实。

和我们在房屋涉及抵押问题的处理原则一致,抵押车辆的拍卖应当得到抵押权人的同意,抵押车辆拍卖的所得应当优先用于清偿抵押权人的债权。这里我们不再赘述。

八、保险

车辆的保险状况也会影响车辆的价值,保险主要有两类,一是强制责任险。一是商业保险。商业保险不是必需的保险,但是强制责任险是我国《道路交通安全法》规定的车辆所有人必须投保的保险,否则车辆不得上路行驶。故车辆的保险是否在有效期内,拍卖人应当核实,并且就该状况进行必要的说明。拍卖人不应怠于履行核实义务,发生拍卖车辆未投保强制责任险情形,以免拍卖人因此而遭受买受人的责任追究。

九、营运等特定车辆的拍卖

此类车辆系指该车辆从事某种特定的用途,比如从事旅客运输,从事货物运输,还有危险品运输等,这类车辆的过户除了需要满足交通车辆管理的要求外,还要满足其他行政管理部门的规定。对于此类车辆,行政管理部门在涉及资质变更时,可能对于买受人有着特定的要求,即不满足一定条件的买受人无法取得资质,故拍卖人应当在车辆拍卖时加以特别说明,提醒竞买人注意车辆的资质过户可能存在一些问题。

十、报废问题

车辆还存在报废问题,如果车辆属于必须报废的车辆,拍卖人应当避免此类车辆进入拍卖程序。总而言之,拍卖人应当对车辆领域的相关规定有所了解后才能确定车辆进入拍卖程序,否则即便拍卖成交,拍卖人也可能会承担有关责任。

第十节　知识产权的拍卖

一、著作权的拍卖

(一) 著作权

按照我国《著作权法》规定,著作权是指文学、艺术和科学作品的作者对其作品所享有的权利。著作权包括人身权和财产权。人身权包括发表权、署名权、修改权、保护作品完整权,人身权和著作权人密不可分,人身权不得转让。

而人身权之外的和财产有关的或者可以取得财产收益的权利属于财产权,财产权可以全部或者部分转让给他人,并可取得相应的报酬。

(二) 著作权的权利期限

根据我国法律规定,财产性的著作权的保护期存在期限。公民的作品,其发表权以及财产性的著作权利的保护期为作者终生及其死亡后五十年,截止于作者死亡后第五十年的 12 月 31 日;如果是合作作品,截止于最后死亡的作者死亡后第五十年的 12 月 31 日。

法人或者其他组织的作品、著作权(署名权除外)由法人或者其他组织享有的职务作品,财产性的著作权利的保护期为五十年,截止于作品首次发表后第五十年的 12 月 31 日,但作品自创作完成后五十年内未发表的,不再受《著作权法》保护。

电影作品和以类似摄制电影的方法创作的作品、摄影作品,其发表权以及财产性的著作权利的保护期为五十年,截止于作品首次发表后第五十年的12月31日,但作品自创作完成后五十年内未发表的,不再受《著作权法》的保护。

(三)可以成为拍卖标的的著作权

根据《拍卖法》的规定,拍卖标的只能是财产,故在著作权当中仅有财产性的著作权可以成为拍卖的标的,按照我国《著作权法》的规定,下列权利属于财产性著作权:复制权、发行权、出租权、展览权、表演权、放映权、广播权、信息网络传播权、摄制权、改编权、翻译权、汇编权、其他著作性权利。

(四)著作权人的识别

1. 法定著作权人

按照我国《著作权法》第二条的规定,中国公民、法人或者其他组织的作品,不论是否发表,均享有著作权。外国人、无国籍人的作品根据其作者所属国或者经常居住地国同中国签订的协议或者共同参加的国际条约享有的著作权,受本法保护。外国人、无国籍人的作品首先在中国境内出版的,依照本法享有著作权。未与中国签订协议或者共同参加国际条约的国家的作者以及无国籍人的作品首次在中国参加的国际条约的成员国出版的,或者在成员国和非成员国同时出版的,可以受本法保护。

著作权属于作者所有,任何创作该作品的公民、法人或者其他组织都可以成为作品的作者。著作权的取得属于自动取得,不以是否发表作为条件,也不以是否登记作为条件,这是著作权取得的基本原则。同时法律规定,如果没有相反证明,在作品上署名的公民、法人或者其他组织为作者。即以作品并在作品上表明作者身份的人,在没有其他反证的情况下,应当被识别为作者。

2. 著作权的登记

虽然著作权不以登记或者发表作为保护的前提,但我国仍然规定有著作权的登记制度,登记制度是为了更好地保护著作权,著作权的登记有一定的对抗作用,对于作者而言,进行了著作权登记有助于厘清著作权人争议。我国有《作品自愿登记试行办法》《计算机软件著作权登记办法》等规章。拍卖人在对有著作权的拍卖标的进行拍卖时对委托人的权利来源审核应当参照上述办法。如果有著作权自愿登记的,至少可以初步取得其为著作权人的证明。

(五)对著作权权利的限制的查证

著作权权利的限制,系指财产性的著作权成为拍卖标的后存在权利转让上的限制。因为著作权不以登记作为享有著作权的条件,著作权人无须去登记机关登记。故著作权被司法机构限制的情形拍卖人也很难从公开渠道获悉。

但是,著作权存在被质押的情形,即著作权被著作权人用作债务人对债权人承担债务的担保。按照《担保法》第七十五条的规定,著作权当中的财产权利可以被质押,著作权质押合同的生效要件是著作权质押需要到著作权行政管理部门办理质押登记手续。如果质押合同没有到著作权行政管理部门办理登记手续,则不具备质押的效力。目前我国著作权质押登记机构为版权局,拍卖人在收到委托人的委托拍卖著作权申请时,即便委托人作出了权利无瑕疵的声明,拍卖人仍有义务核实该著作权是否存在被质押的情形,否则拍卖成交后出现著作权无法转让情形的,拍卖人必然要承担瑕疵担保的责任。

二、商标权的拍卖

(一)商标权

商标依据《商标法》规定享有商标专用权,按照我国《商标法》的规定,商标包括商品商标、服务商标和集体商标。商标的特征在于使用包括文字、图形、字母、数字、三维标志、颜色组合和声音等将自己的商品和他人区别开来,正是因为商标具有独一性,商标和商品紧密结合在一起,所以其具有极高的财产价值。我国的商标登记管理机构为商标局。

(二)商标权权利人

商标持有人应当持有商标注册证,商标注册会显示商标注册人的名称、商标的名称样式、商标权的期限等。拍卖人应当逐一审核委托人的信息是否和商标注册证登记的信息相同,如果委托人和商标注册人非同一人时,应当由商标注册人提出委托,或者由商标注册人提供有效的授权委托文件。拍卖人同时还要注意审核委托人承诺的其他事项是否和商标注册证上的内容存在冲突之处。

拍卖人不仅应对商标注册证的表面事项进行审核,因为商标注册信息都属于公开的信息,拍卖人还应当通过公开的渠道对委托人提供的商标注册证的真伪进行核实,当发现注册证的信息和查询的信息不一致时,应当引起特别的注意,并做进一步的核实和识别,以免因未能尽到合适的审核义务而产生相应的责任。

(三)商标权的期限

按照《商标法》的规定,注册商标的有效期为十年,自核准注册之日起计算。注册商标有效期满,需要继续使用的,商标注册人应当在期满前十二个月内按照规定办理续展手续;在此期间未能办理的,可以给予六个月的宽展期。每次续展注册的有效期为十年,自该商标上一届有效期满次日起计算。期满未办理续展手续的,注销注册商标。

商标注册上的期限和在商标登记机构查询的期限应当一致,拍卖人应当注意商标的期限,不应出现拍卖公告载明的商标期限和实际商标期限存在不一致的情形,否则会承担不利的法律后果。

(四)商标权的权利限制

根据《商标法》的规定,商标权可以进行转让,转让人和受让人应当签订转让协议,同时向商标局提出申请,转让商标经过核准后,商标局予以公告,受让人自公告之日起享有商标权。商标转让合同虽然不以商标局的核准作为生效条件,但是商标权的转让和获得却必须经过商标权的核准。

1. 查封

商标权作为一项财产性权利,其具有经济价值,可以成为被查封的对象。法院等机构可以查封商标,禁止商标的转让。故拍卖人应当核实作为拍卖标的的商标是否存在被查封不得转让的情形,即便委托人已经作出了商标不存在查封情形的说明,也不能免除拍卖人的审核义务。如果出现委托人声称商标不存在权利受限情形,而实际核实的结果是商标存在受限情形,拍卖人应当不予进行拍卖。

2. 质押

除了查封的权利受限之外,商标也可以被质押。根据《担保法》的规定,商标属于可以被质押的权利,同时依据《商标法》的规定,商标质押的登记机构为商标局,故商标局对于商标的质押登记享有行政管理的权力和责任。依照《商标法实施条例》的规定,以注册商标出质的,出质人和质权人应当签订书面质权合同,并共同向商标局提出质权登记申请,由商标局公告。商标的质押可以通过公告得以查证。

拍卖人应当对商标是否存在质押情形进行核实,按照我国《担保法》的规定,以知识产权进行质押的,出质人不得转让或者许可他人使用,但经出质人和质权人协商同意的可以转让或者许可他人使用。

拍卖人在知悉商标权等知识产权存在质押情形的,如果仍进行拍卖,应当得到质权人的许可,同时对于质押的情形应当作为瑕疵对外进行披露,以避免遭受买受人的追索。

三、专利权的拍卖

(一) 专利

专利是发明创造的权利人享有的实施该发明创造的专有权,专利受到法律的保护。根据我国《专利法》的规定,我国专利包括发明专利、实用新型专利、外观设计专利三种。发明,是指对产品、方法或者其改进所提出的新的技术方案。实用新型,是指对产品的形状、构造或者其结合所提出的适于实用的新的技术方案。外观设计,是指对产品的形状、图案或者其结合以及色彩与形状、图案的结合所作出的富有美感并适于工业应用的新设计。

正是因为专利具有专有性并且得到国家法律的确认和保护,违反《专利法》的行为不仅会承担民事责任,还可能承担刑事责任。故有价值的专利具有极大的财产价值。专利属于财产权利,按照《拍卖法》的规定,专利相关的财产权利可以成为拍卖标的。

专利是有期限的,即在一定期限内,专利权人享有专有权。按照法律规定,发明专利权的期限为二十年,实用新型专利权和外观设计专利权的期限为十年,均自申请日起计算。

专利权人必须按照法律规定缴纳年费,未及时缴纳年费的法律后果是专利权可能提前终止。

(二) 专利申请权转让拍卖

专利申请权,是指专利尚在申请之中,申请人将申请专利的权利转让给他人,受让人自然成为新的专利申请人,专利申请权应包括专利技术内容的转让,只不过专利申请的转让人不愿自己申请专利。专利申请权转让后可能会产生两种不同的后果,即专利申请得到批准即正常取得专利,也可能专利申请未得到批准。既然是专利申请权的转让,受让方应当知晓专利申请权转让的后果,我们在此不予讨论。

需要说明的是,专利申请人将专利申请权交付拍卖,符合《拍卖法》的规定。

1. 专利申请权转让的行政程序

专利申请权转让的,转让人和受让人应当签订书面转让合同,并且一起向国家专利局提出转让登记,专利局会进行公告。该申请权的转让只有经转让登记之后才能生效,即只有经过专利局的转让登记之后,专利申请人才发生变更。

我们建议,尽管专利申请权转让的法律程序买受人自己应当有所了解,但拍卖人在对专利申请权进行拍卖时,仍应提醒竞买人和买受人注意专利申请权转让需要进行的登记的法律程序要求。

2. 专利申请权拍卖的审核

拍卖人接受委托人委托对专利申请权进行拍卖,应当尽到合理的审核义务。我们认为拍卖人应当审核委托人是否具有专利申请权,应当要求委托人提供有关专利申请的文件,必要时应当通过渠道对专利申请的情况进行查询和核实,以避免存在专利申请权有程序或法律上的瑕疵出现。

(三) 专利权的许可拍卖

专利是专利权人专有的权利,法律赋予专利权人独有的实施权。按照《专利法》的规定,发明和实用新型专利权被授予后,除本法另有规定的以外,任何单位或者个人未经专利权人许可,都不得实施其专利,即不得为生产经营目的制造、使用、许诺销售、销售、进口其专利产品,或者使用其专利方法以及使用、许诺销售、销售、进口依照该专利方法直接获得的产品。外观设计专利权被授予后,任何单位或者个人未经专利权人许可,都不得实施其专利,即不得为生产经营目的制造、许诺销售、销售、进口其外观设计专利产品。

专利权人可以许可他人实施其享有专利权的专利,许可可以是独家许可,也可以是非独家许可,主要需要依据双方专利许可合同的约定,被许可的人应当向许可人支付专利许可费。

专利的许可权可以成为拍卖标的,拍卖人对于委托人交付拍卖的专利许可权,应当进行必要的审核。

1. 专利许可的审核要素

正如刚才所述的,买受人通过拍卖的方式获得专利许可权,并且支付许可费,其所期望的是专利许可后带来的经济效益,如果专利许可拍卖成交后,专利存在瑕疵,买受人定会寻找拍卖人在拍卖程序当中的瑕疵要求拍卖人承担责任。故拍卖人作为拍卖机构,应当尽到合理的审核义务。

2. 专利权人是否和委托人一致

专利权人许可他人实施专利,并委托拍卖,拍卖人应当首先确保专利人和委托人一致,如果委托人系得到专利人的授权代为签订委托拍卖合同的,拍卖人应当得到专利权人正式的书面的授权委托书。

3. 专利是否存在

拍卖人应当查证专利是否存在,通过公开的渠道查询专利权人提供的专利权证书上记载的内容是否和查询的内容一致,名称是否相符,并且核实专利的期限是否已经到期。对于专利期限已经到期的专利应当立即停止拍卖。

对于专利权证书载明的内容和委托人陈述的不一致的,应当告知委托人,并且要求委托人提供进一步的资料,最终仍应以核实的内容为准。

4. 专利期限

拍卖人还应当对专利权的期限进行核对,确保专利权仍然有效,否则应当终止拍卖,对于专利期限即将届满的专利,拍卖人应当作出特别的瑕疵提示。

5. 专利的年费缴纳是否正常

专利的年费如果未能正常缴纳的后果是专利权可能丧失,故拍卖人应当让委托人确认专利年费的缴纳情况,同时拍卖人应当核实专利年费的缴纳情况,未能及时审核确认可能会使专利本身存在权利的严重瑕疵。

6. 专利是否存在其他许可

关于专利是否存在其他许可是指需要委托人承诺或者提供有关材料,证明本次拍卖的专利许可权和已经被允许的许可不存在冲突。一旦专利许可存在冲突,将会绝对影响买受人实施该专利。故拍卖人不应仅以笼统地声称该专利的品质和瑕疵不能保证为由,否则,仍可能会被追究瑕疵担保责任,拍卖人应当尽到合理的审核义务。

(四)专利权的转让拍卖

专利权的转让是专利权人将自己享有专利权的专利转让给他人,由受让人取得专利权。按照《专利法》规定,转让专利权的应当由转让人和受让人签订书面合同,并向专利局进行登记,由专利局进行公告,专利权的转让只有经过登记才能发生变更的效力。

专利权的转让的基本审核要素和前面所述的专利许可的基本审核要素应当相同,即要审核专利权人是否为委托人、专利权的名称、专利权的期限、专利的年费情况等,总而言之,要确认专利是否是有效的专利。

1. 专利权的限制

拍卖人还应当让委托人确认并且核实专利权是否存在被限制的情形,主要包括被查封和质押的情形。

(1)查封

专利作为一项财产权利,可能存在被有关机构查封的风险,按照法律规定,被查封的财产属于禁止转让的财产,对禁止转让的财产进行拍卖属于无效的法律行为。无效的法律行为产生的损失,竞买人和买受人仍然可以向有过错的拍卖人进行主张。故拍卖人作为专业的拍卖机构应当进行必要的核实和确认,以避免出现专利存在被查封的情形。

(2)质押

按照《担保法》的规定,专利属于可以质押的财产,专利的质押登记机构为专利局。专利的质押也只有经过登记后才产生质押的效力。拍卖人应当向委托人了解专利是否存在被质押的情形,即便委托人作出了否定的意思表示,拍卖人仍应当采取必要的核实措施就专利是否存在质押的情形向专利局进行核实。一旦存在质押的情形,应当采取必要的措施,并和委托人确认解决的办法,否则应当终止拍卖。

2. 专利是否存在异议和宣告无效

专利权人尽管已经取得了专利局颁发的专利证书,但是专利仍然可能存在随时被他人提起异议并被宣告无效的情形。故专利权实际上存在着不确定性的特征,这一点对于竞买人而言应当引起足够重视。竞买人应当综合评价和衡量拟购买的专利、拟接受许可的专利的技术,并评估是否存在被宣告无效的情形。

对于拍卖人而言,因为专利被宣告无效后,专利局会对外进行公告,拍卖人应对委托人交付拍卖的专利是否已经被宣告无效进行必要的核实。如果专利已经被宣告无效,仍然进入拍卖程序,显然属于重大过失,拍卖人应当引起足够和必要的重视。

第十一节　股权的拍卖

股权是指股东对公司享有的股东权利,我国公司分为有限责任公司和股份有限公司两种,对有限公司而言称之为股权,对股份有限公司而言为股份。股权的拍卖除了遵守《拍卖法》的规定外,还应当遵守《公司法》和其他法律的规定。

一、有限责任公司股权的拍卖

(一)股权拍卖的障碍

有限公司股权能成为拍卖标的,首先要排除转让的客观障碍。这类障碍,包括法律上的禁止转让。

1. 查封

股权和我们提到的其他财产一样,如果被相关部门查封,股东即使委托拍卖自己的股权也无法完成股权变更登记。这种查封包括但不限于司法查封等。当然法院作为委托人的拍卖另当别论。拍卖人应当核实作为拍卖标的的股权是否存在被查封的情况,不应怠于履行核实的义务。

2. 质押

股权质押系公司股东为了担保债权的实现,自愿将自己持有的股权进行质押并登记,股权质押和其他的质押一样,未经质权人同意不得转让。股权一旦被质押,股权的转让存在实质性的限制条件,除非得到质权人的同意,否则股权即使拍卖成功,也面临过户不能,合同不能履行的障碍,最终结果还会被取消。

3. 章程的限制

在有限责任公司情况下,除了上述股权存在转让限制之外,有可能存在章程规定禁止股权转让的情形,尽管这种规定存在一定的争议性,但是拍卖人仍应引起注意,拍卖人在接到股权拍卖的委托后,应当核实股权所在公司的章程是否有禁止性的规定,如果存在这样的禁止性规定,可以通过修改公司章程的方式消除这种约定的障碍,即由该公司的股东会修改此章程,去除禁止股权转让的规定,否则股东违反章程的规定,拍卖自己的股权的行为是无效的。

(二)股东的股权优先购买权

《公司法》规定,有限责任公司的股东之间可以相互转让其全部或者部分股权。股东向股东以外的人转让股权,应当经其他股东过半数同意。股东应就其股权转让事项书面通知其他股东征求同意,其他股东自接到书面通知之日起满三十日未答复的,视为同意转让。其他股东半数以上不同意转让的,不同意的股东应当购买该转让的股权;不购买的,视为同意转让。经股东同意转让的股权,在同等条件下,其他股东有优先购买权。两个以上股东主张行使优先购买权的,协商确定各自的购买比例;协商不成的,按照转让时各自的出资比例行使优先购买权。公司章程对股权转让另有规定的,从其规定。

我国《公司法》首先认可当事人可以自由约定股权转让的条件,即在章程中就公司股权的转让作出规定。如果没有作出特别规定的,则按照《公司法》的规定来处理。

对于公司股东之间自由购买股权的权利,以通知的形式作出,由委托拍卖股权的股东在公司内部行使,如果被认为同意向股东之外的人转让的,才应当进入委托拍卖人对外拍卖的程序。

即便在公开拍卖的情况下,《公司法》赋予公司股东就其他股东拟转让的股权享有优先购买权,即在同等条件下,公司原有股东对股权可以优先购买。

故拍卖人在对有限责任公司股权进行拍卖时,应当保证其他股东股权优先购买权的行使。我们认为首先应当通知其他股东参加拍卖会,在拍卖开始时,拍卖师应当就此向竞买人作出说明。如果原有股东作出的应价和其他最高应价相同,则应当将买受人定为原股东。当然如果非股东的出价超过原股东的,则非股东的竞买人成为买受人。

二、股份有限公司股份的拍卖

股份有限公司的股份转让除非公司章程对股份的转让设定了特别的限制条件,否则股份可以按照《公司法》的规定进行转让。股份转让不像有限责任公司的股权转让有明确的优先购买权的限制。但是股份有限公司的股份转让,仍然存在一些法律规定的限制情形,按照《公司法》规定,发起人持有的本公司股份,自公司成立之日起一年内不得转让。公司公开发行股份前已发行的股份,自公司股票在证券交易所上市交易之日起一年内不得转让。公司董事、监事、高级管理人员应当向公司申报所持有的本公司的股份及其变动情况,在任职期间每年转让的股份不得超过其所持有本公司股份总数的百分之二十五;所持本公司股份自公司股票上市交易之日起一年内不得转让。上述人员离职后半年内,不得转让其所持有的本公司股份。

故对于拍卖人而言,如果拍卖非上市股份有限公司股份,应当注意如果股份系法律规定或者章程上限制转让的股份,则拍卖人不应对此类股份进行拍卖。拍卖人在其拍卖公告当中应当明确告知竞买人竞买所得股份应当符合《公司法》的规定,如果存在不符合《公司法》规定情形的竞买人仍然参加竞买的,则责任应当由竞买人自己负责。

至于股份有限公司的股份是否存在其他法定的限制,如查封、质押等情形的,拍卖人也应当予以核实和说明,避免买受人因此产生损失,进而给拍卖人自身带来损失。

第十二节　其他有关拍卖标的的拍卖

一、资质证书的拍卖

资质证书的拍卖是委托人将其所有的某项获得特殊许可的资质通过拍卖人举办的拍卖活动拍卖出去以期获得最大收益的行为。

资质证书的拍卖的前提是该资质是否具有可以转让的属性。如果根据该资质证书的有关规定,可以对外进行转让,则拍卖人可以接受委托人的委托进行拍卖。若如果该资格证书不允许作转让,则拍卖人不应接受委托人之委托,否则即使拍卖人在拍卖标的的说明中声称该标的的过户等责任由委托人和买受人之间予以办理等,该类资质的拍卖因为法律禁止转让而归于无效,故拍卖人的上述约定对各方并不存在约束力,届时拍卖人可能还会因为上述拍卖标的禁止拍卖导致合同无效而承担合同无效的过错责任。

若资质证书是可以转让的,则拍卖人应当和持有资质证书的委托人签订协议,但是作为拍卖人,应当查证委托人是否真实享有该资质,即委托人是否对该资质证书享有处分的权利。仅凭委托人提供的书面材料尚不足以真实证明其权利是完整真实的,拍卖人应当和颁发资质证书的机构确认其真实性。拍卖人还应关注该资质证书是否存在过期或者被吊销等情形,如果存在资质证书客观上不具有价值的情形的,应当拒绝接受委托。

对于资质证书的可以受让的对象,拍卖人应当了解该资质证书的受让人是否存在某种限制,或者必须有特殊的要求,如果存在特殊要求,拍卖人应当及时在举办拍卖活动时予以声明,以提醒竞买人。拍卖人的有效提醒将会使拍卖人免于承担瑕疵担保之责。

资质证书的转让义务人,应当是委托人,委托人和买受人在拍卖成交之后办理转让手续,拍卖人应当明确声明资质证书的过户行为由买受人和委托人之间予以办理。

二、租赁权的拍卖

租赁权的拍卖是委托人将租赁物的承租合同的签订权委托拍卖人进行拍卖的情形,以期获得最大的租金回报。租赁权的拍卖以土地、房屋、机器设备等最为常见。我们认为租赁权拍卖本质上属于以最高价格获得与委托方的租赁合同签订权,拍卖成交后,买受人可享有和出租人签约的权利。作为接受拍卖委托人的拍卖人应当重点关注以下问题。

(一) 是否享有出租权

1. 是否是所有权人

如果租赁的标的为土地房屋等不动产的,因为不动产的所有权人都有登记,故拍卖人首先要判断不动产所有权人,房屋的权利证书登记的权利人可以为委托人,委托人当然有权处分该土地房屋,将标的付诸拍卖。但是拍卖人作为专业机构,仅凭委托人提供的资料还不够,拍卖人仍应当核实委托人提供的权属证明的信息是否真实有效。这在前面的房屋买卖拍卖中已经讨论过,这里不再赘述,其原理和方案应当是相同的。

如果属于机器设备等动产的,拍卖人应当考察委托人是否为此类动产的所有权人,虽然动产的所有权标志以占有为特征,但是拍卖人需要注意的是机器设备是可以属于抵押的财产范围内的标的,如果机器设备已经做了抵押登记,需要注意租赁物的拍卖是否获得抵押权人的同意。拍卖人不能仅仅以委托人占有拍卖标的就认为委托人的租赁拍卖没有权利限制,在没有对外披露的情况下,拍卖人仍然可能因为疏忽而承担瑕疵担保责任。

2. 转租

在不动产租赁中,转租即委托人并非房屋或土地使用权的所有权人,而是承租该不动产的承租人,承租人将房屋或土地使用权再行转租。转租并不被法律所禁止,只要产权人同意转租即可,如果产权人不同意转租,那么承租人的转租行为是无效的。故在转租的情况下,拍卖人应当从委托人处取得该房屋的产权人同意转租的资料,并对该资料的真伪进行必要的核实,以确保转租已经得到了产权人的同意。即便如此,拍卖人在对转租的房屋进行租赁拍卖时,仍应当说明房屋的产权人,并且说明房屋是转租的,以提醒竞买人注意。

对动产的转租,拍卖人的关注义务和不动产相同,只要非所有权人委托的租赁权拍卖,委托人仅为拍卖标的的租赁人,则拍卖人需要获取所有权人同意委托人委托拍卖的许可证明资料。

3. 受托处置

受托处置系委托人并非拍卖标的产权人也并非拍卖标的的承租人,可能是拍卖标的的管理人,总而言之,委托人系得到产权人或者所有权人的许可或者认可就拍卖标的进行租赁处置。在这种情况下,拍卖人在和委托人订立租赁委托拍卖合同时同样应当取得产权人授权处理的文件资料,并且就该资料进行必要的核实。同时在受托处置下的拍卖标的的拍卖公告中应当作出明确的说明,以便于竞买人对此作出识别和选择。

(二) 租赁物状况

土地、房屋不动产的租赁物的状况和本书前面关于房屋买卖拍卖中所述的一样,拍卖人应当对租赁物状况进行核实,并对租赁物的附属设施、涉及费用等问题进行必要的披露,以避免租赁物存在瑕疵而未作说明的情况。

对于机器设备等动产,拍卖人有义务说明租赁物的型号、名称、年代、状况等内容,毕竟竞买人希望获得拍卖标的的租赁权以发挥租赁物的使用价值,如果机器设备等租赁物根本无法使用,则买受人即便拍得租赁权也无法发挥其价值,就容易产生纠纷。拍卖人对于此类租赁物应当给予竞买人充分的考察租赁物状况的条件,同时拍卖人为了避免承担瑕疵担保责任,应当对租赁物可能存在的缺陷进行免责的声明。

(三) 租赁物的用途

租赁物的用途是委托人或者拍卖人为了促进拍卖的成交而进行宣传的内容。曾经发生过类似的案件,拍卖公司在拍卖公告中就某房屋租赁权的拍卖称可用于超市,买受人通过竞买取得房屋租赁权后,因为房屋本身存在一些问题,买受人以房屋不适合办理超市为由向法院起诉要求解除租赁协议,退还租赁物。法院认为拍卖人在拍卖公告中对租赁标的的说明,使得买受人得以相信租赁物的用途系开办超市,但目前超市无法开办,故合同的目的无法实现,故买受人要求解除合同的主张成立。

拍卖人本以说明拍卖标的用途作为更好地实现拍卖标的的价值的宣传,但是拍卖标的是租赁权,承租人自己对于承租权的取得和租赁物今后的用途应有自己的安排,故拍卖人无须对拍卖标的的用途作任何说明,如果拍卖人不作类似的说明,也不会承担此责任。这一点应当引起拍卖人的注意。

对于拍卖标的为动产等而言,竞买人在参加竞买时是根据拍卖公告和租赁物的情况进而选择参加拍卖,其参加拍卖就意味着竞买人可以租赁使用拍卖标的的从而发挥其作用,拍卖人对于拍卖标的过多的宣传并无必要,相反如果因为宣传而导致拍卖人承担责任显得得不偿失。

(四) 租赁物的租金支付方式、租赁期限等

拍卖人就租赁物的拍卖当中应当就租金的支付方式、租赁期限等核心条款作出说明。如果拍卖人在拍卖过程中未作明显说明,就会出现虽然买受人通过拍卖取得了租赁权,但是买受人在和委托人订立合同时因为租金的支付方式、租赁期限等内容不确定而拒绝订立合同。出现这类情形,双方之间会产生争议,不利于标的的交付和拍卖利益的最终取得。

故拍卖人应当在委托拍卖合同订立时,就这些问题告知委托人,并且要求委托人作出具体的要求,在和委托人确定租赁的具体条件后,在拍卖标的的有关说明中明确予以声明,要求买受人必须接受相关内容。

(五) 租赁物的移交

租赁物的移交发生在拍卖成交之后,在买受人支付了有关租赁款的情况下对租赁物办理移交手续。在不动产的租赁物移交中,因为不动产不可移动,委托人或者拍卖人只要转移租赁物的占有使用权即可以完成租赁物的移交义务。只不过在租赁物移交的同时,买受人应当和委托人办妥相关的费用结算手续以及现场的状况交接手续而已。

然而对于机器设备等租赁物而言,存在租赁物是否可以由买受人取走的问题。如果相关的机器设备允许买受人取走进行租赁使用,当然由委托人或者拍卖人办理相应的移交手续。如果委托人特别要求租赁物不能搬离,只能在原有场所内使用,则拍卖人应当特别告知竞买人。

(六) 租赁的其他条款

当然租赁还涉及其他许多的条款,如押金、租赁物的装修、退租等违约条款等内容,我们认为,这些条款都会对租赁合同是否能够成功订立产生很大的影响,为了避免争议,拍卖人均应当告知委托人提前将合同的条款纳入拍卖标的的说明中去,以避免拍卖成交后,订立租赁合同无法完成,进而影响拍卖人。

第十章　拍卖的准备

第一节　拍卖公告相关法律实务

一、拍卖公告的效力

拍卖人在拍卖之前会向不特定公众发布拍卖公告。按照《拍卖法》的规定，拍卖公告应当载明下列事项：（一）拍卖的时间、地点；（二）拍卖标的；（三）拍卖标的展示时间、地点；（四）参与竞买应当办理的手续；（五）需要公告的其他事项。

《拍卖法》对拍卖公告的内容通过列举的方式做了要求。如果拍卖公告的内容不符合法律规定，对其法律效力如何评价？比如，拍卖人少披露了法律规定的内容，或者披露的内容不完整，是否会对拍卖的效力产生否定性的影响？

我们认为，拍卖公告的内容不完全符合法律的规定，不应对拍卖效力产生否定性的影响。原因在于《拍卖法》第四十六条属于义务性规范，其目的在于阐明拍卖人在公告时应当遵循的内容，但该规范不属于禁止性规范，或者效力性规范，且《拍卖法》中也没有违反该条款就会导致拍卖无效的规定。

从另外一个角度来看，该法律规定实际上为拍卖人全面履行自己的义务和进行必要的抗辩提供了依据，拍卖人如果按照法律规定的内容进行了拍卖公告，说明拍卖人履行了必要的义务，买受人通过拍卖公告的内容可以了解拍卖的信息和应当遵守的义务，拍卖人可以以此作为被追究责任的有效抗辩。

二、拍卖公告的时间要求

按照《拍卖法》的规定，拍卖人当在拍卖日七日前发布拍卖公告。从该条的规定来看，拍卖人发布拍卖公告的时间不应短于七天。拍卖人作为专业从事拍卖业务的机构，其应当给予竞买人充分的了解时间，拍卖公告的时间要求如果没有达到法律规定的时间要求，我们认为在民法上，若拍卖人在遭受竞买人或者买受人主张权利时，试图引用拍卖公告中的内容进行抗辩，主张权利人可以反过来引用拍卖公告的时间性使拍卖人援引拍卖公告的抗辩难以产生作用。

拍卖机构作为专业从事拍卖服务的机构，其对拍卖活动的组织过程应当比其他当事方更为了解，既然《拍卖法》对拍卖公告的时间作出了不应短于七天的规定，拍卖人就应当予以遵守，如果拍卖公告的时间不足七天，应当认定拍卖在程序上存在严重瑕疵，拍卖人可能会承担拍卖活动不符合法律规定程序的不利法律后果。

况且对于拍卖人而言,拍卖公告的天数不应短于七天的规定,完成并无难处。另外,拍卖人在拍卖公告后不足七天内举办拍卖活动,也违反了公平公正的原则,不符合民法里面的最根本的诚实信用原则。对因拍卖公告不满足法定天数的拍卖活动的否定,将会促使拍卖人在举办拍卖活动时严格遵守《拍卖法》的规定,更能保障各方当事人的权利。

另外按照商务部门的有关规定,拍卖企业举办拍卖活动,应当根据拍卖标的物的属性及拍卖的性质,按照《拍卖法》及相关法律、行政法规规定的日期进行公告。如果拍卖人未能按照要求进行公告,于拍卖前违规进行公告或展示的,由省级商务主管部门视情节轻重予以警告,责令改正,延期拍卖或处以一万元以下罚款。这是拍卖人应当承担的由商务部门实施行政管理职能时产生的行政责任。

此外需要注意的是,按照原来《拍卖监督管理办法》规定,拍卖企业应当按照《拍卖法》的规定于拍卖日七日前发布拍卖公告。如果拍卖人违反此项规定的,由工商行政管理机关予以警告,可处 10 000 元以下的罚款。但是在最新修订的《拍卖监督管理办法》当中,删除了上述工商行政管理部门对拍卖企业未按照规定进行公告的要求及处罚责任。但是商务主管部门对于拍卖人的监管职能并未发生变化。

上述行政机关作为拍卖活动的主管监督部门,在其行政规章中明确将拍卖人的拍卖公告的时间要求不符合法律规定的行为作为违法行为进行处罚,也从另一个方面证明了拍卖人应当严格遵守《拍卖法》关于拍卖公告时间规定的必要性和严肃性,作为拍卖人应当引起重视,没有必要因为不遵守法律规定而遭受行政处罚并且因此而产生民事责任。

三、拍卖公告发布的媒体要求

按照《拍卖法》第四十七条的规定,拍卖公告应当通过报纸或者其他新闻媒介发布。《拍卖法》要求拍卖公告发布的渠道为报纸或者其他新闻媒介,但是对于何种形式的报纸和媒体,《拍卖法》并没有作出明确的说明。

《拍卖管理办法》当中则对拍卖公告的发布作出了具体的要求。《拍卖管理办法》规定,公告应当发布在拍卖标的所在地以及拍卖会举行地商务主管部门指定的发行量较大的报纸或其他有同等影响的媒体。

拍卖人如果未能按照此项规定发布拍卖公告,可能会遭受省级商务主管部门视情节轻重予以警告、责令改正、延期拍卖或处以一万元以下罚款的行政处罚。

四、拍卖公告的具体内容

(一) 拍卖时间

拍卖时间是拍卖活动的举办时间,该时间具有重要意义。拍卖时间的确定对拍卖公告的时间提出了要求,即应当在拍卖时间七日前发布公告。同时通过拍卖时间的确定可以确立拍卖展示的时间是否满足法律规定。拍卖时间是通知竞买人到相关地点参加拍卖活动的时间。难以想象没有拍卖时间的拍卖公告可以满足公开公平的拍卖基本原则。故拍卖时间应成为拍卖公告当中必须要公布的内容。

值得注意的是,虽然拍卖公告当中对拍卖时间作出了规定,但是如果在发出拍卖公告后拍卖时间发生了变化,拍卖人在此情况下应当进行必要的调整。如果拍卖活动尚未开始,原则上不应当提前,否则可能不满足拍卖举办时间和拍卖公告以及展示的时间要求。如果拍卖活动推迟,拍卖人有义务就拍卖活动的延迟作出说明,如有必要拍卖人应当重新发出公告。

(二) 拍卖地点

拍卖地点是拍卖举办的场所,一般情况下拍卖人因为需要对拍卖场所做精心的准备,故拍卖地点一旦确定,就是竞买人前来参加拍卖活动的地方。拍卖公告对所有竞买人发出邀请,告知拍卖的地点,以便于竞买人参加拍卖。

但是拍卖地点仍然会可能因为特殊情况发生变化,比如因为提供场地方临时调整,客观情况发生变化,以及其他突发情况等。拍卖地点的变化,只要没有违反相关法定程序的规定,比如说没有影响到《拍卖法》规定的有关法定时间的期限,那么拍卖地点的变化不具有否定拍卖效力的作用。如果拍卖活动尚未举办,拍卖人应当提前通知地点的变更。如果拍卖地点的变化发生在拍卖过程中,此种变化实质上属于拍卖的中止的恢复进行。拍卖人有义务通知所有已经办理竞买手续并参加竞买的竞买人到新的拍卖地点参与拍卖。

(三) 参与竞买应当办理的手续

拍卖公告时拍卖人对不特定对象发出了要约邀请,如果要成为竞买人需要和拍卖人办理竞买的手续,最重要的是要领取号牌、订立竞买协议、缴纳可能需要的保证金等。此外如果属于特定物品可能还需要竞买人具备相应的资格条件等。对于竞买的基本要求拍卖人均应有义务在拍卖公告中予以说明。

(四) 需要公告的其他内容

对于何为需要公告的其他内容,《拍卖法》并未作出规定。但是拍卖公告是拍卖人对竞买人所作声明的重要文件,对于拍卖人而言,如果拍卖标的存在瑕疵的,拍卖人应当在此时予以明确说明。另外如果拍卖采取特殊的方式,比如异于常见的拍卖方法的,如有必要也应当在此作出公告,以便竞买人有所准备。

总而言之拍卖公告是拍卖人就拍卖活动对外所公示的重要文件,在其他内容当中应当将拍卖人所不确定或者所需要的特殊要求予以明示,一旦拍卖人对外作出了公告,竞买人乃至买受人都应当受到公告内容的约束。

第二节　预展相关法律实务

预展是在拍卖前将拍卖标的展示给竞买人,供竞买人观察参考。按照《拍卖法》的规定,拍卖人应当在拍卖前展示拍卖标的,并提供查看拍卖标的的条件及有关资料。拍卖标的展示属于拍卖人应当履行的法定义务。我们认为拍卖标的既包括物品也包括财产权利,拍卖标的的展示实际上是给予竞买人参考和甄别的时间,故只要是能够展示的物品都应当进行展示。拍卖人如果未能进行必要的展示,买受人无法获得机会对拍卖标的进行甄别的,如果发生争议买受人可以以拍卖人未进行展示主张拍卖人承担责任。

在拍卖人不能保证拍卖标的的真伪和是否存在质量瑕疵的情况下,我们认为拍卖标的的展示更为重要,也为拍卖人不承担瑕疵担保义务提供支撑。在不少法院的判例当中,法院会认为拍卖人对拍卖标的的展示,就是为竞买人对拍卖标的的真伪和质量瑕疵提供甄别的机会,买受人未能甄别或者买受人未能在展示期内查看拍卖标的,责任不在拍卖人。

一、提供展示的条件

按照《拍卖法》的规定,拍卖人首先要提供查看拍卖标的的条件。至于何谓查看拍卖标的的条件,《拍卖法》和有关行政规章也没有作出规定。虽然拍卖标的千差万别,但至少竞买人可以对拍卖标的进行仔细的查看,仔细查看的标准是买受人足以自行按照自己的能力对质量和真伪作出判断。如果拍卖人展示标的时,竞买人根本无法查看甚至看不到拍卖标的,则可以视为拍卖人并没有提供查看条件,也说明拍卖人违反了《拍卖法》的规定。

某些特殊的标的,由于其保存有着严格的条件,故可能对查看进行必要的限制。这种限制不应被认定为属于限制竞买人查看拍卖标的。还有些标的,可能会隔着玻璃查看等,这种查看条件也不应被认定为不具备查看的条件。查看只是提供给竞买人进行识别的机会,至于竞买人是否可以识别出拍卖标的的瑕疵等依赖于竞买人自己的能力。

二、展示的资料

拍卖人还需要提供相关资料,对于相关资料的具体内容,拍卖法同样也没有作出明确规定,但这种资料至少应当是能够对拍卖品展示内容进行印证的资料,拍卖人应当保证这些资料真实合法,如果拍卖人提供的资料存在瑕疵或者问题,足以对买受人的决定产生影响,我们认为拍卖人应当承担有关责任,除非拍卖人对这些资料也作出保留性的声明。

三、展示的时间条件

按照《拍卖法》的规定,拍卖标的的展示时间不得少于两日。但是对于两日的具体要求并没有作出规定,《拍卖法》并未规定拍卖标的的展示时间必须是拍卖前两日。

拍卖法对展示时间的长短有要求,但并未对起止时间作出规定,我们认为只要拍卖人在拍卖公告发出之后到拍卖之前给予了竞买人两天的展示时间,就满足了《拍卖法》规定的要求。

在实务中,一般情况下,拍卖人都将展示时间确定为距离拍卖当日不少于两天。这样的安排办法给予了拍卖人从展示到拍卖的完整时间,拍卖人可以将预展和拍卖正式开始很好地进行衔接,有利于拍卖活动的举办。

四、违反预展的法律责任

《拍卖法》对于违反预展要求的行为并未规定明确的法律责任,但是作为拍卖行业的管理部门即商务部门,对于违反预展规定的行为作出了可以对拍卖人进行行政处罚的规定。

商务部门颁布的规定是,如果拍卖人违规进行展示的,由省级商务主管部门视情节轻重予以警告,责令改正,延期拍卖或处以一万元以下罚款。

工商行政管理部门的旧的《拍卖监督管理办法》对此项行为也规定了罚则,即如果未能按照要求进行展示的,由工商行政管理机关予以警告,可处 10 000 元以下的罚款。但是新修订的《拍卖监督管理办法》已经删除了此规定。按照最新规定,对拍卖人违反预展的要求可以进行处罚的机关为商务主管部门。

第三节　图录相关法律实务

拍卖的图录是拍卖人在拍卖之前准备的,为了宣传拍卖活动而制作的资料。图录一般会以图片的方式展示拍卖标的,在现在信息技术发达的情况下,拍卖人还会采用电子图录的方式,电子图录会对拍卖品进行视频或者声音的展示,在图录之中拍卖人一般还会就拍卖标的进行说明,比如说明作者的身份,说明拍卖标的的出处,曾经的价格,等等。如果拍卖标的中涉及文物,则需要通过文物部门的审核,按照规定拍卖人应在文物拍卖图录显著位置登载文物拍卖标的的审核决定或者决定文号。

图录的作用在于推广拍卖活动,并通过图录的展示以期望获得更多的竞买人的关注,从而实现最大的拍卖价值,如果图录发生错误,其法律后果是什么需要进一步进行探讨和研究。

不同的判决当中对于图录的错误有着不同的判决,当然每个判决是综合考虑案件的有关因素由法官作出的,不能一概而论。但是作为拍卖人应当高度关注图录,以避免在图录中发生错误。

一、图录中的价格

图录中拍卖人会标注价格,这种价格是一个参考估值,是拍卖人对于该拍卖标的的价值的预估。该价格不是拍卖标的的保留价,除非拍卖人在图录当中明确标明是保留价,保留价是委托人与拍卖人商定的拍卖标的的最低可成交价格,委托人有权要求拍卖人对于保留价予以保密,在图录当中公开保留价的并不多见。

图录中的价格也不是起拍价,起拍价是拍卖师在拍卖活动正式开始时确定的起始应价,起拍价可以高于保留价也可以低于保留价,但一般情况下以低于保留价最为合理,除非拍卖人在图录当中明确宣布该价格为起拍价,否则图录当中表明的价格不应视为起拍价。

图录中的价格不构成对拍卖标的的成交价格的承诺以及对拍卖标的的实际价值的承诺。拍卖标的具有多少价值和买卖关系的平衡有重大关系,故最终成交价的多少取决于拍卖竞价时竞买人之间的博弈。同时拍卖标的是否具有此价值和拍卖标的的品质也有很大的关系。鉴于拍卖标的的真伪和品质与拍卖标的的真实价值之间具有莫大关系,如果拍卖标的的品质存在问题或者瑕疵,将严重影响拍卖标的的价值。故如果拍卖人在图录当中的对于拍卖标的的价值估计被确定为有效承诺,这会使得拍卖人实质上承担了对拍卖标的的瑕疵担保之责。

二、图录中物品质地描述错误

图录中的质地错误,系指图录中对拍卖标的的描述和实际并不一致,这在玉石类的拍卖中会出现。在一个案例中,拍卖人对委托人提供的拍卖标的未尽到详查义务。委托人实际上在委托合同当中对该拍卖品的瑕疵作了披露,但是对于具体瑕疵的内容并没有作任何陈述,即没有述及该瑕疵是属于质地的瑕疵,还是品质的瑕疵,还是轻微的瑕疵。拍卖人对于该披露未予注意,在有该拍卖标的的图录当中明确将材质和品名写在了一起。买受人在竞得该拍卖标的后,发现该拍卖标的的根本不是这个材质,可以说是赝品,当然价格相差巨大。故买受人起诉法院要求返还拍卖款。法院审理后认为,拍卖人存在明显过错。过错之一在于委托人在委托拍卖时已经就拍卖标的的瑕疵作出了声明,虽然没有说明瑕疵的大小。在这种情况下,拍卖人就有义务就该瑕疵进行进一步的核实和确认,必要的时候可以进行鉴定,但拍卖人并未行使上述权利,也未履行法律规定的义务,而且拍卖人在委托人已经对瑕疵作了声明的情况下,在图录等拍卖标的的说明当中也未向竞买人作出任何该拍卖标的的有瑕疵的说明,竞买人有理由相信该瑕疵并不存在;进一步而言,法院认为,拍卖标的的图录上虽然没有其他地方明确该拍卖标的的材质,但是在拍卖标的的名称上明确包含了关于材质的词语,故应当认定为该拍卖品的材质就是拍卖标的的名称所包含的内容,图录上的说明应当是拍卖人对于该拍卖品材质的承诺,故在出现拍卖标的的材质与图录不符的情况下,尽管拍卖人在图录中有不承担真伪的声明,但该声明对于该案的情况并不适用,故法院认定符合瑕疵担保义务成立的条件,应当由拍卖人承担相关责任。

该案系拍卖人的疏忽引起的,我们认为拍卖人对于委托人已经作出瑕疵声明的拍卖标的要进一步注意,并且在具体的图录制作过程中要对信息进行核对,对不必要的拍卖标的的阐述要尽量避免,以免承担瑕疵担保责任。

三、图录中出现来源错误

这种错误产生的原因系拍卖人在对拍卖标的宣传中,突出显示拍卖标的的来自作者或者和拍卖标的的起源密切相关的人。对于拍卖标的的来源问题,拍卖人应当引起足够的重视,委托人有时对于拍卖标的的来源的陈述并不一定是真实的,因为委托人的陈述可能是几手的信息,委托人为了提高拍卖标的的价值,当然希望其来源正宗,并期望获得更高回报,但是拍卖人不加以甄别和注意,即可能承担责任。类似的案例已经出现过,委托人在提供给拍卖人某拍卖标的时声称该拍卖标的的来自作者自己,拍卖人根据委托人的陈述在图录等资料上作了同样的表述,拍卖成交之后买受人得到拍卖标的的作者本人的否定性陈述,即拍卖标的的作者本人否认该拍卖标的的来自自己,故买受人要求拍卖人承担瑕疵担保责任。法院最终审理后认为,拍卖人在拍卖标的的图录等资料当中,就该拍卖标的的来源作了特别陈述,故拍卖人在其他处对于拍卖标的的真伪和品质的瑕疵的声明不适用于该拍卖标的,应当认定拍卖人对该拍卖标的的来源的陈述是真实的。但是根据拍卖标的的作者本人的确认该拍卖标的的为赝品,故拍卖人应当承担相关责任。在该案当中,根据拍卖人的陈述,关于拍卖标的的来自作者的陈述也仅是委托人从他拍到该标的的其他拍卖会上获得的信息,故其确信该拍卖标的的来自作者本人。

拍卖人在该案当中对于委托人的这种陈述并未作进一步的核实,法院认为其并没有尽到合理地审核作品来源的义务,并且在图录当中实际上作出真实性陈述,故应承担相应的责任。虽然该案的委托人和拍卖人我们认为可以另行根据各自的法律关系向有关主体主张相应的赔偿,但是并不影响该案的买受人基于已经成立的拍卖合同关系向拍卖人主张责任。

故我们再次认为对于拍卖标的来源问题,拍卖人负有一定的核实义务,在无准确信息的情况下,不应在图录等文件资料中作出不确定的真实性陈述,以免陷入纠纷。

四、图录发生错误的责任在拍卖人

图录是由拍卖人制作并发布的。现在,图录的制作越来越精美,拍卖人为了推广拍卖活动,不惜花重金在图录上对拍卖标的进行富于美感的展示,而且拍卖人一般会向潜在的竞买人寄送图录,并通过图录招徕竞买人进场拍卖。因为图录并非委托人制作,图录中发生的错误,和委托人无关,故因图录错误产生的责任和委托人无涉。

此外,拍卖人在和委托人签订的委托拍卖合同当中一般会约定图录费用,从这个角度出发,拍卖人在收取委托人图录费的情况下,其默认的义务是不应在图录中出现错误,当然这个错误是指图录中载明的信息和委托人提供的信息不一致。如果因为图录的错误而致使拍卖人承担瑕疵担保责任,和委托人无涉。

五、图录错误是否向委托人承担责任

这里所述的责任的情形是,委托人对于图录的错误没有任何责任,对该披露的内容进行了披露,但是拍卖人因为自己的原因,在图录中所作的说明进行了错误的表示,当然结果是拍卖标的未能拍卖成功,在此情况下委托人是否有权利要求拍卖人承担拍卖不能的赔偿责任。法院对于类似案件的判决认为,虽然拍卖人在图录中的陈述错误属于拍卖人的过错导致的,并且客观上错误已经产生,但是拍卖能否成交并不必然和图录的错误存在因果关系,拍卖的是否成交存在多种因素,不能因为图录错误而将拍卖未能成交的责任归于拍卖人,但是委托人可以因此主张本次拍卖支付的费用,即委托人在委托拍卖中已经支付的费用,可以要求拍卖人进行返还,对于未支付的费用,可以不予支付。我们认为法院就此类案件的判决体现了归责原则,应当是适当和中肯的,但是拍卖人不能因此得出图录的错误不会对委托人产生赔偿责任的结论,不同的案件应当结合不同的情况进行分析。拍卖人实际上应当杜绝此类事件的发生,从经济的角度出发,出现这样的错误,将会导致委托人对拍卖人丧失业务上的信任,其实这对于拍卖人的经营来说并不是一件好事。

六、图录错误责任的避免

图录错误可能对拍卖人产生的最大责任是瑕疵担保责任,即买受人因为信赖图录里的信息参考竞拍,在拍卖成交后发现拍卖标的和图录里拍卖标的的信息不符,进而要求拍卖人承担责任。

为了避免因为拍卖图录可能出现的错误而致拍卖人产生责任,拍卖人应当首先将拍

卖规则纳入图录当中，拍卖人在拍卖规则都有免责的声明。其次，拍卖人还应当就图录的内容作出特别声明，对于可能出现的错误作出不承担瑕疵担保责任的声明。最为关键的是，我们认为拍卖人在制作拍卖图录时，应当仔细核对拍卖标的的信息，并且应当根据不同的拍卖标的的披露信息，作出合理的说明，不应超出拍卖标的的本身状况作出披露，也不应超出委托人对于拍卖标的的信息披露范围。如果图录披露的信息可以确认拍卖人对于拍卖标的的真伪和品质未作出担保的，则拍卖人不应对图录的错误承担责任。

七、图录的侵权责任的注意

图录是拍卖人为了推广而制作的，拍卖人期望通过精美的图录来吸引更多的竞买人参与竞买，但是拍卖人须密切注意，图录中包含的内容量较多，可能会产生对第三人的侵权责任，这并非拍卖人期望的。

（一）文字

拍卖图录中的文字侵权，系指图录中的文字涉及侵犯其他著作权人的作品著作权。拍卖图录是拍卖人制作的，并且其受益人也是拍卖人，故拍卖人在拍卖图录中的文字应当注意并非他人的作品。如果文字系由拍卖人自己创作的，拍卖人当然对该文字作品享有著作权。拍卖人制作的图录应当由其自己创作，杜绝抄袭他人的作品，如果因为某种需要引用他人的作品的，应当注明著作权人的身份和作品名称。如果引用的作品达到了改编、注释、翻译、整理他人作品的程度的，应当得到原著作权人的许可，并且应当向原著作权人支付合理的报酬。

（二）字体

按照现在的司法实践，特殊的字体构成单独的著作权，在使用特殊的字体时，应当向字体的著作权人支付相应的报酬，未经允许的情况下承担侵权责任。

在电脑技术高度发达的情况下，现行的图文的制作均通过电脑进行，故不同的字体也应运而生，某些非常特殊的字体比如某些花式字体，具有独特的美感，并且具有显著性，在法院的多次判决中已经明确确认这类字体享有单独的著作权。拍卖人对于此类字体的使用，应当引起特别的注意，如果确需使用此类字体，应当支付合理的报酬，否则会承担侵权责任。

（三）图画

图画属于美术作品，其著作权属于创作图画的人。图录当中使用美术作品并不鲜见，有的美术作品对图录起到装帧作用，以增加图录的美感，有的美术作品可能本身就是一幅完整的画作。对于装帧用的插图等美术作品，拍卖人应当使用其原创的美术作品，如果拍卖人委托他人创作插图等美术作品的，应当和受托创作的人约定，美术作品的著作权归属于拍卖人所有。

如果拍卖人使用他人的美术作品，应当得到美术作品的著作权人的许可，否则可能会承担侵权责任。对于并非用于装帧的美术作品，也非拍卖标的的美术作品，拍卖人应当尽量不要使用，如果使用应当遵守《著作权法》的规定。

（四）照片

照片属于摄影作品，是拍摄者通过照相机制作的作品，按照《著作权法》的规定，照片也属于著作权保护的对象,拍卖人在使用照片时,也不得侵犯照片著作权人的利益。对于拍卖人而言,在图录上使用的照片按照标的来看有两类,一类是拍卖标的的照片,一类是非拍卖标的的照片。

对于拍卖标的的照片而言,拍卖人在制作图录时,可能是由其自己拍摄的,拍卖人使用自己拍摄的照片当然没有任何问题,因为拍卖人就是著作权人。拍卖人对于拍卖标的的照片还可能是拍卖人委托他人拍摄的,在委托他人拍摄照片时,拍卖人应当和拍摄者订立好拍摄的协议,约定照片著作权的归属,以确认拍卖人对照片享有著作权,或者享有无偿使用的权利等,以确保拍卖人使用照片不会带来任何责任。

对于非拍卖标的的照片,拍卖人使用该类照片应当得到照片著作权人的许可。

(五) 视频

视频资料也属于摄影作品,和照片相同,视频资料的使用注意事项和上述照片使用的注意事项相同。但拍卖人在制作视频资料时一般以委托他人居多,应注意在签订相关制作合同时约定好视频资料的著作权归属于拍卖人所有。

(六) 肖像权

按照《民法通则》的规定,公民享有肖像权,未经本人同意,不得以营利目的使用公民的肖像。作为拍卖人制作的图录,不以营利为目的情形非常少,拍卖人制作使用图录如果涉及肖像,应当得到肖像本人的同意。值得注意的是,拍摄者对于肖像作品的著作权和肖像者自身对于肖像的人身权是两种不同的权利。拍卖人已经得到肖像作品的著作权人的许可使用该肖像作品时,还应当得到肖像者本人对于使用肖像的许可,否则即便获得了肖像作品的著作权人的许可,也不能豁免拍卖人对于侵犯肖像者人身权而产生的责任。

此外拍卖人还应注意对于使用已经死亡的人的肖像权时产生的纠纷,按照我国法律规定,即便自然人死亡,其肖像权的人格权仍然受到法律保护,死亡人的近亲属仍然可以就肖像权侵犯提起精神损害赔偿之诉,拍卖人使用已经死亡的自然人的肖像,不应对肖像人产生贬低等影响。

(七) 网络传播权

现在拍卖人通过网络举办拍卖活动非常常见,拍卖人通过网络对拍卖图录进行展示,或者在网上对拍卖活动进行宣传同样应当注意是否侵犯其他著作权人的利益。按照我国《著作权法》的规定,作品的信息网络传播权是一项单独的著作权利。拍卖人使用他人享有著作权的作品的使用范围应当包括网络,如果没有就在网络上使用作品作出约定,仍然可能会就网络上的传播作品承担侵权责任。

(八) 关于隐私权和发表权的问题

在使用图录的过程中,拍卖人应当不要侵犯拍卖标的的权利人的隐私权和发表权,这一点我们在关于信札的拍卖标的的注意事项部分有了较为详细的论述,这里不再述及。

(九) 制作人协议

图录的制作在很多情况下是拍卖人交由第三方完成,即第三方全面负责图录的制作,包括照片的拍摄、编排、制作、印刷等。

如果拍卖人委托他人制作,应当在委托制作的合同当中明确约定双方的权利义务,对于由制作人提供的作品,必须约定由制作人负责,并且制作人应当保证使用的作品不侵犯其他人的合法权利,否则制作人应当承担对于拍卖人的损害赔偿责任。

对于由拍卖人提供的资料,拍卖人应当遵循前面所述及的使用原则,避免使用侵权资料。此外对于图录的著作权等,拍卖人应当和制作人进行约定图录这一制作成果的著作权归属于拍卖人所有。

第十一章　竞买手续办理实务

第一节　竞买人

一、竞买人

按照《拍卖法》的定义,竞买人是指参加竞购拍卖标的的公民、法人和其他组织。只要是具有民事行为能力的人都可以参与竞买活动。

拍卖人作为拍卖活动的组织者,对竞买人的审核实际上和对委托人审核应当注意的情形一致。对于自然人,要注意其是否具有民事行为能力,是否为无民事行为能力或者限制民事行为能力人,如是则其民事活动应当由法定代理人行使。对于法人或者其他经济组织,代为行使竞买人权利的应该是受到法人、经济组织明确授权的人。由于竞买人需要参与竞价,并最终支付拍卖款,可以这样说,竞买人能否积极参与竞拍,并且最终付款且取走拍卖标的,对于拍卖人而言非常重要,最终拍卖人获取的利益佣金、委托人获得的拍卖成交款,都来自竞买人。故拍卖人应当和竞买人签订竞买合同,竞买合同当中应当对有关内容作出明确的约定。为了防范风险,拍卖人对于竞买人签订竞买合同也应注意符合法律规定,以避免不必要的纠纷。

政府等特定主体是否可以成为竞买人。竞买人是按《照拍卖》法的规定享有民事权利的主体,除非拍卖标的的性质对竞买人有特殊要求,否则不应否定竞买人的资格。政府部门作为可以从事民事法律行为的主体,法律对其参加拍卖活动并无限制。按照最新颁布的《民法总则》的规定,政府机关属于特别法人,而拍卖处理的标的为财产或者财产性权利,故政府机关可以以竞买人身份参加拍卖活动。

二、竞买人资格限定

(一) 法定的限定

《拍卖法》第三十三条规定,法律、行政法规对拍卖标的的买卖条件有规定的,竞买人应当具备规定的条件。只有符合法律、法规规定的竞买人才可以参加特定的拍卖标的的拍卖。无论是拍卖人,还是竞买人,抑或是委托人,都应当遵守有关法律、法规对竞买人的特别限定。对于此类情况,拍卖人有义务在拍卖公告中对于竞买人资格作出要求,我们在这里不再赘述。

(二) 约定的限定

对于特定的拍卖标的的拍卖,委托人可能对买受人有着特别的资格要求,故会出现对于竞买人资格进行限定的问题,比如说在土地使用权拍卖活动中,国土部门希望最终的买受人具有较强的开发实力,比如某特定的拍卖标的买受人应当具有某项资质,等等。如果委托人对于竞买人资格有明确要求的,应当由委托人和拍卖人在委托拍卖协议当中对资格要求作出明确的约定,如果委托拍卖协议当中没有约定的,可以通过补充约定的方式予以明确。

无论基于何种目的对竞买人资格有特别要求,拍卖人在有对竞买人资格进行限制的拍卖活动举办前,应在拍卖公告当中予以明确说明竞买人须具备的资格条件,拍卖人的拍卖公告构成竞买协议约定的一部分。拍卖人通过拍卖公告对此所作的要求对于所有参加竞买的人均具有约束力,不具备资格条件的将无法获得竞买人资格。

拍卖人通过拍卖公告设定竞买人资格限制后,不应做任何调整,如果委托人需要重新就竞买人资格作出调整,则拍卖人应当得到委托人的重新确认。拍卖人调整竞买人资格视为拍卖人对拍卖公告的修改,拍卖人应当重新按照《拍卖法》的规定进行公告,否则应当视为拍卖人违反了《拍卖法》的规定。

(三) 对竞买人资格的审核

1. 委托人审核

竞买人资格限制一般均源自委托人对竞买人的特别要求,故在某些拍卖活动中,约定由委托人对竞买人资格进行审核确认。

如果由委托人对资格进行审核和确认,则拍卖人应当在委托拍卖协议当中对此项权利的行使权约定由委托人进行,拍卖人在收到委托人对竞买人资格进行审核完毕的通知后,确认竞买人的资格。对于这项要求,拍卖人应当在拍卖公告当中通知具备条件的竞买人应当按照资格审核的要求到委托人处办理相应的资格审核手续。

对于由委托人审核竞买人资格的问题,拍卖人除了应当在拍卖公告当中规定办理的方式外,还有必要在拍卖公告中对于资格审核的错误和差错产生的责任进行免责声明,避免拍卖人陷入由于资格审核不慎而引起的纠纷当中去。

2. 拍卖人审核

如果对竞买人的资格审核,委托人和拍卖人约定由拍卖人行使权利,则拍卖人应当尽到审慎地审核竞买人资格的义务。

拍卖人的拍卖公告对于竞买人资格的要求应当清晰明了,拍卖人对于竞买人提供的证明资料等应当进行必要的验证,拍卖人怠于履行对竞买人资格审核的义务,或者拍卖人在对竞买人资格审核时出现过错或者过失的,可能会导致不具备竞买资格的竞买人成为买受人,从而在竞买人之间产生争议,如未能成为买受人的竞买人以买受人不具备资格为由对拍卖成交提出异议等。

另外,拍卖人审核错误,也是对拍卖人和委托人之间的委托拍卖协议的违反,如果买受人不具备竞买资格,将不会得到委托人的确认,从而导致委托人拒绝交付拍卖标的,并且会对委托人产生损失。

一旦出现买受人不具备竞买资格问题,买受人会以拍卖人已经审核确认并且允许买受人参与拍卖为由认为拍卖人已经认可了买受人的竞买资格,同时买受人也会认为拍卖成交以落槌为标志,买受人一旦确定,拍卖人就应当履行拍卖成交所承担的义务。

而因为委托人又会拒绝承认拍卖结果,拍卖人即使对买受人承认拍卖结果也无法交付拍卖标的,如果拍卖人单方取消拍卖成交,拍卖人又要向买受人承担违约责任。

出现上述情形的所有原因都源自拍卖人对于竞买人资格的审核不严,一旦产生纠纷,拍卖人将会四面受敌,十分被动。拍卖人对于竞买人资格的审核义务实际上对拍卖人提出了很高的要求,拍卖人应当予以充分注意。

3. 资格的确认以竞买协议签订为标志

拍卖人对竞买人资格的确认应当以拍卖人和竞买人签订竞买协议、办妥竞买手续为标志。一旦拍卖人和竞买人办妥竞买手续,即为竞买人资格审核通过。

故拍卖人在和竞买人办理竞买手续时应当根据不同的情况作出不同的安排。如果竞买人资格审核是由委托人履行相关义务的,拍卖人应当在得到委托人的确认后和相关竞买人办理相关的竞买手续。如果竞买人资格审核是由拍卖人进行的,拍卖人应当在办理竞买手续之前履行我们前面所述的审核义务,确保签订竞买协议、办妥竞买手续的竞买人符合竞买人资格要求。

第二节　竞买协议的订立

竞买协议样本[①]

××××公司竞买协议

拍卖会名称:

竞买人:

中文姓名(请用正楷):_____　英文名:_____　英文姓:_____

国家:_____　证件种类:_____　号码:_____

手持电话:_____　电子邮箱:_____

单位名称:_____　职务:_____

单位地址:_____　单位邮编:_____

单位电话:_____　单位传真:_____

家庭地址:_____　家庭邮编:_____

家庭电话:_____　家庭传真:_____

付款方式:_____　预交保证金:_____

邮寄地址:□单位地址　□家庭地址

拍卖人:××××拍卖有限公司

地址:_____　邮编:_____

电话:_____　传真:_____

竞买人与拍卖人经友好协商,自愿达成以下协议,以兹共同信守:

1. 本竞买协议背面之××××公司拍卖规则为本协议之组成部分,竞买人已认真阅

---

① 参见《文物艺术品拍卖规程》。

读该拍卖规则,并同意在拍卖活动中遵守拍卖规则中的一切条款,如拍卖成交,同意自拍卖成交日起＿＿＿日内向××××公司一次付清含成交价＿＿＿％的佣金在内的购买价款并领取拍卖标的(包装及搬运费用、运输保险费用、出境鉴定费自理)。逾期不付的,拍卖人有权将违约方相关信息报送行业主管部门、行业组织、征信机构,或向拍卖人住所地人民法院提起诉讼。

2. 竞买人知悉,拍卖人对拍卖标的的真伪及/或品质不承担瑕疵担保责任。拍卖人通过拍卖图录、状态资料、说明等途径对拍卖标的的所作的介绍与评价均为参考性意见,不构成对拍卖标的的任何担保。竞买人承诺自行审看拍卖标的的原物,并对自己竞买某拍卖标的的行为承担法律责任。拍卖人应向竞买人说明委托人已告知的拍卖标的的瑕疵,并合法披露拍卖标的的相关信息。

3. 竞买人应在领取竞买号牌前按拍卖人拍卖日前公布的数额交纳保证金。若竞买人未能购得拍卖标的的,则该保证金在拍卖结束后一个工作日内全额无息返还竞买人;若竞买人购得拍卖标的的,则先抵作拍卖人佣金,后抵作购买价款。若有余额,则于竞买人领取拍卖标的时,一并返还。若竞买人未履行任何一件拍卖标的的交易中规定的义务,则保证金不予返还。

4. 竞买人应妥善保管竞买号牌,如有丢失,应立即向拍卖人书面挂失,凡持本竞买号牌者在拍卖活动中所实施的竞买行为,均视为竞买号牌登记人本人所为,并承担全部法律责任。

5. 拍卖人及其工作人员不得以竞买人的身份参与自己组织的拍卖活动,并不得委托他人代为竞买。

6. 竞买人竞得拍卖标的的并全额支付购买价款后,即可获得拍卖标的的所有权,双方按照拍卖规则之规定办理拍卖标的的交接。

7. 竞买人知悉,根据《中华人民共和国文物保护法》之规定,拍卖图录中凡有"＊"标记之拍卖标的的以及拍卖前公布禁止出境的拍卖标的的,拍卖人将不办理出境手续。

8. 本协议任何一方违反本协议约定的,违约方应赔偿守约方因此所遭受的一切损失,并承担因此而发生的一切费用和支出。

9. 本协议签署于＿＿＿＿＿年＿＿＿月＿＿＿日,并自双方签署之日起生效,至双方权利义务履行完毕之日终止。本协议一式两份,双方各执一份,具相同法律效力。

竞买人(签字)＿＿＿＿＿＿　　　　　　　拍卖人(盖章)

　　　　　　　　　　　　　　　　　　　经办人:＿＿＿＿＿＿

　　　　　　　　　　　　　　　　　　　审核人:＿＿＿＿＿＿

一、竞买协议

竞买协议是由竞买人和拍卖人签订的,约束竞买人和拍卖人之间的拍卖合同,竞买人应当按照竞买协议的约定参加拍卖活动、支付拍卖款,拍卖人应当按照竞买协议的约定组织拍卖活动,并在竞买人成为最高应价者、支付拍卖款后,按照约定将拍卖标的交付或者转移给竞买人。竞买人和拍卖人通过竞买协议来确定双方的权利义务关系。

二、签署竞买协议的注意事项

正如前面所讲的,竞买协议是约束竞买人和拍卖人之间的协议,故双方之间的权利义务由竞买协议来确立,签署竞买协议即能产生确定的约束力,故拍卖人对于竞买协议的签署应当引起重视。

(一)自然人签署

自然人签署竞买协议时,拍卖人应当保证签署人和竞买协议上载明的竞买人的姓名完全一致,不应出现竞买人的姓名和实际签署竞买协议的人非同一人的情况。如果出现这种情况,在双方之间存在争议的情况下,竞买人会辩称其并未签署竞买协议,故竞买协议对于其没有约束力。

更需要引起拍卖人注意的是,拍卖人应当留存竞买协议签署人的身份信息,应当包括竞买人的身份证号、地址以及联系电话等信息。竞买人签订竞买协议即应当承担竞买协议约定的责任,但是如果拍卖人在产生争议时连竞买人的基本信息都无法弄清,再去追究相关责任则无从谈起。

(二)法人签署

拍卖人与竞买人订立竞买协议时,应当核实竞买人的法人资格是否存在。在前面关于委托人为法人的部分我们曾经阐述过这个问题。如果竞买人为公司,拍卖人有义务确认该公司法人是否为存续状态,如果该公司已经被注销,则不得接受以该公司名义的竞买,否则竞买成功后,买受人拒绝付款时,可能无法追究该公司的责任,因为该公司已经不存在。如果出现这个情形,委托人可以依据委托拍卖合同关系,追究拍卖人的责任,要求拍卖人赔偿因此产生的损失。

如果公司的营业执照仅仅是被吊销,公司参加拍卖不应被禁止,因为竞买人在营业执照被吊销的情况下,其法律人格并未丧失,其在拍卖活动中的应价行为以及通过拍卖活动取得拍卖标的的行为也并未违反法律强制性规定,应当属于有效的行为。

1. 加盖公章

法人可以作为拍卖活动中的竞买人,但是法人是法律上拟制的人,其实施民事法律行为仍然需要由自然人来具体实施。姑且不论法人一般不会将公司的公章印鉴随身携带,即便携带,公司在拍卖活动中的举牌、报价、签署有关文件等行为仍然需要由自然人执行。故对于参加拍卖活动的法人,拍卖人应当审核是否属于法人有权人签署竞买协议。

2. 法定代表人签署

法定代表人可以对外代表法人,以法人名义实施民事法律行为,法定代表人以法人身份对外实施的民事法律行为的后果应当由法人来承担。

按照我国法律规定,公司作为法人,其法定代表人可以由执行董事、经理(总经理)、董事长担任,公司的法定代表人可以在公司的营业执照或者公司的工商登记资料中进行查明。

鉴于法定代表人为自然人,其也可以实施自己的民事活动,故如果法定代表人以法人的身份进行签署竞买协议,法定代表人应当在签署时注明代表法人,否则法人会辩称该法定代表人人的行为是其个人行为和法人没有关系。

3. 委托代理人签署

法定代表人之外的其他人签署竞买协议,应当取得法人的授权,拍卖人应当审核并留存授权委托书,确保签署人和授权委托书上载明的受托人或者代理人的名称完全一致,同时应当注意留存签署人的身份信息。拍卖人在委托代理人签署竞买协议时应当核实代理人及被代理人的身份,如果签署人并未得到授权,根据我国法律规定,代理人在无代理权情形下实施的民事法律行为,其后果应当由代理人自己承担,拍卖人可以要求竞买协议的签署人承担责任。关于代理的内容我们在委托人部分有详述。

4. 股东为设立中的公司签署

我们在之前拍卖公司的设立部分曾经叙述过,拍卖公司的发起人对于设立公司所承担的责任。这里我们指的是竞买人与拍卖人订立竞买协议后,如果竞买人可能是为了设立后的公司而参加的竞买,则在拍卖成交之后,到底由哪一个主体来承担买受人责任的问题。我们认为基于上述问题,首先应当考量竞买人在签订竞买协议所表明的身份。

(1) 订立合同表明为设立公司签署的身份

如果竞买人订立竞买协议时明确表明系代设立中的公司竞买的,而且拍卖标的的受益人明显为设立后的公司,则如果竞买人未能履行竞买人的义务时,拍卖人可以向设立后的公司主张责任;如果公司未能设立成功的,拍卖人可以要求签订协议的主体以及其他参与设立公司的主体承担责任。

(2) 未表明为设立中的公司签署的身份

相反,如果竞买人在竞买时从未表明其为设立公司的发起人,是为公司而进行的竞买时,根据合同相对性原则,设立后的公司对于其股东的行为不应承担责任。当然如果设立成功后的公司对发起股东的行为进行追认,拍卖人予以认可的情况下,拍卖人当然可以要求设立后的公司承担责任。但是即便设立后的公司予以追认,拍卖人仍然期望由签订竞买协议的发起人股东承担责任时,拍卖人可以援引隐名代理的法律条款,要求签订竞买协议的主体承担责任。

在某些标的拍卖时,发起人准备设立的项目公司尚未成立,故拍卖举行时,发起人以自己的名义参加拍卖,在拍卖成交之后,买受人自己将获得的拍卖标的转移给项目公司。这种情况下,设立后的项目公司为拍卖利益的实际承受人。但是这种转移行为是独立于拍卖合同的另外一种法律关系,拍卖人以拍卖利益转移,买受人应为设立后的公司的代理人为由要求设立后的公司承担责任的请求难以得到法律的支持。

(三) 其他非法人的组织

其他非法人的组织参与拍卖活动签署竞买协议应当和上述要求一致。

三、竞买协议的竞买人联系地址

竞买人无论是自然人还是法人或者其他组织,均涉及联系地址问题,联系地址与送达相关,法律文件可以将当事方签订协议中的送达地址作为诉讼的送达地址。根据最高人民法院关于送达的有关司法解释的规定,送达地址可以约定。其意义在于,在涉及法院诉讼时,通过约定地址送达避免因为送达不到而产生需要公告送达产生的时间延长的问题。

第三节　竞买保证金

一、竞买保证金的性质

竞买协议中一般都会约定,竞买人在参加拍卖并领取号牌之前,应当支付一定数额的保证金,如果竞买人成为买受人之后,拒不付清拍卖款的,拍卖人有权没收保证金。当然如果竞买人未能成为买受人,拍卖人会承诺对保证金予以退还。

保证金本质上应当属于一种金钱质押,即竞买人以金钱质押给拍卖人,作为竞买人履行竞买协议的担保,如果竞买人在拍卖成交之后正常履行付款义务,则保证金转化为拍卖成交款,但是若竞买人不能按约履行其义务,则拍卖人有权没收此保证金,作为竞买人承担的违约责任的一部分。

二、保证金的数额和比例

关于保证金的数额和比例,《拍卖法》并没有明确的要求和规定。拍卖人举办的拍卖活动当中一般要求竞买人缴纳拍卖标的评估价百分之十到百分之二十的保证金,也出现过要求缴纳比例更高的保证金情形的。还有的拍卖人在举办的拍卖活动中,因拍卖标的众多,无法就具体的拍卖标的以及具体的竞买人作出不同的规定,故会直接要求竞买人缴纳一定金额的竞买保证金。

我们认为竞买保证金担保的是竞买人和拍卖人之间的合同的履行,其数额和比例是拍卖人和竞买人之间依据竞买协议双方一致确认的结果,如果竞买人违反约定,在成为买受人后未按照约定支付拍卖款,拍卖人有权依据双方的约定没收拍卖保证金,但是如果拍卖保证金的金额过高,被没收时买受人可以有权要求法院对此进行调减。

按照《合同法》一百一十四条的规定,当事人可以约定一方违约时应当根据违约情况向对方支付一定数额的违约金,也可以约定因违约产生的损失赔偿额的计算方法。约定的违约金低于造成的损失的,当事人可以请求人民法院或者仲裁机构予以增加;约定的违约金过分高于造成的损失的,当事人可以请求人民法院或者仲裁机构予以适当减少。

对于什么情况下可以界定为过高,最高人民法院在有关司法解释中规定,如果当事人约定的违约金超过造成损失的百分之三十的,应当按照《合同法》第一百一十四条规定,当事人可以请求人民法院或者仲裁机构予以适当减少。

拍卖人在与竞买人的约定当中应当约定合适的保证金比例。在许多情形下,拍卖人在与买受人签订的拍卖成交确认书对保证金的用途所作的说明中约定,拍卖成交之后,竞买人支付的保证金转为定金,按约付款的则充抵拍卖价款,未按约付款的,应当予以没收。但是按照《担保法》等法律规定,定金的比例不应超过百分之二十,超过百分之二十以上部分的无效,故如果保证金比例约定超过百分之二十,并且约定为可以转化为定金的,则超过部分的没收并不符合法律的规定。在最高人民法院关于网络拍卖的司法解释当中,对于保证金的数额,规定为在起拍价的百分之五至百分之二十的范围内确定。

参照上述标准,我们认为保证金的约定过高,比如超过百分之二十比例的保证金都有可能会被认定为过高。对于按照一定金额在同一场拍卖会当中缴纳保证金的竞买人而言,如果其竞买的标的的价值很低,则拍卖保证金的比例可能非常高,如果拍得的拍卖标的成交价非常高,则可能比例又非常高,要根据具体情况来进行分析。

另外一个方面来看,如果竞买保证金的比例非常低,在买受人未按照约定付款的情况下,拍卖人除了可以没收该保证金外,还可以就损失超过竞买保证金的部分向买受人主张。

三、保证金的形式

保证金的目的在于由竞买人对自己参加的竞买活动向拍卖人提供担保。保证金系拍卖人和竞买人之间的约定,故对于保证金的形式也可以由竞买人和拍卖人通过协商一致予以确定。

(一) 现金

现金是最为常见的保证金形式,拍卖人如果对保证金形式的要求明确为现金的,应当通过公告的方式告知竞买人,竞买人的现金方式可以是纯现金即钞票,也可以表现为电子汇款的方式,即由竞买人通过汇款的方式将保证金汇入拍卖人指定的账号。值得注意的是,随着电子支付手段的快速发展,目前我国已经高度普及微信、支付宝之类的手机转账方式,通过手机电子划款的方式和现金没有本质区别。

(二) 支票

除了现金之外,还有支票的方式,按照我国《票据法》的规定,支票系出票人签发的,委托办理支票存款业务的银行或者其他金融机构在见票时无条件支付确定的金额给收款人或者持票人的票据。虽然支票是非常常见的结算工具,竞买人可以签发支票,但是仅凭支票拍卖人无法确认竞买人账户上是否拥有可以完全兑付该支票金额的存款,故对于支票,拍卖人应当通过银行在完成票据交换实现款项到账后,才能确认竞买人的保证金支付的手续已经完毕。

(三) 本票

本票是出票人签发的,承诺自己在见票时无条件支付确定的金额给收款人或者持票人的票据。我国的本票是指银行本票。本票本质上银行签发给收款人的付款承诺。收款人收到本票后,到银行进行兑付时,兑付银行只要能够确认该本票属于真实的,就能立即将本票的款项计入收款人的账户。故拍卖人如果收到竞买人提供的本票保证金,也应及时到银行履行必要的兑付手续,主要目的是为了防止本票的真实性存在问题。

(四) 其他财产

以其他财产作为保证金的方式并不多见。保证金本质上属于金钱担保。如果以其他财产作为保证金实质上是以该财物做担保来对竞买人的竞买行为提供担保,担保包括两种,不动产一般为抵押,动产通过交付为质押。抵押因为必须要到必要的登记机关办理登记手续,其耗时较久,而且要履行必要的程序,在拍卖活动中极为罕见。如果拍卖人接受竞买人以财物质押的,应当及时接受质押物,质押关系只有在拍卖人收到质押物时才能成立。

更为重要的是,如果拍卖人接受竞买人以财物质押的方式提供担保,应当签订有效的质押协议,协议的内容应当满足《担保法》的有关规定,确保质押合同合法有效。需要注意的是,我国法律并不允许当事人在质押合同当中约定,如果质押人不履行合同,质押物归质押权人所有。这属于法律禁止的流质条款,质押物最后的变现必须通过双方作价或者拍卖的方式进行。

(五) 他人提供保证金

保证金由竞买人之外的人为竞买人提供的情形非常常见。竞买人让他人代为支付保证金并不为法律所禁止,只要为竞买人支付保证金的人同意即可。如果实际支付保证金的人和竞买人并非同一人,应当由竞买人和实际支付保证金人向拍卖人出具同意代竞买人支付保证金的声明或者承诺,以保证支付的保证金属于拍卖人可以处分的范围。

四、保证金的支付时间

保证金的支付时间同样可以由拍卖人和竞买人通过约定来确定。一般情况下拍卖人规定在支付保证金后才会给竞买人办理号牌。故保证金的支付时间实际上和拍卖号牌的办理时间应为一致。在举办单一拍卖标的的拍卖活动中,拍卖人会在拍卖公告中约定保证金以及竞买手续的办理截止时间。但是在举办许多拍卖标的的拍卖活动中,拍卖人一般不会限制保证金的支付时间,在拍卖会已经开始但是拍卖标的尚未全部拍完的情况下,仍可以支付保证金。

如果拍卖会已经结束再行支付保证金实际上已经没有任何意义,在这种情况下的款项支付实际上已经属于支付拍卖成交款。拍卖人如果愿意接受竞买人在单一拍卖标的的拍卖活动开始之后支付拍卖保证金,实际上是接受竞买人无须支付拍卖保证金。

但从风险计,拍卖人应在拍卖标的开始拍卖之前接受保证金的支付,并且确认保证金到账为妥。毕竟保证金的目的在于担保竞买人能够按照约定及时地履行拍卖合同、支付拍卖成交款。

五、保证金的减免权

我们认为保证金的减免权限在拍卖人,和委托人无涉。竞买保证金是拍卖人和竞买人约定的由竞买人支付担保履行拍卖成交后付款义务的保证金。保证金是基于拍卖人和竞买人之间的拍卖合同关系,并担保该拍卖合同的履行的。但是拍卖人基于对竞买人的判断,根据不同的情况,可能会对部分竞买人作出减免保证金的决定,当然即便买受人没有缴纳保证金,只要买受人依约付款则不会产生争议。但是如果买受人在竞买时没有缴纳保证金,在拍卖成交之后又未能付款,则买受人无须承担保证金被没收的风险,在这种情况下,委托人可能会提出异议,认为拍卖人没有按照拍卖规则的约定收取保证金,委托人会认为拍卖人应当向其承担责任。

我们认为,保证金的担保作用仅针对拍卖合同,保证金的免收系拍卖人对与买受人之间的拍卖合同关系中保证金条款的修改,其决定权是拍卖人,虽然买受人未能缴纳保证金,但是从法律责任上而言,买受人对拍卖人承担的违约责任不会因保证金的减免而丧失，只不过拍卖人丧失了对买受人的基于保证金而可以直接没收的权利，这种权利的丧失是拍卖人自己增加了损害赔偿无法得到满足的风险，其风险由拍卖人自行承担，和委托人无涉。

此外拍卖保证金的减免也不影响在买受人最终未能付款时，拍卖人进行再次拍卖后，原买受人补偿再次拍卖成交价和首次成交价之间差额的责任。

当然，如果拍卖人和委托人之间就竞买人资格的条件明确约定，竞买人必须缴纳保证金时，委托人可以基于和拍卖人之间的委托拍卖合同，要求拍卖人承担相应的责任。

六、保证金是否归属于委托人

本来保证金在各方都能正常履行义务的情况下，特别是买受人能按约付款的情况下，保证金成为拍卖款的一部分，自然委托人和拍卖人就不会对保证金产生争议。但是如果买受未能按约付款，那么按照竞买协议的约定，被拍卖人没收的保证金是否可以归委托人享有，如何享有保证金，就可能会在委托人和拍卖人之间产生争议。

有人认为，拍卖人进行的将拍卖标的以最高价进行对外出售的拍卖活动，是由委托人委托拍卖人进行的，故委托人和拍卖人之间本质上属于委托行为，按照委托行为的法律基本原则，受托人基于委托人的委托所做的行为的全部后果应当归属于委托人。进一步而言，竞买人违约的结果，即保证金的丧失，应当归委托人承担。这种理论是基于委托这种法律行为所做的推理。

我们不同意上述观点，我们认为保证金应当归拍卖人享有，除非委托人和拍卖人之间另有特别约定。

首先，按照合同相对性原则，拍卖人和委托人之间的合同与拍卖人和买受人之间的合同应当是独立的两种合同关系。委托拍卖合同由委托人和拍卖人之间签订成立。竞买合同由竞买人和拍卖人进行签署，在竞买人和拍卖人之间成立。拍卖人按照竞买合同的约定向竞买人作出一系列的承诺，同时竞买人也按照竞买合同向拍卖人作出系列承诺。竞买人并未和委托人订立合同，按照合同相对性原则，竞买人和委托人之间并无合同关系。故竞买人所做的担保承诺的对象，应当是拍卖人，而非委托人，保证金担保的主合同是拍卖合同，是竞买人独立地对拍卖人所做的履行拍卖合同的承诺。

其次，拍卖人对竞买人承担的义务并不当然由委托人承接，拍卖人对竞买人独立承担有关义务。如果按照基本的委托代理关系，拍卖人是基于委托人的委托从事拍卖活动的，只要拍卖人是在委托权限内从事拍卖活动，则拍卖活动的全部法律后果均由委托人承担，然而按照《拍卖法》的规定，拍卖人需要独立地向买受人承担瑕疵担保义务、标的交付义务，等等，故我们认为《拍卖法》实际上也将拍卖人和竞买人之间的合同关系独立。

故我们认为保证金的没收权在拍卖人，并且应当由拍卖人所享有。

当然，如果委托人和拍卖人之间就保证金的归属在委托拍卖合同当中另行作出了安排，比如说双方另行约定保证金由拍卖人没收之后可以全部或者部分由委托人享有，这种情况的出现，实际上是委托人依据和拍卖人之间的合同来处分拍卖人已经获得的保证金，法律对于委托人和拍卖人之间的这种特别安排不会予以禁止，应当尊重合同双方当事人的约定。

七、保证金的转化

（一）转化为拍卖款

保证金主要用于担保拍卖成交的履行,即担保买受人支付拍卖款。只要买受人直接支付了拍卖成交款,则保证金当然转化为拍卖款。但是鉴于买受人可能会按约履行也可能会不按照约定履行拍卖成交款的支付义务,故拍卖人为了更加明确地说明保证金的用途,应该在竞买协议等文件中对保证金可以转化为拍卖款进行约定。

（二）转化为定金

还有的拍卖人和竞买人约定,一旦拍卖成交,即竞买人成为买受人之后,则买受人支付的保证金自动转化为定金,如果买受人按约付款,则定金充抵拍卖款,如果买受人未能按约付款,则拍卖人有权没收定金。

在这种情况下,原先的保证金转化为具有法律意义的定金,则定金可以按照法律的规定进行适用。

按照《担保法》的规定,当事人可以约定一方向对方给付定金作为债权的担保。债务人履行债务后,定金应当抵作价款或者收回。给付定金的一方不履行约定的债务的,无权要求返还定金;收受定金的一方不履行约定的债务的,应当双倍返还定金。定金应当以书面形式约定。当事人在定金合同中应当约定交付定金的期限。定金合同从实际交付定金之日起生效。

定金也是法定的违约金的一种,按照《合同法》的规定,当事人既约定有违约金,又约定有定金的,当事人可以选择定金或者违约金作为违约方承担违约责任的方式。如果当事人之间没有约定有其他违约责任,只要双方认定定金合同已经发生,则默认定金可以成为违约责任的承担方式。

值得注意的是,一旦保证金转化为定金,其实不仅仅约束买受人,同样也约束拍卖人,即拍卖人如果未能履行买受人和拍卖人之间的拍卖合同的,则买受人也可以要求拍卖人双倍返还定金,拍卖人要对买受人承担违约责任。关于拍卖人对买受人承担的责任问题,我们还会在后面继续阐述。

另外,需要注意的是,我们在上面已经提及过,按照我国法律的规定,定金的数额由当事人约定,但不得超过主合同标的额的百分之二十,也就是说如果保证金转化为定金,在拍卖合同的法律关系中,保证金不应超过拍卖价款的百分之二十,否则超过百分之二十的定金部分应视为无效。

第四节　竞买佣金和费用

一、佣金

这里的佣金是竞买人成为买受人后向拍卖人支付的由拍卖人享有的报酬,属于拍卖人为买受人提供拍卖服务、帮助买受人获得拍卖标的的服务所得。

买受人应当支付的买方佣金是买受人支付给拍卖人的报酬。《拍卖法》允许拍卖人不仅可以从委托人处获得佣金,也可以从买受人处获得佣金。这不同于居间合同中的报酬,居间合同中居间人受委托人的委托提供居间服务,在促成交易之后可以从委托人处获得报酬。我们在之前的三方法律关系当中也叙述过,拍卖人的角色并不能等同于居间合同中的居间人。

二、比例

和委托人支付的佣金比例相同,《拍卖法》允许当事人可以自行约定佣金的比例,即对于拍卖人和竞买人之间约定的佣金支付比例,法律不予干涉。但是如果当事人之间未能就佣金比例作出约定,则《拍卖法》允许拍卖人可以在成交后向买受人收取不超过拍卖成交价百分之五的佣金。这个法定佣金比例的计算基数是按照成交价来计算,不包括其他费用等。

三、支付时间

买方佣金是买方竞买成功后需要支付给拍卖人的佣金,如果拍卖人与竞买人之间就支付时间作出了约定,则应当尊重当事人之间的选择。拍卖人可以约定在拍卖成交之后立即支付,也可以约定由买受人在支付拍卖成交价款时一并予以支付。

但是,由于拍卖标的的交付人不相同,结合拍卖标的的交付,拍卖人应当有效地和买受人约定好佣金支付的时间以免自己的利益受损。

如果拍卖标的是由拍卖人交付的,因为拍卖标的的交付行为需要由拍卖人施行,拍卖人可以通过拒绝交付以控制买受人支付佣金的时间。但即便拍卖人可以行使拒绝交付拍卖标的的权利,拍卖人最好也要约定在买受人未能付清全部款项包括佣金之前,拍卖人有权拒绝交付拍卖标的。

如果拍卖标的是由委托人交付给买受人的,则拍卖人应当约定买受人在拍卖成交价款支付的同时由买受人一并予以支付佣金。

四、佣金和成交价之间的关系

佣金和成交价之间的关系对于拍卖人而言尤为重要,因为款项作为金钱属于种类物,拍卖人除了收取拍卖佣金之外还有义务将拍卖成交款及时支付给委托人。如果买受人没有能够将全部款项包括成交款和佣金支付完毕,则拍卖人和委托人之间就拍卖成交价款的分配势必产生争议。为了防止这种情形的出现,拍卖人除了在与委托人之间的拍卖价款支付条件中约定拍卖人有权优先收取买受人佣金之外,还应当在与买受人订立的拍卖协议中一并确定买受人支付给拍卖人的所有款项,拍卖人应当收取的佣金费用等应当优先。

五、拍卖人收取的费用

《拍卖法》当中在委托人部分,明确规定在委托人单方撤回拍卖的情况下,应当向拍卖人支付约定的费用。但是在买受人部分,除了保管费之外,《拍卖法》并未明确规定买受人可以向拍卖人支付的费用。我们认为除了保管费之外，费用属于拍卖人可以收取的成本或者耗费，只要双方之间有明确约定，拍卖人仍可以依据和买受人之间的合同向买受人收取，法律不应当予以干涉。但是拍卖人应当和买受人就费用的支付时间、支付种类、金额，以及和拍卖成交价款之间的关系等和佣金一样进行妥善的约定，以免双方之间就此产生争议。

六、与净得价有关的过户转让等费用

（一）拍卖人对净得价说明

拍卖人作为拍卖活动的举办方，应当就拍卖标的作出相应的说明。如果所涉拍卖标的存在一些费用且需要买受人支付的，即拍卖成交价为卖方的净得价时，拍卖人对于所谓净得价的含义应当另行着重说明，不能仅仅声称为净得价，否则买受人不会接受另行支付相关费用的结果，同时委托人可能也会因此要求拍卖人应当从买受人处获得更多的款项。

（二）买受人对净得价可能的理解

对买受人而言，如果拍卖人并未作出特别约定，则买受人只需支付拍卖成交款。因为对于买受人而言，其通过最高应价应当获得拍卖标的。拍卖标的需要交纳的有关费用，可能依据的是行政机关的相关规定，而这些规定中，一般都会标明支付的主体。故买受人会援引这些规定中关于税费的承担应当由委托人支付为由拒绝承担更多的费用。而委托人则可能会认为净得价就是其应当获得的净收益，除此之外的费用等均不予承担。

（三）避免因净得价产生争议

拍卖人作为举办拍卖活动者，具有媒介的职能，本应该通过举办拍卖活动这项服务获得佣金收益，但是可能因为拍卖人的不慎，导致拍卖人和委托人之间对所谓净得价的理解产生重大差异。如果拍卖人未能交代清楚，拍卖人应当承担瑕疵担保责任。

我国相关法律法规或者行政规章等虽然对某些税费作出规定，即要求由某主体支付，但是法律并未禁止当事人可以将该项费用支付的责任进行转嫁，故拍卖人如果和委托人确定拍卖成交价为净得价，则拍卖人有义务对该项拍卖标的可能产生的税费作出必要的说明。比如说在拍卖土地使用权过程中，可能需要支付土地出让金，可能会要承担过户的费用，可能会要承担土地转让产生的其他税费等。拍卖人除了应当明确声明买受人除了要支付拍卖成交价款之外，还需要承担全部的费用等内容。拍卖人在拍卖之前所作的声明或者在对拍卖标的的说明中对此进行了约定，则买受人应当按照约定予以支付或者承担，否则买受人应承担拒绝支付的后果。

第五节 号 牌

号牌是竞买人进场参与拍卖前，在交付保证金、签订竞买协议后领取的号码牌，竞买人在竞买时凭借号牌进行应价，拍卖人在拍卖过程中以号牌代替竞买人，并以号牌最终确定买受人。

一、号牌的法律特征

号牌是竞买人在拍卖时表明某竞买人身份的证明，故号牌代表的是竞买人。竞买人通过号牌作出应价的意思表示，竞买人每次举起号牌，并且作出应价均代表竞买人愿意就拍卖师之前宣布的价格的再次加价推翻。正是因为竞买都是通过举起号牌来完成的，故举起号牌的行为就是表示竞买人愿意接受价格的行为，竞买人应当慎重考虑举起号牌。同时拍卖人也是通过信赖号牌的举起来确认竞买人愿意加价。

二、他人代用号牌

在拍卖场所，他人使用竞买人的号牌，应代表号牌持有人得到了竞买人的授权，并且使用号牌进行应价。在拍卖场所，拍卖师识别竞买人的报价仅通过号牌进行，任何号牌的举起均视为竞买行为，无法要求拍卖师对是否举起号牌的人就是竞买人进行核实。实际上，在拍卖现场，有时竞买人基于种种考虑，并不愿意自行出价，而由与其一起在拍卖现场的他人代为举牌。拍卖人在拍卖现场只认号牌不认人，竞买人指令他人代为举牌的行为并不为法律所禁止。法律关系上可以看作持有号牌的竞买人委托他人代为作出应价的意思表示，和竞买人自己作出举牌行为的法律后果一致。

三、号牌的冒用和丢失

在一些案件当中，买受人在拒绝支付拍卖款时，以举牌人和自己并非同一人，或者举牌人和买受人不认识等为由进行抗辩，有的买受人甚至声称号牌丢失，或者号牌被他人所冒用，其对应价和成交并不知情等。

法院在审理上述案件时一般会依据号牌的特征和竞买人签署的有关文件，认定举牌人因为号牌和买受人构成表见代理关系，号牌人举牌的后果应视为合法的应价，并应由买受人予以承担，买受人拒绝支付款项，构成违约，应承担违约责任。

四、号牌的挂失程序

为防止号牌丢失冒用等产生争议，我们建议拍卖人应当在拍卖规则或者有关号牌的文件中针对号牌的挂失作出明确约定，应当要求竞买人在号牌丢失后凭借登记号牌或者签订竞买协议时登记的身份证明文件书面向拍卖人办理挂失手续。一旦竞买人书面作出了挂失登记，拍卖人应当在拍卖挂失之后立即采取公开的方式否定拍卖号牌的效力，如果拍卖会已经开始，应当由拍卖师现场作出通知。当然对于拍卖挂失之前发生的拍卖行为，拍卖人也应当明确规定视为竞买人之行为。

五、号牌的声明事项

尽管根据拍卖实务惯例和相关规则，号牌应当被认定为具有唯一代表竞买人的证明。我们仍建议拍卖人在号牌的使用规则中对号牌的重用性作出明确的声明，并且在竞买人签署领取号牌的文件中就号牌由他人使用、号牌丢失等作出明确的规定，以杜绝竞买人以号牌被冒用等为由对抗其承担买受人义务的情形出现，当然也保护了拍卖人的利益。

第六节　代为办理竞买手续

一、持他人身份证件办理竞买手续

持他人身份证件办理竞买手续在自然人作为竞买人的情况下会时有发生，其特征在于签署竞买协议或者办理竞买手续之人是以他人的名义办理的，并且留存了他人的身份证件。为了阐述方便，我们将身份证记载的人称为本人，将办理竞投手续的人称为行为人，就可能产生纠纷的情形做以下分析。

二、本人参加竞买

在行为人办理了竞买手续之后，本人自己参加竞买。这种情况可以视为本人对行为人行为的追认，故行为人可以被认定为本人的代理人，代理本人办理竞投手续。在拍卖活动结束后，应当由本人履行拍卖成交义务，向拍卖人支付拍卖成交价款，拍卖人将款项付清给委托人之后，将拍卖标的按照约定交付给本人，则拍卖合同履行完毕，各方之间应当不会产生太大的争议。

本人参加竞买，从法律关系上来说，系本人以行为对行为人代为办理竞买手续的确认，本人就应当承担拍卖成交后的结果。如果本人拒绝承担拍卖成交后支付拍卖成交款的义务，拍卖人有权起诉本人，并要求本人承担全部责任。

三、本人未参加竞买

(一) 本人承认竞买行为的认定

如果行为人在办理了竞买手续，领取了号牌之后，本人并未参与竞买，即现场举牌的人并非本人，在行为人竞买成功之后，本人愿意履行拍卖成交合同的，则仍可以将本人支付拍卖成交价款的行为视作本人对行为人竞买行为的追认，拍卖成交的结果仍然归本人所享有，在这种情况下自然也不会产生纠纷。

(二) 本人拒绝承认竞买行为的认定

如果本人拒绝承认行为人代为办理竞买手续的行为，当然其根本目的在于拒绝接受拍卖成交的结果，即不愿意履行拍卖成交合同，在这种情况下是否可以认定仍然由本人承担责任，则需要具体分析。

本人拒绝承认行为人的行为，其实就是否认本人和行为人之间存在代理关系。但是即便双方没有代理关系，如果拍卖人作为第三人有理由相信本人和行为人之间存在代理关系，即本人和行为人之间可能构成表见代理关系时，仍应当由本人承担责任。具体可以从以下几点来确认。

1. 借用身份证件的行为

身份证件应当由本人所正常持有，非特殊情形，一般本人不会将身份证件交予他人，故如果本人将自己的身份证件交予他人，就有可能使得第三人相信行为人的某事项系由本人指令代为办理。但是我们还不能仅从持有身份证件本身就直接得出行为人系代本人办理某事的结论。比如行为人系用的从其他渠道获得的非本人交付给其使用的身份证,例如捡到的身份证,这种情况下,本人自然不应承担行为人冒用本人名义所做的任何行为所产生的责任。

2. 双方之间有特殊关系

如果本人和行为人之间存在特殊关系,比如本人和行为人之间系配偶关系等特别亲近的关系,在这种情况下拍卖人有理由相信本人与行为人之间对于由行为人代为办理竞买手续的行为已经作出了约定。举证证明本人和行为人之间并无授权关系的责任应当由本人来承担。

3. 本人的其他行为可以佐证其对行为人进行了授权

(1) 保证金的支付

如果行为人在办理竞买手续时的保证金系由本人支付的,则完全可以认定本人授权行为人代为办理竞买手续,即便本人并未参加竞买,行为人的竞买行为的结果也应当由本人承担。

(2) 部分款项支付后的拒绝

如果本人在拍卖成交之后履行了部分拍卖款项支付的义务,其后再以本人并未授权行为人进行竞头进而拒绝支付剩余款项的,不足以产生抗辩的效力。本人支付拍卖款的行为可以被认定为对拍卖成交结果的确认,本人再行拒绝支付的行为属于违反了通用的禁止反言的原则,不应得到法律的确认。

四、拍卖人采取的措施

为了防止本人和行为人之间就是否具有授权相互推诿,进而试图逃避买受人责任,拍卖人应当在办理竞买手续时按照我们在本书中述及的方法,有效核实行为人和本人身份,对于以他人身份证件办理竞买手续的人,首先应当予以拒绝,或者要求其提供明确的授权委托书。同时拍卖人对行为人自己的身份信息应当进行有效的留存,因为按照法律规定,没有代理权的行为人实施的行为应当由行为人自己承担责任。拍卖人应当坚决杜绝出现没有留存任何行为人信息的情形出现。因为一旦出现这种情形,本人会以其并未授权行为人实施竞买行为为由拒绝承担责任,而拍卖人又无法确定行为人的身份,如果主体身份都不能确定,谈何追究行为人的责任。

五、对交付拍卖标的的影响

以他人名义办理竞买手续这一行为,除了会在由谁承担付款义务上产生纠纷,即便是款项支付完毕,拍卖标的到底应当交付给本人还是行为人同样会产生纠纷,拍卖人稍有不慎,都会因为处分不当而承担责任。

如果本人完全履行了付款义务之后,拍卖人却将拍卖的标的转移给了行为人,则本人会以未能收到拍卖标的为由要求拍卖人承担责任。故拍卖人对于行为人代为办理竞买手续的情况应当谨慎地审核,并且需要对本人和行为人之间的关系明确予以确认,在交付拍卖标的的问题上,应当主动和本人进行确认,在没有得到本人发出的准确的可以由行为人收取拍卖标的的授权之前,应妥善地保管拍卖标的,直至上述代理关系得到了明确认可,否则拍卖人会陷入被动。

第七节　委托竞投

委托竞投书样本①

委托竞投授权书

×××××拍卖会××专场

年　月　日

拍卖会编号:

请邮寄或传真至:××××公司

地址:

邮编:

电话:

传真:

人民币账户:

开户名称:

账号:

开户行:

敬请注意:

1. 本图录中及拍卖前宣布增加的带有"＊"标记之拍卖标的禁止出境,故本公司恕不办理该标记拍卖标的之出境手续。

2. 填写此授权书时,须清晰填写相关项目。如两个或两个以上委托人以相同委托价对同一拍卖标的出价且最终拍卖标的以该价格成交,则本公司最先收到授权委托书者为该拍卖标的的买受人。

3. 本公司恕不接受书面形式以外的其他任何形式传送的委托竞投授权书。

4. 本公司本着从客户利益出发的原则,以尽可能低的价格为委托人代为竞投,成交价格不得高于表列委托价。

■ 请仔细核查所填写内容

委托人姓名＿＿＿＿＿＿＿＿＿＿＿＿＿＿＿＿＿＿＿＿＿＿＿＿＿＿＿＿＿＿＿

身份证/护照号码:＿＿＿＿＿＿＿＿＿＿＿＿＿＿＿＿＿＿＿＿＿＿＿＿＿＿＿

地址＿＿＿＿＿＿＿＿＿＿＿＿＿＿＿＿＿＿＿＿＿＿＿＿＿＿＿＿＿＿＿＿＿＿

电话＿＿＿＿＿＿＿＿　传真＿＿＿＿＿＿＿＿　邮编＿＿＿＿＿＿＿＿

委托人签字＿＿＿＿＿＿＿＿　日期＿＿＿＿＿＿＿＿＿＿

＿＿＿＿＿＿＿＿＿＿＿＿＿＿＿＿＿＿

① 参见《文物艺术品拍卖规程》。

　　兹申请并委托××××公司就下列编号拍卖标的按表列委托价格进行竞投,并同意如下条款:

　　一、若竞投成功,委托人须自拍卖成交日起____日内向××××公司付清含成交价____％的佣金在内的购买价款并领取拍卖标的(包装及搬运费用、运输保险费用、出境鉴定费等各项费用自理);

　　二、竞投委托人知悉××××公司对拍卖标的真伪及/或品质不承担瑕疵担保责任;

　　三、××××公司《拍卖规则》之委托竞投之免责条款为不可争议之条款。委托人不追究××××公司及其工作人员竞投未成功或未能代为竞投的相关责任;

　　四、委托竞投人须于拍卖日二十四小时前向××××公司出具本委托竞投授权书,并同时缴纳保证金人民币____万元。如在规定时间内拍卖人未收到委托人支付的保证金,则本委托无效;

　　五、委托人承诺已仔细阅读刊印于本图录上的××××公司《拍卖规则》,并同意遵守该拍卖规则的一切条款。

　　六、竞投委托人在本委托竞投授权书中填写的即时通讯方式及工具在竞投期间所传达之竞买信息(无论是否为本人传达),均为本人所为,本人承诺对其行为承担法律责任。

图录号	拍卖标的名称	出价(人民币元)

一、法律关系

　　委托竞投是竞买人委托拍卖人在拍卖人举办的拍卖活动中代表竞买人对拍卖标的进行竞买。在委托竞投中,竞买人是竞投的委托人,拍卖人是竞买人竞投的代理人,拍卖人按照竞买人的指令或者授权在拍卖活动中应价,举牌应价的结果由竞买人承担,如果举牌应价未能达到最高应价的,则竞买人的竞投不产生效力,如果举牌应价的价格为最高应价的,则拍卖成交,竞买人成为买受人,需要承担买受人应当承担的义务。

　　拍卖活动中确定买受人的唯一方法就是价格,所有竞买人都通过价格竞争以确定最后的买受人。普通的买卖法律关系中,出卖人可以拒绝和买受人订立合同,出卖人也可以因为价格之外的其他因素选择买受人,而拍卖活动中只要竞买人办妥了竞买手续,竞买人的应价达到最高应价,拍卖人不得拒绝竞买人成为买受人。同时拍卖人也不会以价格之外的其他因素排除竞买人的最高应价。故拍卖活动中的举牌应价是竞买人参与竞价的唯一方法,和其他买卖活动相比,更为简单明了,也容易实现。竞买人因为自己的原因不能到现场参加竞投行为,其可以委托其他人参与竞投,也可以委托拍卖人参与竞投,只要竞投的价格为最高价,竞买人自然可以成为买受人。

代为竞投行为也可以视为拍卖人为竞买人提供的一项服务,因竞买人无法到达现场参加拍卖活动,拍卖人帮助竞买人举牌,使竞买人不亲自在拍卖现场也能应价。

二、按指令代为竞投

在这种模式下,拍卖人按照竞买人的现场指令进行举牌。竞买人可以通过现场的电话、视频等手段同步了解拍卖标的的应价情况,竞买人根据情况和自己的心理价位在拍卖师允许的幅度内指令拍卖人代为举牌。

在这种模式下,拍卖人的举牌应价行为并非由拍卖人自己决定,拍卖人自己也无权决定举牌,拍卖人只有在得到竞买人的明确应价指令后,才可以举牌应价。拍卖人按竞买人的指令举牌的行为可以完整忠实地体现竞买人的意思表示,拍卖人的代为竞投行为和竞买人自己竞投没有实质性差异,拍卖人的代为竞投可以进一步表现为代为举起号牌这样一个动作。

代为举牌行为在拍卖人和竞买人之间产生争议可能会体现在意思表达之间出现误差上,具体可以表现为拍卖人未能准确听到竞买人的指令而未举牌,或者表现为拍卖人在听到竞买人的指令后未能及时举牌,也可能会表现为拍卖人未接到指令而误举牌。总体而言是属于因为信息传递错误产生的争议。

三、一定价格内代为竞投

一定价格内代为竞投是竞买人确定其能接受的最高应价之后,委托拍卖人在最高竞投价范围内全权代表竞买人相机行事进行举牌。在前面我们提供的委托竞投协议的样本中,就是采取的这种方式。

在这种模式下,拍卖人并非按照竞买人的具体举牌的指令而举牌,而是拍卖人自己根据拍卖活动现场的情况,灵活地进行应价,拍卖人在这种模式下的主动性要远高于前面所述的代为举牌模式。

在这种拍卖人在竞买人的概括授权下代为竞投的情形下,拍卖人和竞买人的纠纷可以表现为因为拍卖人的失误,拍卖人未能及时地根据现场的情况应价,拍卖标的反而被低于竞买人的委托竞投价格的其他竞买人取得。如果出现这种情况,委托代为竞投的竞买人可能会追究拍卖人未能尽到合理的代为竞投义务导致其未能获得拍卖标的的责任。

这种模式下的纠纷还可以体现为因为委托竞投的竞买人提供的可接受的最高价格不清晰,导致拍卖人错误地在拍卖现场进行了举牌,出现竞买人不认可拍卖人举牌行为的情形。

四、是否违反《拍卖法》第二十二条的规定

《拍卖法》第二十二条规定,拍卖人及其工作人员不得以竞买人身份参与自己组织的拍卖活动,并不得委托他人代为竞买。故有人认为在拍卖现场仅以号牌作为竞买人的身份标志,拍卖人虽然是代表竞买人参加竞投,但是其举起号牌参加竞投就是竞买人,并且通过竞买号牌应价,故应属于违反《拍卖法》第二十二条的情形。中拍协在中拍协函字〔2003〕第6号回函中针对此问题,回复认为拍卖人代为竞投的行为不属于拍卖人自己参与竞买的行为,而且引述国际知名的拍卖公司的拍卖规则中有此规定,这是一种拍卖行业的惯例。

我们认为,拍卖人的代为竞投行为应不属于《拍卖法》第二十二条规制的内容。主要理由有如下几个方面:

首先从《拍卖法》第二十二条的字面意义来理解。《拍卖法》第二十二条的规定主要是禁止拍卖人自己欲在自己的拍卖活动中购入拍卖标的,即拍卖人自己希望成为拍卖标的的受让方,从而以竞买人身份参与竞投,并且在这个条款当中进一步限制了拍卖人试图规避禁止自己参与竞买,转而通过其他人竞买的情形。这个条款从两个层次进一步明确了法律禁止的是拍卖人试图自己买入拍卖标的的情形。从这条法律的规定看不出《拍卖法》禁止拍卖人不得帮助竞买人竞投。

其次,拍卖人只是竞买人的竞投代理人,拍卖人并非自己竞买,其只是代表竞买人参与竞投,真正希望获得拍卖标的的主体仍然是竞买人,而非拍卖人自身,拍卖人只是执行竞买人的指令,或者在竞买人授权的范围之内帮助竞买人参与竞投,这和拍卖人自己成为竞买人有着本质的差异。故不能把拍卖人代竞买人竞买的行为看成拍卖人自己以竞买人身份参与竞买的行为。

五、委托竞投协议的订立

委托竞投协议是竞投协议之外,在拍卖人和竞买人之间订立的,由拍卖人为竞买人提供代为竞投服务的委托协议。我们之前已经说过,双方之间是委托代理关系,应当按照有关委托代理关系的合同要求在此类合同中对双方的权利义务进行约定。

如果是属于代为举牌性质的代为竞投协议,除了要明确约定竞买人应当接受拍卖人举牌成功或者不成功的结果之外,还应当明确对信息传递发生的延误、错误等进行约定,同时应当明确指令作出的要求和指令执行的要求方面的具体规定,主要目的就是为了避免我们在之前叙述过的容易在双方之间引起纠纷的情形。

如果是属于一定价格内代为竞投的竞投协议,该代为竞投协议中应当以书面方式确定拍卖人可以在何种价格范围内可以自由地举牌,同时应当明确因为失误或者疏漏等原因导致的竞买失败后果承担。

拍卖人还需要注意的是,在代为竞投的情况下,竞买人不会到现场签署拍卖成交确认书,故对于拍卖成交后的买受人应尽的义务应当明确约定,正如在示范文本中所列示的有关委托竞买人应承担的义务内容一样。

至于办理竞投手续的问题,竞买协议属于竞买人和拍卖人之间订立拍卖合同关系的

文件,是否在竞投协议里面约定委托竞投,还是由拍卖人通过其他文件予以约定,可以由拍卖人自行进行选择,但是委托竞投协议所体现的拍卖人和竞买人之间的代为竞投的权利义务关系与竞买人和拍卖人委托在拍卖合同下的权利义务关系是两种不同的法律关系,拍卖人对此应当有清醒的认识。

六、引起的疑问

尽管我们认为《拍卖法》并未禁止拍卖人代表竞买人参加竞投,委托竞投也未违反《拍卖法》第二十二条的规定,但是基于拍卖这一特殊的买卖形式,以及拍卖人和委托人、竞买人之间的法律关系,以及拍卖人所应承担的责任,仍然会因为拍卖人代竞买人竞投产生一些疑问,这些疑问主要有如下方面。

(一) 是否构成双方代理

在本书的拍卖三方法律关系中我们曾经叙述过拍卖三方之间的法律关系,拍卖人和委托人之间构成委托拍卖合同关系,虽然委托人和拍卖人之间的这一合同关系并不完全等同于委托代理关系,但是双方之间仍具有委托关系的特征,即拍卖人是受委托人的委托拍卖属于委托人的标的。拍卖人是为了委托人的利益处理委托人的标的,是为了委托人的标的获得更大的价值。

但是在代为竞投法律关系当中,拍卖人和竞买人订立委托竞买协议,拍卖人本质上是竞买人的竞买代理人,虽然拍卖人仅仅是帮助竞买人以价格优势获得拍卖标的,但是拍卖人又转而为了竞买人的利益参与拍卖活动,拍卖人是否既构成委托人的代理人,同时又是竞买人的代理人,即构成双方代理。特别在一定价格内代为竞投的模式下,既要帮助委托人实现最高应价,又要帮助竞买人以尽可能的最低价拍得拍卖标的,拍卖人是否能完全遵守诚实信用的原则,不损害双方当事人的利益。

民法当中对于双方代理行为的后果的规定为,一般情况下不允许代理人代理双方实施民事法律行为,如果被代理的双方同意或者追认的除外。

我们认为拍卖人和委托人之间的法律关系并不是合同法下的委托代理关系,拍卖人和委托人之间是受《拍卖法》调整的委托拍卖关系,拍卖人通过拍卖活动的举办吸引竞买人参加竞买,拍卖人不具备单独和某个特定的竞买人缔结转让拍卖标的的权力。另一方面,拍卖人帮助竞买人代为竞投的行为是执行竞买人的竞买指令,竞买人的竞买指令也不能绝对保证其能成为买受人。况且委托人的拍卖标的如果是被竞买人以最高应价获得的,也未损害委托人的利益。此外拍卖人在拍卖规则等当中宣布可以代竞买人竞买的行为也可以视为委托人同意拍卖人实施代为竞买行为。对委托代为竞投的竞买人而言,竞买人对于拍卖人受委托人委托拍卖是明知的,应当认为当事方对拍卖人进行该行为都是认可的。

(二) 是否构成和竞买人之间的恶意串通

《拍卖法》禁止拍卖人和竞买人之间恶意串通损害他人利益,这里的他人包括委托人也包括其他参与竞买的竞买人。在《拍卖监督管理办法》中对于拍卖人不得实施的恶意串通行为规定,拍卖企业违背委托人的保密要求向竞买人泄露拍卖标的保留价的行为属于恶意串通的行为。

而在拍卖人代为竞投的活动中,首先,拍卖人对于委托人的保留价是明知的。与此同时拍卖人又代表竞买人参与竞投。如果是采取的执行竞买人指令方式,尚不足以说明竞买人可以知晓委托人的保留价。但是如果是竞买人在一定价格范围内代为举牌的竞投方式,则实际在拍卖活动现场举牌的拍卖人代表的是竞买人,我们认为只要成交价高于保留价,在存在竞价的情况下,拍卖人代为举牌竞买成功并未损害委托人利益,不存在恶意串通。

第七节　对竞买人的保密义务

一、保密要求(竞买人)

按照《拍卖法》的规定,买受人有权要求拍卖人对其身份进行保密。拍卖人对买受人身份保密是基于买受人不愿意泄露其具体信息,这在拍卖行业中也非常常见。因为买受人首先为竞买人,故买受人如果要求拍卖人对其身份进行保密的,应当在办理竞买手续时通知拍卖人。《拍卖法》对买受人的身份保密义务是例外规定,即双方之间没有约定必须进行保密的,拍卖人不负有保密的义务,但是一旦竞买人作出了要求,则拍卖人应当对买受人身份进行保密。

拍卖人为了防止争议的出现,应当在竞买手续办理时,在竞买协议中对是否需要对其成为买受人的身份保密进行必要的约定。依据《拍卖法》的规定,《拍卖法》并未规定竞买人可以要求拍卖人对其身份进行保密,拍卖过程中,竞买人是以号牌表明其竞买人身份,竞买人可以委托他人代为办理竞买手续,代为举牌参与拍卖,而且竞买人不一定会成为买受人,故在拍卖活动中外人并不容易识别竞买人身份。但是拍卖成交后,拍卖合同关系在拍卖人和买受人之间确立,如果买受人提出保密要求,拍卖人应当遵守。

二、保密不得对抗行政机构的监督检查

保密要求有法定例外,对于行政机关进行的检查,拍卖人不得以保密为由拒绝。按照规定,拍卖企业不得以委托人、竞买人、买受人要求保密等为由,阻碍监督检查。值得注意的是,在原先工商行政管理部门颁布的《拍卖监督管理办法》当中,拍卖企业认为向工商行政管理机关报送的材料有保密内容的,应注明"保密"字样并密封。但现行最新修订的规定当中已经不再要求拍卖企业向工商行政管理机构报送备案材料,故注明保密字样并密封的规定也被取消。

此外,在商务部门制定的《拍卖管理办法》当中规定,商务主管部门工作人员对在执行公务中获知的有关拍卖企业、委托人、竞买人、买受人要求保密的内容,应当按保密规定为其保密,造成泄密的,按有关规定处理。拍卖企业认为向管理机关报送的材料有保密内容的,应注明"保密"字样并密封。

三、民事责任

对于拍卖人违反保密义务的责任,《拍卖法》并未通过行政责任对拍卖人进行限制,故

拍卖人违反保密义务产生的责任属于民事责任范畴,应当由买受人和拍卖人通过民事途径解决。若因泄露给买受人造成损失的,买受人可以要求拍卖人予以赔偿。对于因泄露买受人身份导致买受人精神损害或者其他人身损害的,买受人可以要求拍卖人承担相应的民事责任。

但是我们认为,拍卖人违反保密义务产生的民事责任的大小用金钱来衡量的可行度较低,拍卖人违反该保密规定产生的经济赔偿责任对于双方而言举证都比较困难。但是拍卖企业作为专业从事拍卖活动的商主体,商誉对于拍卖人而言非常重要,对买受人保密既是拍卖人所应承担的法定义务,也是拍卖人的职业操守,拍卖人如果对于基本的保守买受人秘密的能力都不够,则对拍卖人的信誉的影响十分重大。所以拍卖人有必要对全体员工进行必要的培训,并采取积极有效的措施保障委托人买受人的利益不因泄密产生影响。

第十二章　拍卖的方式

第一节　联合拍卖

联合拍卖是指由两个以上的拍卖人对委托人提供的拍卖标的共同进行拍卖,联合拍卖在实际情况当中经常出现,联合拍卖活动中产生的权利义务包括内部权利义务和外部权利义务。

一、联合拍卖的性质

在联合拍卖中,拍卖人与拍卖人之间是合作的合同关系,在拍卖人之间的权利义务调整出双方之间的合作协议进行确定。但是两个以上的拍卖人是共同以拍卖人身份对外承担责任。

二、联合拍卖人之间的内部责任

两个以上的拍卖人共同对外主办拍卖活动,拍卖人之间应当订立联合拍卖合同。拍卖人之间的联合拍卖合同应当确保双方之间的联合拍卖活动有据可依,并且明确各方应当承担的责任和义务,以及享有的权利。只有准确约定了拍卖人之间的权利义务,才会避免拍卖人因为举办联合拍卖活动在当事方之间因为约定不明难以划清责任的情况发生。

联合拍卖合同应当主要约定拍卖活动的举办地点、举办时间、拍卖标的的保管、拍卖标的的征集、拍卖规则、费用的分担、利润的分配、拍卖标的的交付、拍卖款项的支付、拍卖人对外承担的责任分担等条款。

联合拍卖人作为共同的对外责任人,任何一方对外承担责任之后,双方之间应当按照约定进行分担。

三、联合拍卖人的外部责任

(一) 联合拍卖人和委托人之间的权利义务

联合拍卖人和委托人之间属于委托拍卖关系,但是具体而言又会分为两种情况:

1. 拍卖人仅和一个拍卖人订立委托拍卖合同

这种情况下,委托人仅与一个拍卖人订立委托拍卖合同,但是委托人同时允许拍卖人将拍卖标的交由包括签约的拍卖人在内的联合拍卖人进行拍卖。

在订立的委托拍卖合同当中,拍卖人需要明确把拍卖活动将由两个以上的拍卖人共同举办的情形告知委托人,委托人在明知拍卖合同将由两个以上的拍卖人履行时,订立合同的拍卖人可以视为未订立合同方的代表,则联合拍卖人和委托人之间的委托拍卖合同关系仍然成立。

但是需要注意的是,未直接订立委托拍卖合同的拍卖人应当和订立合同的拍卖人之间就如何订立合同进行必要的约定,否则即使未订立合同方对于订立合同的内容不知情,甚至不同意,也不影响委托人和联合拍卖人之间的委托拍卖合同的成立,而且未订立合同的拍卖人仍然需要按照已经签订的委托拍卖合同向委托人承担责任,至于联合拍卖人之间的责任分担等,则属于他们的内部关系,并不影响联合拍卖人共同对外承担责任。

另外,在这种情况下,联合拍卖和转委托拍卖有着本质的区别。我们在转委托拍卖中对转委托拍卖专门做了阐述。联合拍卖中的委托人仍然为委托人,而转委托拍卖中的委托人为接受委托人委托的拍卖人。联合拍卖的多个拍卖人共同对委托人承担责任,而转委托拍卖中的拍卖人仅对转委托的拍卖人承担责任。

2. 委托人和联合拍卖人共同订立委托拍卖协议

如果委托人和两个以上的拍卖人共同签订委托拍卖协议,则毋庸置疑,联合拍卖人成为合同的明确主体,联合拍卖人当然应当按照委托拍卖合同的约定共同对委托人承担责任,如无其他明确约定,拍卖人承担的责任是连带的共同责任。

必须要说明的是,很多情况下,拍卖人因为便利的需要,或者准备并不充分等原因,并未按照联合拍卖活动的特殊要求定制符合该次联合拍卖活动的委托拍卖协议,而是采用了过往使用的版本,如果在后续的联合拍卖活动中与委托人产生争议,势必会因为拍卖活动的实际联合举行的办法和过往的合同之间存在不一致而产生很大的争议。拍卖人应当杜绝这种情形出现。

(二) 联合拍卖人与竞买人之间的权利义务

联合拍卖一旦以公告的形式对外公布,则联合拍卖人就应当作为共同的拍卖人对竞买人承担责任。竞买人是在拍卖公告发出之后参加联合拍卖活动的,竞买人接受拍卖公告的内容,与拍卖人办理竞买手续成为竞买人,与其相对应的拍卖法律关系主体为联合拍卖人。

联合拍卖人无论以谁的名义和竞买人办理了竞买手续,都应当按照约定向竞买人承担责任。

(三) 联合拍卖人与买受人之间的权利义务

竞买人以最高应价的方式成为买受人和联合拍卖人成立拍卖合同关系,就应当按照拍卖合同承担责任,具体而言,买受人必须按照拍卖成交确认的内容向拍卖人支付全部拍卖成交价款,在买受人支付完毕全部拍卖款项之后,买受人即有权取得拍卖标的。买受人未能按照约定支付拍卖成交价款的,则应当按照约定承担违约责任。

联合拍卖人向买受人承担的也是共同的义务,是连带的共同责任,联合拍卖人未能按照约定履行交付标的等义务时,买受人有权向联合拍卖人主张权利。联合拍卖人同时也向买受人承担瑕疵担保义务,买受人有权依据瑕疵担保规则向联合拍卖人主张责任。联合拍卖人内部之间的就有关责任的约定不得对抗买受人。

四、联合拍卖的拍卖规则

举办联合拍卖活动的拍卖人应当在举办的拍卖活动中明确适用何种拍卖规则,联合拍卖人应当避免因为拍卖规则引用或者制定的错误而致拍卖活动的当事方产生权责利不清的情形出现。

不同的拍卖人有着各自的拍卖规则,但是在联合举办拍卖活动时,拍卖人应当明确该次拍卖活动应当适用的拍卖规则,任何一个拍卖人应当避免在相关文件或者合同当中约定的拍卖规则和实际使用的拍卖规则存在冲突的情形出现,如果出现这种情况,在出现纠纷时,势必对拍卖人更为不利。

如有必要,联合拍卖人应当根据该次拍卖活动特别制定符合本次联合拍卖的规则,并且将该规则通过书面的形式予以确立,更为重要的是要体现在拍卖人与委托人签订的委托拍卖合同以及拍卖人与竞买人和买受人签订的有关合同文件当中。

第二节　拍卖的形式

一、公开拍卖

公开拍卖是在拍卖师主持下的拍卖,按照《拍卖法》的规定,可以通过多轮应价的方式进行,在公开的应价的情况下,最终由最高应价的竞买人成为买受人,公开拍卖是实务中最为常见的拍卖方式。与公开拍卖不同还有其他形式的拍卖活动。

二、密封拍卖

密封拍卖即由竞买人将竞买价格密封后提交给拍卖人,按照价高者买定的原则确定买受人的方式。密封式拍卖和公开拍卖存在一些明显的差异。公开拍卖,完全由拍卖师主持,所有参与竞买的竞买人的应价通过举牌的方式被他人所知晓,其他竞买人则根据已经公开的应价作出新的应价。而密封式拍卖由竞买人将应价通过密封的方式提交给拍卖人,每一个提交应价的竞买人只能知道自己的价格,而无法知道其他竞买人的价格。

密封式拍卖可以通过一个轮次决定最高应价者,即参与的竞买人的应价被公开之后,直接由最高应价者拍得。密封式拍卖同样也可以通过多轮次的方式进行,即一次产生一个最高价之后,再次通过密封报价的方式由竞买人报出新的价格,直至没有人能够报出更高应价时予以成交。

密封式拍卖可以有效地避免竞买人之间进行串通的情形,特别是一次性密封式拍卖,因为竞买应价的不公开性,可以有效地在竞买人之间产生竞争,而且很容易促使竞买人在自己的心理价位上对拍卖标的进行竞价。同时密封式拍卖也可以有效地防止恶意竞买人为了以最低价格获得拍卖标的,通过阻止其他竞买人竞买的手段恶意竞争,损害委托人利益的情形发生。

密封式拍卖和保留价的有效结合,可以保障委托人以及竞买人的利益最大化,避免恶意竞争和串通损害他人利益的情况的发生。

(一) 密封式拍卖和投标存在类似之处,但是应该受《拍卖法》约束

密封式拍卖也被人称为密封式投标拍卖,这种拍卖方式和投标存在相似之处。投标

活动出现在招投标活动当中,系招标人发出招标文件,邀请投标人就招标人的招标内容进行报价,招标行为是要约邀请。而投标是各个投标人针对招标人的招标要求发出要约,一般情况下,投标也是由投标人将自己的报价也通过秘密的方式提供给招标人,并由招标人最终确定中标人。

投标人的投标报价行为和密封式拍卖中的竞买人的应价行为类似,都是通过秘密方式提出。但是密封式拍卖中的秘密竞买报价是提交给拍卖人,而投标行为可以提交给招标人自身,也有的是提交给招标代理机构。

大部分情况下,招标人期望以最低价格中标。更为重要的是,在招标活动当中,价格并不是唯一的因素,在许多招标活动当中,中标人不仅仅需要以价格进行投标,还需要许多技术性的内容进行投标,具体评价的标准由招标人确定,但大多数情况下都会设定一定体系的打分办法,并按照分数的高低确定中标人。但是密封式拍卖,只不过是应价的形式是密封的,但是最后确定买受人的唯一因素却只有价格,即价格最高者成为密封式拍卖的买受人。

密封式拍卖和投标依据的规范明显不同,投标活动必须遵守我国《招投标法》的规定,并按照《招投标法》的规定开展活动。而密封式拍卖虽然和投标存在类似之处,但是密封式拍卖并不受《招投标法》约束,其具体的规则可以由拍卖人制定,密封式拍卖的拍卖活动受到《拍卖法》约束,并且接受《拍卖法》的调整。

(二)密封式拍卖的要求

拍卖法对于最高应价如何决定和产生并未作出明确要求,我们认为除了公开唱价拍卖最为常见之外,密封式拍卖等并不被众多人所熟悉,拍卖人如果欲在拍卖活动中采取密封式拍卖的方式,应当详细地规定密封式拍卖的具体方法和步骤内容,并且在拍卖正式开始之前由拍卖师通过现场宣读的方式进行告知,对于可能产生争议的地方应当作出明确的讲解,以确保竞买人、委托人等的利益能够得到保障。对于密封式拍卖中的价格揭示环节,拍卖人应当通过公证处等其他机构对主办拍卖活动的公平公正性进行监督,以减少竞买人对拍卖人的拍卖方式的不同而产生争议。

拍卖人通过拍卖师以何种方式进行拍卖,也应和委托人进行妥善的沟通,在与委托人签订的委托拍卖协议当中应当约定拍卖人可以根据具体的情况采取不同的拍卖方法,以避免和委托人之间产生争议。

三、网络拍卖

现在互联网已经高度发达,并几乎渗透到每个人的生活当中去,每个人接触网络的条件也相当便利,故出现了网络拍卖的形式,即拍卖人组织的拍卖活动在网络上实施,竞买人的竞买行为也通过网络传递到拍卖人处,并通过网络确定最终的买受人。

网络拍卖可以由拍卖人在自己的网站上实施,即拍卖人自己的网站具有网络拍卖的功能,便于竞买人通过网络的方式参与拍卖。拍卖人通过自己的网络组织拍卖、收取竞买保证金、按照拍卖的规则确定买受人。

还有一种情况是拍卖人自己没有专门的可以实施拍卖的网络,拍卖人通过他人的平台实施网络拍卖,这和拍卖人在自己的平台进行网络拍卖没有本质的差异,只不过是拍卖人是否自己拥有可以用于拍卖的网络条件而已。

(一) 网络拍卖的经营

网络拍卖因拍卖活动的主持由电脑程序控制,无须实际的拍卖师主持拍卖活动。但网络拍卖活动仍应当由拍卖人经营,如果没有获得拍卖许可,不应主持网络拍卖活动,否则应当承担拍卖行政主管机关的处罚。网络拍卖不因其方便性而免除举办者应当获得拍卖行政许可的要求。

(二) 网络拍卖的应价方式

网络拍卖中并没有拍卖师对拍卖活动进行主持,由程序自动对最高应价进行识别。网络拍卖中一般会规定最后的截止时间。但是在竞买时间的截止时间某段时间内,如果有人继续出价的,则延续一段时间,直至再无竞价者应价,最终决出最高应价,竞买人成为买受人。

网络拍卖的应价方式实质上和拍卖师主持的拍卖并无本质的区别,其根本目的也在于将拍卖标的拍出最高应价,网络拍卖也受《拍卖法》约束。竞买人和拍卖人都应当遵守《拍卖法》的规定。

(三) 网络拍卖的身份识别

一般情况下,网络拍卖的参与人在拍卖标的进行交割前,并不见面,拍卖人依赖于竞买人在网络上提供的信息确定其作为竞买人的身份,而竞买人自己也通过的电脑终端进行应价。拍卖人将竞买人的操作默认为是提供竞买信息的人进行操作的。

故在拍卖人无法对竞买人进行当面确认的情况下,会出现竞买人身份资格问题,比如竞买人系限制民事行为能力人,甚至是无民事行为能力人;比如竞买人系超越代理权限进行的竞买行为;等等。出现这种情形该如何处理?

通说认为,拍卖人一般在网络拍卖中均声明并要求只有具有民事行为能力的人才能参与竞买,故默认为参与网络拍卖活动并且通过网络进行竞买活动的人都是适格的主体。限制民事行为能力的人或者无民事行为能力的人通过电脑进行的操作也视同其有能力进行类似操作,故不能随便对网络拍卖行为进行推翻。

我们认为,为了防范拍卖活动被撤销或者无效的法律风险,拍卖人应当在网络拍卖的说明当中对于竞买人的身份采取技术和法律双重措施。在法律方面的,应当对竞买人的身份作出明确的要求,并要求竞买人提供有关的身份证明文件,以确定竞买人的主体身份是适格的,同时在相关的网络和合约当中应当明确网络拍卖参与人的责任,以做到有效的提醒。在技术层面,应当通过适当的技术手段对网络拍卖人的身份进行必要的验证,另外应当必须采取支付保证金的方式提高竞买的门槛,进而可以识别竞买人是否可以自由地支配自己的资金。

(四) 网络拍卖的公告、展示等活动

除了网络拍卖是在网络上进行之外,拍卖的其他程序仍然需要按照《拍卖法》的规定进行,比如说对拍卖的公告要求、拍卖标的展示等,均应当符合法律的相关规定。

四、微信(手机)拍卖

微信是一种网络通信工具,随着其功能的不断扩充,微信拍卖也已经走进了我们的视

野。微信拍卖的本质在于手机的持有人通过微信这一通信软件参与拍卖人组织的拍卖活动。目前微信拍卖的标的额普遍较小，但是其同样会产生法律争议，争议的焦点仍然在于微信拍卖的参与者是否为真正手机持有者的意思表示。比如说，手机持有人的未成年人子女出于好奇参与微信拍卖活动，比如手机丢失后或者手机出现其他情况而发生的微信拍卖参与行为是否具有效力等。这些问题如果出现就会在买受人和拍卖人之间产生争议，作为拍卖人，为了避免风险的发生，应当设定一定的条件和手段进一步识别参与人的身份，以确保拍卖活动能够顺利执行。

五、自行组织的拍卖活动

自行组织的拍卖活动系指当事人为了使得自己的物品实现最高的转让价，自行通知有意愿的购买方参加，通过公开或者封闭的方式，最终确定物品的最高价格。对于当事人自己组织的拍卖活动，应当不适用《拍卖法》。按照《拍卖法》第二条规定，本法适用于中华人民共和国境内拍卖企业进行的拍卖活动。该条规定明确规定适用于拍卖企业进行的拍卖活动。当事人自己组织的拍卖活动，并非由拍卖人主办，故不应适用《拍卖法》的规定。

拍卖活动有着严格的法定程序，拍卖人必须按照法律的规定履行，当事人自己也并无拍卖师主持拍卖活动。当事人自己组织的拍卖活动应当按照买卖合同的规定来进行调整。当事人发出的拍卖通知，属于要约邀请，参加竞买的人的应价属于要约，当事人的最终价格的确定属于承诺。一旦最高价确定，双方之间的买卖合同关系成立，组织者应当按照出卖人的义务将标的转移给买受人。买受人应当按照最高应价支付购买价款，双方之间的买卖关系不因组织的拍卖形式而受到影响。

第十三章　拍卖活动的实施

第一节　宣读拍卖规则和注意事项

一、宣布拍卖规则

按照《拍卖法》的规定,拍卖师在拍卖之前应当宣布拍卖规则和注意事项。商务部发布的《拍卖师操作规范》中要求拍卖师开场致辞的内容包括:自我介绍;宣布拍卖方式;介绍竞买人应价、报价和举牌的方式;宣布竞价幅度;介绍落槌或其他表示买定的方式;宣布签约的时间和方式;宣布拍卖活动的纪律及其他需要约定的事项。

拍卖规则是拍卖人举办拍卖活动时所有参与者都须遵守的规则,拍卖规则也构成拍卖合同法律关系的约定条款。但拍卖规则一般内容较多,实际上在拍卖活动当中,拍卖师一般不会宣读所有的拍卖规则,更多的情况是,拍卖师为了烘托拍卖气氛,主要集中于拍卖竞价的注意事项,一般会选择宣读主要的竞价阶梯,并告知如果出现落槌和应价同时进行的情况时如何处理等规定。我们认为拍卖师在拍卖开始前宣读的内容对拍卖人而言意义重大,因为拍卖规则一般是拍卖人制定的格式条款,虽然拍卖条款会在一些场合印发,但是竞买人一般不会仔细阅读,而在拍卖现场的宣读,特别是关于竞买人和买受人的核心条款,有助于让竞买人在应价之前了解拍卖规则,以决定是否按照拍卖规则举牌应价。

二、宣读拍卖标的有关注意事项

(一) 补充瑕疵声明

我们知道拍卖师宣读规则和注意事项的内容是《拍卖法》要求拍卖人举办拍卖活动应承担的义务。其主要目的在于提醒参与拍卖的竞买人和买受人应当注意的事项和遵守的规则。瑕疵担保义务在一定的条件下可以豁免,按照《拍卖法》的规定,拍卖人、委托人可以在拍卖前就拍卖标的的真伪和品质作出声明不能保证,即拍卖人在拍卖开始之前的声明可以原则上豁免瑕疵担保责任。

法律规定的声明时间条件为拍卖开始之前,故理论上认为即便拍卖人在拍卖公告等文件中并未就拍卖标的的瑕疵作出声明,只要拍卖人在拍卖开始前作出了声明,也能起到法律上的瑕疵声明的作用,不应承担有关的瑕疵担保责任。

故拍卖人应当在拍卖之前宣读的内容当中将瑕疵声明包括进去,拍卖开始之前的瑕疵声明可以起到对之前未能声明的补充作用。

（二）对于具体拍卖标的的补充说明

对于拍卖标的在特殊情形下的变动，拍卖师应当在拍卖之前作出说明。《拍卖法》赋予拍卖师在拍卖之前宣读拍卖注意事项的权利，《拍卖法》对注意事项的种类和内容并没有作出具体明确的规定。而拍卖标的在拍卖之前可能存在某些变动，对于这些变动情况，拍卖师应当予以说明，并且在拍卖之前明确告知竞买人举牌的法律后果。

上面我们已经说过对拍卖标的的瑕疵免责说明也可以在拍卖注意事项当中进行补充，以起到瑕疵担保免责的作用。但是针对不同的拍卖标的的具体情况，拍卖人如果在拍卖开始之前已经发现相关事项可能会对竞买人产生影响的，特别是某些瑕疵仅凭普通的瑕疵免责声明尚不足以产生警示和提醒作用时，拍卖人也应当在拍卖开始之前予以明确说明。

拍卖人通过拍卖师对某项拍卖标的的具体说明对竞买人起到提醒的作用，以避免买受人援引拍卖人未对拍卖标的的瑕疵进行说明而应当承担责任的情况。

三、拍卖事项的说明的时间要求

拍卖事项的说明的时间会出现两种不同的情形：一种情形是一场拍卖会仅针对某一个拍卖标的进行，这种拍卖标的一般数额巨大，拍卖人专门就此拍卖标的举办拍卖会。这种情形下，拍卖人应当在拍卖开始之前安排拍卖师宣读拍卖规则和注意事项，一旦作出宣读，拍卖人也应当按照宣读的拍卖规则和注意事项行事，同时参加竞买的竞买人也应当遵守相关约定。

另外一种情形则是拍卖人一场拍卖会当中会对不同的拍卖标的进行拍卖。《拍卖法》只是规定拍卖师应当在拍卖之前宣读拍卖规则和注意事项，并没有规定是否可以在一场拍卖会中对不同的拍卖标的分别作出说明。我们认为拍卖开始之前应当界定为对某具体的拍卖标的进行拍卖之前，故拍卖人对于拍卖之前的由拍卖师作出说明的义务可以由拍卖师在整场拍卖会开始之前行使，也可以由拍卖师在不同的拍卖标的的拍卖之前行使。

拍卖人如果对不同的拍卖标的制定了不同的拍卖规则和注意事项，则必须在使用发生变化的拍卖规则和注意事项之前进行公布，即拍卖人可以在一场拍卖会当中根据不同的拍卖标的制定不同的拍卖规则，但是应当在正式开始拍卖之前进行宣布。

不过拍卖人对于一场拍卖会的不同拍卖标的，其对拍卖事项的说明应当尽量做到整齐划一，避免因为宣读规则不当或者未及时宣读更改的规则而产生争议。当然对于不同的拍卖标的应当特别予以注意的事项，拍卖师也应当在本拍卖标的的开始拍卖之前进行声明。

一旦拍卖开始，即对某拍卖标的，拍卖师开始喊价，拍卖师无权再次更改拍卖规则和注意事项。如果拍卖师在拍卖开始之后更改拍卖规则的，则不符合《拍卖法》规定的提前声明的义务，中途突然变化规则，可能会损害有关方的利益。

第二节　拍卖时的保留价的说明

我们曾经提到,委托人就拍卖标的可以和拍卖人约定保留价。该保留价一般是保密的,是委托人的心理价位,即委托人对自己的拍卖标的的最低期望值。鉴于保留价有着特定的法律作用,故保留价是由拍卖师在拍卖时所掌控的,可以依据应价是否达到保留价而确定应价是否有效。

对于保留价的说明,《拍卖法》规定了反向约定的原则,即如果拍卖标的没有保留价的,应当作出说明;对于有保留价的,拍卖师无须作出说明。实务操作中,绝大多数拍卖人的拍卖规则当中会对拍卖标的保留价所作的说明是,除非另有说明,拍卖人拟拍卖的拍卖标的都有保留价。

一、有保留价

对于委托人在和拍卖人订立委托拍卖合同时已经确定了保留价的,在拍实务操作中有两种不同的情形。

（一）告知

《拍卖法》规定的是没有保留价应当作出说明。如果拍卖人在委托人允许的情况下公开保留价,《拍卖法》也并没有禁止。拍卖人在一般情况下对于保留价的保密义务是建立在委托人要求拍卖人保留价保密的基础上的。

从根本上而言,保留价的设定是委托人为了获得更高的拍卖价格而设定的,并且《拍卖法》赋予委托人要求拍卖人禁止泄露保留价的权利,拍卖人泄露保留价是对委托人权利的侵害,同时也违反了《拍卖法》的规定。如果委托人自愿放弃对保留价的保密,并且要求拍卖人在拍卖时公布保留价,这是委托人自己对于保密权利的处分,那么拍卖人执行委托人的指令,无可厚非,法律不应干预。

对于告知保留价的情形,拍卖人必须要获得委托人的书面同意,并且拍卖人应当负有向所有竞买人公布拍卖标的保留价的义务。

（二）不告知

拍卖标的存在保留价,拍卖人在拍卖时不予告知保留价。这符合委托人要求对保留价予以保密的一般性要求,同时也完全符合《拍卖法》对于保留价的规定。现行实务操作中,大多数拍卖人在拍卖规则当中会明确规定,除了特别说明之外,所有的拍卖标的均有保留价。故在这种情况下,拍卖人无须再于拍卖时就某个拍卖标的是否具有保留价作出宣布,毕竟《拍卖法》默认只有在没有保留价时拍卖人要予以说明。

二、无保留价

（一）告知

《拍卖法》的强制义务是如果拍卖标的没有保留价的,拍卖人的拍卖师应当予以说明。这项义务是《拍卖法》规定的强制性程序,拍卖师违反该规定,应当认定拍卖程序存在严重的瑕疵。拍卖标的没有保留价是委托人自行对拍卖价格的处分范围的确定,意味着委托人接受所有的竞价结果,只要有竞买人参与竞价,拍卖一定成交。

(二) 不告知

拍卖师在拍卖时对于没有保留价的拍卖标的没有当场作出说明的,是对《拍卖法》的违反。拍卖人没有作出无保留价的说明,那么有可能出现在设定的起拍价的基础之上流拍的情形。如果出现这种情形,委托人有权利追究拍卖人的责任,毕竟拍卖人没有在拍卖时声明无保留价已经违反了《拍卖法》的规定。

拍卖人在拍卖时应当严格遵守《拍卖法》的规定,在拍卖标的无保留价时应当妥善地设定起拍价,并且告知全部竞买人,以促成拍卖标的的成交,违反该法定义务对于拍卖人而言得不偿失。

三、密封式拍卖的保留价

在曾经发生的一起案例当中,拍卖师在拍卖之前先行宣布拍卖标的有保留价,并且在其后宣读的拍卖规则中说明,如果应价没有超过保留价的,采取密封式拍卖,由竞买人秘密出价后,按照最高出价者得的原则确定买受人。某买受人在价格确定为最高后,拍卖人宣布因为密封式竞买人的价格没有超过保留价而导致流拍。该案最后诉至法院,买受人要求确认拍卖成交有效,并要求拍卖人签署拍卖成交确认书。拍卖人和委托人主张,拍卖的标的存在保留价,故无论是开始的公开拍卖还是后来的密封式拍卖,最高应价均应高于保留价才产生效力,故拍卖人和委托人均抗辩称本次拍卖没有成交。

法院在最终审理后认定,此次拍卖在公开拍卖阶段存在保留价,其后对于密封式拍卖的说明,从第三人角度来看无法看出是否有保留价的,根据拍卖人制定的规则,此次密封式拍卖阶段不存在保留价,因为拍卖人制定的规则明确说明,公开应价未能达到保留价后采用密封式拍卖,拍卖标的由最高者应价者得,后续的密封式拍卖无保留价,最终法院判令拍卖人、委托人承担拍卖成交的责任。

故对于密封式拍卖而言,其只是在应价的公开与否上和公开拍卖存在差异,其本质仍然是价高者得,如果拍卖人在制定规则时明确说明本次密封式拍卖也受到保留价的制约,就不会产生歧义。

第三节 起拍价与竞价阶梯

一、起拍价

(一) 起拍价和保留价的关系

我们曾在前面详细论述过起拍价和保留价关系的问题。起拍价是拍卖师宣布的该拍卖标的的最低起始报价,竞买人初次应价不得低于起拍价,低于起拍价的应价不产生效力。但是起拍价也并不一定是保留价。起拍价如果低于保留价,若出现应价,但是最高应价如低于保留价,届时最高应价仍然不会发生效力。起拍价如果高于保留价,在有应价的情况下,拍卖就会成交,保留价对起拍价不产生阻碍作用。

(二)起拍价的决定权

我们在前面也论及起拍价决定权问题,在与委托人有约定的情况下,应当遵守委托人的约定;在无约定的情况下应当由拍卖人自行确定起拍价。

在拍卖开始环节,拍卖师作为拍卖活动的主持人,就拍卖标的应当向全场宣布起拍价格,该起拍价格一般情况下都是拍卖人在拍卖之前商定的价格,交由拍卖师在拍卖现场进行宣布。

在实务操作过程中,如果起拍价格由委托人确定,因为起拍价格定得过高导致的拍卖不能成交的后果委托人自然接受。但是如果拍卖人故意将起拍价定得过高,不能成交的后果对于拍卖人而言就是他将可能得不到拍卖的佣金收益。

在起拍价由拍卖人自行依据权利进行确定时,拍卖人不应当将起拍价格设定得高于保留价,高于保留价的起拍价产生拍卖不能成交的风险可能过高。在低于保留价下设定起拍价格,对于拍卖人而言,受到委托人追究的可能性不大,因为只有超过保留价的应价才是有效的应价,最高应价未能超过保留价是拍卖不能成交的原因,而非起拍价格过高导致。

但是在无保留价拍卖的情况下,为稳妥起见,如果委托人未设定起拍价,起拍价的设定权力在拍卖人时,拍卖人应当审慎合理地确定起拍价格,在确定起拍价格后应当及时通知委托人并且以得到委托人的确认为妥,否则极易因为起拍价设定过低而导致委托人追究责任。

(三)起拍价是否可以再行调整权

在委托人设定起拍价格的情况下,拍卖正式开始之前,我们认为委托人可以调整起拍价格并且要求拍卖人执行。如果拍卖已经开始,起拍价已经向竞买人进行了公布,拍卖也已经有人应价,此时,起拍价不应做任何调整,否则将损害竞买人利益。但是如果无人应价,委托人自愿降低起拍价,这是委托人自己对于权利的处分,我们认为应当予以尊重。

在委托人未确定起拍价,起拍价由拍卖人自行根据拍卖现场的情况决定时,拍卖师已经宣布了起拍价,但是无人应价,在有保留价时并且起拍价低于保留价时,拍卖师适当调整起拍价并不会损害各方利益,反而可能有助于拍卖的成交,我们认为不违反法律的规定。但在无保留价时,起拍价无人应价的情况下,拍卖师单方降低起拍价的情况应当慎重,最好得到委托人同意。

二、竞价阶梯

竞价阶梯是拍卖师在主持拍卖活动时对于新的应价和原应价之间确定的幅度。大多数情况下的拍卖为加价拍卖,故竞价阶梯更多地表现为加价幅度。竞价阶梯一般和拍卖标的的价值有关,拍卖标的的价值越大,则竞价阶梯也会越大。

竞价阶梯确定之后,新的应价只能根据竞价阶梯对原应价进行调整。一旦新的竞买人按照竞价阶梯发出新的应价,则之前的竞价就丧失其效力。在拍卖现场,拍卖师的喊价是要约邀请,竞买人按照竞价阶梯所作的应价是要约,新的竞买人的新的应价行为是新的要约,一旦出现新的要约,则原有的要约丧失效力,拍卖就是通过不断的应价出现新的要约直至没有应价出现,拍卖师落槌或以其他可以公开表示买定的方法对最高应价作出承诺,且应价高于委托人确定的保留价时,拍卖成交。竞价阶梯的大小决定了应价的轮次数量,合理的竞价阶梯可以充分有效地确定最高应价。

(一) 竞价阶梯的决定权

按照《拍卖法》的规定,拍卖师在开始拍卖之前应当宣读拍卖规则和注意事项,但是拍卖规则和注意事项的具体内容《拍卖法》并没有作出详细的要求。一般情况下拍卖师在主持拍卖活动时会宣布拍卖师有权自己根据拍卖现场的竞价情况调整加价幅度。如果拍卖师在拍卖活动开始之前向全场宣布竞价幅度,该约定对于所有参加拍卖的竞买人均有约束力,竞买人应当按照竞价幅度的要求进行竞价。

另外拍卖师还应当根据不同的拍卖标的确定不同的竞价阶梯,在一场拍卖活动当中对多个拍卖标的进行拍卖的情况非常常见,拍卖师应在每个不同的拍卖标的开始之前根据价值确定不同的竞价阶梯。

1. 有约定

如果委托人对于拍卖标的的竞价阶梯有约定,虽然这种情况非常少见,但只要委托人和拍卖人之间就竞价阶梯作出了明确的约定,拍卖人就应当按照约定的竞价阶梯来进行喊价。拍卖人不应违反与委托人之间的约定来单方确定竞价阶梯,任何违反竞价阶梯的行为,拍卖人应当向委托人承担违约责任。同样,如果在有约定的情形下因为竞价阶梯的设定不合理产生的其他损失或者未能达到预期的拍卖效果,则应当由委托人自行承担。

2. 无约定

大多数情形下,委托人不会就竞价阶梯和拍卖人之间进行明确的约定。在这种情况下,竞价阶梯的确定权由拍卖人来行使,拍卖人则将该项权利交由现场的拍卖师来行使。拍卖师可以相机决定竞价阶梯,毕竟更好地促进拍卖成交,促进拍卖成交价格的最大化符合委托人和拍卖人双方的利益。

(二) 临时调整权

临时调整竞价阶梯可能是因为竞价太过火爆,而现有的竞价阶梯的幅度太小,导致竞买人之间竞价的轮次过多,故拍卖师对竞价阶梯进行调高。竞价阶梯也可能因为应价人过少,拍卖师为了促使应价人应价而将竞价阶梯调低。

如果拍卖师在拍卖之前宣读拍卖规则时对竞买人宣布其有权临时调整竞价阶梯,则拍卖师对拍卖规则的宣布同样对所有的竞买人都有约束力,竞买人应当按照拍卖师临时调整的竞价阶梯进行应价。

(三) 默认拍卖师具有竞价阶梯调整权

如果拍卖师在拍卖开始之前没有宣布竞价阶梯,也没有宣布其有权根据现场的情况临时性地调整竞价阶梯,那么拍卖师根据现场拍卖的情况确定竞价阶梯仍然对所有竞买人具有约束力。

拍卖活动是拍卖人依据委托人的委托主办的,只要符合《拍卖法》的规定,拍卖活动的效力应当予以认可。拍卖师作为拍卖活动现场的主持人,其有权决定拍卖活动的临时取消、中止、调整。拍卖师可以根据拍卖现场的应价情况确定竞价阶梯。有的拍卖活动现场有数件拍卖标的的,拍卖标的的价值各不相同,拍卖标的的潜在竞买人和实际竞买人的数量均不一致,赋予拍卖师灵活地根据拍卖现场的情况确定竞价阶梯幅度的权力,可以最大限度地保证拍卖成交能够顺利进行,同时委托人的拍卖利益可以实现最大化。

(四)竞价阶梯决定权的明示

我们认为为了避免歧义,拍卖人应当在其拍卖规则中规定拍卖师可以在拍卖活动当中根据拍卖标的价值自由地确定竞价阶梯,并且约定拍卖师有权根据拍卖活动的情况临时调整竞价阶梯。当然拍卖人的拍卖师同样应当在拍卖活动开始之前明确对所有的竞买人作出同样的意思表示,以避免竞买人对拍卖师的竞价幅度的确立提出异议。

相反,如果委托人在与拍卖人签订的委托拍卖协议当中明确约定了竞价阶梯和竞价阶梯的调整规则,则这构成上述竞价阶梯可以由拍卖人的拍卖师根据现场临时确定的例外情形。

一旦委托人和拍卖人之间进行了约定,则拍卖人应当被遵守约定,如果拍卖人在现场未能根据确定的竞价阶梯进行拍卖,给委托人产生损失的,拍卖人应当根据竞价阶梯的具体情况进行赔偿。如果竞价阶梯通过委托拍卖协议被锁定,实际上也取消了拍卖师的临时决定权,对拍卖活动进行了限定。如果竞价阶梯确定过高,也增加了拍卖不会成交的风险,则拍卖人有必要和委托人约定因此产生的不能成交的风险承担。另外一个方面,如果竞价阶梯确定过低,则拍卖活动中竞价的轮次过多,增加了多余的应价时间,拍卖人会因此产生更多的拍卖费用。

当然从委托人角度而言,除非委托人有某种特别的安排,否则一般不会和拍卖人约定,因为拍卖人作为专业从事拍卖活动的商主体,对于拍卖活动的理解和掌控更有经验。如果委托人仍然依照自己的意见在委托拍卖协议中限定了竞价阶梯的确定权,实际上可能导致拍卖风险的增加,有可能会导致拍卖不能成交,而最终遭受损失的其实是委托人。

故如果委托人要求在委托拍卖合同当中确定竞价阶梯,拍卖人应当力劝委托人采取这种约定,以减少双方对于因竞价阶梯过于局限而产生不必要的风险。

三、竞买人未按照竞价阶梯进行报价的效力

在拍卖师确定竞价幅度,竞买人仅以举牌对于拍卖师加价价格进行应答的情况下,竞买人的每次应价并不出现价格,所有的竞买都在拍卖师的竞价阶梯内进行,一般不会出现竞买人未按照竞价阶梯进行报价的情形,但是还是会出现由竞买人不按照竞价阶梯应价的情形。在这种情况下,如果竞买人并没有按照拍卖师确定的竞价阶梯进行应价该如何认定这种效力?我们认为应当区别不同的情况来看。

第一种情形是拍卖师明确说明竞价阶梯后,同时声明不满足竞价阶梯的应价无效。因为拍卖师对拍卖竞价阶梯作了明确的规定,所有的竞买人必须按照竞价阶梯报价,同时拍卖师对不满足竞价阶梯的报价的效力已经作出了规定,故竞买人无论基于何种原因不按竞价阶梯所作的报价,拍卖师不应予以接受,因为按照拍卖师的要求,其是无效的。如果拍卖师接受该种竞价阶梯的报价,势必会引起混乱。

第二种情形是拍卖师明确竞价阶梯后,没有明确声明违反竞价阶梯的报价无效。拍卖师对竞价阶梯的说明虽然有要求,但是拍卖师并没有对是否无效或者有效作出说明。这种情况下如果竞买人没有按照已经声明的竞价阶梯报价,则拍卖师有权接受,也有权予以拒绝。按照《拍卖师操作规范》中的规定,竞买人报价小于竞价幅度时,拍卖师可以接受或拒绝。《拍卖师操作规范》中将决定权交由拍卖师行使,即拍卖师可以主观地予以决定,但是拍卖师决定接受较小的竞价阶梯报价后,就也应当接受其他竞买人按照同样的竞价阶梯所作的报价,否则就会对其他竞买人显得不公平,甚至会引起其他竞买人认为拍卖人和买受人有串通之嫌。

第三种情形是拍卖师在拍卖开始之前就明确声明,对于任何竞价阶梯的报价,均可以自己行使接受或拒绝的权利。拍卖师作为拍卖活动的主持人,其在拍卖开始之前对于竞价阶梯的声明对所有的人都有效力,一旦拍卖师已经明确声明接受或者拒绝的权利由其行使,则拍卖师当然可以按照自己的判断作出决断,这种决断对所有的竞买人都有约束力。但是我们仍然认为,一旦拍卖师接受或者拒绝了某个不同于规定的竞价阶梯的竞价,对于后续的相同竞价阶梯的应价,拍卖师应当采用同一种尺度为妥,以避免产生混乱和异议。

第四节　拍卖方式

一、增价拍卖

增价拍卖是价格由竞买人逐步抬高加价的拍卖。按照《拍卖师操作规范》的规定,增价拍卖时,由拍卖师报出起拍价,邀请竞买人应价;竞买人应价之后,拍卖师按增价幅度再邀请竞买人竞价,直至产生最高价格。

(一) 三声报价法

所谓三声报价法,是指拍卖师主办拍卖活动的过程当中,拍卖师报出价格之后应三次提醒竞买人应价,三次之内有人应价的,则重新按照新的应价邀请竞买人应价,如果是最高应价在场内宣布三次,第三次无人有更高应价的,该最高应价即为成交价。

《拍卖师操作规范》当中的规定,拍卖师应说明最后的报价方式,宜以"三声报价"方式表示,宜采用:"第一次""第二次""最后一次";两次报价后宣布"最后一次"。拍卖师宣布"最后一次"后要稍做停留,经确认再无人作价格表示后才能落槌。拍卖师报出起拍价后若无人应价时,应提示竞买人最后应价的机会,宜以"三声报价"作表示。

尽管存在《拍卖师操作规范》,但是该规范并非强制性标准。拍卖师是否必须按照三声报价法确定最高应价,《拍卖法》并无明确规定。关于拍卖成交,《拍卖法》的规定的成交仅为竞买人的最高应价通过拍卖师落槌或者其他公开表示买定的方式确认后,拍卖成交。但是在拍卖的一般惯例中,均采用三声报价法,以确定无更高应价。

只要三声报价法被场上的人所接受,这个惯例应当遵守。当然,如果拍卖师在举办拍卖会时,明确宣布其他报价方法,也不违反法律的规定,也应认定为有效的拍卖方式。只要在拍卖标的拍卖之前明确宣布,就不应轻易否定其效力。当然,为了避免混乱,既然三声报价法已经为绝大多数拍卖活动所接受和应用,拍卖人举办拍卖活动时,也不宜轻易改变这种报价法。

（二）询问所有的应价人

拍卖师主持的拍卖活动应当对所有的竞买人公开进行，不应否定其他竞买人参与竞买的权利，否则不仅损害其他竞买人利益，也损害委托人利益。在拍卖活动中，拍卖师基于某种原因，可能会对前次应价的人询问是否愿意报出更高应价，但是如果拍卖师仅针对某竞买人而询问最高应价后，并予以落槌方式认定成交的，将可能因为损害他人利益而被认定为无效的拍卖行为。

故拍卖师在对某人喊出是否愿意最高应价后，同时仍应当按照确定的报价方式比如三声报价法，向全场竞买人公开喊出报价次数，在三声报价完成后，方能落槌确保有效。

（三）竞买人自行加价应价的效力

自行加价应价是指竞买人在对拍卖师的喊价发出应价之后，尚无其他竞买人发出新的应价，拍卖师也尚未落槌，该应价人自行加价再次应价的行为。

关于竞买人自行加价的行为，《拍卖法》并没有对此作出任何规定。出现竞买人自行加价行为的情形，从竞买人这里来看，反映出竞买人自己对于此拍卖标的势在必得的决心，是作出自行加价行为的竞买人向其他竞买人发出的清晰信号。有人认为自行加价的行为不具备法律效力，其依据是拍卖师喊价之后，并无其他竞买人进行应价，此时的最高应价人的应价仍然是有效的，如果该应价人仍然再行加价，阻却其他竞买人的加价行为，损害了其他竞买人的利益，应当是无效的应价行为。

我们认为自行加价行为应当是有效的应价，拍卖活动中，拍卖师的喊价行为是要约邀请，拍卖师的喊价是告知所有的竞买人，目前拍卖标的的最高报价，邀请其他竞买人对拍卖师的要约邀请发出要约，发出要约是竞买人以高出拍卖师的报价发出，竞买人发出要约后，拍卖师尚未落槌，该要约处于有效状态，但是尚未得到承诺，拍卖未能成交，在此基础之上，没有其他竞买人进行应价时，原竞买人自行加价的行为应视为竞买人发出了新的要约，该要约针对的对象正是拍卖师就原应价再次喊价所作的要约邀请。竞买人的自行加价行为是其自愿的行为，并未损害拍卖人利益，也没有损害委托人的利益，委托人的拍卖标的反而获得了更高的应价。对于其他竞买人而言，拍卖本身就是一种竞争行为，所有竞买人都可以在价格基础上正常展开竞争，没有任何人可以对竞买人的竞拍价格作出任何承诺。相反，无论是拍卖人还是其他竞买人作出类似承诺的行为都是《拍卖法》所严格禁止的行为。故其他竞买人希望获得拍卖标的，仍然可以通过再次加价的方式重新应价，这种应价在拍卖师落槌之前进行，都可以产生有效应价的效力，其他竞买人主张自行加价竞买人的加价行为损害其利益的论点没有依据。

在法律并没有否定连续加价行为效力的情况下，该行为符合意思自治的原则，应当确认其效力。当然，从完美的角度上来看，拍卖师在宣读拍卖办法时，可以向全场的竞买人明确表示，竞买人可以自行加价竞买，这样的话就难以产生争议。

（四）表示买定的方法

1. 落槌

落槌系拍卖人对竞买人的报价的回应，竞买人的应价视为邀约，落槌则为承诺。一旦落槌即产生买定的效力，这也意味着竞买人同意以成交价格购买拍卖人的拍卖标的。同样意味着拍卖人愿意按照拍卖合同的约定履行交付标的的义务。一旦落槌，竞买人就成为买受人,且不得反悔,如果反悔就应当承担违约责任。落槌之后,即便买受人不愿或拒绝签署成交委托书等文件,也不影响拍卖已经成交的法律后果。

正是由于落槌具有承诺的效力,且以落槌作为拍卖成交的标志,故拍卖师的落槌应当果断。落槌是拍卖活动中最为常见的拍卖成交方式,而拍卖师个人因为个性会对于落槌的做法有所不同,如果有必要,拍卖师应当向全体竞买人声明其落槌的方式,避免因不同的落槌方法招致其他竞买人的异议。

落槌是最为常见的确定最高应价的方法,落槌的权利应当由拍卖师在拍卖现场行使。落槌的法律效力是对竞买人的应价要约作出的承诺,一旦落槌,除非有其他法定的可否定落槌效力的行为,否则按照《拍卖法》的规定就应当视为拍卖成交。

正是因为落槌行为的严肃性,故拍卖师应当在落槌时干脆果断,并且符合报价的惯例,比如在使用三声报价法时,应当严格按照三声报价的惯例,在无更高应价人出价后落槌。

如果出现在拍卖师落槌的同时,有其他竞买人举牌的情形,则拍卖师应当妥善处理。最为稳妥的方法是拍卖师在宣读拍卖规则时,明确告知全场竞买人相应的处理办法,可以规定以下几种处理方式。

第一种是落槌有效,即竞买人应当在拍卖师落槌之前举牌,如果和拍卖师落槌同时举牌的,视为无效举牌,落槌仍有效力。

第二种是应价有效继续拍卖,即拍卖师确认在落槌时有人同时举牌的,则竞买人的应价有效,落槌视为没有发生,可以进入下一轮的竞价。

第三种是拍卖师宣布在这种情况出现时由拍卖师相机作出决定。这几种规定在拍卖师对竞买人作出说明之后,对全场的竞买人都有约束力,所有的竞买人应当共同予以遵守,一般不会产生争议。

如果拍卖师在宣读拍卖方法时并没有作出类似的说明和规定,在拍卖会现场出现落槌和新的应价同时发生的情形的,该如何认定其效力呢?中拍协的观点认为,应当由拍卖师现场作出判断和决定。这种观点的依据是,拍卖师是拍卖活动的主持人,其有权利根据拍卖现场的状况主持拍卖活动,包括暂时中止拍卖行为等。在落槌和新的应价同时发生时,如果拍卖师认定落槌有效,也并不违反法律规定,因为拍卖师已经落锤,新的应价人自己未能在落槌之前进行应价,是自己放弃在必要的时间内的应价。另外一方面,《拍卖法》只是规定最高应价的确认方式为落槌,但是在落槌的同时有新的应价,故也可以认定最高应价尚未发生,拍卖师作为现场的主持人有权宣布拍卖继续进行,况且拍卖继续进行也没有损害委托人和其他人的利益,新的一轮竞价仍然可以产生买受人。

我们认为,拍卖活动中的具体情况存在着多样性,法律不可能规定得那么具体详细,拍卖师作为现场的主持人应当有对特殊情况进行决断的权利。拍卖师在现场作出的选择不应发生矛盾,即在相同的情形下有时作出落槌有效,有时作出落槌无效的抉择,以免徒增争议。

2. 其他可以公开买定的方法

《拍卖法》对于决定最高应价的方法规定为落槌和其他公开表示买定的方法,对于落槌其概念和方法已经为参与竞拍者所熟知,但是何为公开表示买定的方法,《拍卖法》并没有作出规定。

其他方法的首要条件应当是公开，《拍卖法》对拍卖的定义为拍卖是指以公开竞价的形式，将特定的物品或者财产权利转让给最高应价者的买卖方式。《拍卖法》对于拍卖应当遵循的原则在第四条当中明确规定，拍卖活动应当遵循公开、公平、公正、诚实信用原则。故公开的原则是拍卖活动必须遵循的基本原则，落槌的方式是在所有竞买人在场的情况下由拍卖师表示买定。其他可以确认买定的方式也必须是符合公开的要求，公开的要求应当是能够让所有竞买人公开地知晓最高应价的价格。

其他方法的另外一个条件是要确认买定。所谓买定应当是指竞买人通过最高应价成为竞买人，故买定是确认参加竞买的哪一个竞买人以何价格成为买受人。买定的价格必须是最高应价，否则拍卖就违反了最基本的原则。

《拍卖法》对于买定的此项规定实际上是允许拍卖人可以制定相应的确定买定的规则，比如在电子拍卖的过程中，拍卖人可以通过设定竞买人的再次竞价时间来确定最高价，而电脑以程序的方式自动确定最高应价。比如在密封式拍卖过程中，可以通过宣读竞买人提供的竞买价格来最终确定最高应价。

故对于拍卖人而言，如果采用的是和落槌方式不同的确定最高应价的方法，则应当制定明确的规则，该规则应当在拍卖开始之前明确告知竞买人，必要的时候应当在拍卖公告中明确予以规定，以确保竞买人对于确定买定的方法已经熟知。拍卖人在拍卖开始之前公布规则，竞买人参与竞买应当视同竞买人以行为表示愿意接受拍卖人确定的公开表示买定的方法。

拍卖人在确定其他公开买定的具体方法时，应当结合拍卖的惯例制定相关规则，制定的规则应当保证最基本的公正和公平，以保障委托人利益、竞买人利益不因拍卖人制定的特别规则而受影响。

二、减价拍卖法

拍卖中除了按照普遍的加价拍卖以外，还可以采取减价拍卖的办法。减价拍卖法从起拍价开始往下拍卖，每次竞买人可以按照拍卖师确定的减价幅度进行应价，如果有人应价，则由该竞买人成为买受人，如果不止一人同时应价，则可以按照有关规则确定竞买人比如增价拍卖等。

减价拍卖法也是经常会运用的拍卖方法，其特点是可以将起拍价定得很高，然后逐次降低。但是减价拍卖法和更为常见的增加拍卖法存在明显的不同，拍卖师宣布实行减价拍卖法时应当对以下内容予以特别关注，以免引起纠纷。

（一）减价拍卖法的起拍价

如果委托方约定有保留价的，减价拍卖法的起拍价肯定要高于保留价，低于保留价显然达不到拍卖的目的，而且应价低于保留价也不应发生效力。为了体现对委托人的公平，减价拍卖法的起拍价应当和委托人确认后方能起拍。增价拍卖法的起拍价可以低于保留价，而且随着竞买人应价的不断提高，达到或者超过保留价自然不会损害委托人的利益。而减价拍卖法中的起拍价如果确定得过低，即便超过保留价，也有可能损害委托人利益。拍卖人和委托人确认减价拍卖的起拍价将不会给拍卖人带来纷扰，我们建议在委托拍卖协议当中,应当确定减价拍卖法的起拍价。如果拍卖人在拍卖活动具体举办的时候,才确定采用减价拍卖法时,也应当得到委托人的认可和确认。

(二) 减价拍卖法的减价幅度

正是因为在减价拍卖法下,首先应价的竞买人就能成为最终的买受人,故减价的幅度的大小也直接影响着委托人的最终利益的大小,减价幅度过大会实际上造成委托人的拍卖标的没有实现利益的最大化。我们建议为了防止拍卖人和委托人之间因为减价幅度的大小产生矛盾,拍卖人也应当和委托人确定减价拍卖法的减价幅度,如果双方之间约定减价幅度由拍卖人的拍卖师自行决定,拍卖师在拍卖现场也不应将减价幅度设定过大,否则极有可能产生争议。

(三) 减价拍卖法的应价

减价拍卖法下,如果按照最先应价成交的方法确定竞买人的,则最先应价的竞买人应成为买受人。在减价拍卖法下也适用三声报价法,在减价拍卖时由拍卖师进行三声喊价,如果没有应价则再行下降拍卖价格。一旦拍卖师的报价被竞买人应答,该竞买人就应成为买受人,拍卖师应当果断落槌予以确认。减价拍卖当中的三声报价以及落槌和增加拍卖有明显不同,增加拍卖当中是对最高应价人的应价进行三声报价,而减价拍卖法当中是拍卖师对自己的报价进行三声报价,没有应价后再行降价。故拍卖师对于减价拍卖法当中的落槌掌控应予以注意。

对于在已有应价之后其他竞买人的举牌行为,拍卖师应当确定该应价没有效力。对于减价拍卖的拍卖方法,拍卖师必须在拍卖之前明确告知所有的竞买人,拍卖时应当告知竞买人成为买受人的具体条件、判断标准等,以免产生争议。

(四) 同时应价的处理

减价拍卖当中,如果出现多个竞买人同时应价的,难以区分先后的竞买人,一般情况下可采取两种方式,一种由双方抽签决定,还有一种方式可以转为增价拍卖。抽签方式决定竞买人的,则会将拍卖价格限定在现有应价之上,并不能确保委托人的利益最大化。故转而采取增价拍卖的方式更为常见。

转为增价拍卖的起拍价应当为两个以上的竞买人的共同应价,即拍卖师宣布的拍卖价。减价拍卖转化为增价拍卖可以实现拍卖人利益的最大化,但是只要是增价拍卖就涉及增价的幅度问题,在一般的拍卖当中,增价幅度一般由拍卖师自行根据拍卖现场的情况决定,如果拍卖人确定应当由其拍卖师行使决定增价的加价幅度的权力,也应当在委托拍卖协议中予以明确,增价的幅度也不应过大,过大可能使得增价的机会丧失。

转为增价拍卖时的竞买人应当局限在已经应价的竞买人之间。增价拍卖作为减价拍卖的补充,其目的是确定最终的买受人,在减价拍卖时没有进行应价的竞买人视为其并未对拍卖人的要约进行承诺,其实质上放弃了拍卖人的喊价。故在后续的增价拍卖当中,未应价的竞买人不得参加新一轮次的增价拍卖,如果允许其参加增价拍卖是对已经在减价拍卖法下应价的其他竞买人权利的损害,违反了最基本的公平原则。但是为了避免歧义,拍卖师在宣读拍卖注意事项时,也应当就可以转为增价拍卖法时的参加人进行必要的说明。拍卖师在主持减价拍卖后的增价拍卖时,应当按照主持拍卖活动所享有的权利,明确告知所有竞买人,增价拍卖局限在已经应价的竞买人之间。同时在继续拍卖的过程中,如果发生有其他竞买人参加增价拍卖的情况,应当果断告知其不具有应价的主体资格,并且宣布其应价不产生效力,不影响可以参加增价拍卖的竞买人的应价行为。

如果转为增价拍卖,应价人均没有再继续加价的,应当通过抽签办法来确定最终的买受人。在转为增价拍卖时通过抽签办法确定买受人的办法,同样应当在减价拍卖之前由拍卖师详细说明。

我们建议如果拍卖人在举办的拍卖活动中当中准备采取减价拍卖方式,应当在拍卖公告中将减价拍卖的详细规则通过书面方式告知竞买人,不仅如此,拍卖师也应当在拍卖活动开始之前明确宣布减价拍卖的拍卖方法,以避免因竞买人对减价拍卖方式的理解不全面,以及拍卖师对减价拍卖方式的讲解不够造成拍卖活动的混乱。

第五节 优先购买权保护

我们在不同的拍卖标的的审核中对于优先购买权的问题已经有所述及,落实到具体的拍卖的过程中,拍卖师对于有优先购买权的竞买人参加的竞买应当予以充分的注意,否则拍卖人极有可能因为优先购买权问题陷入纠纷当中。

一、对拍卖中有优先购买权的竞买人的事先说明义务

享有优先购买权的竞买人一旦参加拍卖活动,对于其他的没有优先购买权人而言只是在同等条件下进行应价,并不必然成为买受人。如果有优先购买权的竞买人参加竞买,拍卖人应当在拍卖活动的说明当中予以说明,同时拍卖师应当在拍卖时向全部竞买人事先予以告知。按照《拍卖师操作规范》的要求,拍卖师拍卖开始前,除应说明优先购买权人参加竞买的拍卖规则外,还应告知其所处的位置及号牌。

二、拍卖现场对优先购买权的保护

对于存在优先购买权的竞买活动,拍卖人和拍卖师应当明确参加竞买的优先购买权人的优先权如何行使,只有明确对优先购买权的行使作出了声明之后,才能避免参加竞买的其他竞买人提出异议。《拍卖法》对于如何保障优先购买权人行使优先权没有规定,但是在《拍卖师操作规范》当中规定,拍卖开始后,应先在竞买人中产生最高价格;优先购买权人表示以最高价格买受的,应拍归优先购买权人;有其他竞买人表示更高价格,而优先购买权人不作买受表示的,则拍归表示最高价格的竞买人。顺序不同的多个优先购买权人同时表示买受的,顺序在先者得。顺序相同的多个优先购买权人同时表示买受的,拍卖师应先落槌确定成交价,再以抽签方式决定买受人。国家行使优先购买权时除外。

拍卖人主持的拍卖活动按照上述相关规则进行符合《拍卖师操作规范》的规定,即便如此,拍卖人和拍卖师对于此种拍卖方法仍然有义务向所有竞买人作出声明,以便于竞买人了解该拍卖方法。

三、未明确优先购买权即行拍卖后产生的后果

如果拍卖人对于有优先购买权人参加的竞买的规则未明确说明,也未赋予有关优先购买权人员行使相关权利的条件,在拍卖出现最高应价的情况下,如果拍卖师予以落槌,而买受人却是非优先购买权人,则优先购买权人可能会要求主张行使优先购买权而要求确认买受人无效。因为拍卖活动是必须履行法定程序的活动,如果非优先购买权的买受人被宣布无效后,拍卖可能会重新举行。而重新进行的拍卖的成交价格是否和原先的成交价格相同,没有人可以作出保证。一旦重新拍卖,委托人可能会追究拍卖人的责任及产生的损失,而原先拍卖的买受人会以拍卖已经落槌成交要求拍卖人履行拍卖合同。不论法院或仲裁机构是作出承认还是作出否认拍卖成交结果的决定,对于拍卖人而言其都会遭受受损方主张的赔偿请求。

第六节 拍卖未成交

一、拍卖未成交的原因

拍卖未成交是拍卖不能成功,即没有买受人有权可以取得拍卖标的,具体而言可以分为几种情况。

(一) 没有竞买人应价

在没有竞买人应价的情况下,拍卖虽然举办,但是没有竞买人对拍卖标的产生购买的兴趣,在拍卖场所表现为虽然拍卖师对拍卖标的进行了喊价,但是没有任何竞买人对拍卖师的喊价发出应价的要约,自然就不会出现拍卖师的承诺行为,故没有竞买人应价的拍卖未能成交最为简单。

(二) 竞买人应价低于保留价

还有一种情形,鉴于拍卖标的存在保留价,按照《拍卖法》的规定,即便出现最高应价,只要最高应价没有超过保留价,自然不会发生最高应价的效力,拍卖师也不会落槌成交。

同时依据《拍卖法》的规定,在拍卖标的有保留价的情况下,拍卖师无须向全场作出说明,如果委托人没有特别要求向竞买人公开保留价的情况下,只有拍卖师自己对拍卖标的的保留价是确定知晓的,而竞买人并不清楚拍卖标的的保留价。

拍卖未能成交的决定权在拍卖师,拍卖师以不落槌的方式确认最高的应价没有产生应价的效力,拍卖未能成交,如果拍卖师因故错误认定了保留价而未予落槌,委托人自然可以追究拍卖人的责任。

二、拍卖未成交的法律后果

(一) 对委托人

对委托人而言,拍卖未能成交意味着拍卖的失败,委托人可以要求拍卖人退还拍卖标的,并且委托人应当按照和拍卖人之间的约定履行支付有关费用的义务。拍卖人向委托

人退还拍卖标的后,双方之间的委托拍卖协议终止。当然委托人也可以重新要求拍卖人对拍卖标的进行拍卖,但这是另外一个委托拍卖法律关系。

(二) 对拍卖人

对拍卖人而言,在拍卖未能成交的情况下,拍卖人自然无法从委托人处获得委托方的佣金,同时拍卖人有义务将拍卖标的归还给委托人。委托人取回拍卖标的之后,拍卖人对委托人的拍卖标的所负有的保管义务也终结。拍卖人有权依据和委托人之间的委托拍卖协议收取应当收取的费用等。

(三) 对竞买人

对竞买人而言,如果拍卖未能成交,竞买人有权要求拍卖人退还已经支付的保证金,在取得保证金之后,拍卖人和竞买人之间的竞买合同关系终结,双方不再有权利义务。

三、未成交后宣布拍卖结束后再拍卖的后果

拍卖师不应轻易对某拍卖标的的拍卖宣布拍卖结束,一旦宣布拍卖结束,本次拍卖的全部法律程序视为已经终结,在这种情况下如果在同一场拍卖会当中对同一标的再拍卖将被视为违反法律规定的拍卖活动。拍卖活动具有严格的程序,需要对外公告,并且将拍卖标的进行展示。拍卖师作为拍卖活动的主持人,代表拍卖公司主持拍卖活动,其宣称的拍卖结束将被直接认定为拍卖人结束拍卖活动。

拍卖标的如果在拍卖的过程中因程序问题而未能成交,拍卖师可以宣布拍卖继续进行,而不应宣布拍卖结束,一旦宣布拍卖结束,该拍卖标的的本次拍卖就结束,若拍卖师宣布重新拍卖,该拍卖行为违反了程序规定,将会被认定无效。

但中拍协在有些向其咨询的回函当中认为,拍卖会如果没有全部终结,拍卖师作为拍卖活动的主持人,在征得委托人的同意的情况下,如果前次拍卖未能成交,拍卖师可以恢复拍卖,不应认定为拍卖已经结束。对于这种重新拍卖的情况,存在几种可能。在拍卖标的存在保留价的情况下,如果首次拍卖的起拍价无人应价,在再次拍卖时,起拍价下调,最终拍卖成交价超过上次的起拍价的,原有的竞买人对其质疑的概率较低。但是如果首次拍卖时有竞买人进行应价,只不过是应价低于保留价直接导致拍卖未能成交,再次拍卖时的起拍价进行了下调,同时委托人同意下调保留价,则会出现第二次的成交价低于首次拍卖的应价,这时首次拍卖的应价人以及下调保留价的委托人都有可能对再次拍卖产生争议,均可能会主张再次拍卖违法,并进行质疑,甚至主张权利。另外,如果是司法拍卖,因为首次拍卖未成交之后,存在降低起拍价的可能,故如果拍卖师直接宣布重新拍卖,也会引起首次竞买人的质疑,甚至主张权利。

中拍协的回函认为,只要拍卖师没有宣布拍卖结束,上述拍卖经过应价后仍具有效力。同时,该回函认为,如果拍卖师宣布拍卖结束,则下次拍卖行为应当履行完整的拍卖手续,包括公告等,否则拍卖师不得重新拍卖。

我们认为拍卖师虽然作为拍卖活动的主持人,在拍卖标的实际已经流拍的情况下,再行恢复拍卖虽然可以降低再次拍卖的成本,甚至经得了委托人的同意,但是拍卖活动是严肃的符合法律规定的拍卖行为,除非拍卖人在其规则当中明确规定可以允许在同场的拍卖会当中可以再行拍卖,否则拍卖人不应单方宣布重新拍卖。

第七节　成交确认书

拍卖成交确认书样本①

××××公司成交确认书

编号：

拍卖会名称＿＿＿＿＿＿＿＿＿＿＿＿

拍卖标的图录号、名称＿＿＿＿＿＿＿＿

竞买牌号＿＿＿＿＿＿＿＿＿＿＿＿＿＿

成交价＿＿＿＿＿＿＿＿＿＿＿＿　　　佣金＿＿＿＿＿＿＿％

买受人签字＿＿＿＿＿＿＿＿＿＿　　　日期＿＿＿＿＿＿＿

买受人已认真阅读××××公司的拍卖规则，同意在拍卖交易中遵守拍卖规则中的一切条款，并按规定向××××公司支付佣金及其他各项费用。

拍卖人公章＿＿＿＿＿＿＿

一、成交确认书的作用

按照《拍卖法》的规定，拍卖成交后，买受人应当和拍卖人签署拍卖成交确认书。拍卖成交确认书是买受人和拍卖人之间拍卖合同成立的证明，买受人以签署拍卖成交书的方式再次和拍卖人之间就拍卖成交的核心条款确认一致，为双方就拍卖合同的履行定下更充分的依据。

二、拍卖成交确认书须载明的事项

拍卖成交确认书作为双方签署的文件，一般来说，拍卖人会在拍卖成交书上载明拍卖的标的、成交的价格、付款的时间以及拒绝付款的后果等内容。正如前面所述，拍卖成交确认书只是拍卖成交的书面形式证明，签署拍卖成交确认书系双方履行了法律规定的义务。但是如果拍卖成交确认书的内容对双方原有的约定有修改的，应当视为通过拍卖成交书的约定修改了已有的内容。在这一点上，拍卖人应当避免出现拍卖成交确认书中的记载内容和拍卖规则等拍卖人公布的有关拍卖文件存在矛盾的地方，以避免产生争议。

三、拒绝签署

《拍卖法》规定在拍卖成交之后应当签署拍卖成交确认书。拍卖成交确认书的签署是拍卖过程中应当履行的法定程序，但是我们认为拒绝签署拍卖成交确认书不影响拍卖的效力，没有签订拍卖成交确认书仍应承担拍卖成交的结果，拍卖成交确认书的签署与否并

_____

① 参见《文物艺术品拍卖规程》。

不能改变拍卖成交结果经法定程序已经确定的法律事实。

拍卖具有严格的法定程序,其中最核心的程序体现在拍卖环节。拍卖师的报价行为是要约邀请,竞买人的应价是要约,拍卖师对现有的应价的喊读是再次进行要约邀请,如果有新的应价超过了拍卖师的报价,则是新的要约,如此反复,直至出现最高应价,最高应价仍然是要约,拍卖师对最高应价采用诸如三声报价法进行确认,再没有竞买人发出更高应价之后落槌的行为就是拍卖人对最高应价的买受人的要约的承诺,承诺一旦确定,则双方之间的拍卖合同就已经成立。

拍卖合同成立之后,买受人就应当依约支付拍卖款项,即便成交确认书没有签署,买受人仍应当依照拍卖规则当中的约定将拍卖成交款项支付给拍卖人,拍卖规则中对于双方之间成交的约定仍然适用,不受是否签订成交确认书的影响。

拍卖人和买受人在拍卖场所当中通过行为、竞投协议以及拍卖规则等确定了拍卖合同关系,拍卖成交确认书仅是双方对拍卖成交结果的再次确认,任何一方拒绝签订拍卖成交确认书并不影响拍卖合同的成立,当事方都应当按照拍卖成交的结果履行各自的义务。

具体而言拒绝签署拍卖成交确认书又分为以下两种情况:

(一) 买受人拒绝签署

买受人拒绝签署拍卖成交确认书,系买受人主观拒绝的行为,只要拍卖的程序合法,拍卖的结果不因买受人是否签署拍卖成交确认书而受影响。当然买受人拒绝签署拍卖成交确认书,可能是由于买受人对于拍卖师的某些行为不予认可,或者对于拍卖人的某行为不予认可,或者买受人主观就不愿意付款。在此情况下,拍卖人可以明确要求买受人接受拍卖结果,如果买受人仍然予以拒绝,拍卖人可以按照拍卖成交后买受人拒绝支付拍卖款项要求其承担违约责任。拍卖人也可以起诉到法院要求买受人承担相应的责任,当然法院在审理之时,要确定拍卖行为是否合法有效,只要拍卖行为合法有效,买受人就应承担相应的违约责任。

(二) 拍卖人拒绝签署

拍卖人拒绝签署拍卖成交确认书的情况比较罕见,实际上在拍卖现场,都是拍卖人提供拍卖成交确认书供买受人签署,拍卖人拒绝提供拍卖成交确认书,可以视为拍卖人拒绝签署拍卖成交确认书,买受人可以主张拍卖成交而要求拍卖人承担责任。具体而言,买受人可以向拍卖人主张要求交付拍卖标的。

进一步来说,拍卖人作为拍卖活动的主办方,更应遵守《拍卖法》当中的程序规定,拍卖人明知拍卖程序当中应当签署成交确认书,而拒绝向买受人提供,拍卖人应当承担违约责任,如果买受人因此受损的,拍卖人应当向买受人承担损害赔偿责任。

另外还需要注意的是,拍卖人拒绝签署拍卖成交确认书可能是受委托人指令。我们已经强调,拍卖人的拍卖师一旦以落槌等公开表示买定的方法确定最高应价的,拍卖就已经成交。而拍卖成交所产生的拍卖合同关系发生在拍卖人和买受人之间,拍卖合同约束拍卖人和买受人,拍卖人单方拒绝签订拍卖成交确认书须向买受人承担违约责任。如果拍卖人接受委托人的指令拒绝签署,并不影响拍卖人单独应当向买受人承担责任。所以,拍卖人应当杜绝接受委托人的不合法要求进而拒绝签订拍卖成交确认书。如果委托人要求拍卖人拒绝签署成交确认书,应当要求由委托人对拍卖人因此可能产生的赔偿承担责任。无论如何,拍卖成交确认书的拒绝签署并不能起到阻挡拍卖人承担责任的作用,相反拍卖人可能会因此行为遭受买受人的权利主张。

四、他人代为签署成交确认书

在拍卖现场经常出现竞买人举牌应价成功之后,竞买人自己未能签署成交确认书,而由其他人代为签署的情形,此种签署成交确认书,可能会在其后买受人拒绝付款的情况下产生争议。

我们在前面也经强调,号牌应视为竞买人身份的唯一证明,在拍卖场所进行应价的行为时,竞买人无须再行声明其具体身份,号牌即代表竞买人,竞买人每次举牌的行为即为对拍卖师的上一轮应价进行重新要约的行为,故一旦落槌,该应价即发生效力。拍卖成交确认书只是对竞买人竞买成功的再次确认,拍卖成交确认书的签署与否本质上并不影响成交的效力。买受人签署拍卖成交确认书是其义务,拍卖现场其他人签署拍卖成交确认书,应视买受人对于该签署人的授权,买受人对于签署人的否认并不应影响拍卖成交确认书的效力。尽管如此,我们仍然建议拍卖人应当就他人代为签署成交确认书的情形在其拍卖规则当中进行规定,以避免在买受人拒绝支付拍卖款时,以签订拍卖成交确认书之人非买受人进行抗辩。

五、拍卖未成交仅有成交确认书不具备法律效力

成交确认书是拍卖成交的证明。按照《拍卖法》的规定,在拍卖成交之后应当签署拍卖成交确认书。如果拍卖没有成交仅有拍卖成交确认书不足以产生成交的效力。只有竞买人的最高应价被拍卖师以落槌或者其他可以公开表示买定的方法确定的,拍卖才能成交。

如果只有拍卖成交确认书而没有拍卖成交的行为发生,实质上可以认定为拍卖人和竞买人串通的拍卖行为,未发生拍卖的拍卖成交当然无效,另外这已经违反了《拍卖法》当中关于竞买人和拍卖人应当遵守的禁止性规定。故该拍卖成交确认书属于无效的法律文书,委托人和有关当事方可以主张该拍卖成交确认书无效。不仅如此,如果当事方因为虚假的拍卖成交确认书产生任何损失的,可以追究拍卖人和签署的买受人的责任。

六、行政机关对于拍卖成交无否定的权利

拍卖活动成功举办后,竞买人以最高应价成为买受人,竞买人和买受人签订成交确认书,该民事法律行为有效,除非被司法机关仲裁机构认定为无效,否则该拍卖成交的结果应当予以遵守。行政机构无权对拍卖结果作出无效等民事法律关系上的否定性评价。

按照《拍卖法》的规定,拍卖活动受到两个行政机关的监督:其一是商务主管部门,其二是工商管理部门。两部门均依照《拍卖法》的规定和各部门的行政规章对拍卖人进行监督,并可以各自按照法定程序和职权对拍卖企业的有关违法行为进行行政处罚。商务主管部门主要是从拍卖行业管理的角度来对拍卖人实施监督。工商行政管理机构是对具体的拍卖活动实施监督,有的地方工商行政管理机构会至现场实施监督。

在这种情况下,有的工商行政管理机构或者有关部门基于职权,根据某当事方的投诉

直接对拍卖人主办的拍卖活动作出了无效拍卖或者取消拍卖成交的确认或者认定。对于工商行政管理部门的此种决定,我们认为并不符合法律的规定。

拍卖活动是民事法律行为,民事法律行为的有效有其法定构成的要件,民事法律行为的有效和无效必须经过法院和仲裁机构进行认定,行政管理机构仅仅依据行政职权所作的有关确认拍卖活动无效的决定本质上超出了行政机关的权力范围。当事方不应把行政机关作出的此类有关决定作为最终双方拍卖活动是否有效还是无效的依据。如果拍卖人和当事方之间就此产生争议,仍应当由法院和仲裁机构作出裁决。对于因行政机关错误作出此类评价的行政行为,当事方可以依据我国《行政诉讼法》的规定,要求行政机构就此进行赔偿,行政机关应当为自己错误作出此类行为承担责任。

司法拍卖活动与普通的商事拍卖活动存在本质差异,我们在有关司法拍卖的成交与取消当中会述及。司法拍卖活动是司法执行活动的衍生,司法机构就某些拍卖活动所作的无效的认定,作为拍卖人只能予以执行,但是受损当事方可以通过国家赔偿的途径,对法院所作的错误的决定申请国家赔偿。

第八节 拍卖笔录、记录、账簿

一、拍卖笔录

按照《拍卖法》的规定,拍卖人进行拍卖时,应当制作拍卖笔录。拍卖笔录应当由拍卖师、记录人签名;拍卖成交的,还应当由买受人签名。拍卖笔录应当由拍卖人根据拍卖现场的情况进行记录,并由拍卖师和记录人签名,拍卖成交的买受人的签名同样具有证明拍卖成交的作用。

拍卖笔录的具体要求《拍卖法》并没有作出规定,但是从反映拍卖情况的要求来看,拍卖笔录至少应当记录拍卖标的的名称、起拍价、竞买人的号牌、应价过程、最终的成交价等情况。拍卖的完整过程从起拍开始直至产生最终的买受人,拍卖笔录只要能够反映拍卖现场的拍卖情况,就能够起到拍卖笔录的作用,使其产生效力。

拍卖笔录是由拍卖人记录的,拍卖人应当按照《拍卖法》的规定完整记录拍卖现场的情况,拍卖笔录不仅可以保证拍卖程序的完整,也可以起到佐证拍卖情况的作用。

买受人按照《拍卖法》的规定负有在拍卖笔录上签字的义务,但是在某些情况下,买受人出于对拍卖结果的不认可可能会拒绝在拍卖笔录上签字。我们认为只要拍卖过程符合《拍卖法》的规定,买受人拒绝在拍卖笔录上签字和拒绝在成交确认书上签字的后果一致,都不影响拍卖的成交。拍卖的成交以拍卖师的落槌为标志,一旦落槌拍卖成交的法律效力就发生,买受人拒绝签字不足以产生否定拍卖成交的作用。只要拍卖成交合法,买受人就需要履行作为买受人应当承担的义务。买受人以所谓未在拍卖笔录或者拍卖成交确认书上签字为由,无法免除其应当承担的责任。

二、录音录像资料

(一) 行政义务

按照工商部门旧的《拍卖监督管理办法》规定,拍卖后结束后七日内,拍卖人应当将全部竞买人名单、成交清单及拍卖现场完整视频资料或者经当事人签字确认的拍卖笔录,送拍卖活动所在地工商行政管理机关备案。工商部门的规定中将视频资料和拍卖笔录并立,拍卖人应当将可以记录现场的资料、视频或者文字笔录提交给工商行政管理部门。违反这个规定的后果是工商行政机关可以处以一万元以下的罚款。但是最新的《拍卖监督管理办法》规定中已经删除了此项规定,这意味着拍卖人无须再将拍卖资料送交工商行政管理部门备案。

(二) 民事证据作用

值得拍卖人注意的是,拍卖人记录现场的视频资料可以成为拍卖人确定拍卖现场情况的证明资料。拍卖现场的视频资料可以完整记录所有参与拍卖的竞买人,可以记录竞买人的应价情况,可以记录竞买人以最高应价成为买受人的情形,也可以记录买受人签署拍卖笔录,买受人签订拍卖成交确认书的情况,故我们建议现场的视频资料应当由拍卖人精心准备布置,应当详细记载上述情形,可对今后拍卖产生的争议起到必要的证明作用。

三、文物拍卖记录报送文物管理部门备案的义务

按照国家文物局的规定,省级文物行政部门应以不少于10%的比例对文物拍卖会进行监拍。监拍人员可以对拍卖会现场出现的违法行为采取相应措施。拍卖企业应于文物拍卖会结束后 30 个工作日内,按照《中华人民共和国文物保护法实施条例》第四十三条相关规定,将文物拍卖记录(文物的名称、图录、来源;文物的出卖人、委托人和买受人的姓名或者名称、住所、有效身份证件号码或者有效证照号码以及成交价格)报省、自治区、直辖市人民政府文物行政主管部门备案。接受备案的文物行政主管部门应当对照文物拍卖标的审核申请材料对文物拍卖记录进行核查,及时发现并查处拍卖企业瞒报、漏报、替换文物拍卖标的等违法行为。

拍卖人进行文物拍卖必须遵守国家文物保护法以及文物行政管理部门的有关规定,文物作为拍卖标的后向文物主管部门报送有关材料是其法定义务。

四、拍卖资料的保管义务

《拍卖法》规定,拍卖人应当妥善保管有关业务经营活动的完整账簿、拍卖笔录和其他有关资料。账簿、拍卖笔录和其他有关资料的保管期限,自委托拍卖合同终止之日起算不得少于五年。

(一) 账簿

《拍卖法》所称的账簿应当指和拍卖业务有关的业务账簿,并非财务会计账簿。财务会计账簿受到我国《会计法》等财会管理法规的约束。拍卖人所有的财务账簿的保管期限须符合《会计法》的规定。《会计法》规定各单位对会计凭证、会计账簿、财务会计报告和其他会计资料应当建立档案,妥善保管。会计档案的保管期限和销毁办法,

由国务院财政部门会同有关部门制定。根据最新的财政部和国家档案局颁布的《会计档案管理办法》的规定,原始凭证会计账簿的保管期限一般为三十年。这和拍卖业务的账簿的保管期限存在明显差异。

(二) 拍卖笔录和其他有关资料

拍卖笔录是记录拍卖现场拍卖情况的记录,能够证实拍卖现场所反映的情况,虽然国家行政机关不再要求拍卖人报送拍卖笔录,但是《拍卖法》要求拍卖人对该类资料的保管义务仍然存在。与拍卖相关的其他的资料《拍卖法》并没有作出具体规定。我们认为和拍卖活动有关,能够反映拍卖活动过程的资料比如拍卖公告、委托拍卖合同、竞买协议、拍卖标的转移记录等都应当纳入其他资料的范围。拍卖资料对于拍卖人出现纠纷后作为证明拍卖过程的证据尤为重要。

(三) 起始时间

《拍卖法》对于拍卖资料的保管时间的期限为十五年,其起算时间为委托拍卖合同终止之日。委托拍卖合同的终止之日的确定办法应当首先考察委托拍卖合同的约定期限,如果委托拍卖合同约定的终止期限与拍卖人和委托人之间的委托拍卖合同的终止之日相符合,则可以直接从委托拍卖合同的约定之日起算。

但是如果委托拍卖合同的终止之日并未约定或者约定和实际终止之日不符,应当以拍卖人和委托人之间委托拍卖合同的法律关系终止之日起计算。如果拍卖成交并正常履行的,应当将委托拍卖合同的终止之日确定在委托人收到拍卖应得款项,拍卖人获得拍卖佣金收益之日。如果拍卖未能成交,则可以将终止之日确定于拍卖人返还委托人拍卖标的,委托人付清拍卖人相关费用之时。如果拍卖人和委托人之间产生争议,则应当将终止之日设定为双方争议解决之日。

另外,拍卖人和买受人,甚至买受人和委托人之间会产生纠纷,界定委托拍卖合同的终止时间就应当根据具体情况进行确定。

(四) 超过保管时间的法律后果

《拍卖法》对于保管的期限设定为不少于五年,故拍卖人只要保管五年就已经满足了《拍卖法》所设定的保管期限要求,如果超过五年,拍卖人就不应当承担保管不慎的责任。在超过五年的保管期限后,拍卖人对其他方要求其提交所保管的拍卖资料的要求可以以超过保管期限为由予以拒绝。

第十四章 拍卖的停止

第一节 拍卖的中止

一、拍卖中止

拍卖的中止是拍卖的暂停,可以随时因为中止的事由消失而恢复拍卖,拍卖中止的情况可能因为许多原因会发生,但《拍卖法》对于何种情况下拍卖可以中止并没有作出法律上的规定。

二、拍卖的中止事由

在商务部门制定的《拍卖管理办法》中,明确规定了拍卖应当中止的几种情形。作为拍卖行业的主管部门,拍卖人应当遵守主管部门的规定。

《拍卖管理办法》规定,有下列情形之一的,应当中止拍卖:(一)没有竞买人参加拍卖的;(二)第三人对拍卖标的所有权或处分权有争议并当场提供有效证明的;(三)委托人在拍卖会前以正当理由书面通知拍卖企业中止拍卖的;(四)发生意外事件致使拍卖活动暂时不能进行的;(五)出现其他依法应当中止的情形的。中止拍卖由拍卖企业宣布。中止拍卖的事由消失后,应恢复拍卖。

(一) 没有竞买人参加拍卖的

如果没有竞买人参加拍卖,则表明该拍卖标的没有任何潜在的愿意购买的人,故拍卖不可能继续进行,拍卖应当中止。但是值得说明的是,中国拍卖协会将只有一个竞买人参加的竞买认定为无效的拍卖,并认为只有一个竞买人报名参加竞买活动,拍卖人应当中止拍卖。但是有的法院判决并不认同此观点,我们会在关于一人竞买是否有效的部分进行阐述,这里不再赘述。

(二) 第三人对拍卖标的所有权或处分权有争议并当场提供有效证明的

根据《拍卖法》的规定,拍卖标的应当是委托人享有处分权利的标的,如果委托人对拍卖标的不具备处分的权利,则拍卖属于无效的拍卖。故《拍卖管理办法》中将有第三人对拍卖标的的所有权或者处分权发生争议的情形,纳入了拍卖可以中止的情形。但是该情形仍然会存在很大的争议,对于拍卖标的的所有权或者处分权的确定,实际上需要由法院、仲裁机构通过必要的法律程序才能最终确定,故第三人提供何等证据能够确认其对拍卖标的享有相关权利,实质上超出了拍卖人能够判断的范畴。拍卖人最终是否能够恢复拍卖仍应依赖于必要的法律认定。

（三）委托人在拍卖会前以正当理由书面通知拍卖企业中止拍卖的

拍卖人对于委托人委托的拍卖活动需要投入必要的人力、物力和财力,拍卖活动的中止乃至取消会对拍卖人举办活动产生影响,一般会增加拍卖人的费用和成本,故除非拍卖人和委托人之间已经有特别约定,否则委托人中止拍卖人会给拍卖人带来损失。《拍卖管理办法》当中对于委托人要求中止拍卖的情形中特别要求委托人应当有正当的理由并书面提出申请。对于何为正当的理由,《拍卖管理办法》未予明确,但是从民事责任的角度出发,委托人发出要求中止拍卖的通知,拍卖人应当予以执行,但是拍卖中止的后果及可能产生的损害赔偿责任应当由委托人予以承担。

（四）发生意外事件致使拍卖活动暂时不能进行的

发生意外事件阻却拍卖正常推进,继续推进拍卖可能会产生更为严重的后果,在这种情况下如果拍卖人执意继续进行拍卖势必会产生更大的争议,妥善起见,拍卖人可以宣布中止拍卖。

（五）其他应当依法中止的情形

这类情形《拍卖管理办法》是通过概括性的表述作出的规定,具体应当按照不同的情况作出不同的判断,不可一概而论。比如有主管部门或者其他行政机构以行政命令的方式要求拍卖中止,等等。

三、中止的决定权

拍卖中止的决定权在拍卖人。拍卖人依据拍卖活动举办过程中出现的符合上述规定的情形有权作出中止拍卖的规定。《拍卖管理办法》当中明确规定由拍卖企业宣布中止拍卖。拍卖师作为拍卖活动的主持人,其也有权根据拍卖现场的具体情况作出中止拍卖的决定。拍卖师系注册于拍卖人的拍卖活动的主持人,拍卖师和拍卖人之间是被雇佣和雇佣的关系,拍卖师在拍卖活动中的决定代表拍卖人的决定。故一旦拍卖师在拍卖活动现场宣布拍卖中止,和拍卖人通过其他方式宣布拍卖中止的效力是相同的。

四、中止后的后果

拍卖活动被宣布中止后,拍卖人应当根据拍卖中止的情形,确定拍卖是否继续进行,如果拍卖活动需要取消的,拍卖人也应当及时作出宣布。拍卖取消本质上就是拍卖终止,一旦拍卖被宣布取消,则该拍卖标的拍卖不得再行举行,如果再行举行拍卖则需要履行拍卖全部的法定程序,委托人和拍卖人应当按照《拍卖法》的规定订立新的委托拍卖合同关系。还有一种情形则是拍卖只是暂时性的停止,停止原因消失后则恢复拍卖活动。

五、中止后的恢复

（一）两种不同时间的中止后的恢复拍卖

影响拍卖继续进行的中止的事由消失之后,应当继续举行拍卖。拍卖中止的恢复又可能分为两种情形。

第一种情形是现场短暂的停止后的恢复拍卖。这种中止拍卖的持续时间较短,就如同休会一样,拍卖人在宣布拍卖中止后,竞买人等并未离场,继续在拍卖活动场所等待拍卖进行,一旦拍卖人宣布重新拍卖,则竞买人仍可以进入拍卖程序,这种情形下的恢复拍卖会比较顺利。

第二种情形则是拍卖中止的时间较长。这种情况下拍卖人宣布拍卖中止后,拍卖中止的情形需要持续一段时间并进行最后的判定,一般情况下拍卖人和委托人会最终确定拍卖恢复的时间。但是中止拍卖和恢复拍卖间隔较久,在此情况下如何组织恢复拍卖就显得比较重要。

所谓恢复拍卖其本质上是原来拍卖的延续,只不过原先的拍卖因为某种特定情况被暂停。恢复拍卖理应在原先的竞买人之间进行,拍卖人作为拍卖活动的主办方,应当通知所有的已经办理了竞买手续的竞买人参加恢复的拍卖活动。如果原有的竞买人未参加恢复后的拍卖活动的,可以视为其放弃了竞买人身份。

是否必须限定竞买人的范围,我们认为要按照不同的情况进行分析。如果原先的拍卖公告以及拍卖须知或者拍卖人就拍卖活动所作的说明当中明确了竞买人办理竞买手续的截止时间的,比如拍卖人要求竞买人在拍卖正式开始之前必须办妥竞买手续的,则若拍卖开始后拍卖中止的,恢复拍卖时仍应当在原先的竞买人之间进行,因为竞买人已经确定。

还有一种情况,在许多拍卖活动中,拍卖标的并非唯一,一场拍卖会有不同的拍卖标的需要拍卖,拍卖人一般也不会在拍卖的公告等通知当中就竞买手续的办理截止时间作出规定。在这种情况下,只要拍卖没有结束,竞买人可以随时在现场与拍卖人办理竞买手续竞,然后进场参加竞买。故如果在这种情况下的拍卖被拍卖人宣布中止后,拍卖人恢复拍卖活动的,就不应限制竞买人参加的范围,理论上所有的人都可以参加恢复后的拍卖。

(二)恢复拍卖的决定权

根据《拍卖管理办法》的规定,恢复拍卖的决定权应当由拍卖人来行使。

委托人一旦和拍卖人订立委托拍卖合同关系,则拍卖活动的组织即由拍卖人负责,拍卖中止是暂时性的,故拍卖的继续进行也由拍卖人决定。但是如果委托人和拍卖人约定了关于拍卖恢复的权利如何行使,则应当尊重当事人之间的选择,并按照双方之间的约定来处理。

(三)恢复拍卖的具体拍卖方法

恢复拍卖有两种情形,第一种情形是拍卖尚未正式开始即中止的恢复,第二种情形是拍卖已经开始后中止的恢复。

对于拍卖尚未开始时即中止的恢复拍卖的,因为拍卖尚未正式开始,拍卖人及拍卖师应当按照拍卖的法定程序正式开始拍卖,包括宣布拍卖规则注意事项,并根据不同的拍卖方法推进拍卖。

对于拍卖已经开始后中止的恢复拍卖,因为恢复拍卖是中止拍卖的延续,所以所有的拍卖活动应当延续原先的拍卖方法。如果拍卖实质上已经开始喊价,应当从中止前的价格开始。拍卖师对于恢复拍卖后的加价幅度等也应当与之前的一致,当然如果根据拍卖现场的情形,拍卖师临时调整加价幅度的,仍可以由拍卖师予以宣布。

六、防范有关风险

拍卖中止是因为拍卖产生特殊情形时,拍卖人根据规定适当停止拍卖的紧急措施,恢复拍卖后可能会因为拍卖人的措施或者行为不妥产生争议,特别是对于竞买人的范围、拍卖方法的变化等。故为了避免争议的发生,拍卖人有必要对于如何中止拍卖,如何恢复拍卖进行约定,特别是赋予拍卖人自己对于中止拍卖后所可能采取的具体措施的权力。

第二节　拍卖的终止

一、拍卖终止

拍卖终止和拍卖中止不同:拍卖中止是暂时性的停止,有可能会因为拍卖中止原因的消失而继续拍卖,而拍卖终止则意味着拍卖不再进行。

二、终止的事由

虽然《拍卖法》对于拍卖的终止并没有作出规定,但是在商务部颁布的《拍卖管理办法》中规定,有下列情形之一的,应当终止拍卖:(一)人民法院、仲裁机构或者有关行政机关认定委托人对拍卖标的无处分权并书面通知拍卖企业的;(二)拍卖标的被认定为赃物的;(三)发生不可抗力或意外事件致使拍卖活动无法进行的;(四)拍卖标的在拍卖前毁损、灭失的;(五)委托人在拍卖会前书面通知拍卖企业终止拍卖的;(六)出现其他依法应当终止的情形的。终止拍卖由拍卖企业宣布。拍卖终止后,委托人要求继续进行拍卖的,应当重新办理拍卖手续。

(一)第一种情形是人民法院、仲裁机构或者有关行政机关认定委托人对拍卖标的无处分权并书面通知拍卖企业

拍卖标的应当是委托人具有处分权的物品或者财产性权利,故拍卖无权处分的拍卖标的的行为一般会被认为属于无效的拍卖行为。人民法院、仲裁机构是依据法律处理纠纷的机构,其有权根据相关事实和法律依据作出对拍卖标的的处分权确权的决定,有关行政机构如果具有确权的职权,可以作出确权决定。如果拍卖标的的处分权被确定为非委托人所享有,则继续拍卖可能产生的结果是拍卖行为归于无效。另外,此条还规定拍卖人收到相关机构的书面通知应当终止拍卖,只有有关部门的书面通知才是终止拍卖的执行依据,否则无法确认是否具有确定效力。

(二)第二种情形是拍卖标的被认定为赃物

拍卖标的如果系赃物,则属于犯罪所得,按照法律规定应当被没收。可能认定赃物的机构是公安机关、检察机关,以及人民法院,拍卖人如果收到相关部门认定拍卖标的为赃物的通知,应当终止拍卖活动。

(三)第三种情形是发生不可抗力或意外事件致使拍卖活动无法进行的

这个规定和拍卖中止的规定存在明显不同,拍卖中止规定的情形为特殊情况,拍卖终止的情形则是规定为不可抗力或意外事件。不可抗力具有不可预计也不可避免的特征,一旦发生,因为不可抗力无法继续履行的民事法律行为的后果,当事各方均免除责任。在拍卖活动中,一旦因为不可抗力而无法继续拍卖,则拍卖活动应当终止。

（四）第四种情形是拍卖之前拍卖标的已经损毁、灭失

拍卖标的一旦发生损毁、灭失，则拍卖人之前对于拍卖标的所做的任何介绍等均发生了很大的变化，另外拍卖标的的损毁、灭失对于拍卖标的的价值和后续拍卖标的的成交都会产生重大的影响。因为拍卖标的的损毁、灭失，拍卖已经失去了其意义，当然应当予以终止，否则继续拍卖则可以定性为明显的欺诈。

（五）第五种情形是委托人在拍卖会前书面通知拍卖人终止拍卖的

我们在之前的委托拍卖协议中已经叙述过，委托人和拍卖人之间的合同具有委托合同的性质，委托人基于自己的判断可以随时解除合同，委托人对于自己的标的享有处分权，一旦委托人对于拍卖的举办作出了终止拍卖的意思表示，拍卖人应当予以遵守。根据《拍卖法》第二十九条规定，委托人在拍卖开始前可以撤回拍卖标的。委托人撤回拍卖标的的，应当向拍卖人支付约定的费用；未作约定的，应当向拍卖人支付为拍卖支出的合理费用。这是法律规定的委托人应当承担的法定责任。该法定责任赋予当事人之间可以约定撤回拍卖的责任范围。

（六）第六种情形是其他依法应当终止的情形

这些终止的情形也不一而足，比如在司法拍卖当中可能会因为法院的通知而终止拍卖等，需要根据具体的情况来具体看待。

三、具体拍卖终止的时点

鉴于拍卖活动系一个完整的过程，从拍卖人和委托人订立委托拍卖协议开始，到拍卖正式实施，再到拍卖成交结束。故在拍卖的不同的阶段，终止拍卖活动的影响和后果不尽相同。

（一）拍卖未开始

拍卖尚未开始，是指拍卖师尚未宣布拍卖正式开始，这时拍卖人所做的工作尚处于拍卖正式开始实施之前的阶段，也许拍卖已经进入公告和展示阶段。因为拍卖尚未开始，竞买人并未实际参与竞买，如果拍卖终止对于竞买人的影响程度最低。此时拍卖人终止拍卖，应当和委托人办理解除相关委托拍卖的手续。对于竞买人，拍卖人应当退还竞买人支付的保证金。

（二）拍卖已经开始

拍卖已经开始的终止是指拍卖人的拍卖师已经就拍卖标的进行了喊价，拍卖活动中尚未产生最高应价，竞买人正在参与拍卖，但是买受人尚未出现。如果此时拍卖人宣布终止拍卖，则会产生很大的争议，因为竞买人已经参与了竞买，并且报出了自己的应价，同时委托人的利益也很快就能实现，故在拍卖活动已经开始之后的终止拍卖行为应当妥善处理，以防止争议出现。

四、拍卖终止的决定权

鉴于拍卖活动系由拍卖人主办，故终止拍卖的决定权应当由拍卖人来行使。拍卖人根据自己对相关事由的判断决定拍卖终止。同样拍卖师作为拍卖人所聘用的人，拍卖师代表拍卖人主持拍卖活动，拍卖师有权代表拍卖人决定拍卖终止。

五、拍卖终止的后果

（一）拍卖不再进行

拍卖终止权应当是一种形成权，被宣布后即产生终止的法律后果。拍卖活动被宣布终止，也应当是不可撤销的。拍卖人宣布拍卖终止后不得再恢复拍卖，只能重新拍卖。

拍卖活动被宣布终止后，本次拍卖活动终结，委托人和拍卖人之间的委托拍卖合同终止，同时拍卖人和竞买人之间的竞买合同终止，各方当事人均应当按照合同终止的有关约定或者法律规定承担各自的责任和义务。

（二）重新拍卖

拍卖终止的后果其实已经确定，即被终止的拍卖已经结束。如果委托人仍然希望对该拍卖标的进行拍卖的，应当重新办理委托拍卖手续。重新进行的拍卖本质上属于新的拍卖，拍卖的法定程序仍需要按照《拍卖法》的规定重新进行。重新拍卖的委托拍卖合同是一个新的委托拍卖合同，当事人之间可以重新约定委托拍卖合同的具体内容，诸如保留价等内容。同样，重新拍卖对于竞买人而言也是新的竞买，竞买人应当按照拍卖人重新制定的拍卖规则参与竞买。

第三节　一个竞买人参加竞买的拍卖

一、一个竞买人参加的拍卖是否有效

只有一个竞买人参加的拍卖是否有效问题，存在不同观点。

有观点认为，《拍卖法》意在规定竞买人的数量应在两人之上。[①] 只有一个竞买人的拍卖应属无效的拍卖，即只有一个竞买人参加的拍卖，即使成交，也不发生效力。其依据是我国《拍卖法》第三条对拍卖所做的定义："拍卖是指以公开竞价的形式，将特定物品或者财产权利转让给最高应价者的买卖方式。"故进一步引申为，竞价须产生竞争关系，只有一个竞买人参加的拍卖并不产生竞争关系。不产生竞争关系之后竞买人发出的应价并不能产生最高价，即不可能对委托人的拍卖标的的效益产生最大化的作用。还有观点认为只有一个竞买人参加的拍卖也违反《拍卖法》规定的公开、公平、公正、诚实信用的基本原则，所以一个竞买人参加的竞买为无效拍卖。

相反的观点认为，《拍卖法》并未禁止只有一个竞买人参加的拍卖。这种观点认为《拍卖法》并未明确要求竞买人必须超过一人，在关于拍卖实施的法律规定中，也没有竞买人为一人时的特殊要求。故竞买人为一人并未违反《拍卖法》的规定，不能因只有一个竞买人而否定拍卖的效力。

中拍协对于一个竞买人情况则持一种更明细的观点，它将一个竞买人的情况进行了两种类型的区分，并根据不同的情形作出不同的结论。中拍协的观点认为，第一种情形

---

① 参见刘宁元：《中国拍卖法律制度研究》，北京大学出版社，第60页。

是,如果拍卖会举办时到达拍卖会现场并签订竞投协议的竞买人只有一个人,实际应价的竞买人也只有这一个竞买人。在这种情况下,因为没有其他的竞买人参与竞价,即便该竞买人参与竞买,并且对拍卖师的喊价进行了应价,甚至应价超过了保留价,但是因为没有其他竞买人参与,故这种唯一竞买人参加的拍卖活动应当无效。

另外一种情形则是,到达拍卖现场并签订竞买协议或者领取号牌的竞买人不止一人,但是在现场开始拍卖后,实际应价的竞买人只有一人,其他的竞买人并没有应价,这种情况下因为竞买人并不止一人,虽然其他人没有参与应价,但是因为实际参与的人数超过了一人,故已经产生了竞价关系,所以这种情况不应认定为无效。

二、不应轻易否定效力

我们认为不能因为仅有一个竞买人参与拍卖就认定该拍卖是无效的拍卖。正如前文所述,要确认拍卖这样的民事法律行为无效必须要符合民事法律行为无效的要件,民事法律行为的无效可能会因为主体不适格而无效,可以因为意思表示不真实而无效,可以因为违反法律规定而无效。但是仅有一个竞买人参与的拍卖行为,并不符合上述要件。最重要的是并没有《拍卖法》等强制性法律规定否认一个竞买人进行的拍卖活动的效力。

此外在《拍卖管理办法》当中,有关于拍卖应当中止的规定,在拍卖应当中止的情形中,没有竞买人参加拍卖的是拍卖应当中止的情形之一,并未有规定只有一个竞买人参加拍卖应当中止拍卖的规定。关于拍卖活动必须终止的情形当中也没有竞买人为一人时的情形。虽然《拍卖管理办法》是行政规章,不能对合同的效力产生影响,但是可以从另一个侧面说明,一个竞买人的拍卖并未违反拍卖行业主管部门的规定。

从具体的拍卖活动来看一个竞买人参加的拍卖,不应否认其效力,我们分两种情形来看。

第一种情形,如果拍卖标的存在保留价。进一步而言,如果唯一竞买人的应价没有超过保留价,则按照《拍卖法》的规定,该应价自然属于没有效力的应价,在这种情况下,拍卖师可以停止拍卖,宣布应价无效。如果唯一竞买人的应价超过保留价,则唯一竞买人的应价应当发生效力,该应价的发生效力并没有损害任何其他人的利益,也没有违反其他的法律规定。此外,从委托人角度看,委托人设定的保留价是委托人对拍卖标的的最低期望价值,而唯一竞买人的应价已经超过了最低期望值,拍卖成交的结果顺利实现了委托人的目的。故无论是从经济利益的角度还是从法律的角度,都无法得出拍卖无效的结论。

第二种情形,如果拍卖标的没有设定保留价。按照《拍卖法》的规定,如果没有保留价的,拍卖师应当在拍卖前加以说明。即便在这种情况下,也不应否定唯一竞买人应价的效力。我们认为,拍卖本质上是标的转让,既然委托人对于自己的拍卖标的没有设定保留价,说明委托人对于该拍卖标的的价值的期望是不确定的,任何最高的应价都可以成为拍卖成交价,唯一竞买人的应价同样实现了委托人转让拍卖标的的利益的期待。

另外,我们从拍卖的行业管理规定,即商务部制定的《拍卖管理办法》来看,拍卖中止的情形之一是没有竞买人,关于拍卖的行政规章也并没有否认唯一竞买人参与竞买的效力,却明确指出在没有竞买人参加的情况下,应当中止拍卖,因为也只有在这种情况下,拍卖实际上无法进行,故没有继续拍卖的必要。

对于是否区分参加竞买人和实际竞买人是否为唯一竞买人的问题，我们认为，这并不影响竞买活动的有效性。拍卖活动举办前既然已经进行公告，愿意进行拍卖的竞买人自然会到现场进行拍卖，而拍卖活动的举办有着严格的程序，一个竞买人办理竞买手续也能实现竞买的价值。况且在出现这种情形时，委托人也可以在拍卖正式开始之前要求取消拍卖。如果拍卖活动并没有被取消，而且拍卖人在这种情况下仍然举办拍卖活动，竞买人进行了举牌应价，其效力应当得到保护。

三、当事人是否约定唯一竞买人竞买无效的情形

如果涉及的当事方对于唯一竞买人的竞买行为作出了规定，我们认为如果当事方对此明确作出了规定或者约定，应当予以遵守。但是对于各方可能产生的责任，则应当区别不同情形，分别予以确定，我们从以下几种情况来分析。

（一）委托拍卖合同有约定

就委托人而言，当然是竞买人越多，其利益最大化的可能性就越大，如果只有一个竞买人，显然对于其经济利益会产生很大的影响。故委托人当然可以在委托拍卖合同当中明确要求拍卖人在只有一个竞买人参加的情况下取消拍卖活动。

一旦委托人就只有一个竞买人参加竞买活动的后果作出了约定，作为受托拍卖的拍卖人，应当遵守与委托人之间的约定，否则拍卖人就应当承担违约责任。

拍卖人在实施拍卖时对于委托人的不得由一个人参加竞买的指示予以忽略，并且在拍卖过程中落槌成交，则拍卖人会面临买受人以及委托人两方的责任追究。

如果拍卖成交被认定为有效，则拍卖人需要向买受人移交拍卖标的，拍卖人将买受人支付的拍卖成交价款支付给委托人，而委托人必然对拍卖人的行为不予认可，则委托人可以依据和拍卖人之间的委托拍卖合同追究拍卖人的责任。

如果拍卖人在拍卖成交之后意识到本次拍卖系违反了和委托人之间的约定而进行的拍卖，作出了取消拍卖成交结果的决定。对于委托人而言，拍卖人取消拍卖成交的行为保障了委托人的利益没有受到影响。但是另外一方面，拍卖人的取消拍卖成交的行为在与买受人达成的拍卖合同下，属于拍卖人的违约行为，买受人可以要求拍卖人承担拍卖标的交付不能产生的责任，买受人因此而产生的全部损失都将由拍卖人承担。

故如果委托人约定必须由一个以上竞买人参与拍卖，而拍卖人疏忽并且成交之后，无论拍卖人作出何种决定，都将会受到委托人和买受人中一方的权利主张。

（二）拍卖人规定唯一竞买人的拍卖无效的情形

1. 对竞买人的效力

如果拍卖规则明确否定只有一个竞买人参加的拍卖，即拍卖人安排拍卖师宣布拍卖注意事项时，可以宣布如果只有一个竞买人参与竞买则本场拍卖取消或者终止等规定。如果拍卖师在现场宣布了上述规定，我们认为这是本场拍卖所制定的规则，参加竞买的竞买人应当予以遵守。如果只有一个竞买人应价，则拍卖师不应落槌，并同时取消本次拍卖。在这种情况下，应价的竞买人无权要求确认拍卖有效，因为拍卖师在拍卖开始时已经明确告知了拍卖的注意事项，各方的应价行为应当符合拍卖人通过拍卖师作出的规定。故在明确宣布不允许一人竞买的情况下，竞买人请求确认拍卖成交的诉请不应得到法院的支持。

拍卖人如果想免除可能遭受唯一竞买人进行应价的赔偿请求,应当在拍卖规则当中明确对此作出规定,或者在拍卖公告当中,或者由拍卖师进行宣布注意事项时予以明确说明,这样唯一竞买人很难追究拍卖人的责任。

2. 对委托人的效力

虽然拍卖人制定的唯一竞买人竞买无效的规则对竞买人有效,但是委托人是否认为这一规则有效,我们认为还要从以下不同的情形进一步来分析。

(1) 委托人知情

如果拍卖人制定的一个竞买人的竞买无效的拍卖规则,得到委托人的认可,则委托人同样受到拍卖规则的限制,委托人应当接受只有一个竞买人情况下拍卖未能成交的后果。这种情况下,实际上委托人、拍卖人、竞买人都接受了一个竞买人竞买无效的结果,根据意思自治的原则,应当尊重当事人之间就拍卖所作的约定,各方之间很难产生争议。

(2) 委托人未明确同意一人竞买无效

但是,如果委托人没有明确和拍卖人约定不允许一个竞买人参加竞买的情况下,拍卖人单方宣布一个竞买人的竞买无效,或者拍卖人通过拍卖注意事项声明一个竞买人的竞买无效,此时,如果拍卖现场出现了唯一的竞买人,并进行了应价,但是因为拍卖人取消了拍卖,唯一竞买人自然不会向拍卖人支付款项,这时委托人是否有权追究拍卖人的责任?

我们认为,这又要分两种情况来看,首先要看在委托人和拍卖人签订拍卖规则时,拍卖规则当中是否明确约定拍卖人可以根据自己的情况决定竞买人的最低人数或者拍卖规则中有竞买人数不少于2人的措辞,如果当时的拍卖规则有此约定,同时委托拍卖协议当中也明确说明委托协议受制于拍卖规则,或者拍卖规则是委托拍卖协议的一部分,在这种情况下,视为委托人已经将竞买人人数的最低确定权完全交由拍卖人来确认,故拍卖人宣布一个竞买人的应价无效并未违反双方的约定,委托人也应当予以遵守并接受一个竞买人竞买无效的结果。

在拍卖规则未规定一个竞买人的拍卖的情形下,我们仍然认为应当按照上述规则确认效力,除非有司法机关明确否认一个竞买人竞买的效力。

(三) 拍卖人和委托人之间完全没有约定

在这种情况下,委托人和拍卖人之间的委托拍卖协议完全没有涉及一人竞买的情形,而且双方确认的拍卖规则当中也不涉及这一内容,我们认为委托人有权依据委托拍卖合同追究拍卖人单方宣布唯一竞买人竞买无效的责任。我们认为,并无法律限制唯一竞买人参与竞买,也无效力性规范否认一人竞买的效力,故唯一竞买人的竞买是法律所允许的。但是因为拍卖人在宣布拍卖注意事项时否认一人竞买的效力,竞买人接受了拍卖人的规定,故唯一竞买人的应价自然对拍卖人不产生效力,唯一竞买人无权向拍卖人主张拍卖已经成交。但是依据合同相对性原则,拍卖人和竞买人之间的拍卖合同关系和拍卖人与委托人之间的委托拍卖合同关系是两个不同的合同法律关系,拍卖合同关系当中的约定并不当然地适用于委托合同关系。故委托人可以依据拍卖人和其签署的委托拍卖合同追究拍卖人的责任,委托人可以认为拍卖人并未尽到受托责任,单方设定拍卖条件,在已经存在应价的情况下,宣布拍卖不成交,损害了委托人的利益,给委托人造成了损失,进而委托人可以要求赔偿。

　　故我们认为，如果拍卖人的惯例是不允许唯一竞买人进行应价，则除了在拍卖时作出宣布以防止竞买人追究责任外，还应当在和委托人确认的拍卖规则或者与委托人签署的委托拍卖合同当中明确约定拍卖人可以终止唯一竞买人参加的拍卖，否则拍卖人可能会被委托人追究责任。

第十五章　拍卖中的禁止行为

第一节　禁止委托人实施的行为

一、委托人在拍卖活动中的禁止行为

委托人系委托拍卖人对自己的财产或财产性权利通过拍卖的方式取得最高转让价的主体,委托人希冀通过拍卖实现拍卖标的的最大价值。拍卖活动一旦交由拍卖人实施,就应当严格按照法律的规定,遵循必要的规则,由竞买人通过公开竞价的方式确定最高价并成为买受人。

为了防止委托人的某些行为损害其他当事方的利益,《拍卖法》禁止委托人实施某些行为,《拍卖法》第三十条规定,委托人不得参与竞买,也不得委托他人代为竞买。

委托人自己或者通过他人参与竞买属于自己的拍卖标的,违背诚实信用原则,其目的在于哄抬拍卖成交价格,实际上损害了其他竞买人的利益,故该类行为被法律所明确禁止。

二、行政责任

委托人自己参与拍卖,扰乱了正常的拍卖市场秩序,根据《拍卖法》的规定,委托人将会因此而产生行政责任,具体而言,按照《拍卖法》的规定,工商行政管理部门可以对委托人处拍卖成交价百分之三十以下的罚款。

委托人所承担的行政责任,系行政机关依职权对违反《拍卖法》的行为实施的行政处罚,对于委托人而言,一旦实施该违法行为,并被行政机关认定,即可能遭受处罚。

该行政责任的前提条件应当是拍卖已经成交,只有在拍卖已经成交的情况下,委托人实施的该违法行为才产生了后果,如果成交价为其他竞买人的最高应价,则可能会因为委托人的违法行为导致该成交价虚高。如果是委托人自己的应价为最高应价,则委托人还应另外承担成交价百分之三十以下的罚款责任。如果拍卖未能成交,委托人实施自己竞买的行为没有产生作用,委托人无法从拍卖中获取利益,故该处罚的前提是拍卖成交。

三、民事责任

委托人实施了被《拍卖法》所禁止的参与拍卖的行为,除了承担上面所述的行政责任外,还应当承担民事责任。具体而言应当包括以下几个方面的民事责任。

（一）对买受人的承担的民事责任

买受人本来希冀通过最高应价获得拍卖标的，但因为委托人自行参与拍卖而虚高了拍卖成交价格，从而遭受损失，买受人可以以委托人参与拍卖活动为由要求确认拍卖成交无效。委托人违反的规定属于法律规定的强制性规范，而且属于禁止性法律规范，违反法律强制性规定的民事法律行为应当属于无效的民事法律行为。

买受人要求确认拍卖成交无效后，自然就无须再履行拍卖成交的约定，买受人无须支付拍卖成交价款，同时因为拍卖成交而产生的拍卖佣金，买受人也无须支付。

不仅如此，根据无效民事法律行为的后果，买受人还可以要求委托人承担买受人因此而产生的全部损失。委托人应当赔偿买受人因此遭受的损失。

（二）对拍卖人承担的民事责任

委托人自己参与拍卖活动可能对拍卖人承担的民事责任应当分成两种情况。

1. 第一种情况是其他买受人通过最高应价成为买受人。在这种情况下，买受人因为委托人的违反法律强制性规定的行为主张拍卖成交结果无效，故买受人无须向拍卖人支付任何原本由买受人承担的佣金。对于拍卖人而言，自然会产生买受人佣金收益无法取得的损失。故拍卖人可以要求委托人赔偿买受人应支付的佣金。

在这种情况下，买受人与拍卖人之间的拍卖成交被确认无效后，拍卖视同没有发生过，但是客观表现上却是本次拍卖活动已经成交。但是因为买受人无须再支付拍卖成交价款，自然拍卖人通过拍卖成交价款应当获得的本应由委托人支付的委托方佣金也无法实现。故拍卖人除了产生了买受人佣金损失之外，还产生了委托人应当支付的佣金损失。拍卖人可以因为委托人的参与拍卖导致拍卖无效为由要求委托人赔偿本次拍卖产生的委托人佣金损失。当然除了委托人佣金损失之外，拍卖人还可以主张本次拍卖产生的其他应向委托人收取的费用等。

2. 第二种情况是委托人自己成为买受人。委托人自己成为买受人本质上属于虚构拍卖，委托人可能为了防止自己的拍卖标的因在拍卖活动中流拍而对拍卖标的的价值产生影响，迫于无奈自己以最高应价者的身份成为表面上的买受人。

在这种情况下，因为是委托人自己的标的，委托人自然不会向自己支付款项。委托人也可能自己向拍卖人主张拍卖无效。但是对于拍卖人而言，本次拍卖仍然是已经完成了，拍卖人为此投入了人力、物力、财力举办拍卖活动，拍卖人却因委托人自己参与拍卖产生了全部损失。故拍卖人仍然可以向委托人主张买受人佣金损失，委托人佣金损失以及全部委托人应当支付的其他费用。

四、对委托人自己参与拍卖的认定

委托人参与拍卖属于自己的拍卖标的属于违法行为，按前文所述应当承担民事和有关的行政责任，那么如何认定委托人自己参与了竞买活动就很关键。此外还需要拍卖在表面上已经成交，如果拍卖没有成交则不会有任何人因此受到实质的损害，无论这种成交是其他竞买人以最高应价成交，还是委托人自己成为买受人而成交。

（一）自己直接参与

这种情况是委托人一方面和拍卖人订立委托拍卖合同使自身具备了《拍卖法》所规定

的委托人身份,同时又自己与拍卖人办理买手续,成为竞买人。如果委托人是自然人,这里所说的自己直接参与是委托人自己以竞买人身份参与竞买并成为最后的买受人。如果委托人是自然人之外的公司等主体,则是由委托人以公司等主体身份办理竞买手续,直接以竞买人身份参与。显而易见,对于这种委托人自己直接参与的情形,拍卖人更容易发现和知晓。

如果委托人以竞买人身份办理竞买手续,应当视为拍卖人明知委托人自己参与竞买。买受人在这种情况下在要求确认拍卖成交无效的同时,也可以追究拍卖人的责任。拍卖人作为专业从事拍卖业务的当事方,具有比一般主体更为了解拍卖活动法律规定的能力和水平,拍卖人接受委托人办理竞买手续,就应当认定为拍卖人默认许可委托人参与拍卖,故对于合同无效所产生的法律后果就应当承担法律责任。根据按过错承担责任的原则,拍卖人对于合同无效的后果是明知的,拍卖人无权要求委托人赔偿自己损失的买受人佣金和委托人佣金。

不仅如此,如果买受人有证据证明其因无效拍卖而产生损失,则拍卖人还应赔偿买受人该损失。故拍卖人应当对竞买人身份从严审查,对于委托人自己参与拍卖的行为予以拒绝,否则拍卖人也可能因此承担责任。

(二) 通过他人参与

委托人通过他人参与拍卖的情形更为常见,也更为隐蔽,一般情况下,委托人自然不希望别人知晓自己参与拍卖,故会采取更为隐蔽的做法通过其他人参与拍卖。对于如何认定委托人通过其他人参与竞买,则需要看意思表示。

委托人通过他人参与竞买应当有明确的意思表示,即在委托人和他人之间由委托人明确指令他人参与竞买,同时他人接受委托人的指示,至于他人是代表委托人参与拍卖还是所谓自己参与竞买,都不影响对委托人和他人之间实施的竞买行为违反《拍卖法》规定的定性。

只要委托人和他人之间的意思联络清楚,他人实施的竞买行为都应当视为委托人实施的行为,自然委托人就应当承担他人实施此行为的后果。

(三) 家庭成员参与

家庭成员参与竞买的情形比较常见,委托人为自然人时,其和其家庭成员之间关系最为紧密,委托人会让其家庭成员在拍卖活动当中进行竞买。但在法律实务当中,家庭成员会以其系独立的具有民事行为能力的自然人有权参与竞买为由否认其系代委托人参与竞买。

我们认为,家庭成员要考虑到委托人和该家庭成员之间的特殊身份关系,比如配偶。虽然委托人的配偶可以独立地从事民事活动,但是夫妻之间的财产如没有其他特殊情况下,其实是混同的,夫妻双方的财产系两人的共同财产,故在参与竞买这一行为上,如果配偶参与竞买应当认定为委托人通过他人参与竞买。

家庭成员中的其他人,如果其财产权也并不独立,比如刚年满 18 周岁的成年人尚未有自己的财产收入等,委托人和家庭成员之间是父子或者父女等关系,这种子女参与竞买的行为也容易被认定为委托人通过他人参与竞买的行为。其他的和委托人关系亲密的亲戚等人在拍卖活动中的竞买行为都容易被认定为代委托人竞买的行为,除非行为人能够提供充足的证据证明该行为是合理的，而且足以排除他人的怀疑。

（四）委托人的员工参与

如果委托人是公司等自然人之外的组织的，委托人如果指定他的员工等参与拍卖，虽然员工可能是以自然人身份参与竞买，但只要是受委托人委托指示并帮助委托人参与竞买的，都构成委托人通过他人参与竞买。认定委托人的员工为委托人参与竞买的核心还是在于员工是否系收到委托人的指示代为参与竞买。对于该竞买人而言，一般情况下其都会以个人身份参与竞买，如果竞买人为了帮助委托人逃脱责任，一般会否认其系代委托人竞买，但是如果该竞买人成为最后的买受人，其可能会面临需要，承担支付拍卖成交款的责任，这对于员工来说可能损失会更大。

（五）委托人的股东参与

委托人的股东以自己的身份参与竞买活动，能否被认定为委托人通过他人参与竞买，应当根据实际情况进行具体分析。如果委托人的股东的确是有竞买的意思，我们认为不能因为竞买人为委托人的股东，就简单地认定为属于委托人自己参与拍卖的情形从而使得拍卖成交无效。毕竟按照我国法律规定，股东和其投资的公司是两个不同的民事主体，他们各自按照民法的规定独立地享有民事权利，承担民事责任。

当然如果委托人的股东和委托人之间有明确的代为竞买的意思表示和联络，或者有证据表明股东其参加竞买只是为了帮助公司抬高拍卖标的的价格，当然可以认定股东和委托人之间的串通竞买行为，从而认定拍卖成交无效。对于这种情况下买受人和拍卖人产生的损失，拍卖人和买受人都可以向股东和委托人主张权利。

（六）委托人的关联企业参与

关联公司和委托人之间存在股权上的关联关系，按照《公司法》等法律的规定，关联企业之间虽然存在着股权的联系，但是均是独立的民事主体。故委托人的关联企业参与竞买的行为能否被认定为委托人参与竞买也应当和上述股东参与的情形类似。

第二节　禁止竞买人实施的行为

一、竞买人在拍卖活动中的禁止行为

《拍卖法》对于竞买人不得实施的行为的规定在第三十七条，即竞买人之间、竞买人与拍卖人之间不得恶意串通，损害他人利益。竞买人为拍卖活动中的重要主体，实施上述行为将严重损害他人利益，主要分为两种，鉴于另一种行为涉及和拍卖人之间的串通行为，在此暂不讨论，本节主要考察竞买人实施的行为。

二、竞买人之间的恶意串通行为

根据《拍卖监督管理办法》第七条的规定，竞买人之间不得有下列恶意串通行为：（一）相互约定一致压低拍卖应价；（二）相互约定拍卖应价；（三）相互约定买受人或相互约定排挤其他竞买人；（四）其他恶意串通行为。

竞买人实施上述行为,本质上是为了通过竞买人之间的恶意串通达到压低拍卖价格获得拍卖标的的目的,损害了委托人和拍卖人以及其他竞买人的利益。

三、民事责任

竞买人之间恶意串通损害了委托人利益。委托人通过拍卖人对属于委托人的财产或权利以拍卖的方式实现利益的最大化,竞买人之间恶意串通根本目的在于以较低的价格获得拍卖标的,委托人实质上并未通过拍卖获得最高转让价格,可能达到的最高转让价格和实际成交价格之间的差额就是委托人的利益损失。

竞买人之间的恶意串通行为还损害了拍卖人利益。拍卖人作为提供拍卖服务的主体,其可以从委托人的最终成交款项当中获得委托人支付的佣金。同时拍卖人还可以依据《拍卖法》的规定从买受人处获得佣金。拍卖成交价款的高低直接决定了拍卖人的佣金所得的高低。竞买人之间的恶意串通行为人为压低了拍卖成交价格,对拍卖人而言损失的就是拍卖成交佣金。

竞买人之间的恶意串通行为还损害了其他竞买人的利益。其他竞买人原本希望参加竞买活动获取竞买标的,这些其他的竞买人希望通过取得竞买标的来产生价值,但是实施恶意串通的竞买人通过某些行为使得其他竞买人丧失了获得拍卖标的的可能,损害了其他拍卖人以合理价格获得拍卖标的的期待利益。

竞买人之间实施恶意串通行为,为《拍卖法》所禁止实施,该类行为违反了《拍卖法》的强制性规定,其民事行为的直接后果即为无效。故竞买人如果实施上述行为将会导致拍卖结果无效,拍卖结果如果被宣布无效,则拍卖成交视为没有发生,对各方当事人又产生不同的影响。

对委托人而言,如果拍卖成交结果被确认无效,则拍卖成交视为没有发生,委托人的利益无法实现,不仅如此,委托人还会因此产生对拍卖人应当承担的拍卖费用和成本。此外,拍卖标的成交与各种因素关联,在不同的时间举办不同的拍卖活动,其结果并不相同,故委托人还可能会因为重新拍卖的结果比被确认无效的拍卖成交结果更低而产生更大的损失。

对拍卖人而言,如果拍卖成交被确认无效,拍卖人原本可以通过拍卖成交获得的佣金收益无法获得,该佣金既包括委托人应当支付的佣金,也包括买受人应当支付的佣金。

此外拍卖成交被取消之后,如果重新办理拍卖手续,则会因重新举办拍卖活动发生一系列的费用。

鉴于因为竞买人之间的恶意串通行为导致拍卖成交被确认无效,而委托人和拍卖人以及其他竞买人对此没有任何过错,故因该民事法律行为无效而产生的全部赔偿责任,均应当由实施恶意串通的竞买人予以承担。

四、行政责任

除了民法上的无效而产生的民事责任之外,竞买人还应承担行政处罚的责任。按照《拍卖法》的规定,竞买人之间恶意串通损害他人利益的,工商行政管理部门对参与恶意串通的竞买人处最高应价百分之十以上百分之三十以下的罚款。只要恶意串通的竞买人之间存在恶意串通的行为,并且在拍卖活动中进行了应价,就应当按照最高应价的金额来确定处罚的基数接受处罚。

五、竞买人独自实施的其他行为

(一) 恶意阻挠他人参与竞买

在拍卖活动中某些竞买人为了达到以较低的价格获得拍卖标的的目的,防止其他的竞买人参与从而使得竞买价格过高,会采取非法手段阻碍他人参与竞买。竞买人的此类行为,不仅损害了委托人的利益(只是委托人的标的拍卖成交价不能反映出可以实际实现的价值),也损害了拍卖人的利益,使得拍卖人的佣金利益未能最大化,同时损害了其他竞买人的利益。这种行为应当得到法律上的否定性的评价。如果上述行为构成《治安管理处罚法》的处罚行为的,应当受到公安机关的行政处罚。如果实施阻挠他人参加竞买的手段触犯法律规定,比如构成限制人身自由,侵犯他人人身权利的,应当按照法律规定,并且根据情节的不同可能承担行政处罚责任甚至刑事责任。

(二) 逼迫他人退出竞买

在实际中,某些竞买人为了自己的目的,通过非法手段限制其他竞买人参加竞买,从而达到以较低价格取得拍卖标的的目的。这种情况符合我国《刑法修正案八》中强迫交易罪的规定,该修正案明确将强迫他人参与或者退出拍卖的行为规定为犯罪行为,即以暴力、威胁手段,实施下列行为之一,情节严重的,处三年以下有期徒刑或者拘役,并处或者单处罚金;情节特别严重的,处三年以上七年以下有期徒刑,并处罚金:(一) 强买强卖商品的;(二) 强迫他人提供或者接受服务的;(三) 强迫他人参与或者退出投标、拍卖的;(四) 强迫他人转让或者收购公司、企业的股份、债券或者其他资产的;(五) 强迫他人参与或者退出特定的经营活动的。

强迫交易罪里的面强迫他人退出拍卖的行为属于扰乱市场秩序的行为,其社会危害性大,行为人主观上就是迫使他人退出拍卖避免和其产生竞争关系,其侵犯了受到刑法保护的社会主义市场经济秩序,为刑法所禁止。

第三节　禁止竞买人和拍卖人之间的恶意串通行为

一、竞买人和拍卖人之间的恶意串通行为

竞买人和拍卖人之间的恶意串通行为,也为《拍卖法》所禁止。《拍卖法》对于拍卖人和竞买人之间的恶意串通的具体情形并未作出具体规定,但是《拍卖监督管理办法》第八条规定,竞买人与拍卖人之间不得有下列恶意串通行为:(一) 私下约定成交价;(二) 拍卖人违背委托人的保密要求向竞买人泄露拍卖标的保留价;(三) 其他恶意串通行为。

竞买人和拍卖人之间的恶意串通行为的目的一般是压低成交价格,其结果并影响了成交的价格,损害了委托人和其他竞买人的利益。在上述行为当中,拍卖人违反法律规定,向竞买人泄露保留价被直接认定为恶意串通。按照《拍卖法》第二十八条的规定,委托

人除了对保留价有决定权之外,还有权利要求拍卖人对保留价进行保密。拍卖人向竞买人泄露保留价,会直接影委托人利益。

对委托人而言,委托人原本可以通过最高应价实现拍卖标的的价值,却因为竞买人和拍卖人之间的恶意串通而人为压低或失真,故委托人的直接损失可以表现为拍卖成交价格降低产生的损失。

对于其他竞买人而言,竞买人和拍卖人的恶意串通剥夺了其他竞买人获得拍卖标的的权利。此外如果最终成交的买受人是在拍卖人和竞买人之间的恶意串通的结果下发生的,使得买受人的成交价并未反映出真实的成交价格,实质上也损害了其他竞买人的利益。

二、民事责任

按照《民法通则》和民法的基本理论,拍卖人和竞买人之间恶意串通的行为,不仅损害了委托人利益,也损害了其他竞买人的利益。恶意串通损害第三人利益的民事法律行为为无效的民事法律行为。就民事责任而言,拍卖人和竞买人在恶意串通损害第三人利益之后,将对第三人产生的损失承担赔偿责任。而在《拍卖法》当中,严格禁止拍卖人和竞买人恶意串通损害第三人利益,违反该规定的,和竞买人之间恶意串通的民事法律后果相同,竞买人的拍卖成交应当属于无效,并应当按照民事法律行为无效的后果来确定向各方承担的责任。

对委托人而言,委托人的拍卖利益未能实现,因为有拍卖人参与其中。故委托人当然无须承担向拍卖人支付的委托方佣金。如果委托人重新拍卖,则产生的全部费用和损失可以要求恶意串通的竞买人和拍卖人承担连带责任。

对拍卖人而言,拍卖成交结果一旦被确认无效,拍卖视同没有发生,拍卖人当然也无权要求恶意串通的买受人支付佣金。

但是对于未进行恶意串通的买受人而言,买受人可以主张因为拍卖人和竞买人之间的恶意串通而拍卖成交无效。故买受人无须再行向拍卖人支付拍卖成交价款,当然也无须支付拍卖成交的佣金。

另外拍卖人和竞买人之间的恶意串通行为也符合侵权法当中的共同侵权行为的特征,作为侵权行为的行为人应当连带向受害人承担侵权责任。

三、行政责任

根据《拍卖法》的规定,竞买人和拍卖人之间恶意串通的,工商行政管理部门除了可以对竞买人处最高应价百分之十以上百分之三十以下的罚款外,还可以对参与恶意串通的拍卖人处最高应价百分之十以上百分之五十以下的罚款。

在行政责任当中,法律对拍卖人规定的责任明显要高于竞买人,即使竞买人和拍卖人属于共同故意实施了违法行为。由此可见拍卖人作为从事拍卖活动的专业机构,如果出现和竞买人的恶意串通行为,拍卖人显然承担的责任更重,这符合拍卖人作为专业机构应承担更高责任的合理原则。

四、杜绝串通

拍卖人作为专业机构,其实施串通行为的后果是明显的,此外拍卖人还会因为遭受行政处罚丧失商业上的信誉,对于拍卖人而言实际上得不偿失。

拍卖人应当杜绝和竞买人串通实施违法行为,拍卖人还应当防止其员工出于任何目的和竞买人串通或者泄露保留价等行为。任何拍卖人的员工所实施的恶意串通行为都将会被认定为拍卖人的行为,其法律后果均应由拍卖人承担。至于拍卖人是否可以追究具体行为人的责任,则不属于拍卖人对外承担责任的范畴之内。

第四节　禁止拍卖人实施的行为

拍卖人作为《拍卖法》规定的专业从事拍卖活动的主体,《拍卖法》对其行为作出了许多禁止性的规定,拍卖人如果有此类行为将受到行政主管部门的行政处罚,同时上述民事行为将被视为无效的行为,按照民事合同无效的处理原则,导致合同无效的按照过错对非过错方承担相应的责任。

一、不得以竞买人身份竞买自己的拍卖标的

《拍卖法》第二十二条规定,拍卖人及其工作人员不得以竞买人的身份参与自己组织的拍卖活动,并不得委托他人代为竞买。拍卖人系举办拍卖活动的人,拍卖的标的只能是委托方交付拍卖的标的,拍卖人如果以竞买人的身份进行竞买违背公平的原则,而且可能会因为拍卖人的行为致使拍卖价格虚高,损害其他竞买人的利益,同时拍卖人以竞买人身份竞买,也可能让拍卖人利用自己的优势压低成交价格从而损害委托人利益。法律严格禁止拍卖人以竞买人身份参与自己组织的拍卖活动,并且同时严格禁止拍卖人委托他人代为竞买的行为。

中国拍卖行业协会在其中拍函协〔2009〕第26号回函中将上述规定进一步引申为四种情形,即拍卖人不得以竞买人身份参加自己组织的拍卖活动;拍卖人不得委托他人代表拍卖企业参加竞买;拍卖企业的工作人员不得以自己的名义参加竞买;拍卖企业的工作人员不得委托他人代为竞买。

但是值得注意的是,拍卖人普遍在举办的拍卖活动中为竞买人提供代为竞投服务的,该行为并不属于拍卖人自己竞买自己的拍卖标的。拍卖人的代为竞买行为的后果由委托竞买的竞买人承担,拍卖人只是提供了代为竞买的服务。我们在代为竞投章节中已有阐述。

按照《拍卖法》的规定,拍卖人存在上述行为的,工商行政管理部门可以对拍卖人予以警告,并可以处以拍卖佣金一倍以上五倍以下的罚款,情节严重的,吊销营业执照。

二、不得自己组织对自己物品或财产权利的拍卖

《拍卖法》亦禁止拍卖人在自己组织的拍卖活动中拍卖自己的物品和权利。拍卖人在

自己的拍卖活动中拍卖自己的物品或者权利,违反诚实信用原则,可能损害买受人的利益。拍卖人实施该行为的同样会遭受工商行政管理部门的处罚,按照《拍卖法》第六十三条的规定,拍卖人在自己组织的拍卖活动中拍卖自己的物品或者财产权利的,由工商行政管理部门没收拍卖所得。

就民事责任而言,买受人可以要求宣告拍卖无效,并要求返还全部拍卖款和佣金,同时要求拍卖人承担买受人因此产生的损失。

三、其他可能遭受工商行政管理部门处罚的行为

除了上述《拍卖法》禁止的行为之外,按照国家工商行政管理总局颁布的《拍卖监督管理办法》,拍卖人的一些非正当市场行为也会遭受工商部门的处罚,主要有以下一些:采用财物或者其他手段进行贿赂以争揽业务;利用拍卖公告或者其他方法,对拍卖标的作引人误解的虚假宣传;捏造、散布虚假事实,损害其他拍卖企业的商业信誉;以不正当手段侵犯他人的商业秘密;雇佣非拍卖师主持拍卖活动。

对于采用财物或者其他手段进行贿赂以争揽业务;利用拍卖公告或者其他方法,对拍卖标的作引人误解的虚假宣传,捏造、散布虚假事实,损害其他拍卖企业商业信誉的;以及以不正当手段侵犯他人的商业秘密的,工商行政管理机关可以依照《中华人民共和国反不正当竞争法》的有关规定处罚。

对雇佣非拍卖师主持拍卖活动的,工商部门予以警告,并可处 1 000 元罚款。

四、商务主管部门规章中禁止拍卖人实施的行为

按照商务部门颁布的《拍卖管理办法》,拍卖人不得有下列行为:(一) 出租、擅自转让拍卖经营权;(二) 对拍卖标的进行虚假宣传,给买受人造成经济损失;(三) 雇佣未依法注册的拍卖师或其他人员充任拍卖师主持拍卖活动的;(四) 采用恶意降低佣金比例或低于拍卖活动成本收取佣金,甚至不收取佣金(义拍除外)或给予委托人回扣等手段进行不正当竞争的;(五) 其他违反法律法规的行为。

上述行为中,出租、擅自转让拍卖经营权的,由省级商务主管部门责令其改正,并处三万元以下罚款。对拍卖标的进行虚假宣传,给买受人造成经济损失的采用恶意降低佣金比例或低于拍卖活动成本收取佣金,甚至不收取佣金(义拍除外)或给予委托人回扣等手段进行不正当竞争的则由商务部门之外的部门如工商部门对其进行处罚。雇佣未依法注册的拍卖师或其他人员充任拍卖师主持拍卖活动的,由省级商务主管部门视情节轻重予以警告,并处以非法所得额一倍以上的罚款,但最高不超过三万元;没有非法所得的,处以一万元以下的罚款。造成委托人和买受人损失的,拍卖企业应当依法给予赔偿。

第十六章　拍卖成交后的履行

第一节　拍卖款的收付

正常拍卖完成后,买受人应当按照拍卖规则、成交确认书、竞买协议等的约定,支付相应的拍卖款,包括拍卖成交款、佣金;领取拍卖标的,拍卖标的需要过户的,买受人在付完款项之后和委托人办理完成过户手续,拍卖活动全部完成。委托人通过拍卖行为就拍卖标的,获得了最高利益,而买受人通过拍卖活动,取得了自己期望的拍卖标的,拍卖人通过拍卖活动获得了拍卖佣金取得了自己的收益。拍卖活动顺利完成对于三方来说都是最期待出现的结果,但是拍卖并不是每次都能成交,即便成交后还会出现新的变数。

一、拍卖款的正常收与付

一般情形下,拍卖人均直接收付拍卖款,作为拍卖人而言,除了收取买受人支付的款项,还要收取买受人的佣金。拍卖人支付给委托人拍卖款时,一般还要扣除委托人应当支付的佣金和其他费用。故拍卖人收取款项有助于拍卖人直接获得拍卖收益。

在买受人完全付清拍卖款的情况下,拍卖人有义务按照委托拍卖协议的约定,及时将拍卖款转付给委托人,拍卖人拒绝支付或者延期支付当然需要承担违约责任。

拍卖人在收到拍卖成交价款之后,负有按约向委托人支付拍卖价款的义务。如果双方之间的约定有时间期限,拍卖人未按照约定时间支付拍卖价款,应当承担延期支付的违约责任。故对于拍卖人而言,如果委托拍卖协议当中对款项支付时间有约定,其应当按照约定支付委托人款项。

二、未收到全部款项时拍卖人是否可以转付款项给委托人

(一) 拍卖人未全部收到买受人款项转付委托人的风险

如果拍卖人没有收到买受人支付的全部价款,此时拍卖人是否需要按买受人的支付笔数向委托人支付拍卖成交价款。我们认为拍卖人应当慎重处理,因为买受人如果未能完全支付拍卖价款,很有可能会出现两种情形。情形之一是买受人继续支付拍卖价款,只不过是时间上会继续延迟;情形之二是买受人基于某种原因会拒绝支付剩余的款项,此时,有极大可能买受人和拍卖人之间会产生争议。一旦产生争议,要么拍卖人继续要求买受人支付剩余的款项,要么买受人要求拍卖人返还已经支付的款项。此类争议,如果当事方之间达不成一致,最终将会通过司法裁决的方式确定。

若双方之间产生争议,如果拍卖人已经将拍卖成交款支付给了委托人,而法院的判决

确定拍卖人应当返还拍卖款的,则拍卖人面临一方面要向委托人要求返还拍卖款,另一方面又必须按照有关裁决向买受人承担返还之责的情形。在这种情况下,拍卖人将会十分被动。

故我们建议拍卖人应当在与委托人的委托拍卖协议当中就拍卖款项的支付作出明确的约定,即在收到全部款项之后才有义务将拍卖成交款支付给委托人,只有这样,拍卖人才可能在出现争议时处于主动地位。

(二) 未收到全部买受人款项转付委托人的注意事项

1. 未收到全款时的告知义务

虽然我们建议拍卖人遇到这种情况时进行上述处理,但是鉴于每次拍卖活动、每个拍卖人举办拍卖活动的特殊性,拍卖人仍然可能会在收到买受人每笔支付的拍卖成交款后,逐笔支付给委托人。

如果委托人和拍卖人在签订委托拍卖合同时,明确作出可以逐笔支付的约定,则拍卖人的行为符合和委托人之间的约定;但是如果委托人和拍卖人之间的约定并非按笔支付,而是在收到全款后支付,那么在这种情况下,拍卖人应当和委托人另行确认拍卖成交价款的支付方式,并且拍卖人在支付委托人拍卖成交价款时,应当明确告知委托人买受人尚未支付全部款项,该笔款项系先行支付,并且和委托人明确后续拍卖成交未能正常时可能会承担的责任。

2. 未收到全款后应通知委托人不应办理过户手续,或者交付财产

特别需要注意的是,如果买受人尚未支付全部款项,而拍卖标的的交付由委托人负责时,拍卖人在向委托人支付款项时,应当明确告知委托人,拍卖成交价款尚未全部收取,委托人不得自行和买受人办理拍卖标的的所有权转移手续。如果在拍卖人未能告知委托人款项未付清的情形下,委托人信赖拍卖人,以为买受人已经支付了全部款项,并且与买受人办理了拍卖标的的所有权转移手续,委托人可以向拍卖人主张剩余未付的拍卖成交价款。

这种风险实际上已经超出了作为拍卖人的应承受的范围之内,已有法院的判决确认了上述原则,拍卖人应当引起必要的重视。

三、拍卖成交款的分配

(一) 不同拍卖标的之间的分配

竞买人在成为买受人之后,如果竞买人在拍卖人处竞得多件拍卖标的,买受人并未严格按照付款的方式逐笔单独付款,则会存在如下问题:如果在买受人最终全额付清所有款项的情况下,会出现哪个拍卖标的为首先付清全款的标的问题;如果在买受人最终未能全额付清所有款项的情况下,则存在哪个拍卖标的为付清,哪个拍卖标的为未付清的情形。

而对于拍卖人而言,也会针对不同的当事方出现不同的争议。对于委托方而言,如果不同的委托方有不同的拍卖标的被买受人竞得,则会出现到底哪一个委托方的拍卖标的被视为买受人已经支付完毕的问题。

因为买受人支付的金钱为种类物,在买受人支付的款项未作出明确的声明的情况下,上述争议的出现使得各当事方难以对金钱进行划分。故拍卖方作为实际上拍卖活动的举

办方以及三方当事人的中间方,应当在相应的规则当中作出规定,即如果买受人未明确指明支付的款项系支付哪一个拍卖标的,拍卖人有权自行决定拍卖标的成交款的划分,从而避免产生此类争议。

(二) 拍卖成交价款与佣金的关系

此外,如果买受人并未完全支付所有的款项,比如说买受人仅支付了和拍卖成交款相等的款项,买受人并未支付佣金,在这种情况下,拍卖人的佣金是否在拍卖款中视为优先支付的款项,就此拍卖人容易与委托人产生争议。我们认为,拍卖人为避免就买受人支付的款项中是否优先支付佣金和委托人产生争议,应当在竞买协议中进行约定,即约定买受人支付的款项应当优先视为支付给拍卖人的佣金。此外在拍卖人公布的拍卖规则当中,应当将佣金优先的事宜纳入拍卖规则。如果没有这样的约定,拍卖人直接主张买受人支付的款项应当优先视为佣金,难以得到法院的支持。

四、拍卖人与买受人之间就拍卖成交价款支付的处分责任

(一) 延期收取拍卖款可能构成默认延期而丧失约定解除权

在买受人未按照约定支付拍卖成交款后延期支付了拍卖成交款的情况下,拍卖人应当予以注意,如果收款不当可能会产生丧失解除权的法律后果。

许多拍卖人在拍卖规则中或者在和竞买人签订的竞买协议中明确约定,买受人应当在拍卖成交之后一定期限内向拍卖人支付包括佣金、拍卖成交款在内的全部款项或者费用,逾期未能支付的视为买受人放弃支付拍卖成交款,拍卖人有权取消本次成交,买受人支付的保证金予以没收等诸如此类的条款。

根据这种约定,拍卖人在买受人未按约定付款的情况下,享有解除合同的权利,并且可以没收保证金,这项解除合同的权利属于约定解除权,按照法律的规定,约定解除权在条件成就后即可以行使。

但是如果拍卖人在合同约定的解除条件成就之后,并未及时行使约定解除权,反而接受了买受人支付的拍卖款项,特别是有些情况下接受了买受人先行支付的部分拍卖款项,一旦拍卖人接受了部分款项,则可以视为拍卖人接受了买受人可以分批支付款项的要求,也可以视为拍卖人以行为接受买受人延期付款。

而一旦拍卖人接受买受人延期付款,拍卖人就丧失了约定解除权,即拍卖人不得再以买受人未在期限内付款为由解除合同,并且没收保证金。如果拍卖人试图再行使合同解除权,只能依照法律规定,行使法定解除权,在买受人经过合理催告之后仍未付款的情况下,才可以行使解除合同的权利,而这时的合同解除权的基础和之前拍卖人所享有的合同解除权基础并不相同。

拍卖人还需要注意的是,拍卖人是否接受买受人延期支付的款项,应当得到委托人的同意,如果委托人同意,拍卖人不会对委托人产生责任;如果委托人未能同意,则拍卖人单方接受买受人延期付款后,委托人可能会要求取回标的。而委托人一旦取回标的,则拍卖人可能面临延期付款的买受人主张交付标的不能的违约责任。这种情况出现后,拍卖人将十分被动。

(二) 拍卖款的豁免产生的责任

所谓拍卖款的豁免责任系指在拍卖成交之后,拍卖人因为自身原因豁免买受人部分或全部支付拍卖成交款所应承担的责任。正如我们多次强调的,拍卖合同关系是拍卖人和买受人之间因为买受人的最高应价而达成的合同关系,拍卖合同关系成立之后,买受人负有向拍卖人付款之义务。拍卖人如果单方豁免买受人支付拍卖款仅在拍卖人和买受人之间有效,不得对抗委托人。已发生相应的案例,在买受人未及时支付拍卖成交款之后,委托人虽然曾经有免除部分拍卖款的意思,但是并未给拍卖人明确的授权,在此情形下拍卖人书面同意买受人降低支付拍卖成交款。然而委托人仍然要求拍卖人交付所有的拍卖款,在这种情况下,拍卖人将面临败诉的风险。拍卖人的单方豁免是拍卖人处分与买受人之间的拍卖合同关系,拍卖人与委托人之间的委托拍卖合同关系不受此影响。对于委托人而言,拍卖一旦成交,委托人即可以获得拍卖成交款,拍卖人因单方对买受人的豁免而对委托人产生的损失应当由拍卖人自己承担。

很明显,如果拍卖人想要避免承担类似责任,则应当要求委托人书面作出同意买受人降低支付拍卖款的指示,在此情况下,对买受人的豁免实为委托人所授意,委托人当然不得反悔并要求拍卖人承担全额付款之责任。

(三) 拍卖款的债务加入之责

拍卖人除了不应单方对买受人作出豁免拍卖成交款的意思之外,还应注意不应因承诺对委托人付款而成为付款的义务人。

债务加入,系指第三方自愿加入原有债务人的债务并同意向债权人履行债务的行为。在拍卖活动当中,拍卖成交之后,买受人并未按约履行拍卖合同,其后拍卖人基于某种考虑并未直接起诉买受人要求付款,而是在与委托人、买受人进行商榷的情况下,在有关文件中对付款的义务进行了确认或者作出了类似的意思表示。这种情况下,拍卖人的上述行为可能构成法律意义上的债务加入,一旦拍卖人作出承诺,委托人即有权立即按照该意思表示直接要求拍卖人支付款项。

我们认为,就拍卖人而言,拍卖人不应无条件地单方对于上述债务作出承担的意思表示,因为拍卖人作出上述意思表示,实际上将拍卖成交款的最终支付义务转移到自己身上,对于委托人而言是增加了付款的保障,但是这种行为实际上超出了拍卖人作为拍卖机构所应承担的责任,拍卖人不仅拍卖的佣金未能获得,反而客观上成为买受人的付款义务连带责任人。

五、其他竞买人的款项返还与未成交的拍卖标的返还

(一) 竞买保证金的返还

竞买成功的买受人的竞买保证金充抵了拍卖成交款之类的款项。在拍卖结束之后,拍卖人就应当按照拍卖规则的要求无条件地将竞买保证金返还给未能成功竞买的竞买人。拍卖人如果未能按约返还,即应当承担对其不利的法律后果。不再赘述。

(二) 拍卖未能成功的标的的返还

拍卖结束后,如果拍卖未能成交,对于未能成交的拍卖标的,如果拍卖人在接受委托拍卖时领取并保管的拍卖标的,拍卖人负有返还的义务。拍卖人应当将按照接受拍卖标

的时拍卖标的的状况将拍卖标的完好地返还给委托人。如果拍卖标的发生损毁的，拍卖人应当承担赔偿责任。

第二节　拍卖标的的交付

一、标的交付

拍卖标的的交付义务按照《拍卖法》的规定是指拍卖人应当在拍卖成交之后按照约定将拍卖标的移交给买受人，《拍卖法》对于标的移交只有原则性的规定，标的交付的义务到底由谁来承担，要结合不同的标的的不同情况来具体分析。

二、动产的交付

动产是可以移动的财产，除了一部分必须要进行必要的所有权登记的动产，动产的所有权以占有为标志，如无其他特殊情况，一般情况下谁占有动产，就推定占有人为动产的所有权人。拍卖人如果拍卖的标的为动产，要根据情况来确定动产的交付义务人。

（一）拍卖人交付动产

拍卖人交付拍卖标的在拍卖人从事艺术品、古玩、文玩等拍卖的情况下比较常见，拍卖人通过征集拍卖标的已经将拍卖标的取得，拍卖人对委托人交付的拍卖标的进行保管。在拍卖成交之后，如果买受人支付了全部拍卖款项，自然应当由拍卖人向买受人移交拍卖标的。

我们认为如果拍卖人在举办的拍卖活动当中，特别是对于动产的拍卖，如果未作其他说明，其交付义务应该为拍卖人。

（二）委托人交付动产

委托人交付动产的情形在拍卖标的为物资的情况下比较常见，因为物资等数量巨大，拍卖人不会也不可能去占有委托人的动产。在拍卖成交之后，买受人自然要求受领该类动产，此时动产的移交义务应当由委托人来办理。按照《拍卖法》的规定，拍卖标的的交付由当事人约定。拍卖人在对此类动产进行拍卖时，应当就动产的交付作出特别的说明，以区别于动产由拍卖人交付的情形。只要拍卖人作了声明，拍卖人自然不会对拍卖标的转移不能承担责任。

（三）关于动产部分交付的注意事项

拍卖成交之后，买受人如果没有能够按期足额一次性支付拍卖款项，在物资拍卖中可能会出现部分交付问题。除非拍卖人和委托人明确约定拍卖的物资可以分批付款交付，否则就不应出现分批交付问题。但是实际操作中，物资拍卖后，因为物资数量较大，或者因为买受人资金的原因，买受人会先行支付部分拍卖成交款，并希望先行交付部分物资，然后再陆续完成最终提货。

我们认为，买受人未按期支付拍卖款项，属于违反拍卖合同的行为，买受人应当承担相应的责任。故正常情况下，拍卖人可以拒绝买受人分批支付拍卖款的请求，并且可以在分批支付时拒绝给予提取物资。如果拍卖人在拍卖成交确认书或者拍卖规则或者竞买协议当中明确约定了为按期足额付款的违约责任,拍卖人可以当然依据约定行使诸如终止拍卖合同、没收保证金等措施以追究买受人的责任。为了防止和杜绝上述买受人可能出现的期望分批付款的情形,拍卖人可以在相关约定当中明确拒绝接受分批付款分批提货的要求,并且严格限制拍卖成交价款的支付时间,以保证拍卖人可以及时有效地行使权利。

如果在有上述约定的情况下,买受人仍然分批支付了款项,拍卖人将款项分批支付给了委托人,委托人也分批将物资转移给了买受人,则委托人、拍卖人将被视为已经同意买受人分批支付款项的请求,即当事各方对于原先约定的内容以行为进行了新的修改,拍卖人将丧失依据原有的约定要求买受人承担原来的违约责任的权利。

值得一提的是,如果买受人在提出分批付款的情况下,如果委托人予以同意,并且拍卖人的利益能够得到保障,对于拍卖人而言,只要得到了委托人的认可,拍卖人不会因此承担更多的责任和损失。

在由委托人向买受人转移拍卖物资的情况下,拍卖人是否应当及时支付款项给委托人,以避免买受人因为提取物资不能转而追究拍卖人责任的情形,我们在本书的拍卖成交后的款项支付部分已经有详细的论述,这里不再赘述。

三、不动产的交付

对于不动产我国采取登记制度,所有权的变动需要办理变更手续,一般而言需要由转让方和受让方共同向登记机构作出变更登记申请。因为不动产是不可移动的财产,在交付发生之前一般也由委托人占有,故不动产的交付义务一般由委托人去行使。

(一) 委托人交付不动产

委托人首先应当履行交付不动产本身的义务,即委托人将不动产的占有权交买受人行使,在买受人支付完成拍卖款项之后,买受人自然首先需要接受不动产,接受不动产后对于不动产可以进行必要的处分,才能产生收益。委托人向买受人移交不动产,在买受人和委托人之间进行,拍卖人不予干预。但是委托人向买受人移交不动产,在未登记的情况下,尚不会发生不动产所有权的变动,委托人和买受人之间还需要办理相应的过户手续,才能完成所有权的变更。

(二) 不动产过户手续

不动产过户手续一般情况下由委托人和买受人向登记机构申请办理,买受人和委托人按照不动产登记机构的要求,提供有关权利变动所需的文件,不动产登记机构在审核材料之后,按照不动产登记机构的工作程序,作出登记变更的行政行为。

(三) 拍卖人的协助义务

鉴于拍卖标的为不动产的情况下,拍卖人实际并不占有拍卖标的,同时拍卖人也非拍卖标的的权利人,故拍卖人实质上自己无法将拍卖标的转移交付给买受人,尽管如此,我们仍建议拍卖人在此类拍卖标的的拍卖说明当中对拍卖标的的移交义务人作出说明,即明确表示拍卖标的的移交过户由委托人和买受人进行办理。拍卖人在此情况下仍有协助过户的义务,按照《拍卖法》的规定,如果拍卖标的需要依法办理证照变更、产权过户手续的,委托人、买受人应当持拍卖人出具的成交证明和有关材料,向有关行政管理机构办理手续。

故拍卖人的协助义务也是其法定义务,对于需要拍卖人出具有关手续的,拍卖人必须予以出具。

四、权利的交付

如果拍卖标的是权利的,则应当按照相关权利的情况办理相应的移交手续。如果是属于承租权拍卖的,应当由买受人和委托人签署相应的租赁协议;如果是其他权利拍卖的,若该权利需要由登记机构办理登记手续,应当和上述不动产的过户手续相同,由委托人和买受人共同办理;如果是其他权利且无须办理登记手续的,应当按照不同权利转让的不同情况由买受人和拍卖人办理转移手续。

拍卖人应当按照《拍卖法》的规定,就不同的拍卖标的确定转移拍卖标的的不同方式,并且在拍卖活动的相关说明当中进行明示,如果拍卖人疏于作出明确说明,拍卖人仍然可能承担责任。

五、标的交付不能的责任

(一) 拍卖人的责任

按照拍卖合同的法律关系,买受人在支付了拍卖成交款等款项之后,买受人就需要取得拍卖标的,进而获得拍卖标的的所有权,按照《拍卖法》的规定,拍卖人应当按照拍卖合同的约定转移拍卖标的,如果拍卖人没有能够按照约定交付标的,则拍卖人应当承担交付不能的责任。在拍卖人已经取得拍卖标的并进行保管的情况下,拍卖人当然可以顺利地转移拍卖标的,但是如果拍卖人没有对拍卖标的的转移作出特别说明,出现委托人并未转移拍卖标的,而拍卖人未能注意到,即拍卖人实际不能交付拍卖标的,拍卖人应当承担赔偿责任。

拍卖人交付不能产生的责任有两种,如果确实不能交付,则买受人有权解除拍卖合同,拍卖人应当返还买受人支付的拍卖成交款,返还买受人支付的佣金;如果因为交付不能给买受人造成的其他损失,拍卖人应当进行赔偿。

(二) 委托人的责任

如果拍卖人在拍卖活动中将拍卖标的的交付义务明确为委托人,即应当由委托人交付,当然拍卖标的未能交付的责任拍卖人无须承担。拍卖人在与委托人签订的委托拍卖协议当中,应当就拍卖标的的移交义务进行明确,在委托人承担移交拍卖标的的义务的情况下,同时约定如果拍卖标的交付不能可能给拍卖人带来损失的,应当由委托人来进行赔偿。

(三) 特殊不动产不能过户责任的豁免

值得注意的是,在对某些特殊不动产进行拍卖时,因为标的的特殊性,委托人实际上无法将不动产过户给买受人,比如集体土地上的厂房建筑物、特定的土地等,只要拍卖人在拍卖时就此类瑕疵作出了明确说明,即便不能办理过户手续,拍卖人和委托人也不承担责任。但是如果拍卖人在拍卖时因疏忽等怠于审核披露,前面我们已经多次阐述过,拍卖人可能会承担瑕疵担保责任。

（四）委托人交付不能下买受人的权利主张

如果买受人没有能够取得拍卖标的，或者部分取得拍卖标的时，在约定由委托人交付拍卖标的的情况下，买受人已经支付了款项却无法取得拍卖标的，就会产生纠纷，并产生买受人向有关主体主张权利。

1. 主张继续交付拍卖标的

虽然一般认为买受人和拍卖人之间存在拍卖合同关系而与委托人之间没有合同关系，但是我们认为依据《拍卖法》的规定，如果约定由委托人交付拍卖标的的，则交付拍卖标的的义务应当由委托人向买受人承担，故买受人可以依据《拍卖法》的规定要求委托人履行法定义务。买受人可以主张继续交付拍卖标的，委托人继续承担向买受人交付拍卖标的的义务，拍卖人承担的是协助义务。

如果交付拍卖标的的义务由拍卖人承担的，买受人当然可以基于和拍卖人之间的拍卖合同关系要求拍卖人承担继续履行交付拍卖标的的义务，这里不再赘述。

2. 主张解除合同的后果

如果买受人支付了拍卖价款，但拍卖标的的交付无法完成，买受人可以主张合同目的无法实现，故而要求解除与拍卖人之间的合同关系。因为拍卖人和买受人之间因为拍卖成交而成立拍卖合同关系，故买受人肯定会主张要求返还拍卖成交价款、返还佣金费用。

（1）退还佣金和费用

佣金和费用是拍卖人基于拍卖合同成交而向买受人收取佣金和费用。买受人主张的佣金和费用是否返还要根据不同的情形来进行分析。

如果拍卖人对拍卖标的说明中明确确认拍卖标的的交付是由委托人来履行，则拍卖人对于标的的交付没有过错，虽然买受人的目的无法实现，但是拍卖人提供的拍卖服务已经完成，故要求拍卖人返还佣金和费用的理由不能成立。

但是如果拍卖人对于需要由委托人交付标的义务并未明确说明，则会认定拍卖标的的交付系拍卖标的上的瑕疵之一，拍卖人对交付拍卖标的的不能也有过错，在这种情况下，买受人的合同目的无法实现，拍卖人无权获得佣金和费用，故应当向买受人返还佣金和费用。

（2）退还拍卖成交款

在买受人无法取得拍卖标的的情况下，如果合同目的非因买受人原因无法实现，则买受人主张返还拍卖成交款本属正常。但是如果拍卖人已经将拍卖成交款支付给了委托人，那么拍卖人就会陷入被动。

买受人和拍卖人之间成立拍卖合同关系，其表现形式可以为拍卖成交确认书，买受人因为标的取得不能而要求解除合同，同时因为买受人支付款项的对象也是拍卖人，故拍卖人和买受人之间的拍卖合同一旦解除，则拍卖人负有返还拍卖成交款的义务。我们曾经提到，大多数人都认为，买受人和委托人之间并不成立合同关系，故拍卖人应当将拍卖成交款返还给买受人。

如果买受人要求返还拍卖成交款的请求成立后，拍卖价款仍然由拍卖人所控制的，拍卖人返还拍卖价款并无障碍，也不会给拍卖人带来不利的影响。但是如果买受人要求返还拍卖成交款的请求成立之后,拍卖价款已经支付给了委托人,拍卖人就会面临先需要承担返还拍卖成交款的责任,再向委托人主张返还拍卖成交款。在这种情况下,如果委托人本身的经济实力比较雄厚,则拍卖人主张委托人返还拍卖成交款也没有障碍,如果委托人的实力不足,则拍卖人即便向委托人要求返还拍卖成交款的请求成立,也可能无法追偿到拍卖成交款,在这种情况下,拍卖人的损失是绝对的,损失金额几乎等于拍卖成交款。

(五) 拍卖人对交付不能的风险防范

拍卖人在委托人交付拍卖标的情况下会因为拍卖标的不受其控制而产生上述风险,故对于拍卖人而言,如果约定由委托人移交拍卖标的的,那么拍卖人可以在拍卖标的的移交之后将拍卖成交款支付给委托人,一旦拍卖标的的交付不能,在买受人主张解除合同时,拍卖人才有资金退还给买受人。

如何移交拍卖成交款是拍卖人和委托人之间的约定,故拍卖人为了使交付拍卖成交款可控,应当在和委托人签订的委托拍卖协议当中明确作出拍卖成交款在拍卖标的的移交后再行支付的约定。当然如果委托人的资金实力十分雄厚,拍卖人并无担心追偿拍卖成交款不能的后顾之忧,即便拍卖人不作出此约定也无妨。

另外一方面,拍卖成交后,拍卖人和买受人之间成立拍卖合同关系,拍卖人返还拍卖成交价款的对象是买受人,故拍卖人和买受人可以明确约定,拍卖成交之后,交付标的的义务在于委托人,在拍卖成交款支付之后,如果拍卖标的的无法获得的,且拍卖成交价款已经支付给委托人的,买受人应当向委托人要求继续交付拍卖标的。当然这个条款在合同解除的条件下是否有效,可能会存在一些争议。但如果拍卖人在拍卖之前对于该标的上的返还拍卖成交款的义务的瑕疵作了明确说明,我们认为其效力应当优先适用。

六、拍卖人对买受人承担的保管之责

按照《拍卖法》的规定,买受人未按照约定受领拍卖标的的,应当支付由此产生的保管费用。那么拍卖人和买受人之间就保管拍卖标的产生的保管责任如何确定,我们认为应当根据具体情况来进行分析。

(一) 买受人正常支付拍卖款项

买受人在拍卖之后,应当按照约定支付拍卖成交价款,买受人支付拍卖成交价款后,买受人负有及时领取拍卖标的的义务。如果买受人在和拍卖人订立的拍卖合同中明确就领取拍卖标的时间进行了约定,则在领取的时间之内,拍卖人仍应当负有保管拍卖标的的义务。按照《拍卖法》的规定,如果买受人未及时领取,应当支付由此产生的保管费用,这条规定下的支付保管费的潜台词是,即便买受人未能及时领取拍卖标的,拍卖人也应当承担保管之责。

但是如果出现买受人在拍卖成交之后并未及时领取拍卖标的,同时也并未提前支付保管费用的情形,那么在此期间拍卖标的的发生损毁,是否应当由拍卖人承担责任?

我们认为如果买受人已经按照约定支付了全部拍卖成交价款,只是未能领取拍卖标的,这种情况下,对于委托人而言实际上他已经退出了拍卖法律关系。因为拍卖人在收到拍卖成交价款之后,自然会将拍卖款支付给委托人,委托人一旦收到拍卖成交价款,则拍卖人和委托人之间的委托拍卖合同已经履行完毕。故在此情况下拍卖标的虽然未能交

付,《拍卖法》也没有说明拍卖标的的所有权在这种情况下是否已经转移为买受人所有,但从买受人的角度来看,他可能认为只要支付了拍卖成交价款,该拍卖标的应当为买受人所有。对于动产物权的变化,《物权法》规定以交付为转移标志,如果其他法律法规有规定的从其规定。但是从《拍卖法》规定的拍卖人的保管义务上来看,《拍卖法》规定的保管费的主张对象是买受人,拍卖人自然应当对买受人承担保管拍卖标的的义务。

如果买受人未能及时支付保管费,则拍卖人可以依据法律规定和保管责任的实际持续情况基于请求权要求买受人承担保管费用,如果买受人不支付保管费,拍卖人自然可以以先履行抗辩为由不向买受人交付拍卖标的。拍卖人不应当以买受人未能支付保管费为由不向买受人承担保管的义务和责任。

但是在极端情况下,如果保管持续的期间过长,保管费甚至快要超过拍卖标的自身的价值,我们认为拍卖人也可以行使留置权对拍卖标的进行处置以保障自己的权利,这里不做探讨。

(二)继续拍卖时对委托人承担保管责任

在买受人拒绝支付拍卖成交价款之后,拍卖标的未发生交付,拍卖标的也仍然归委托人所有。按照法律规定,在委托人同意的情况下,拍卖人可以将拍卖标的重新进行拍卖,并按照拍卖的结果追究买受人的责任。重新拍卖属于新的拍卖,拍卖人和委托人之间需要订立新的委托拍卖合同关系,双方既可以参照原先的委托拍卖合同来延续双方的权利义务,也可以重新协商确定双方之间的权利义务关系。但无论如何,委托人和拍卖人之间属于全新的委托拍卖合同关系,拍卖人作为保管义务人的保管责任不发生本质的变化。

第十七章　拍卖成交后的履行异常

第一节　买受人未按约付款之法律实务

一、未按约付款的类型

(一) 延期付款

延期付款是买受人在拍卖成交之后未能按照成交确认书或者竞买协议等与拍卖人之间的约定期限内支付拍卖人款项,买受人的支付时间延迟。当然延迟有两种可能,一种是全部延迟,一种是部分延迟,但无论如何,对买受人而言,延迟支付拍卖成交价款属于违约行为。

(二) 拒绝付款

拒绝付款是买受人以行为或者语言对于拍卖人要求其支付拍卖成交价款的请求予以拒绝,买受人拒绝支付是违约行为,应当承担违约责任。

买受人在拍卖成交之后,本来应当付清款项以领回拍卖标的,但是买受人因为自己的原因,未能付款,按照《拍卖法》的规定,买受人应当按照约定支付拍卖标的的价款,未按照约定支付价款的,应当承担违约责任,或者由拍卖人征得委托人的同意,将拍卖标的再行拍卖。拍卖标的再行拍卖的,原买受人应当支付第一次拍卖中本人及委托人应当支付的佣金。再行拍卖的价款低于原拍卖价款的,原买受人应当补足差额。

二、买受人承担的违约责任

《拍卖法》规定的违约责任是买受人按照竞买协议的约定,对拍卖人或者委托人承担的违约责任。买受人因为参与竞买活动,并且因为拍卖成交和拍卖人之间成立拍卖合同关系,买受人拒绝支付拍卖款即应当按照拍卖合同关系承担违约责任。根据《合同法》的规定,当事人一方不履行合同义务或者履行合同义务不符合约定的,应当承担继续履行、采取补救措施或者赔偿损失等违约责任。在拍卖合同法律关系中,违约责任一般首先要根据双方的约定来决定,故实质上取决于不同的拍卖人的拍卖合同的不同约定。通常有如下几种方式。

(一) 没收拍卖保证金

即按照竞买协议的约定,买受人支付的竞买保证金将会被拍卖人没收。拍卖人对于竞买保证金的没收行为,行使的是约定的没收的权利,即买受人以竞买保证金的形式向拍卖人提供了金钱担保,一旦买受人拒不履行拍卖合同,则拍卖人按照双方之间的约定行使没收的权利。

如果竞买保证金被当作定金的,拍卖人同时具有了法定的没收定金的权利。根据拍卖人的约定,如果竞买保证金转化为付款定金的,这种定金实质上属于履约定金,按照《合同法》和《担保法》等法律规定,定金属于法定担保的一种,拍卖人可以行使法定的没收履约定金的权利,当然如果拍卖人违约,则买受人有权要求拍卖人双倍返还定金。

(二) 拍卖人单独主张佣金损失

拍卖人基于和买受人之间的拍卖合同关系,有权要求买受人支付佣金,即拍卖人对于买受人的佣金请求权不受委托人的影响。除非买受人拒绝支付的理由成立,否则买受人应当承担向拍卖人支付佣金的义务。

除了拍卖合同关系中买受人应承担的佣金外,因为买受人拒绝支付拍卖成交款,致使拍卖人无法获得委托人应当承担的佣金,也属于拍卖人损失,拍卖人也可以一并主张此部分损失。

当然如果拍卖人选择没收定金之后,定金的金额可以覆盖这些损失的,拍卖人就无须再行诉讼了。

(三) 继续履行合同

继续履行合同是拍卖人要求买受人继续支付拍卖成交款和佣金。按照法律规定,继续履行合同也是违约的责任承担方式,即拍卖人可以依据拍卖合同关系起诉买受人,要求买受人支付全部款项。在拍卖人的拍卖规则当中,一般拍卖人会约定,拍卖人并不主动启动起诉买受人的行动,如果在委托人同意并明确授权的情形下,拍卖人会起诉买受人,要求买受人支付相应的款项即拍卖款和佣金。

三、拍卖人解除拍卖合同

拍卖人解除拍卖合同是指在拍卖成交之后,买受人拒不履行拍卖合同(包括拍卖成交确认书)中付款的义务,拍卖人解除与买受人之间的拍卖合同关系的行为。解除合同的后果,按照《合同法》的规定,一旦合同解除,则尚未履行的终止履行,已经履行的,根据履行情况和合同性质,当事人可以要求恢复原状,采取其他补救措施,并有权要求赔偿损失。拍卖合同的解除意味着拍卖人将不会再将拍卖标的按照约定交付给买受人。拍卖合同的解除意味着拍卖人对买受人的此次拍卖成交的强行终止。

(一) 拍卖合同解除的种类

根据《合同法》的规定,当事人协商一致,可以解除合同。当事人可以约定一方解除合同的条件。解除合同的条件成就时,解除权人可以解除合同。拍卖合同的解除有三种方式,第一种方式为协商解除,第二种为约定解除,第三种为法定解除。

1. 协商解除

协商一致解除是当事人之间自己处分自己的权利,法律不会加以干涉,一旦双方当事人达成一致意见,同意解除合同,则合同对双方不再具有约束力,解除的结果也按照双方之间的约定来执行。

但是在拍卖合同关系中,拍卖人和买受人之间若要达成协商解除的意思表示,拍卖人仍应高度注意可能会对自己带来的后果。在拍卖法律关系中,有不少理论认为拍卖人和买受人之间是拍卖合同关系,拍卖人和委托人之间是委托合同关系,两个合同关系相互独立。如果基于这种考量,拍卖人和买受人之间的拍卖合同并不约束委托人,即委托人和买受人之间没有合同关系,则拍卖人可以独立地和买受人达成解除合同的意思表示,也即拍卖人和买受人合议解除合同。我们认为,虽然拍卖合同并没有委托人签字,买受人和委托人之间没有直接的合同关系,但是因为拍卖人和委托人之间还有委托拍卖合同关系,如果拍卖人擅自行使了解除拍卖合同的权利并导致对委托人承担责任,委托人仍然可以按照和拍卖人之间的委托合同追究拍卖人的责任。

故拍卖人应当慎重行使和买受人之间的拍卖合同约定解除权,即便拍卖人已经和买受人就拍卖合同的解除达成一致,也应得到委托人的确认或认可,否则拍卖人将可能因此产生损失。如果拍卖成交的,则委托人有权要求拍卖人赔偿成交价款相应的损失。

协商解除的形式,应当是拍卖人和买受人之间通过合意的方式达成解除的意思表示,当然书面形式达成协商解除的文件对是否是协商一致解除具有更强的证明效力。

2. 约定解除

(1) 条件成就下的解除

约定解除实质上是附条件的解除,即解除条件成就的情况下,享有解除权的一方行使解除权的行为。按照《民法通则》的规定,民事法律行为可以附条件,附条件的民事法律行为在符合所附条件时生效。《合同法》第四十五条规定,当事人对合同的效力可以约定附条件。附生效条件的合同,自条件成就时生效。附解除条件的合同,自条件成就时失效。《民法总则》的规定则是民事法律行为可以附条件,但是按照其性质不得附条件的除外。附生效条件的民事法律行为,自条件成就时生效。附解除条件的民事法律行为,自条件成就时失效。

拍卖人一般会在拍卖规则或者和买受人签订的有关合同当中约定解除权的行使条件,一般的情形是拍卖人约定在买受人多长时间不付款的情况下,拍卖人有权宣布取消拍卖结果,其实质上就是行使约定解除权。

按照约定以及《民法总则》的规定,如果拍卖人在拍卖规则、拍卖合同等中约定,买受人在一定时间未付款后,双方合同自动解除,我们认为这种约定实际上是附解除条件的约定,应当尊重其效力,拍卖人发出通知,解除的效力应当已经发生。

但是在条件的成就问题上,应当秉持诚实信用的原则。《合同法》规定,当事人为自己的利益不正当地阻止条件成就的,视为条件已成就;不正当地促成条件成就的,视为条件不成就。而《民法总则》将其明确扩大到适用于所有的民事法律行为,《民法总则》明确规定,附条件的民事法律行为,当事人为自己的利益不正当地阻止条件成就的,视为条件已成就;不正当地促成条件成就的,视为条件不成就。故任何阻止条件成就的行为将不会产生阻止的效力,不正当促成条件成就的也不会使得条件成就。

拍卖人行使可以在条件成就时行使解除的权利。值得注意的是,和上述论证一致,拍卖人行使约定解除权,本质上是对委托人委托拍卖的财产的再处分。拍卖成交的取消,对于委托人而言,意味着拍卖标的在成交之后被强行终止,从结果上而言,虽然拍卖成交但是委托利益却无法实现。正是由于拍卖人行使解除权,会对委托人的利益产生影响,故拍卖人在制定拍卖规则或者在和委托人的约定当中,应当单独赋予自己可以行使约定解除权的权利,并注意行使约定解除权的条件是否充分与合法。

只有在约定解除权得到委托人认可并且行使条件成就时,拍卖人行使约定解除权才不会对委托人承担责任。如果拍卖人单方仅根据和买受人之间的约定行使拍卖合同解除权,仍然可能会得到委托人的追究。

(2)附期限的解除权

除了附条件的解除权之外,还有附期限的解除权。按照《民法总则》第一百六十条的规定,民事法律行为可以附期限,但是按照其性质不得附期限的除外。附生效期限的民事法律行为,自期限届至时生效。附终止期限的民事法律行为,自期限届满时失效。

附条件和附期限是两个不同的概念,如果某事件属于条件,则该事件的发生存在是和否两种不同的可能,条件实际上属于不确定的。当事人在法律行为中设定一定的期限,并将期限的到来作为民事法律行为效力的发生或消灭的依据,这种属于附期限的法律行为,而附期限的行为确定发生。我们在前面曾经举例说明的买受人在多少天之内不付款实际上属于附条件的民事法律行为,因为买受人可能付款,也可能不付款。

如果解除权是附期限的,按照法律规定,在一定期限内权利人未能行使解除权的,则解除权丧失。同时根据《合同法》规定,法律没有规定或者当事人没有约定解除权行使期限,经对方催告后在合理期限内不行使的,该权利消灭。

如果拍卖人在其与买受人订立的拍卖合同关系当中明确约定了解除的期限,拍卖人应当在约定的期限内行使解除权,否则拍卖人即可能丧失解除权。

3. 法定解除

解除权的行使除了可以通过约定行使之外,符合法律规定的条件的,当事人可以行使法定解除权。按照《合同法》第九十四条的规定,有下列情形之一的,当事人可以解除合同:(一)因不可抗力致使不能实现合同目的;(二)在履行期限届满之前,当事人一方明确表示或者以自己的行为表明不履行主要债务;(三)当事人一方迟延履行主要债务,经催告后在合理期限内仍未履行;(四)当事人一方迟延履行债务或者有其他违约行为致使不能实现合同目的;(五)法律规定的其他情形。

(1)不可抗力原因

所谓不可抗力,按照《合同法》的规定,是指不能预见、不能避免并不能克服的客观情况。不可抗力的产生和当事任何一方没有任何关系,应当是不能预见的,并且其客观的后果导致合同履行不能。根据目前的司法实践,自然灾害、动乱等均被视为不可抗力,是否构成不可抗力需要根据事件的具体情况进行具体的分析,不可一概而论。不可抗力发生导致不能履行合同的,法律规定根据不可抗力的影响,部分或者全部免除责任,但法律另有规定的除外。

发生不可抗力之后,当事人有及时通知的义务,以减轻可能给对方造成的损失,同时受到不可抗力影响的当事方还应提供不可抗力的证明。

拍卖合同关系下,买受人如果受到不可抗力的影响,确定无法履行合同的,拍卖人应当及时行使法定解除权,但我们认为拍卖人应当同时将合同解除的情况通知委托人,以便委托人及时作出选择。

(2)预期违约

　　预期违约是上述法定解除情形中的第二种情形,即买受人在付款期限届满前以明示的方式,比如以通知等形式明确告知拍卖人其将不会履行合同,或者买受人以其行为表示不再履行拍卖合同,即不再履行付款的义务,此时买受人构成预期违约。在出现预期违约的情况下,按照《合同法》的规定,守约的一方可以在履行期限届满之前要求其承担违约责任。在拍卖合同关系中,即拍卖人在买受人的付款期限届满前可以向其主张违约责任。同时按照解除合同的法律规定,买受人预期违约的,拍卖人可以行使合同解除权。

　　我们认为,拍卖人在买受人预期违约的情况下,是否行使法定解除权应当得到委托人的同意和确认,因为该合同解除权的行使将会对委托人的利益产生影响。况且,拍卖人还可以在买受人预期违约的情况下行使追究违约责任的权利。如果拍卖人在得不到委托人的确认的情况下,行使该解除权可能会对委托人承担责任。

　　(3) 延迟履行后经催告仍不履行

　　延迟履行是合同履行中经常会出现的情况,如果当事人之间没有特别的约定,一般的延迟履行尚不足以导致另一方可以行使合同解除权。按照《合同法》的规定,只有在延期履行并且经过催告的情况下,当事人才享有解除合同的权利。

　　在拍卖合同关系当中,如果没有其他约定,买受人在约定的期限内没有付款,拍卖人需要明确向买受人发出催告,催告买受人在合理的期限内付清款项,如果买受人在催告后仍不履行的,拍卖人即享有立即解除合同的权利。

　　拍卖人的催告履行行为的实施,可以进一步确认买受人是否确实不再愿意付款,如果未能得到买受人的履约响应,拍卖人可以解除合同。但是我们认为,只有在拍卖人和委托人之间的委托拍卖合同当中明确赋予了拍卖人解除拍卖合同权时,拍卖人对买受人行使该权利才是比较安全的。拍卖人对于何时向买受人催告,以及催告的合理期限都以得到委托人的确认为妥。至于何为合理的期限,法律上并没有就时间的长短作出明确的规定,故如何认定合理期限,应当从普通人角度根据具体的当事人的情况去进行衡量,比如对于大额款项买受人未能支付,拍卖人催告买受人的通知上午发出,要求买受人当天就须立即付清,乃至一天内付清,都极有可能被视为并非合理的期限。

　　(4) 合同目的无法实现

　　合同目的无法实现有两种情形,一种是延期履行致使合同目的无法实现,一种是其他的违约行为致使合同目的无法实现。在普通的买卖合同当中,比如说某活动纪念品的订单,出卖人直到纪念活动已经结束才发出货物,作为买受人而言,纪念品延期到货已经毫无意义,这就是典型的因为延期履行致使合同目的不能实现的情形。另一种情形是因为某种违约情形导致合同目的无法实现,比如交付的标的毫无作用,这种情况下的解除权在拍卖合同关系当中,由买受人行使的居多。比如说拍卖标的为土地或者不动产的,无法过户或者委托人没有处分权,买受人在付款之后可以行使合同解除权。这里我们不再赘述,在瑕疵担保责任里已经有所述及。

　　(二) 解除的方法——通知

　　按照《合同法》的规定,合同的解除除了由双方协商一致解除这一种情形之外,其他情形下均应当由解除方向另外一方发出解除合同的通知,通知到达时合同解除。

　　拍卖合同法律关系当中,拍卖人要基于法定解除权或者约定解除权欲解除与买受人之间的拍卖合同,则应严格按照《合同法》的规定,向买受人发出解除合同的通知。在拍卖人具体行使解除权,发出拍卖合同通知时,竞买人提供的联系方式显得尤为重要,这一点我们在竞买协议的签订和委托人委托拍卖协议的签订时已经阐述过,在买受人明确的地址的情况下才能保证拍卖人解除合同通知的准确到达。

(三) 解除的后果

在拍卖人对买受人发出解除拍卖合同关系(成交确认书)的情况下,如果拍卖人的解除是有准确依据的,比如买受人违反了付款的约定,并且达到了约定的或者法定的解除条件,此时解除拍卖合同自到达即生效,对各方产生不同的后果。

1. 对于拍卖人自身

拍卖人行使拍卖合同的解除权,则自拍卖人发出解除合同的通知时,拍卖人不受拍卖合同的约束。在假定解除合同的理由完全符合法律规定的前提下,拍卖成交对拍卖人不再有效,即拍卖人无须再按照和买受人之间的原有约定负有交付拍卖标的的义务。

同时,对于拍卖人而言,因为拍卖人解除了拍卖成交合同,拍卖人可以依据与买受人之间的约定取得向买受人求偿的权利。即便双方之间没有约定,拍卖人仍然可以依据法律规定向买受人主张拍卖人因此而产生的全部损失。

当然如果拍卖人属于违法解除合同,则拍卖人应当承担向买受人承担违法解除拍卖合同的后果。

2. 对于买受人

对于买受人而言,买受人将无法获得拍卖标的,因为拍卖人不再负有将拍卖标的按约转移给买受人的义务。对于买受人已经支付的拍卖款项,将视约定可能会被没收,或者用以赔偿拍卖人的损失,如果不足的部分,买受人可能还要承担补足的责任。

3. 对于委托人

解除与买受人之间的拍卖合同关系是由拍卖人行使的,根据之前的阐述,按照绝大多数人的观点,委托人无法解除和买受人之间的拍卖合同关系,故拍卖人行使解除权并不直接对委托人产生效力。但是因为拍卖标的是属于委托人所有的财产,故拍卖合同一旦解除,即为拍卖合同没有发生过,也就是拍卖成交被取消,恢复到拍卖未完成的状态。

在此情况下,委托人可以要求取回拍卖标的,委托人还可以要求继续拍卖,并且因此产生委托人对原买受人的赔偿请求权。这一点我们在下面的继续拍卖部分会进一步阐述。

(四) 解除的救济

如果当事一方对另外一方发出的解除合同通知存在不同的意见时如何处理,《合同法》当中对此有明确规定,另外一方可以向人民法院或者在仲裁的情况下向仲裁机构请求确认解除通知的效力。

在由法院或者仲裁机构作出确认时,会出现两种情形,一种是解除成立,一种是不成立。所谓解除成立,即发出解除合同通知的一方的解除合同的依据和程序符合法律规定,在此情况下双方的合同即告解除。反之,解除合同的理由不能成立,发出通知一方反而会被认为构成根本性违约,从而导致另外一方可以向发出通知的一方追究相应的责任。这里我们也不再赘述。

总而言之,如果是拍卖人欲解除与买受人之间的拍卖合同关系,应当有充分的依据,否则拍卖人应当承担违约责任。反之,如果买受人发出解除合同的通知没有依据,买受人可能仍然要承担继续付款的责任。

四、委托人是否可以直接向买受人主张责任

拍卖成交之后,买受人拒绝付款,受到影响最大的是委托人。委托人原本在拍卖成交之后可以获得拍卖款项,但是买受人未按约付款直接导致委托人的利益不能实现。此外,买受人本应是以最高应价成为拍卖标的的受让人,但买受人最高应价确认之后未按约付款,本质上也是剥夺了其他竞买人的付款权利,委托人也因此而产生损失。委托人是否可以直接要求买受人履行付款的义务,理论实践中存在不同的看法,我们试做分析如下。

(一) 可以向买受人主张权利的观点

买受人拒绝履行付款义务后,委托人可以向买受人主张权利的观点的主要依据是认为委托拍卖合同是委托合同,拍卖人是匿名的代理人,买受人拒绝付款之后,委托人可以行使介入权,直接要求买受人向委托人承担责任。这种观点认为,从代理的法律角度出发,代理人代理成功后的结果应当由委托人承担。拍卖成交之后,买受人成为拍卖标的的买方,其负有按照约定支付拍卖成交款的义务。委托方作为卖方,通过拍卖人的代理行为,取得了拍卖款的求偿权。一旦买受人不愿支付拍卖成交款,则委托人作为拍卖人的被代理人有权向买受人主张相应的权利。

(二) 不可以由委托人向买受人直接主张权利的观点

另一种观点的则认为,委托人无权直接向买受人主张权利。根据合同相对性原则,买受人只是在竞买时和拍卖人订立了合同,拍卖成交之后竞买人成为买受人和拍卖人之间成立拍卖合同关系。买受人并未和委托人订立合同。委托人和拍卖人之间的属于委托拍卖合同关系,这个合同关系与拍卖人和买受人之间的拍卖合同关系属于不同的法律关系,而且相互独立。买受人虽然拒绝付款应当承担相应的责任,但是承担责任的对象是拍卖人而非委托人,故委托人不具备向买受人主张权利的主体资格。即便委托人欲向买受人主张权利,也应当通过拍卖人来行使,即由拍卖人要求买受人承担相应的责任。

我们认为,委托人是否能够直接向买受人主张权利,应当区别不同的情况对待,不应一概而论。我们认为应当分为两种情况,第一种情况是没有任何特殊约定。第二种情况是当事人之间有特别约定。

(三) 没有特别约定时仍应由拍卖人向买受人主张权利

在没有特别约定的情况下,按照《拍卖法》的规定,买受人应当按照约定支付拍卖标的的价款,未按照约定支付价款的应当承担违约责任;或者重新拍卖后,原买受人支付委托人以及买受人自己应当支付的佣金,并且承担补足差额的责任。对于违约责任的承担方式,按照《合同法》的规定包括继续履行合同,故买受人继续支付拍卖成交款系其承担违约责任的形式之一,即便没有约定,买受人也负有此法定义务。

既然买受人继续支付拍卖成交款系违约责任承担的一种,就应当有履行该付款义务的对象,即何主体有权要求买受人承担继续支付拍卖成交款的责任。

正如我们在拍卖当事人三方法律关系中曾经论述的,委托拍卖合同具有委托合同的

性质,但是我们不能简单地完全套用委托合同的规定。拍卖法律关系本质上是属于由拍卖法约定的法律关系,委托人和拍卖人之间的委托拍卖合同以及拍卖人和买受人之间的买卖合同属于分别独立的合同。在委托人并未和买受人订立合同时,仍应由拍卖人依据和买受人之间的拍卖合同要求其承担责任。

买受人因为看到拍卖人的拍卖公告,履行了相应的竞买手续后成为竞买人,竞买人和拍卖人之间订立拍卖合同,该拍卖合同下的规定的责任才是买受人应当承担的违约责任。拍卖人依据该拍卖合同要求买受人承担责任符合法律规定。

此外拍卖人向买受人主张权利,要求其继续支付拍卖成交价款也不会损害委托人的利益,最终承担付款责任的对象仍然是买受人,买受人支付款项之后,拍卖人将款项转交给委托人,委托人的利益仍然得到了保障。

拍卖人在从事拍卖的活动当中本质上是以自己的名义进行的,拍卖人并不需要向竞买人甚至买受人披露委托人的身份,从这个角度出发,拍卖人可以视作委托人的隐名代理人,但即使按照《合同法》关于隐名代理的规定,委托人欲行使介入权,也需要符合受托人以自己的名义,在委托人的授权范围内与第三人订立的合同,第三人在订立合同时知道受托人与委托人之间的代理关系这一条件。而买受人和拍卖人订立拍卖合同关系时,并不知晓委托人是谁,也无须关注委托人是谁,只要买受人按照约定支付了拍卖成交价款,就有权取得拍卖标的,成为拍卖标的的受让人。故实质上买受人和拍卖人之间订立的拍卖合同关系反而符合《合同法》当中规定的委托人在隐名代理下行使介入权的例外情形,即如果有确切证据证明该合同只约束受托人和第三人的,则该合同仍然仅约束受托人和第三人。拍卖人和买受人之间的拍卖合同应当仅在这两个当事方之间产生权利义务关系。

故在没有特别约定的情况下,向买受人主张权利的主体仍应当时拍卖人。

(四) 有特别约定的情况下,委托人应当可以按照约定行使权利

我们注意到不少拍卖人在其制定的拍卖规则当中,就买受人未按约付款的情况下,约定可以由委托人直接向买受人主张继续履行的权利。

我们认为,《拍卖法》对于买受人承担的违约责任并没有其他明确的规定,但是违约责任违约方在违约时应当向守约方承担的责任,违约责任可以由当事方在合同当中进行约定,拍卖人在其拍卖规则或者竞买协议、拍卖成交确认书当中的由买受人向委托人承担责任的约定并未违反法律规定,作为相对一方的买受人应当按照约定予以履行。

由委托人直接向买受人主张继续履行的权利是拍卖合同赋予委托人行使的,是由拍卖人通过将拍卖合同中向买受人主张的权利转让给委托人行使。买受人向委托人承担上述责任的依据是当事方之间的约定,而非《拍卖法》的规定。

由委托人按照约定向买受人主张支付拍卖成交价款的权利符合委托人的利益,因为在拍卖法律关系当中,拍卖人主要是通过举办拍卖活动获取拍卖成交之后委托方和买受人支付的佣金。对于拍卖成交价本身的支付,拍卖人其实并不太关注。另外一个方面,委托人对买受人是否按约支付拍卖人佣金也并不在意,委托人更在意的是买受人应当将全部价款支付给拍卖人进而支付给委托人。

此外,拍卖人对于和买受人之间的拍卖合同,一般有拍卖保证金作为保障,故拍卖人通过没收买受人的保证金,可能就已经将自己的损失全部覆盖,故拍卖人对于起诉买受人要求其继续履行合同并不积极。

更进一步而言,即便委托人不愿意行使该项要求买受人继续履行合同的权利时,委托人和拍卖人仍可以行使法定的重新拍卖的权利,届时,买受人仍应当依据法律规定承担补充的赔偿责任。

第二节　拍卖成交的合同的撤销

一、拍卖合同的撤销

拍卖合同成立即竞买人以最高应价成为买受人后,按照拍卖合同法律关系,买受人负有按时支付拍卖成交价款的义务,在拍卖成交价款支付后,拍卖人负有按照约定将拍卖标的交付给买受人的义务,双方的拍卖合同履行完毕。但是,拍卖合同成交之后,某方当事人因某种原因不愿履行其义务,会出现以拍卖合同符合撤销的法定事由为由要求撤销合同。但是当事人是否可以适用合同撤销事由,需要严格按照法律规定进行判断。

二、撤销合同和解除合同的区别

我们这里所说的撤销是符合民法规定条件情形下的当事人对法定撤销权的行使,民法上可撤销的合同属于已经生效的合同但是当事人可以依法撤销,如果当事人行使撤销权,则合同的效力自始不存在。如果当事人没有及时行使撤销权,则合同仍然属于生效的合同。

而解除合同和撤销合同存在着明显的不同,对于被解除的合同而言,合同已经成立生效,对当事各方产生效力,只不过因为某种原因,使得一方可以行使解除合同的权利,从而使得合同得以终止,当事各方无须再按照原合同履行各自的义务。

在拍卖法律关系下,如果拍卖合同可以被撤销,同样意味着拍卖虽然已经成交,但是当事方基于法定事由可以撤销拍卖成交合同。没有法定事由时,当事方无论是拍卖人还是买受人都无权撤销拍卖合同,都应当按照拍卖合同履行各自的义务。

三、合同撤销的事由

根据《民法通则》对于可撤销的民事法律行为的规定,下列民事行为,一方有权请求人民法院或者仲裁机关予以变更或者撤销:(一) 行为人对行为内容有重大误解的;(二) 显失公平的。被撤销的民事行为从行为开始起无效。

合同订立是典型的民事法律行为,但是《合同法》当中对于可撤销的合同则有着另外明确的规定,按照《合同法》的规定,下列合同,当事人一方有权请求人民法院或者仲裁机构变更或者撤销:(一) 因重大误解订立的;(二) 在订立合同时显失公平的。一方以欺诈、胁迫的手段或者乘人之危,使对方在违背真实意思的情况下订立的合同,受损害方有权请求人民法院或者仲裁机构变更或者撤销。当事人请求变更的,人民法院或者仲裁机构不得撤销。

《合同法》当中对于重大误解和显失公平的情形构成合同可撤销的规定和《民法通则》相同,但是欺诈和胁迫以及乘人之危的情形则和《民法通则》的规定不完全相同,《民法通则》将此类情形下实施的民事法律行为归为无效的民事法律行为,但是在《合同法》当中则将欺诈、胁迫订立合同损害国家利益的合同归于无效合同,一般的欺诈、胁迫或者乘人之危下的合同,则归为可撤销的合同。

(一) 欺诈、胁迫、乘人之危

按照法律规定,一方当事人故意告知对方虚假情况,或者故意隐瞒真实情况,诱使对方当事人作出错误意思表示的,可以认定为欺诈行为。在《民法总则》的规定下,欺诈有两种情形,一种情形是一方以欺诈手段,使对方在违背真实意思的情况下实施的民事法律行为,受欺诈方有权请求人民法院或者仲裁机构予以撤销;另外一种情形是第三人实施欺诈行为,使一方在违背真实意思的情况下实施的民事法律行为,对方知道或者应当知道该欺诈行为的,受欺诈方有权请求人民法院或者仲裁机构予以撤销。

以给公民及其亲友的生命健康、荣誉、名誉、财产等造成损害,或者以给法人的荣誉、名誉、财产等造成损害为要挟,迫使对方作出违背真实的意思表示的,可以认定为胁迫行为。《民法总则》里面规定的胁迫行为不仅包括一方所做的胁迫行为,还包括第三方所做的胁迫行为。

《最高人民法院关于贯彻执行〈中华人民共和国民法通则〉若干问题的意见(试行)》中对于乘人之危的定义为:一方当事人乘对方处于危难之机,为牟取不正当利益,迫使对方作出不真实的意思表示,严重损害对方利益的,可以认定为乘人之危。而在《民法总则》中则规定为:一方利用对方处于危困状态、缺乏判断能力等情形,致使民事法律行为成立时显失公平的行为。

(二) 重大误解

行为人因对行为的性质、对方当事人、标的物的品种、质量、规格和数量等的错误认识,使行为的后果与自己的意思相悖,并造成较大损失的,可以认定为重大误解。构成重大误解应当符合重大的标准,一般认为要达到将 A 认为 B 的情形,而且此种认知的错误足以使自己的判断造成重大失误。一般的轻微的误解或者知识上的欠缺一般不会被认定为构成重大误解。

(三) 显失公平

《最高人民法院关于贯彻执行〈中华人民共和国民法通则〉若干问题的意见(试行)》规定,一方当事人利用优势或者利用对方没有经验,致使双方的权利与义务明显违反公平、等价有偿原则的,可以认定为显失公平。但是在《民法总则》中对于显失公平并没有专门予以说明,仅结合乘人之危规定致使民事法律行为成立显失公平的情形。

显失公平的情形也经常为当事人所提起,但值得说明的是,合同缔约双方虽然在民法上属于平等的民事主体关系,但是双方在谈判地位上并不完全相等,比如具有供应优势的出卖人可以要求买受人接受苛刻的付款条件,同样具有付款优势而在出卖人急于卖出标的的情况下,买受人可以要求出卖人接受价格苛刻的条款。从缔约自由的角度考虑,一方当事人可以以不缔结合同来拒绝另外一方,故这类苛刻的合同不一定构成显失公平。对于能否构成显失公平的合同在法律上界定的要求一般比较严格。

四、撤销权的行使时间

《民法通则》里关于民事法律行为的撤销权的行使并无特殊的规定,只是规定了行使权可以行使的情形,并未规定时间条件。但是在《最高人民法院关于贯彻执行〈中华人民共和国民法通则〉若干问题的意见(试行)》中则明确规定,可变更或者可撤销的民事行为,自行为成立时起超过一年当事人才请求变更或者撤销的,人民法院不予保护。这属于期间的规定,属于当事人应当行使权利的绝对期限,和诉讼时效不同,不存在中断等情形。

在《合同法》当中对撤销权的行使规定了撤销权消灭的情形,有下列情形之一的,撤销权消灭:(一) 具有撤销权的当事人自知道或者应当知道撤销事由之日起一年内没有行使撤销权;(二) 具有撤销权的当事人知道撤销事由后明确表示或者以自己的行为放弃撤销权。

但是自 2017 年 10 月 1 日起开始施行的《民法总则》当中,对撤销权的行使时间作了新的规定,有下列情形之一的,撤销权消灭:(一) 当事人自知道或者应当知道撤销事由之日起一年内、重大误解的当事人自知道或者应当知道撤销事由之日起三个月内没有行使撤销权;(二) 当事人受胁迫,自胁迫行为终止之日起一年内没有行使撤销权;(三) 当事人知道撤销事由后明确表示或者以自己的行为表明放弃撤销权。当事人自民事法律行为发生之日起五年内没有行使撤销权的,撤销权消灭。

《民法总则》的规定和《合同法》以及《民法通则》的规定有了很大的不同,主要区别在于以下几个方面。对于一般的撤销权的行使期限规定期仍为一年。但是在特例的情况下规定的时间则不同,在重大误解的情况下,规定的撤销权行使期限为三个月,重大误解撤销权的起始日期,也是自知道和应当知道之日起计算。对于胁迫情形的,虽然撤销权的行使期限仍为一年,但是起算时间点和《民法通则》的规定并不相同,《民法通则》规定是从知道或者应当知道之日起,而《民法总则》的规定则是从胁迫行为终止之日起计算。此外,还设定了绝对丧失撤销权的期间,即从民事法律行为发生之日起五年内没有行使撤销权的,撤销权绝对消灭。

五、撤销权行使的方式

《民法通则》规定,民事法律行为存在可撤销事由的,当事人可以要求人民法院或者仲裁机构予以变更或者撤销。《合同法》的规定和《民法通则》的规定相同,即可以通过人民法院或者仲裁机构予以变更或者撤销。通过仲裁机构系因为当事方之间约定就合同的争议提交仲裁机构解决时,仲裁机构对案件具有管辖权,故由仲裁机构就合同撤销作出裁决。如果当事方没有约定通过仲裁机构予以解决争议,则由有管辖权的人民法院对合同撤销作出相应的裁决。

六、撤销权行使的后果

《民法通则》赋予当事方在享有撤销权行使的事由时可以要求法院或者仲裁机构对民事法律行为进行撤销或者变更。要求变更的应当予以变更,当事人要求撤销的,人民法院可以酌情予以变更或者撤销。

但是《民法总则》中没有可变更的民事法律行为的规定,仅规定了在满足法定事由的情况下,当事人可以要求撤销民事法律行为。

《民法通则》规定被撤销的民事行为从行为开始起无效。民事法律行为被撤销后,当事人因该行为取得的财产,应当返还给受损失的一方。有过错的一方应当赔偿对方因此所受的损失,双方都有过错的,应当各自承担相应的责任。而《民法总则》中对于撤销权行使后除了上述规定之外,还另外规定不能返还或者没有必要返还的,应当折价补偿。《合同法》当中对于可撤销合同被撤销之后的法律后果和《民法总则》的规定一致。合同被撤销之后,合同对双方没有约束力,已经取得的财产予以返还,无法返还的予以补偿,损失则按照各方的过错予以承担。

七、拍卖合同撤销的情形

拍卖合同成交之后,当事方援引可撤销合同事由或者引用民事法律行为可撤销事由,要满足可撤销条件。一般情况下买受人要求撤销拍卖合同关系以欺诈或者重大误解的理由居多,买受人会以拍卖人和委托人就拍卖标的的说明对其构成欺诈,或者其对拍卖产生重大误解等为由要求撤销拍卖合同。在要求撤销合同的同时,一般还会要求拍卖人承担瑕疵担保责任。

(一) 拍卖人撤销

拍卖人主动要求撤销拍卖成交的情形并不多见,拍卖人作为专业的拍卖机构,在已经落槌成交的情况下,反而主动要求撤销合同,则应当会被认定为有更多的过错,故应当承担相应的责任。

(二) 买受人撤销

买受人如果对拍卖结果并不满意,并不希望支付拍卖成交款,不愿意履行拍卖合同,会希望援引拍卖人过错事由来撤销合同。拍卖人如果在对拍卖标的说明中未尽到合理的提醒义务,存在故意或者重大过失,故意隐瞒拍卖标的的重大瑕疵,可能会构成欺诈。如果拍卖人对于拍卖标的说明发生显而易见的错误,也会构成重大误解的事由。我们在前面曾经提到,在房屋拍卖的纠纷中,拍卖人因为自己的疏忽将作为拍卖标的的房屋门牌号码弄错,直接导致拍卖人在对拍卖标的中所作说明的拍卖标的和实际上委托人委托拍卖的拍卖标的并非同一个标的,买受人基于重大误解为由要求撤销合同的请求会得到法律的支持。

八、拍卖合同撤销的后果

如果拍卖合同的撤销事由能够成立,拍卖合同被撤销的情况下,拍卖合同自始无效,拍卖虽然已经成交,但是对双方均无约束力。

(一) 对买受人

拍卖合同被依法撤销后,买受人如果已经全部支付了拍卖成交款,则可以要求返还拍卖成交款,对于已经支付的佣金费用等,则可以要求拍卖人予以返还。如果买受人尚未完全支付拍卖成交款,则买受人可以要求返还支付的拍卖成交款以及竞买保证金。对于已经交付标的的,买受人应当要求返还给拍卖人或者其他交付义务人。如果因为拍卖人原因拍卖合同被撤销,买受人还可以依据撤销事由的具体情况,拍卖人的过错情况,要求拍卖人承担赔偿损失的责任。

(二) 对拍卖人

拍卖合同被依法撤销之后,如果拍卖标的是由拍卖人交付的,则拍卖人无须再行交付买受人拍卖标的。拍卖人已经收取买受人支付的保证金应当予以返还,拍卖人除了收取保证金之外收取的买受人支付的拍卖成交价款费等也应当予以返还。因为买受人原因拍卖人行使合同撤销权产生的损失的,应当按照过错的情况要求买受人承担拍卖人因此而产生的损失。

(三) 对委托人

拍卖合同的撤销是对拍卖成交的否定,在拍卖人和买受人之间,因为拍卖合同被撤销,拍卖视为没有发生,买受人和拍卖人之间的争议得以解决。但是对于委托人而言,委托人本期望通过拍卖实现拍卖标的的最大价值,现因拍卖未能成交,委托人的委托利益未能实现,同时拍卖人因为拍卖被撤销,从拍卖成交款中获得拍卖佣金的利益落空,拍卖合同的撤销势必会在委托人和拍卖人之间产生纠纷。

委托人和拍卖人之间基于委托拍卖合同产生法律关系,双方应当基于委托拍卖合同来确定双方的权利义务。因为拍卖人原因致使拍卖被撤销,拍卖人对此有过错,而委托人没有过错的,拍卖人应当赔偿委托人的损失。但是如果委托人对于拍卖被撤销存在过错的,拍卖人可以向委托人主张拍卖的损失,包括委托方的佣金费用,以及买受人应当支付的拍卖佣金费用等。

第三节 再次拍卖

一、再次拍卖的法定责任

按照《拍卖法》的规定,拍卖人还可以在委托人同意的情况下重新启动拍卖程序,如果拍卖成交的价款高于原拍卖成交款的,原买受人无须就拍卖成交款进行支付,但是对于拍卖人因此产生的佣金损失,即第一次拍卖的委托方佣金和买受人佣金,仍应承担责任。

如果再次拍卖的成交价款低于首次拍卖成交款的,则未能付款的原买受人负有补足拍卖成交款的义务,即原买受人应当支付差额款项。

再次拍卖的责任是法定责任,取决于委托方的决定,只要委托方同意,拍卖人即可以启动再次拍卖,并可根据再次拍卖的结果情况决定向原买受人主张相应的权利。

二、再次拍卖的注意事项

再次拍卖的权利是法律赋予拍卖人所行使的,但是其行使有着必要的条件,拍卖人应当引起足够的注意,如果行使不当,可能会承担一定的责任,或者造成不必要的损失。

再次拍卖只有在买受人拒绝付款的情形下才能进行。再次拍卖是为了弥补第一次拍卖产生的损失,原本买受人因为竞价最高而成为拍卖标的的接收人,买受人拒绝付款才使的再次拍卖得以启动。根据《合同法》的规定,延期付款并不直接意味着拒绝付款,故除非另有明确约定,单纯的延期付款不能简单认定为拒绝接受拍卖标的,从而触发再次拍卖。

我们建议在再次拍卖之前应当给买受人合理的催告和通知,在明确告知买受人拒绝付款的后果,并且给予一定的宽限期后,若买受人仍然拒绝付款,则可以认为买受人已经明确拒绝接受拍卖标的,在此情形下,委托人和拍卖人可以启动再次拍卖程序。

因为再次拍卖会产生必要的费用,拍卖人应当得到委托人的同意和明确指示,更为重要的是,再次拍卖是委托人再行处分自己的拍卖标的的行为,而拍卖人作为受托拍卖标的的受托人,无论是第一次拍卖成交后的对买受人拒绝付款的应对,还是作为再次拍卖的受托人进行拍卖,都应得到委托人的明确委托。拍卖人不得单方作出再次拍卖的意思表示和行为,否则买受人和委托人都可以追究拍卖人的责任。

对这种存在争议并正在进行诉讼的拍卖标的应当慎重启动再次拍卖。如果因为买受人的拒绝付款行为,拍卖人已经将买受人诉诸法庭,要求买受人承担支付拍卖成交款等责任时,该拍卖标的已经进入诉讼程序当中,若拍卖人和委托人进行再次拍卖势必因为再次拍卖的结果变更原先的诉讼请求。更为重要的是,再次拍卖可能会因为标的正在诉讼,对其价值产生影响,故在这种情况下,拍卖人和委托人更应当就可能进行的再次拍卖活动通知买受人,并给予买受人一定期限,否则就再次拍卖价值的降低部分的损失求偿,法院不会支持,对于此点,拍卖人和委托人均应引起重视。

三、再次拍卖的保留价

再次拍卖本质上是一次新的拍卖行为,只不过再次拍卖和上次拍卖之间存在关联,再次拍卖是对上次拍卖的补救,再次拍卖结果的将影响上次拍卖的当事人的利益。但是再次拍卖行为应当是委托人重新委托拍卖人实施的拍卖活动,拍卖人应当重新按照拍卖活动应当履行的法定步骤,完整地实施再次拍卖。

对于委托人而言,再次拍卖和上次的拍卖并无本质的变化,只不过是因为买受人拒绝付款,故委托人可能仅需要对拍卖人作出同意再次拍卖的意思表示,拍卖人就可以进入再次拍卖的程序。

如果拍卖人和委托人就再次拍卖重新签订委托拍卖合同并重新明确双方的权利义务,就保留价作出变更,拍卖人当然应当按照双方之间新的约定举办拍卖活动。

如果委托人并未就保留价作出新的约定,拍卖人在再次拍卖活动当中是否应当按照原保留价进行拍卖就成为一个问题。中拍协在其对此问题的回复中认为,如果委托人并未明确表示保留价发生变更,应当默认为保留价仍然存在且未变更,故拍卖人仍应当按照有保留价的拍卖举办拍卖活动。

我们认为在委托人未明确表示变更保留价的情况下,从保护委托人利益的角度出发,按照保留价不发生变化进行拍卖更有利于实现委托人利益。此外,我们认为可以适用最新颁布的《民法总则》第十条的规定,即处理民事纠纷,应当依照法律;法律没有规定的,可以适用习惯,但是不得违背公序良俗。委托人未对再次拍卖的保留价作出约定,可以适用双方之间之前就此拍卖产生的习惯,之前的保留价可以视为双方之间的惯例。

相反,如果委托人未作出明确的意思表示,而拍卖人单方认为本次拍卖没有设定保留价,极有可能损害委托人利益。拍卖是以实现委托人利益最大化为目的的,故拍卖人不应冒单方确认委托人没有设定保留价的风险而举办拍卖,一旦拍卖人落槌,将必须履行向买受人移交标的的义务,同时可能会面临委托人的索赔。

为了保险起见,拍卖人应当和委托人订立正式的委托拍卖合同,并且明确本次再次拍卖中拍卖标的的的保留价,这样自然不会因此和委托人以及买受人产生纠纷。

四、再次拍卖产生的求偿权

再次拍卖后产生的求偿权有两个,第一个是原拍卖产生的因为买受人未支付拍卖成交价款而拍卖人未能收到的佣金;第二个是原拍卖和再次拍卖之间产生的差额,买受人负有补足的义务。

《拍卖法》对于买受人再次拍卖后承担的支付佣金和补充拍卖成交款的义务应向哪个主体承担的问题,没有作出规定。

对于由原拍卖产生的应当由原买受人承担的佣金,因为该佣金是由拍卖人收取的,故原买受人当然应当向拍卖人承担原拍卖佣金,拍卖人可以向原买受人主张。

对于应当由委托人支付的佣金,因为该佣金是由委托人支付的,系委托人按照和拍卖人之间的委托拍卖合同承担的义务,委托人未能支付佣金的原因系因拍卖成交之后无法通过拍卖成交价款予以抵扣。如果佣金未能支付的原因系由原买受人引起的,没有其他豁免委托人支付义务的约定,委托人仍应当依约支付。但是委托人依约支付佣金之后,产生了财产损失,原买受人的拒绝支付拍卖成交款的行为对委托人的民事权益产生了损害,委托人可以侵权为由请求原买受人予以赔偿,故我们认为委托人和原买受人之间存在损害赔偿关系,如果以委托人和原买受人之间没有关系为由否认委托人对原买受人的求偿权没有依据。

如果拍卖人在与委托人的委托拍卖合同中约定在拍卖成交后从拍卖成交款予以冲抵委托人应当支付的佣金,则拍卖人的佣金权益因为原买受人的拒绝付款行为而受到损害,拍卖人有权向原买受人主张,同时《拍卖法》也明确原买受人应当支付此佣金。

对于两次拍卖成交款之间的差额,《拍卖法》只是规定了承担义务的主体是原买受人,但未明确可以主张权利的主体到底是委托人还是拍卖人。我们认为在再次拍卖之后,再次拍卖如果正常进行,拍卖人在收到再次拍卖的买受人支付的拍卖款之后,会将拍卖款转付给委托人,拍卖成交价款的差额的损失实际上是委托人的,故委托人会对此部分损失要求赔偿,而拍卖人主动要求赔偿拍卖成交价款的意愿不高。同时我们认为这种求偿权仍然属于损害赔偿的求偿权,是基于原买受人的侵权行为产生的,故不应当以委托人和原买受人之间不存在合同关系为由否认委托人正常行使请求赔偿的权利。

第四节　转售他人

一、委托人同意下的转售

拍卖成交之后,买受人未能按照约定支付拍卖成交价款,拍卖人可以按照约定追究买受人的违约责任,我们在前面的章节中已经对此作了叙述。拍卖人可以按照法律规定在征得委托人同意的情况下将拍卖标的再次拍卖。除了再次拍卖之外,拍卖人当然也可以在委托人的同意之下将拍卖标的转为出售。我们在拍卖人代为销售的章节中对其他代为销售的情形进行了阐述。这里所述的是拍卖成交后买受人拒绝付款情形下拍卖人的转售行为。关于具体的转售的其他内容,在后续的章节当中有详述。

在拍卖成交后的转售处分行为下,拍卖人需要关注的是必须得到委托人的明确同意,拍卖成交后买受人未能按约付款,拍卖标的的处分权人仍然是委托人,拍卖人转售拍卖标的的行为已经不是正常的拍卖活动,故拍卖人只有在委托人明确授权的情况下才能实施转售他人的行为。

《拍卖法》当中对于再次拍卖后产生的和原拍卖结果之间的差额以及佣金可以要求原拍卖人承担,但是在转售他人后如果产生转售金额和拍卖金额之间的差额,是否可以要求原买受人承担,《拍卖法》没有作出规定,我们认为二者之间的差额属于损失,但是转售的价格是否是一个公开合理的价格比较难以界定,故是否可以就此差额向原买受人主张仍会存在很大的不确定性。

二、擅自转售

(一) 拍卖人擅自转售拍卖标的给他人之效力

拍卖人应当注意在拍卖成交之后,如果出现买受人未能付款之情形时,应当注意行使的相关权利是否得到充分的授权,并且应当谨慎地和买受人之间达成协议或者对买受人作出某种行为。经常出现的情形是,在买受人拒绝支付拍卖款之后,拍卖人可能会基于某种考虑,寻求其他的买家替代买受人履行付款的义务。

拍卖人一旦将已经成交的拍卖标的转让给他人,实际上也意味着拍卖人已经决定了不再交付拍卖标的给买受人,故对于买受人和拍卖人之间的拍卖合同而言,拍卖人以行为实质上解除了与买受人之间的合同。

诚如我们之前所述,拍卖人将拍卖标的转售他人,表面上看属于帮助委托人妥善解决买受人不能按时付款产生的困境,并且这种合同解除权的行使可能完全有依据。但是拍卖人在将拍卖标的转售他人时,实质上是再次处分了委托人的财产,如果委托人并未授权拍卖人转售拍卖标的的话,拍卖人是超越代理权转售拍卖标的。同时,从所有权角度来看,拍卖人属于无权处分行为。这对于拍卖人而言是十分危险的,因为委托人完全可以基于委托合同,或者基于物权,要求拍卖人承担责任。故,这种情况下,拍卖人应当得到委托人的充分授权,才能将拍卖标的转给他人,否则会面临相当不利的法律后果。

（二）对买受人

一旦拍卖人同意买受人无须支付拍卖款，并且将拍卖标的转于他人，则拍卖人实际上解除了和买受人之间的拍卖合同关系，原有的拍卖成交条款对于双方不再有约束力。这种合同解除的结果是，如果双方之间没有其他约定，买受人可以要求拍卖人返还已经支付的保证金和款项，进而将双方的拍卖合同恢复到原始状态。一旦合同解除，拍卖人就丧失了要求买受人付款的权利。买受人可以从双方的合约关系中解放出来，无须再承担向拍卖人付款的义务。

（三）对委托人

对于委托人而言，一旦拍卖人未经其同意解除和买受人之间的合同关系，委托人可以认为拍卖未能成交，并且委托人的拍卖目的未能实现，进而可以要求拍卖人返还拍卖标的。在这种情况下，如果拍卖人和新的买家之间已经达成新的买卖合同关系，甚至交付了标的，如果给委托人造成损失的，委托人还可以要求拍卖人作出赔偿。这其实并不是拍卖人愿意看到的结果，拍卖人本意是在原买受人未能付款的情况下，竭尽所能试图寻找到新的买家促成拍卖标的价值的实现，结果因为未经委托人同意，而遭受委托人的索赔。故无论如何，拍卖人应当在得到委托人的同意再进行新的处理，委托人自然也无理由追究拍卖人的责任了。

（四）对新的买家的责任

一旦拍卖人和新的买家达成新的转让协议，如果转让协议签订，而且买家支付了款项，对于买家而言当然要获得拍卖标的，对于该标的的所有权，买家可以善意第三人的理由予以取得。如果在委托人也要求返还该拍卖标的的情况下，拍卖人可能只会向委托人承担返还不能产生的赔偿责任。但是如果新的买家无法取得拍卖标的的所有权，即委托人依据规定要求返还拍卖标的的成功的情况下，自然拍卖人也无法向新的买家交付拍卖标的，无论该转让协议的效力如何，拍卖人都应当按照和新的买家之间的买卖合同关系承担交付不能的违约责任，如果合同被撤销或者有其他情形的，拍卖人还应根据过错承担相应的责任。

第十八章　特殊的拍卖经营活动

第一节　承诺拍卖价格的拍卖

一、法律性质

承诺价格的拍卖一般是指拍卖人在接受委托人拍卖时承诺拍卖的价格不低于一定的标准,即确保成交,否则应当由拍卖人支付委托人的约定的拍卖成交款。这种情况和担保中的保证存在一定的类似性,即由拍卖人向委托人作出类似确保成交的意思表示,否则由拍卖人承担拍卖的结果。

但是承诺价格的拍卖和保证行为仍然存在显著的差异,《担保法》规定的保证是指保证人和债权人约定当债务人不履行债务时,保证人按照约定履行债务或者承担责任。在承诺价格的拍卖下,拍卖如果没有成交,则不存在需要履行的主债务人。如果拍卖合同达成,只是价格达不到承诺的价格,则拍卖人承担的是补足承诺价格和实际价格之间差额的责任。

我们认为这属于民事主体双方就拍卖行为单独设定相关权利义务的民事合同,不应套用保证合同来予以认定权利义务。

二、效力

承诺价格的拍卖会出现两种情形:第一种是拍卖标的未能成交,故拍卖人按照约定应当支付承诺拍卖价格的款项;第二种情形是拍卖成交,但是成交的数额低于拍卖人承诺的金额,故拍卖人应当补足该价款。

对于拍卖人是否可以承诺委托人拍卖的价格,是否属于法律禁止的行为,有人认为,拍卖人作为拍卖中介机构,与委托人之间是委托拍卖关系,拍卖人不应对拍卖价款作出承诺,作出这种承诺违反了拍卖人不得参与拍卖活动的禁止性规定,也可能会扰乱拍卖秩序,拍卖人为了避免陷于承担支付拍卖价款差额的责任,可能会损害其他竞买人的利益,故该行为应当属于无效的民事法律行为,该承诺对双方均没有约束力。

也有人认为,拍卖人作出拍卖价款的承诺可以视为拍卖人和委托人之间的特别约定,是拍卖人对委托人拍卖结果的承诺,构成一种单方的债务承担的行为,而且拍卖人的该行为并未损害任何第三方的利益,也未违反法律的规定,故不应当轻易否定这种承诺的效力,仍应视其为合法有效的民事法律行为,故双方均应按照约定履行各自的义务。

我们倾向于认为不应随意否定拍卖人和委托人之间的特别约定,该约定符合法律规定的民事法律行为有效的全部要件,即行为人具有相应的民事行为能力,意思表示真实,不违反法律行政法规的规定,不违背公序良俗,所以应当认定为有效。结合上述的不同的情形,我们分两种情况来分析。

第一种情况是拍卖未能成交的情况。在这种情况下拍卖人须全额支付承诺的款项给委托人。其本质属于拍卖人对于委托人拍卖不能成交后承诺按照约定价格进行购买。在拍卖不能成交的情况下,拍卖人和委托人之间的买卖合同关系成立,只不过买卖合同关系的成立以拍卖不成交为条件。

在买卖合同关系下,拍卖人需要按照约定价格支付款项给委托人,在拍卖人付款之后,委托人应当将拍卖标的所有权转移给拍卖人。

我们认为拍卖人成为与委托人达成买卖合同关系的买受人,拍卖人并非在拍卖活动中以竞买人身份参与竞买。拍卖人购买委托人拍卖标的未在拍卖活动中进行。就拍卖活动而言,拍卖活动的结果应为没有成交,拍卖活动已经终结。拍卖人购买委托人拍卖标的的行为并未违反《拍卖法》的规定,也未损害其他当事人的权利,无人竞买或者竞买人的竞价未达到保留价,竞买人的竞买利益未受影响。相反拍卖人在自己的承诺范围之内支付约定的价格给委托人,委托人转让拍卖标的的利益得到实现。故拍卖人的承诺付款应当得到法律的支持。如果拍卖人拒绝履行承诺,委托人可以向拍卖人主张权利。

第二种情况是拍卖标的的成交结果低于拍卖人承诺的价格。这种情况下拍卖人需要补足成交款不足部分,这也是拍卖人对于委托人的单方承诺,虽然并不完全符合担保的要件,也不完全符合债务加入的要件,但是拍卖人对委托人作出的单方对委托人的拍卖结果进行补偿的约定,也并未违反法律的规定,这种补偿行为也应当被认定为合法有效的民事法律行为。当然在这种情况下拍卖人无法获得拍卖标的,而买受人依据自己和拍卖人之间的拍卖合同关系,在支付拍卖价款的情况下,可以合法取得拍卖标的。

我们认为拍卖人作出此类承诺的缘由应当是对于该拍卖品有着乐观的估计,故对此作出了承诺。但是我们还应当看到,拍卖人作出该类行为的保证是否违反了商务部门的拍卖管理规定,是否违反了工商管理部门的规定,构成不正当竞争的行为,这仍然值得商榷。

从民法的角度上来看,拍卖人对委托人作出的这类承诺,并不能因为这些规章的规定而导致无效。至于拍卖人是否承担行政责任则与拍卖人须对委托人的承诺承担责任是两个不同的概念。我们并不赞同拍卖人采用这种方式吸引委托人将拍卖业务交由拍卖人拍卖,因为一旦拍卖结果不能按照承诺的结果成交,拍卖人除了应当按照约定承担民事上的对委托人的付款责任之外,还有可能因为这些行为承担行政责任,这对于拍卖人而言是得不偿失的,因为毕竟拍卖人是基于委托人的信任和委托从事拍卖活动,并且拍卖人可以因拍卖活动产生相应的佣金收益,拍卖人对于拍卖是否成交并无法定的义务,故拍卖人实际上无须将拍卖人的责任抬高到需要对拍卖结果承担责任的高度,进而扩大自己的责任范围。

三、法律后果

在承诺价格的拍卖下,委托人和拍卖人之间就拍卖成交作出了特别约定,拍卖人既保证拍卖能够成交又保证拍卖成交的价格不低于承诺的价格。在拍卖自然成交且成交价格高于承诺价格的情况下,拍卖人自然无须承担买受人的角色,无须支付委托人拍卖款项。如果拍卖未能成交,则拍卖人需要按照承诺的拍卖价格将拍卖成交款支付给委托人,同时委托人应当将拍卖的标的转移给拍卖人。如果拍卖成交价格低于承诺的成交价,则拍卖人需要支付差额部分。同时对于拍卖的买受人而言,拍卖人需要按约将拍卖标交付给买受人,拍卖人支付拍卖价款的差额部分不影响买受人获得拍卖标的。

第二节　预付拍卖成交款的拍卖

一、法律关系

(一) 付款行为

拍卖人的付款行为系拍卖人和委托人之间在委托拍卖时同时约定由拍卖人先行支付拍卖款。拍卖款的支付行为属于拍卖人履行向委托人先行支付拍卖款的承诺。双方的法律关系的界定属于借款法律关系的范畴。

(二) 拍卖行为

拍卖人和委托人之间的委托拍卖关系并不受借款行为的影响,借款的归还可以通过拍卖成交款予以偿还。拍卖人的拍卖活动必须严格按照《拍卖法》的规定予以执行。拍卖人向委托人预付拍卖款的法律关系独立于委托拍卖法律关系。拍卖的法律效力应当不受付款的影响。

二、拍卖人的预付拍卖成交款行为属于民间借贷

所谓拍卖人预付拍卖成交款的行为,一般是拍卖人和委托人约定,在拍卖成交之前,部分或者全部预付拍卖款给委托方,待拍卖成交之后,由委托人用拍卖成交款抵偿,不足的部分应当由委托人付清。

拍卖人预付拍卖款的行为,本质上属于拍卖人和委托人之间的借款关系。双方就借款的归还等的约定实际上不属于《拍卖法》调整的范围,应当按照《民法通则》和《合同法》当中借款法律关系进行处理。1991年最高人民法院颁布了《最高人民法院关于人民法院审理借贷案件的若干意见》,该意见将公民之间的借贷纠纷,公民与法人之间的借贷纠纷以及公民与其他组织之间的借贷纠纷,作为借贷案件受理。根据该司法解释,我国法院之前的司法判例当中一般不允许非金融机构之外的其他人向非自然人出借款项,如果发生出借款项的行为,一般也被认定为无效的民事法律行为。自然人和非金融机构之间的借款行为可以认定为民间借贷,而民间借贷的利率可以按收取四倍同期银行贷款利率。如果按照以前的这种司法精神,拍卖人将资金预付给委托人收取利息的行为,实际上是一种经营性行为,故很有可能会被认定为无效。

但是2015年《最高人民法院关于审理民间借贷案件适用法律若干问题的规定》这一司法解释第一条明确规定,本规定所称的民间借贷,是指自然人、法人、其他组织之间及其相互之间进行资金融通的行为。经金融监管部门批准设立的从事贷款业务的金融机构及

其分支机构,因发放贷款等相关金融业务引发的纠纷,不适用本规定。根据这一司法解释的规定,所有非金融机构之外的民事主体之间的资金融通行为均属于民间借贷行为,并可以适用这一司法解释的规定。

故拍卖人预付拍卖款给委托人的行为在此之后均可被认定系属于资金融通的行为,其实质上是拍卖人出借资金给委托人,故这类行为不会再被认定属于无效的民事法律行为。只要符合民间借贷的特征,按照民间借贷的司法精神,约定的利率水平如果约定超过年36%的,则以上部分属于绝对无效不受法律保护,如果利率约定超过24%,不到36%的,已经履行的,借款人不得要求返还,如果未履行而要求法院判决的,则法院对于超过24%之外的部分不予保护,也就是说对于利率在24%以内部分的,会得到法院支持。

三、交付的拍卖品能不能构成质押关系

拍卖人在支付给委托人的款项当中一般会明确用拍卖标的的成交款进行支付,那么该交付拍卖品的行为能不能构成质押关系呢? 所谓质押,按照《担保法》的规定,是指债务人或者第三人将其动产移交债权人占有,将该动产作为债权的担保。债务人不履行债务时,债权人有权依照本法规定以该动产折价或者以拍卖、变卖该动产的价款优先受偿。同时《担保法》以及《物权法》均规定,设立质押应当采取书面形式订立质权合同。我们认为,要构成质押关系应当看当事人之间的明确意思表示,只有双方之间明确约定为质押关系的,才可以被认定为质押关系。这仍然要分两种情况来进行分析。

第一种情形是拍卖成交。拍卖成交后,拍卖标的的价值实际上已经变现,此时如果拍卖标的成交价远超过拍卖人支付给委托人的款项,完全覆盖利息等费用,则双方各自的目的均已达到,双方对于是不是构成质押关系实际上很难产生争议,但是我们认为为了避免歧义,拍卖人还是在相关文件当中就质押作出明确的约定为好。

另外一种情形是拍卖未能成交,也就是出现了流拍的情形。在这种情况下,拍卖人支付给委托人的款项并未收回,如果委托人拒绝清偿拍卖人的款项,则拍卖人需要通过处理交付的物品才能实现收回欠款的目的。故为了避免产生纠纷,双方应当明确约定交付的拍卖标的为质押物,并就质押的拍卖标的的处分作出明确约定,届时拍卖人可依据协议对拍卖标的进行处理。

四、是否可以行使留置权

按照《物权法》的规定,债务人不履行到期债务,债权人可以留置已经合法占有的债务人的动产,并有权就该动产优先受偿。债权人留置的动产,应当于债权属于同一法律关系,但企业之间的留置除外。

故我们认为即便双方没有作出约定,拍卖人在向委托人支付款项之后,只要双方在合同当中约定了可以用拍卖标的进行偿还借款,应当认定拍卖人对该拍卖标的享有留置权,如果委托人未能偿还拍卖人支付的款项,拍卖人可按照留置权的规定对该权利进行行使。拍卖标的处理后的结果尚不足以清偿出借款项的,委托人应当就剩余部分另行偿还。

五、预付款拍卖的约定事项

在预付款拍卖行为中,委托人和拍卖人之间是借款法律关系,而在一般拍卖中,二者

是委托拍卖关系,这两种是完全独立的法律关系。在预付款拍卖这一活动中,拍卖人应当和委托人之间就有关事项作出有效约定,以保护双方之间的利益。

(一) 付款的金额

付款的金额由双方当事人之间约定,在预付款拍卖情况下,一般拍卖人允诺给予委托人的预付款金额要远小于拍卖人估计拍卖标的可能的成交价。如果付款的金额比拍卖标的成交价高很多,对于拍卖人而言收回预付款的可能性较小,风险会提高。但是拍卖标的能否拍卖出去,以及拍卖标的的价值如何都存在着不确定性,拍卖人稳妥起见应当对拍卖标的的价值做有效的评估以便合理地确定付款的金额大小。

(二) 付款的时间

付款的时间是拍卖人给付委托人拍卖款的时间,支付预付款的时间会有如下几种时间节点。

1. 拍卖前

委托拍卖合同或者预付款合同签订之时。对于委托人而言,其当然希望能在最早的时间获得拍卖标的融资款,故这种约定也最为常见。但是对于拍卖人而言,拍卖标的能否顺利地拍卖出去尚不清楚,拍卖人可能是基于以前的判断而自愿在签订合同时就支付委托人款项,但是风险相对而言比较大。

2. 拍卖后

拍卖人还有可能和委托人约定在拍卖标的的成交之后提前付款。拍卖成交之后拍卖人成交款的最终支付人为买受人,但是委托人可能会同意买受人延长支付或者分批支付拍卖成交价款。在这种情况下,拍卖人提前支付拍卖成交款给委托人,对于拍卖人而言,拍卖成交款的支付对象已经确定,拍卖人只是将本应由买受人支付的时间进行了提前,对委托人进行了资金融通。待款项从买受人处收回后,拍卖人可以用该款直接冲抵拍卖人支付给委托人的款项。

(三) 归还的时间

归还的时间对于拍卖人而言尤为重要,如果拍卖能够正常成交,则拍卖款的归还由买受人的款项予以冲抵。如果收回的拍卖成交价款远大于拍卖人预付给委托人的款项,则拍卖人的预付款得以清偿;但是如果拍卖成交价款低于预付款的,则需要委托人在约定的期限内将未能偿清的部分支付给拍卖人,故拍卖人应当约定在这种情形下的归还预付款的时间。

如果拍卖未能成交,则拍卖预付款成为拍卖人给委托人的借款,拍卖人和委托人应当约定在拍卖活动结束之后的委托人归还全部预付款的时间,至于归还的时间的长短则可以由当事方之间自由约定。

(四) 拍卖标的的处分

拍卖标的处分对于拍卖人而言至关重要,拍卖人之所以敢于将部分拍卖款预付给委托人,就在于拍卖人认为拍卖标的的价值远高于预付款金额,如果成交可以由买受人支付的款项抵足。如果拍卖未能成交的,则拍卖人可以通过对拍卖标的的处分来降低预付款收不回来的风险。具体而言应当有以下几种方式。

1. 变卖

变卖是拍卖人享有的自行处置拍卖标的的权利，即拍卖人可以以出卖人身份将拍卖标的转让给第三人，第三人支付的款项用以抵偿委托人应当归还给拍卖人的预付款。拍卖人应当在合同当中对于拍卖人变价的权利作出明确约定，以便于拍卖人行使。

2. 再次拍卖

再次拍卖是指在拍卖标的未能成交之后，为了偿还拍卖人预付给委托人的款项，由拍卖人再次对拍卖标的进行拍卖。再次进行拍卖可以由拍卖人再次主办拍卖活动进行拍卖，也可以由拍卖人委托其他拍卖人对拍卖标的进行拍卖，拍卖人则成为其他拍卖人的委托人。同样，就再次拍卖问题，双方也应当在合同当中予以明确，否则拍卖人并不具备当然的通过拍卖对预付款进行清偿的权利。

3. 处分的价格

无论是变卖还是拍卖都应当约定最低的处分价格。在变卖中为最低的卖价，在拍卖中应当是约定的拍卖人可以确定的保留价。只要拍卖人在约定的最低处分价格之上处分了拍卖标的，就并未违反双方之间的约定，应当得到相应的保护。处分的价格一般情况下要低于双方在拍卖当中约定的保留价，否则处分就难以成功。当然如果处分的价格低于拍卖人的预付款，拍卖人仍然可以向委托人就剩余部分进行追偿。

总而言之在预付拍卖款的模式下，拍卖人仍然面临因为拍卖未能成交而致使预付款不能收回的风险。特别是拍卖标的的市场行情远低于预估的情况下，拍卖人的风险会加大。

第三节　转委托其他拍卖人拍卖

我们在之前的委托拍卖章节中已经述及转委托拍卖的内容，前面所述的内容主要是委托人和拍卖人之间就转委托拍卖的约定问题。这里主要考察在委托人同意的情况下，拍卖人转委托其他拍卖人进行拍卖的问题。

一、转委托拍卖需要委托人同意

按照《拍卖法》第二十条的规定，拍卖人接受委托后，未经委托人同意，不得委托其他拍卖人拍卖。这条法律规范属于禁止性规范，即法律严格禁止拍卖人转委托。但是这条禁止性规范是有前提的，即在当事人之间没有约定的情况下。如果当事人之间就转委托的事项作出了明确的安排，则应服从双方的合意安排。

值得注意的是，按照《民法通则》关于转委托的规定，委托代理人为被代理人的利益需要转托他人代理的，应当事先取得被代理人的同意。事先没有取得被代理人同意的，应当在事后及时告诉被代理人，如果被代理人不同意，由代理人对自己所转托的人的行为负民事责任，但在紧急情况下，为了保护被代理人的利益而转托他人代理的除外。虽然《民法通则》当中有为了委托人的需要，紧急情况下转委托事项的除外规定。但我们认为，委托拍卖并非完全符合《民法通则》的委托关系，根据特别法优于普通法的原则，拍卖法对转委托作出了特别的禁止性规定,故对《民法通则》此规定也不应予以适用。

无论如何,对拍卖人可以实施的转委托行为,应当由拍卖人和委托之间作出明确的约定后,拍卖人才能实行,否则拍卖人应当杜绝转委托的行为。

二、转委托拍卖的注意事项

拍卖人如果需要转委托进行拍卖,应当得到委托人的同意。那么如果双方同意进行转委托,那么拍卖人和转拍卖人之间应当注意哪些事项呢?我们认为,在转拍卖法律关系下,拍卖人为拍卖法律关系中的"委托人",转拍卖人为拍卖法律关系下的"拍卖人",所有委托人应当关注的内容和事项,拍卖人均应当予以关注。同时拍卖人为了保障自己利益的实现,应当重点关注以下事项和内容:

(一) 转拍卖人的选择

委托人同意转委托拍卖的情况可以分为两种:

一种委托人不设条件地认可拍卖人可以自由地转委托他方拍卖,即拍卖人可以自己就该拍卖标的交由转拍卖人进行拍卖。还有一种是委托人指定转拍卖人,比如说在业界影响较大的转拍卖人进行拍卖。

无论如何,拍卖人在选择转拍卖人时应当注意选择的该转拍卖人是否符合拍卖人和委托人之间的约定,避免陷入违反与委托人之间约定的情形当中去。

(二) 转委托的价格

转委托的价格是拍卖人向转拍卖人委托拍卖时应当确定的价格,需要拍卖人对转拍卖人进行明确的要求。如果没有特别约定,应当就是委托人给拍卖人的保留价,拍卖人在转委托他方时应当与转拍卖人约定保留价。拍卖人和转拍卖人之间约定的保留价应当确保委托人的利益能够实现。

(三) 有关于转委托的佣金费用

拍卖人将拍卖标的交由转拍卖人进行拍卖,转拍卖人需要向拍卖人收取佣金、费用等。拍卖人在和转拍卖人订立拍卖合同时应当将费用限定在委托人和拍卖人之间的委托拍卖合同范围之内。当然,如果拍卖人和委托人之间有特别约定的,委托人愿意支付超出原委托拍卖合同的佣金费用的,可以按照双方之间的特别约定来处理。

(四) 拍卖标的交付

拍卖人和转拍卖人之间同样应当约定清楚拍卖标的的交付责任,如果拍卖标的仍由委托人占有的,拍卖人应当和转拍卖人就拍卖标的的交付进行明确的约定,即由拍卖人指定的交付人进行交付。如果拍卖标的交由转拍卖人交付,则拍卖人应当将拍卖标的在拍卖时转移给转拍卖人占有。

第十九章　非拍卖的经营活动

第一节　拍卖人受托出售行为

拍卖人在经营活动中,经常出现受托出售拍卖标的行为,即委托人委托拍卖人在一定的情形下对拍卖标的对外进行出售。委托出售行为中委托人和拍卖人之间系委托合同关系,即委托人委托拍卖人出售属于委托人的可以处分的物品或者权利,拍卖人作为委托人的代理人,在委托人约定的权限范围内实施出售行为的后果应当由委托人承担。为便于描述,我们还是沿用拍卖标的的说法来说明用于出售的标的。

一、受托出售的情形

(一) 不参加拍卖的委托出售

不参加拍卖的委托出售系指委托人并未和拍卖人签订委托拍卖合同。委托人将原本用于拍卖的拍卖标的交拍卖人寻找买家进行出售。

就这类委托行为而言,委托人和拍卖人之间已经不是委托拍卖关系,而且委托拍卖关系也没有发生,拍卖人和委托人之间是委托代理出售关系,双方之间不受拍卖法的约束,拍卖人是委托人的代理人,只要拍卖人按照约定执行了委托人的指示,拍卖人出售拍卖标的的法律后果均由委托人承担。拍卖人作为受托人需要关注的是委托人的委托处理的指示是否明确,特别是价格要明确,在出售价格明确的情况下,将如果没有其他的特别约定,拍卖人可以出售该拍卖标的。

当然拍卖人和委托人之间应当订立委托出售的协议,并且约定各自承担的义务,拍卖人应当关注拍卖标的的出售后自己的收益,对于拍卖标的的状况、交付等内容和委托拍卖合同应当关注的内容并无根本的差异。

(二) 拍卖前的委托出售

拍卖前的委托出售是指委托人在与拍卖人订立委托拍卖合同关系的同时,同意拍卖人在拍卖活动举办前可以将拍卖标的直接转售给第三人,即无须参加拍卖即可由拍卖人对外出售。

这种情况下,存在两个法律关系,一是委托人和拍卖人之间的委托拍卖合同关系,这个关系并未消灭而实际存在;二是委托出售的法律关系,即委托人同意并授权拍卖人可以在拍卖之前出售拍卖标的,出售的行为一旦实施完成,则拍卖活动不会发生。拍卖人应当特别注意的是,对于委托人的这种安排,双方应当作出明确约定,即委托人应当向拍卖人明确作出授权,同意拍卖人可以处分拍卖标的,这种授权和处分应当是书面的,并且有据可查。拍卖人在取得明确授权的情况下,还应当和委托人约定在这种处理模式下拍卖人可以收取的费用等内容,以保证拍卖人在帮助委托人处分拍卖标的时应当获取的利益。对于如何处分出售的拍卖标的的关键条款如委托价格等必须明白无误,以避免双方之间产生纠纷。

另外拍卖人对可能发生的出售行为和拍卖行为之间的冲突问题,应当引起必要的重视。虽然拍卖标的的出售行为已经发生,但是购买人并未按照约定支付购买款,在这种情况下,拍卖标的是否还要继续进行拍卖? 这个问题如果处理不好,拍卖人可能会四面受制。如果不上拍,而购买人又未能支付购买款,则委托人的利益并未完全实现,委托人可能会追究在购买未能实现的情况下为何不进行拍卖的责任。反之,如果在购买人尚未付款的情况下,将拍卖标的进行拍卖并有最高应价,买受人支付拍卖款项要求取得拍卖标的,而购买人又同样支付款项要求取得拍卖标的,必然会产生争议。

故拍卖人在从事此类活动时,一方面应当和委托人明确确认在进行出售中的权限,并且确认出售的购买款支付方式,同时确认在出售未能实现的情况下如何进行拍卖处理;另外一方面,拍卖人在和购买人确定买卖关系时,应当就购买人支付购买款的时间作出明确规定,如明确约定购买人在未按期支付款项情况下的违约责任,明确约定如未及时支付款项时可以取消买卖等内容。总而言之,拍卖人应当精心设计交易环节以确定各方应当承担的责任,给自己的活动留有余地,并且应得到委托人以及购买人的确认以避免在从事此类经营活动时四面受制,进而可能产生不必要的损失。

(三) 拍卖尚未正式开始时的受托出售

这里指的是拍卖人已经就拍卖标的进行了公告预展等行为,但是尚未由拍卖人宣布进行拍卖,即正式的拍卖并未开始,而拍卖人已经在履行和委托人订立的委托拍卖合同义务,此时存在潜在的买方愿意以一定的价格直接收购拍卖标的的情形。这种情形并不鲜见。在这种情况下拍卖人如果需要处分拍卖标的,应当和委托人确定受托出售的具体内容,允许委托人和拍卖人在终止委托拍卖合同的情况下,由拍卖人在约定的价格范围内将拍卖标的转售给买方。

拍卖人和委托人之间的委托拍卖合同终止或者取消之后,拍卖人和委托人之间不再受委托拍卖合同的约束,拍卖人按照和委托人之间关于委托出售的约定处分拍卖标的。

(四) 拍卖未成交后的委托出售

拍卖未成交后的委托出售系指拍卖标的未能成交后,委托人授权拍卖人可就该拍卖标的寻找新的买家进行出售的行为。流拍后的委托出售和其他委托出售并无根本的区别,只不过时间上是在拍卖未能成交之后。鉴于拍卖未能成交,委托人和拍卖人之间的委托拍卖合同实际上已经终止,从这个角度而言,流拍后的委托人再行授权拍卖人出售拍卖标的的行为就是单纯的委托出售行为。

二、受托出售需要约定的事项

委托人和拍卖人之间就拍卖标的的受托出售应当签订相应的委托销售合同,并就前面已经述及的事项进行必要的约定,对于受托出售协议的约定内容,主要应当约定以下几个方面,以防止出现因约定不明而承担责任的情形出现。

（一）委托出售的对象

委托人作为对拍卖标的享有处分权的人，其可以设定购买方的范围。某些拍卖标的，委托人对其有特殊的感情，对于能够购买拍卖标的对象，委托人可能有特别要求。如果委托人对于购买的对象有特殊要求，委托人应当和拍卖人在相应的协议当中对此明确作出约定，否则不应当视为委托人对此有特殊要求，拍卖人可以基于授权向任何满足购买条件的购买方出售拍卖标的。

（二）委托出售的价格

委托出售的价格也由委托人予以决定，在允许的价格范围内，拍卖人可以作出出售的意思表示，接受购买人的购买要求。委托出售的价格可以是概括的价格，也可以是弹性的不同的价格。一般而言，委托方对于需要出售的拍卖标的的价格会约定一个最低价，类似于保留价，要求拍卖人在不低于最低出售价格的情况下对外寻找购买人。委托人也可以要求拍卖人结合购买人的付款条件，约定灵活的出售价格。这些出售价格一旦约定，拍卖人与委托人都应当遵守，否则出售后给委托人造成损失的，拍卖人应当予以赔偿。

（三）委托出售的付款条件

出售的付款条件也是委托人一般会重点关注的地方。委托人当然希望出售拍卖标的后能够一次性获得所有的款项，但是由于拍卖标的的价格的高低，或者购买人的财务状况的不同，或者拍卖标的的市场行情的变化等，都有可能使委托人接受分期付款等条件。鉴于付款的条件的决定权也在委托人，故拍卖人在接受出售委托时应当按照委托人的付款条件要求寻找购买方，如果付款条件发生变化的，拍卖人应当得到委托人的同意之后才能和购买人订立出售合同。

（四）委托出售的时间期限

委托出售的时间期限由委托人设定，即限定拍卖人在一定期限内将拍卖标的按照约定的条件售出。在受托时间期限内拍卖人未能售出拍卖标的的，双方之间的委托出售合同应当终止，委托人既可以收回拍卖标的，也可以通过其他方式对拍卖标的进行处理。

（五）费用

拍卖人受托出售拍卖标的产生的费用承担由双方之间约定，理论上在出售成功的情况下，就费用产生争议的可能性会比较低，因为出售行为已经完成。鉴于费用的多少存在不确定性，委托人和拍卖人之间既可以约定费用全部由委托人予以承担，也可以约定费用全部由拍卖人承担，还可以约定一定的封顶费用等不同的情形。

（六）报酬

报酬是拍卖人出售成功后从委托人处所得的报酬，受托出售报酬是对拍卖人成功出售委托人的标的的活动的回报，报酬可以约定为固定的比例，或者固定的费用，也可以约定为超额累进的方式，按照不同的出售价格决定报酬的大小。

（七）通知义务

拍卖人在受托出售委托人的拍卖标的时，双方之间受到委托合同法律关系约束，拍卖人作为受托人应当忠实履行委托人的指示对外出售拍卖标的。按照委托合同的法律规定，需要变更委托人指示的，应当经委托人同意。同时拍卖人作为受托人应当及时通知委托人出售拍卖标的的情况，以便委托人及时了解出售的进展，也有利于委托人及时调整指示,便于拍卖标的售出。

三、委托出售下的瑕疵拍卖标的产生的责任

在拍卖法律关系下,拍卖人对于拍卖标的承担瑕疵担保责任,但是对拍卖标的的品质和真伪作出声明的,则不再承担瑕疵担保责任。拍卖法下的拍卖人之瑕疵担保责任属于法定责任,然而在受托出售法律关系下,拍卖人和购买人之间是买卖合同关系,同时拍卖人是受委托人委托和购买人订立买卖合同的,买卖合同的后果直接约束委托人和购买人,委托人和购买人之间成立买卖合同关系,拍卖标的的真伪和瑕疵的责任等需要参照买卖合同的权利义务来进行界定。拍卖标的的真伪和瑕疵属于买卖合同中的质量条款,双方之间可以约定质量的具体内容,违反质量约定的买卖合同一般可以通过一定的方法予以补救,但不属于《拍卖法》规定的瑕疵担保责任的范畴,不受《拍卖法》约束。值得注意的是在对古玩古董等收藏物品进行买卖的过程中,对于赝品的买卖是否可以撤销的问题存在巨大的争议,我们在此暂不涉及此项内容。

四、拍卖人以隐名代理人身份达成协议的相关当事方的选择权

拍卖人受托出售委托人的拍卖标的时,应按照委托合同当中有关隐名代理的规定,确定有关的权利义务。若拍卖人与购买人订立合同时未告知购买人系受委托人之委托出售拍卖标的时,如果购买人未能履约,则拍卖人可以将购买人告知委托人,由委托人向购买人行使有关权利,但是如果购买人与拍卖人订立合同时知道委托人就不会购买的除外。如果拍卖人因为委托人的原因无法向购买人履行出卖人的义务的,则拍卖人应当向购买人披露委托人,由购买人选择拍卖人还是委托人作为出售方主张权利。

拍卖人作为受托人在委托代理法律关系下,只要忠实地履行了委托人交付的出售义务,并且明确向购买人表明受托出售的身份,拍卖人就不会承担责任,故拍卖人如有可能应当在订立买卖合同时就向购买人披露其代理人身份,当然委托人和拍卖人之间有明确约定的除外。

第二节　拍卖人的买卖行为

一、拍卖人的买受行为

拍卖人在经营拍卖时,也可能发生买卖拍卖标的的行为。我们认为只要拍卖人并未在自己的拍卖活动当中竞买拍卖标的的,拍卖人购买委托人的标的,或者卖出自己的标的等,并不违反法律的规定,应当按照买卖合同关系来看待,不能因为拍卖人具有拍卖的资格而否定拍卖人可以和他人签订买卖合同的资格,也不能因此否认买卖合同的效力。买卖合同的双方都应严格按照买卖合同的约定履行各自应当承担的义务,当然享有各自的权利。

拍卖人作为买卖合同的买受人,应当从买卖合同的角度,重点关注以下一些方面:

标的的质量、现状等。拍卖标的的种类繁多,拍卖人如果确定对拍卖的标的进行购

买,应当考察拍卖标的的规格、型号、质地、年代、成分等内容,即根据不同标的特性确认标的可以进行购买。当然作为拍卖人,其应当具有专业的能力,在买卖合同关系当中,就拍卖标的可能出现的一些瑕疵、赝品等情形,应当有辨别能力。法院在审理该类案件时一般也参照此类标的的交易惯例,一般并不允许双方反悔,即在买受的物品可能为赝品的情形下,也不允许轻易撤销合同或者以某种理由确认合同无效,故拍卖人应当注意。

标的的交付问题。拍卖人愿意购买标的,当然是拍卖人需要获得拍卖标的的所有权,故对于动产,拍卖人应当及时通过受领的方式获得拍卖标的;对于不动产,应当及时办理过户手续,在所有权变化为拍卖人所有时,拍卖人的购买的合同目的才能最终实现。

至于标的价款支付方式等,我们这里也不再赘述,拍卖人自然可以根据实际情况与出让人协商确定相应的付款方式等。

二、未进入拍卖程序的买受

未进入拍卖程序的买受行为,买受的主体为拍卖人,正如上面所述,和正常的买卖没有根本的区别。但是鉴于拍卖标的可能存在多样性,拍卖人仍应当注意,国家禁止买卖的标的,拍卖人的购买行为违反了国家的规定,不仅购买行为无效,而且很可能因此受到行政处罚,严重的还会触犯刑法。

对于其他限制转让的标的,拍卖人应当注意该标的需要履行必要的审批手续,否则拍卖人的购买行为也会因为违反国家的有关规定而受到处罚。

对于某些具有相应经营资质才能进行购销的标的,拍卖人和其他主体一样承担相同的需要得到国家许可的责任。如果拍卖人进行的购买活动属于非法经营的范畴,则需要承担相应的法律后果。

值得注意的是,对于具有文物拍卖许可的拍卖企业而言,《文物保护法》禁止文物拍卖企业购销文物。《文物保护法》规定,经营文物拍卖的拍卖企业从事文物购销经营活动的,由工商行政管理部门没收违法所得、非法经营的文物,违法经营额五万元以上的,并处违法经营额一倍以上三倍以下的罚款;违法经营额不足五万元的,并处五千元以上五万元以下的罚款;情节严重的,由原发证机关吊销许可证书。

三、进入拍卖程序的买受

对于已经进入拍卖程序的拍卖标的,如果拍卖人和委托人洽定由拍卖人向委托人购买的,在拍卖师开始拍卖之前,应当由委托人将拍卖标的撤回,即委托人先行终止和拍卖人之间的委托拍卖合同,再由拍卖人和委托人订立购买协议。委托拍卖合同终止后的购买行为受买卖合同法的约束,不再受拍卖法的调整。

但对于经拍卖师主持已经正式进入拍卖程序的拍卖标的,必须由竞买人通过竞买的方式进行购买,拍卖人不得和委托人再行协商确定由拍卖人购买,否则会损害其他竞买人的利益。而拍卖人以竞买人身份参与竞买明显违反《拍卖法》的禁止性规定。

四、拍卖人的出售行为

拍卖人对于属于自己的财产当然享有转让对外出售的权利,拍卖人可以自由地处分属于自己的财产,拍卖人和买方订立买卖合同,其身份为出卖人,只要拍卖标的是可以依法转让的财产,拍卖人的转让行为并未违反法律规定,就应当受到法律的保护。至于拍卖人需要关注的诸如买方的购买能力,款项的支付时间、支付方式,标的的交付等问题属于买卖合同的范畴,我们在这里不再赘述这个问题。

按照《拍卖法》的规定,拍卖人转让属于自己的财产,不得在自己组织的拍卖活动中,以拍卖的方式进行。如果允许拍卖人从事上述活动,则违反了诚实信用的基本原则,我们在禁止拍卖人实施的行为的章节中已经述及此问题。

虽然《拍卖法》禁止拍卖人拍卖自己的物品,但是拍卖人可以委托其他拍卖人拍卖属于自己的物品。此时拍卖人和其他拍卖人之间成立委托拍卖合同关系,拍卖人因为处分自己的财产成了其他拍卖企业的委托人,通过其他拍卖人处分财产可以获得更高的转让价格,不违反《拍卖法》的规定。

第二十章　涉外拍卖的注意事项

第一节　涉外拍卖的几种形式

《最高人民法院关于贯彻执行〈中华人民共和国民法通则〉若干问题的意见(试行)》对于何为涉外民事法律关系作出了明确的解释:凡民事关系的一方或者双方当事人是外国人、无国籍人、外国法人的;民事关系的标的物在外国领域内的;产生、变更或者消灭民事权利义务关系的法律事实发生在外国的,均为涉外民事关系。

结合拍卖法律行为,拍卖中涉及的当事人或者拍卖标的或者法律事实发生在中华人民共和国领域外的,均可能属于涉外拍卖的范畴,具体而言可以分为以下几种情况。

一、委托人为非境内自然人或者法人、组织

委托人是拍卖法律关系当中启动拍卖的重要角色,随着中国改革开放水平的提高以及与世界融合程度的加深,境外自然人或者法人等将属于自己的拍卖标的交由境内拍卖人实施拍卖的情况越来越多,故只要拍卖的委托人并非境内的自然人或者法人、组织,该类拍卖均属于涉外拍卖,拍卖人在和委托人订立委托拍卖合同时均应当予以注意。

二、竞买人为非境内自然人或者法人、组织

竞买人为非境内自然人或者法人、组织的情况也很常见,境外的竞买人参与竞买并成为买受人的情形也很常见,境外的竞买人参与竞买时和拍卖人之间达成的拍卖法律关系属于涉外法律关系,拍卖人同样应当予以注意。竞买人通过最高应价成为买受人,故买受人如果属于非境内主体,具有涉外因素的情况和竞买人具有涉外因素的情况相同。

三、拍卖标的为境外物品或者权利

拍卖标的属于境外的情况也很常见,具体又可能分为两种情况,一种是因为委托人本身就属于境外的当事人,拍卖标的属于其在境外所有,当然拍卖标的就属于涉外拍卖标的。还有一种情形是,委托人本身是境内的自然人或者法人、组织,但是被拍卖的拍卖标的却存在于境外,比如境内居民所持有的股权、物资,甚至房屋等均有可能位于境外。这种情形下的拍卖当然也属于涉外拍卖,拍卖人在订立这种委托拍卖合同时以及在拍卖过程中也应当予以关注。

四、境内拍卖企业到境外组织拍卖活动

如果境外所在国的法律允许中国的拍卖人在该地组织拍卖活动,则拍卖人所实施的拍卖活动当然属于涉外拍卖的一种。

第二节 涉外拍卖的注意事项

一、当事人为涉外主体的注意事项

(一) 境外自然人

我们在前面叙述过,委托人和竞买人都可能为非境内自然人。而自然人能否参加拍卖这种民事活动,首先要求自然人具有完全民事行为能力,但是因为该涉外的自然人非境内自然人,故需要界定到底按照该自然人境内法还是依照中华人民共和国的法律确定其是否具有民事行为能力。我国《关于贯彻执行〈中华人民共和国民法通则〉若干问题的意见(试行)》(以下简称民法通则意见)仅规定中华人民共和国公民定居国外的,他的民事行为能力可以适用定居国法律。该条规定针对的是拍卖法律关系中的委托人或者竞买人为居住在境外的中国公民,即华侨在境外的民事行为能力认定问题。

民法通则意见中针对自然人的情形,做了更为详细的规定。针对定居国外的华侨规定,定居国外的我国公民的民事行为能力,如其行为是在我国境内所为,适用我国法律;在定居国所为,可以适用其定居国法律。按照此条的解释,华侨在境内委托拍卖或者在境内参与竞买的,其民事行为能力应当适用中国法律。

民法通则意见还规定,外国人在我国领域内进行民事活动,如依其本国法律为无民事行为能力,而依我国法律为有民事行为能力,应当认定为有民事行为能力。按照此项规定,拍卖中的委托人和竞买人即便按照其所在国的法律规定没有民事行为能力,但只要符合我国民法中民事行为能力的规定的,均应视为具有民事行为能力。

对于没有国籍或者具有多重国籍的问题,民法通则意见进一步规定,无国籍人的民事行为能力,一般适用其定居国法律;如未定居的,适用其住所地国法律。有双重或者多重国籍的外国人,以其有住所或者与其有最密切联系的国家的法律为其本国法。

对于拍卖人而言,在和非境内自然人订立委托拍卖合同或竞买合同时,如果当事人属于非境内公民,仍应当按照我国法律的规定确定其是否具有参加拍卖活动的行为能力。

(二) 境外法人或者其他组织

境外法人和其他组织参加拍卖活动,首先也要确定其是否具有民事行为能力。按照民法通则意见规定,外国法人以其注册登记地国家的法律为其本国法,法人的民事行为能力依其本国法确定。外国法人在我国领域内进行的民事活动,必须符合我国的法律规定。当事人有二个以上营业所的,应以与产生纠纷的民事关系有最密切联系的营业所为准;当事人没有营业所的,以其住所或者经常居住地为准。因为各国法律千

差万别,甚至在有些联邦制国家里,一个国家内部就存在不同的法律体系,所以对于拍卖人而言,识别这些法律问题的难度很大。

就具体的审核对象和内容而言,对于自然人之外的法人和组织参加的拍卖活动,拍卖人主要审核的内容和境内法人参加拍卖活动时需要审核的内容应当基本相同。但是难点在于境外法人和组织参加活动时,拍卖人确定其是否存在的难度较高,即确定该法人或者组织是否属于仍然存续的主体的难度较高。此外,对于该法人或者组织所委托的人是否具有代表该法人和组织参加活动的审核难度同样比较大。许多境外的法人或组织并没有公章,而国内一般通过加盖公章可以确定受托行为有效。值得注意的是,即便存在公章,该类公章是否是属于真实有效的公章同样难以界定。此外,国外的授权委托书等文件以签字出具的情况多见,而签字授权的人的身份是否属实,签字是否真实等,拍卖人其实也难以进行核实。

故拍卖人对于由境外法人或者其他组织委托实施的行为,应当从严进行审核,特别对于受托处置的代理人的身份应当进行必要的验证,避免具体实施民事行为的自然人的身份存在缺陷和漏洞。我们在这里不再做过多的叙述。

二、拍卖标的为境外物品或者权利的注意事项

我国《拍卖法》并未禁止拍卖人对委托人拥有处分权的在境外的拍卖标的进行拍卖,但是对于境外物品或者权利进行拍卖时仍然会存在许多的问题,需要引起拍卖人的注意。

对于不动产而言,国际惯例都是使用不动产所在地的法律,我国民法通则意见也明确规定土地、附着于土地的建筑物及其他定着物、建筑物的固定附属设备为不动产。不动产的所有权、买卖、租赁、抵押、使用等民事关系,均应适用不动产所在地法律。故如果拍卖的标的为境外的不动产的,则在不动产所涉及的权利变动的法律关系中都需要适用不动产所在地的法律,拍卖人对非在我国境内的不动产进行拍卖时,对不动产转让等产生的法律关系能够核实确定的难度较大。

除了不动产存在上述问题之外,其他不在我国境内的拍卖标的也存在许多问题和难点。比如拍卖标的处分权是否归委托人享有的问题。正是因为境外的拍卖标的位于境外,按照一般的冲突规范的原则,处于境外的委托人享有的所有权或者处分权会有极大的可能需要按照拍卖标的所在国的法律进行确定,而拍卖人处于境内,对于标的的状况和法律适用能够查证的能力有限,即有可能出现委托人的拍卖标的的存在权利瑕疵问题。

对于拍卖标的的状况或者权利的限制等内容,拍卖人可能存在核查的困难。拍卖标的的状况按照我国《拍卖法》的规定,属于拍卖人应当向竞买人披露的内容,如果拍卖人没有按照法律规定进行披露有可能导致拍卖人承担瑕疵担保责任。但是拍卖标的处于境外,拍卖人无法核实其具体状况。对于属于权利的拍卖,该种权利是否存在所在国的权利限制和障碍,拍卖人也难以确定。不仅如此,拍卖成交之后还涉及拍卖标的的交付问题,境外拍卖标的的交付是否可行或者是否存在障碍,拍卖人也难以确定。

故对于拍卖标的存在于境外的拍卖活动,我们认为拍卖人还是要以慎重为妥,否则容易陷入法律的纠纷当中,而且会由于涉及多国之间的法律冲突,处理起来难度和复杂度都要大很多。

第三节　拍卖人为境外拍卖企业

拍卖人为境外企业的情况按照我国《拍卖法》的规定属于不可能出现的情形,根据《拍卖法》的规定,拍卖人必须是按照我国法律规定取得拍卖许可的拍卖企业,外国企业只有在境内按照我国有关企业法律的规定设立企业取得法人资格之后,再取得拍卖许可方可从事拍卖活动。但我国不存在由境外注册成立的拍卖企业在中国境内主办拍卖活动的可能。

第二十一章 司法拍卖

第一节 司法拍卖的特殊性

司法拍卖是拍卖人接受法院的委托，就法院委托的执行标的进行拍卖，委托法院在拍卖成功之后，收取拍卖款项用以履行申请执行人的执行请求。

一、司法拍卖中可能受到影响的人

（一）被执行人

被执行人是拍卖标的的所有人，被执行的财产因为进入执行阶段，被法院查封，被执行人的其他财产不足以抵偿申请人申请的执行请求，故被执行人只能被动地接受法院的拍卖程序，并且接受拍卖的结果。如果拍卖成功的话，因为拍卖产生的费用均从拍卖成交款中予以扣除。

另外要说明的是，在司法拍卖活动当中，明确允许被执行人参与拍卖，被执行人对于属于自己的标的也可以参加拍卖并且可以最高应价达成拍卖，在支付拍卖款后使得拍卖标的不被其他人所取得，仍然归自己所有。这和委托人参与拍卖存在本质不同。在司法拍卖活动当中，委托人是各级有权对拍卖标的行使司法处置权的人民法院，拍卖人实质上是协助法院执行，法院和拍卖人之间委托拍卖的关系，但同时拍卖人又接受委托法院的监督。

虽然拍卖的标的属于被执行人所有，但是被执行人并非司法拍卖活动的委托人，故被执行人参与竞买活动并非以委托人身份参与，其独立参与竞买成为买受人，仍可以实现拍卖标的的价值，其支付的拍卖成交款可以完成司法执行行为的目标。而且被执行人参与竞买活动，其实质上是不愿意将属于自己的拍卖标的转让给他人，如果被执行人参与竞买，乃至成功，被执行人需要按照司法拍卖的规定支付拍卖成交价款。

对于委托拍卖的司法机构而言，无论哪一个主体竞得拍卖标的，只要按照规定支付了拍卖成交价款，则该拍卖成交价款最终都将支付给申请执行人，申请执行人通过司法拍卖行为实现了司法文书所确定的其享有的权利。故被执行人参与竞买，并支付拍卖成交价款的行为，本质上也属于履行司法文书确定的义务的情形，该行为不会损害其他竞买人的利益，也不会损害拍卖人的利益，同样也不会损害申请执行人的利益。相反，被执行人参与竞买更有助于拍卖标的的价值的实现。

（二）申请执行人

司法拍卖因为申请执行人的申请执行请求而产生，因为申请执行人的执行请求未得到有效满足,故法院才启动拍卖程序。但是拍卖活动中申请执行人也可以参与拍卖,并且进行有效的应价成为拍卖标的买受人。

（三）其他权利人

其他权利人是和拍卖标的相关,而拍卖标的的成交可能会对自己产生影响的人,比如说其他权利人因为某种法律上的事由对拍卖标的享有权利。其他权利人可以通过一定的程序阻却拍卖的进行,但是能够成功阻却拍卖进行的行为必须符合法律的规定,我们在下面的不可诉性部分会在阐述这个问题。

二、司法拍卖的特殊性

司法拍卖的委托人只能是法院,申请执行人、被执行人都无权委托拍卖,法院通过拍卖实现拍卖标的价值最大化,从而最大限度地保护申请执行人的利益,也保护被执行人的利益。法院委托拍卖的拍卖标的属于被执行人所有,法院并非拍卖标的的所有权人或者民法上的具有处分权利的人,法院是基于司法职权委托拍卖人拍卖该标的的。

（一）受到法院执行过程中的各种司法活动的影响

司法拍卖活动是司法执行行为的延伸,其本质上属于司法行为,故委托拍卖的法院既是拍卖活动的委托人,又是拍卖活动的监督人。

拍卖活动可能随时发生一定的变化。因为拍卖系处分被执行人的财产,故被执行人的履行被执行义务的行为随时会对拍卖活动产生影响。比如拍卖虽然已经进入拍卖程序,但是被执行人偿还了其应付的债务,履行了其被执行的义务,则委托法院会根据被执行人履行被执行义务的情况随时取消拍卖。

此外因为拍卖标的也可能属于其他权利人,其他权利人通过司法程序提出执行异议的,委托法院会对其他权利人的执行异议进行裁定,并且可能因为执行异议的裁定进入下一步的司法程序,若最终执行异议人的异议成立则可能取消拍卖。若执行异议人的异议不能成立,但因为相关异议程序历时较久,已经委托的拍卖活动可能会停滞很长时间。

此外,委托法院基于法律的规定,如果发现在拍卖活动当中出现异常情形的,比如说发现恶意串通损害他人情形的,可以直接要求取消拍卖,甚至直接撤销已经发生的拍卖。

（二）因拍卖标的拍卖受到影响的权利人对拍卖行为无法提起民事诉讼

拍卖人在接受法院委托之后,对标的进行了拍卖,如果买受人等就拍卖的行为提起诉讼,诸如撤销拍卖成交等,或者因为法院的有关决定等改变了拍卖结果对相关权利人产生损害,等等,相关权利人向法院提起诉讼,法院会直接裁定不予处理,主要有以下几种情况。

1. 被执行人对于拍卖结果认为拍卖损害其利益的,以拍卖人作为被告提起的诉讼,法院不会以民事诉讼进行受理。

根据规定,被执行人和拍卖人之间不存在拍卖合同关系,被执行人的异议属于执行阶段的异议程序,应当向法院申请,对拍卖人提起诉讼不属于法院受理的范围。

2. 其他权利人认为拍卖结果处分的是属于其自己的财产受损的也无法提起民事

诉讼,只能提起执行异议。

相关权利人,在拍卖未成交之前,可以向人民法院提起执行异议,主张对拍卖标的所有权,如果法院认定异议成立的,则会取消拍卖。按照《民事诉讼法》规定,执行过程中,案外人对执行标的提出书面异议的,人民法院应当自收到书面异议之日起十五日内审查,理由成立的,裁定中止对该标的的执行;理由不成立的,裁定驳回。案外人、当事人对裁定不服,认为原判决、裁定错误的,依照审判监督程序办理;与原判决、裁定无关的,可以自裁定送达之日起十五日内向人民法院提起诉讼。

3. 对于拍卖活动过程中受到影响的竞买人等参与拍卖的主体,对拍卖活动只能提起执行行为异议。

执行行为异议也是民事诉讼活动中的当事人维护自己权利的途径,对执行行为提起异议是法定程序。当事人不得单独对当事主体提起民事诉讼。

根据《民事诉讼法》规定,当事人、利害关系人认为执行行为违反法律规定的,可以向负责执行的人民法院提出书面异议。当事人、利害关系人提出书面异议的,人民法院应当自收到书面异议之日起十五日内审查,理由成立的,裁定撤销或者改正;理由不成立的,裁定驳回。当事人、利害关系人对裁定不服的,可以自裁定送达之日起十日内向上一级人民法院申请复议。故对于执行行为提起的异议不得再以民事诉讼的方式进行救济。《最高人民法院关于人民法院办理执行异议和复议案件若干问题的规定》规定了对于法院的执行行为本身提起的异议的具体情形。司法拍卖引起的执行行为异议的规定为有下列情形之一的,当事人以外的公民、法人和其他组织,可以作为利害关系人提出执行行为异议:(一) 认为人民法院的拍卖措施违法,妨碍其参与公平竞价的;(二) 认为人民法院的拍卖、变卖或者以物抵债措施违法,侵害其对执行标的的优先购买权的。

4. 如果拍卖已经成交,其他权利人认为已经处分的财产属于自己所有,只能提起国家赔偿,不能起诉拍卖人和拍卖法院。

在拍卖已经发生的情况下,因拍卖结果受损的权利人向法院起诉拍卖人和买受人要求法院判决拍卖人承担责任的,法院不会受理。《国家赔偿法》将执行行为中发生的错误给当事人造成损害的情形明确纳入了国家赔偿的范围,故司法拍卖活动当中因为拍卖成交结果被取消而受到损失的权利人完全有权依据上述规定向委托拍卖的人民法院申请国家赔偿。

根据相关司法解释规定,权利人的标的被拍卖的,应当向有权法院提起国家赔偿申请,由法院作出相关赔偿决定,不属于民事诉讼的范围。《国家赔偿法》规定,行使侦查、检察、审判职权的机关以及看守所、监狱管理机关及其工作人员在行使职权时有下列侵犯财产权情形之一的,受害人有取得赔偿的权利:(一) 违法对财产采取查封、扣押、冻结、追缴等措施的;(二) 依照审判监督程序再审改判无罪,原判罚金、没收财产已经执行的。同时《国家赔偿法》第三十八条明确规定人民法院在民事诉讼、行政诉讼过程中,违法采取对妨害诉讼的强制措施、保全措施或者对判决、裁定及其他生效法律文书执行错误,造成损害的,赔偿请求人要求赔偿的程序,适用本法刑事赔偿程序的规定。

（三）司法拍卖具有可诉讼性的方面

虽然我们之前提到司法拍卖活动在很多情况下不具有可诉性,但是相关主体之间如果属于平等民事主体之间的纠纷,则可以提起有关诉讼。比如说佣金争议,当事人之间就佣金等发生争议,司法拍卖行为和活动虽然属于司法活动的延伸,但是一些佣金争议属于民事主体之间的民事争议,法院是可以受理解决的。当然我们只是举例说明,只要符合平等民事主体争议的性质,法院仍然可以按照民事纠纷进行处理,对此,拍卖人应当予以注意。

具有可诉性的地方主要可能有以下几个方面:

1. 瑕疵担保争议

关于瑕疵担保责任,我们在本书的前面部分已经做了充分的阐述。瑕疵担保义务的承担方系拍卖人,故买受人因为拍卖人瑕疵披露不慎而要求拍卖人承担责任属于平等民事主体之间的争议。许多案件当中都将此视为平等主体之间的民事纠纷予以处理。即便在司法拍卖中,如果拍卖人对于拍卖标的的瑕疵披露不足,致使买受人受损的,拍卖人也可能会承担责任。这就对拍卖人提出了更高的要求,拍卖人需要根据不同的拍卖标的的情况,对可能存在的瑕疵的地方进行必要的披露。拍卖人也有责任和委托法院一起对拍卖标的可能存在的瑕疵进行必要的确认,并进行披露。

2. 佣金争议

司法拍卖中发生的佣金争议属于民事主体之间的纠纷。特别是买受人应当支付给拍卖人的佣金,应当按拍卖人和买受人之间的约定来处理。如果买受人拒绝支付佣金,应当向拍卖人承担违约责任。目前的网络司法拍卖中网络拍卖人采取的是免佣金的拍卖方式,但是这并不影响拍卖人和买受人之间的佣金关系属于民事法律关系。

三、拍卖人举办司法拍卖活动中的注意事项

（一）司法拍卖中保留价的确定

司法拍卖活动当中,根据相关司法解释的规定,拍卖应当确定保留价。拍卖保留价由人民法院参照评估价确定;未作评估的,参照市价确定,并应当征询有关当事人的意见。人民法院确定的保留价,第一次拍卖时,不得低于评估价或者市价的百分之八十;如果出现流拍,再行拍卖时,可以酌情降低保留价,但每次降低的数额不得超过前次保留价的百分之二十。

司法拍卖当中的保留价系必须条件,保留价并且根据相关的评估结果进行确定。

（二）司法拍卖中优先权的处理

司法拍卖活动当中,拍卖标的可能会涉及很多优先权人,对于存在优先权利人的情况下的司法拍卖,司法解释作出了明确的规定。如果有优先权人,则法院应当通知优先权利人到场,优先购买权人经通知未到场的,视为放弃优先购买权。拍卖过程中,有最高应价时,优先购买权人可以表示以该最高价买受,如无更高应价,则拍卖标的归优先购买权人;如有更高应价,而优先购买权人不作表示的,则拍卖标的归该应价最高的竞买人。顺序相同的多个优先购买权人同时表示买受的,以抽签方式决定买受人。

（三）司法拍卖中的保证金归属问题

司法拍卖的相关司法解释当中并未明确说明，拍卖成交后若未付款可以没收保证金，只是规定拍卖成交或者以流拍的财产抵债后，买受人逾期未支付价款或者承受人逾期未补交差价而使拍卖抵债的目的难以实现的，人民法院可以裁定重新拍卖。重新拍卖时，原买受人不得参加竞买。重新拍卖的价款低于原拍卖价款造成的差价、费用损失及原拍卖中的佣金，由原买受人承担。人民法院可以直接从其预交的保证金中扣除。扣除后保证金有剩余的，应当退还原买受人；保证金数额不足的，可以责令原买受人补交；拒不补交的，强制执行。

这个司法解释当中将买受人拒绝付款的责任承担设定为重新拍卖，即保证金用以弥补重新拍卖的差额。但是司法解释并没有继续规定，再次拍卖甚至三次拍卖后的流拍，该保证金如何处理。

另外，拍卖人作为承担并提供举办拍卖服务的当事方，本应从拍卖活动中获取佣金，按照《拍卖法》的规定，如果买受人违约未能付款，应当承担违约责任，正常情况下拍卖人本可以没收保证金，以抵销其佣金损失。但是司法拍卖活动中，司法解释对于该保证金是否能够由拍卖人享有没有规定，只是说明了在再次拍卖成交的情况下可以弥补成交价以及佣金费用的损失，而对于保证金不足的部分，可以直接进入强制执行程序。那么对于拍卖人而言，在再次拍卖未能成交，甚至三次拍卖未能成交时，是否可以从保证金中直接取得应得的佣金收益，司法解释也没有作出规定。

中拍协在对上述情形的回函当中，认为司法拍卖下保证金可以归拍卖人享有，至少拍卖人可以获得应得的佣金费用部分，但是鉴于拍卖人和法院在司法拍卖中的地位，实际上拍卖人向法院主张佣金收益的情况寥寥，况且司法解释当中也未对此作出明确说明，这是一个遗憾。但是现在网络司法拍卖已经成为常态，在新的网络司法拍卖当中对此有了明确的规定，我们放在网络司法拍卖中进一步说明。

（四）司法拍卖产生的税费承担

司法拍卖过程中的税费如果拍卖人不注意披露和说明，可能承担责任。司法拍卖中经常涉及房屋等不动产的拍卖，根据国家法律规定，在涉及房屋等不动产的转移交付时，可能会涉及所得税、增值税等税费，但是有的拍卖人在对法院委托的拍卖活动中，因为委托方是法院而疏于披露从而产生责任。拍卖人在涉及该类财产拍卖时，对于因转移标的可能产生的费用，应当按照法院的要求，在对拍卖标的的说明中明确由买受人承担，如果约定为按照法律规定各自承担，则拍卖人因为是标的的交付人将需要承担应由卖方承担的税费。已有法院的判决中将此类纠纷作为民事纠纷进行了处理，并且确认在说明税费各自承担的情况下，拍卖人应当承担卖方应予承担的税费。

此外在涉及不动产拍卖特别是土地拍卖的情形下，拍卖人对于不动产上附着的尚未缴清的土地使用费等，应尽到合理的审查和披露义务，不能仅仅以拍卖人不承担标的的真伪等类似的措辞来试图避免承担瑕疵担保的责任，有的法院的判决当中确认拍卖人因为未做此类披露而导致买受人起诉产生的损失，由拍卖人承担。

（五）拍卖标的交付及所有权的变动

动产拍卖成交后，其所有权自该动产交付时起转移给买受人或者承受人。不动产、有登记的特定动产或者其他财产权拍卖成交或者抵债后,该不动产、特定动产的所有权、其他财产权自拍卖成交或者抵债裁定送达买受人或者承受人时起转移。

值得注意的是,不动产的物权原则上应当按照登记为准,但是在司法拍卖活动中,司法解释对于不动产物权的转移作出的上述规定,其实和物权法的规定完全一致。我国物权法规定因人民法院、仲裁委员会的法律文书或者人民政府的征收决定等,导致物权设立、变更、转让或者消灭的,自法律文书或者人民政府的征收决定等生效时发生效力。

故本质上,如果买受人取得了法院的物权转移裁定,即便不进行物权登记,其也成为法律上的物权所有人,足以对抗其他第三人,也具有物权公示的效力,这已经得到了法律的明确确认。

四、司法拍卖活动的停止与恢复

司法拍卖活动是法院执行行为的一部分,拍卖人有义务协助法院开展拍卖工作,同时拍卖人还应当接受委托法院的监督,并且按照法院的规定开展拍卖活动,如果遇到拍卖活动被法院停止的,应当执行法院的规定,拍卖人对于执行法院的决定的行为不应承担民事责任。按照最高人民法院的司法解释规定,人民法院委托拍卖后,遇有依法应当暂缓执行或者中止执行的情形的,应当决定暂缓执行或者裁定中止执行,并及时通知拍卖机构和当事人。拍卖机构收到通知后,应当立即停止拍卖,并通知竞买人。暂缓执行期限届满或者中止执行的事由消失后,需要继续拍卖的,人民法院应当在十五日内通知拍卖机构恢复拍卖。

法院在执行活动中会因为被执行人履行法律文书的义务,申请执行人的利益得到保护而取消拍卖;也可以因为执行活动中的拍卖标的的情况发生变化,如有第三人对拍卖标的提出异议,需要法院对执行异议进行裁判等暂时停止拍卖活动,这种停止拍卖活动的决定一般由法院以法律文书的方式通知拍卖人,拍卖人应当遵守。拍卖人在接到法院的通知后,应当及时对外宣布拍卖中止,待法院重新作出决定后再行决定是否恢复拍卖。但是因为法院在作出停止拍卖的决定时的时间点不同,所以应根据不同的时间点作出不同的安排,主要会出现以下几种情况。

(一)委托拍卖后尚未进入公告阶段的停止

法院与拍卖人签订委托拍卖合同后,拍卖活动本应正常进行,如果在拍卖人尚未进入具体实施拍卖活动阶段,拍卖公告尚未公开时法院通知拍卖人停止拍卖,因拍卖人尚未对外公告,所以拍卖人停止拍卖行为不会对竞买人产生任何影响。拍卖人执行停止决定后法院重新通知拍卖的,拍卖人只要按照约定继续开展公告等程序即可。

(二)进行拍卖公告后竞投手续尚未办理结束的停止

拍卖人在拍卖公告发布后,还需要对拍卖标的进行展示,按照法律规定拍卖公告的发布期限最少为拍卖日前七日,展示的时间不少于两日。一般情况下,拍卖人在发布拍卖公告之后,竞买人即可以办理竞买手续,竞买手续可能会设定一定的时间限制,比如在拍卖正式开始之前等。

如果在竞买手续设定的时间期限之前司法拍卖活动被法院要求停止,就会出现已经取得竞买资格的竞买人的竞买行为无法发生。如果恢复拍卖,则已经取得竞买人资格的竞买人应当有权利重新进行竞买,同时因为竞买的时间并未届满,其他尚未办理竞买资格的竞买人都应当可以在恢复拍卖之后再行办理竞买手续参加竞买。恢复的拍卖活动当中的所有竞买人的合法竞买权都应当得到保障。

但是拍卖人在恢复拍卖的同时应当注意拍卖的公告和展示要求要符合《拍卖法》的规定,如果中止拍卖之时上述时间尚未届满的,应当保证恢复拍卖后的公告、展示符合要求。

(三) 竞买手续截止而拍卖尚未开始的停止

如果拍卖人设定了竞买手续的办理时间,在竞买手续的办理期限届满之后,拍卖尚未开始时拍卖活动被法院停止的,则该场拍卖活动受到影响的是所有已经办理完毕竞买手续的竞买人。而正是因为竞买手续的期限已经届满,故其他未办理竞买手续的当事人应当视为已经放弃了本场拍卖。在恢复拍卖后,拍卖应当局限在已经办理了竞买手续的竞买人当中进行。

(四) 拍卖中的停止

已经进行的司法拍卖随时可能会因为委托法院的中止拍卖的决定而停止,拍卖人作为协助法院执行的机构应当执行法院的决定,按照拍卖中止或者拍卖终止的要求通知竞买人。至于拍卖中止下的恢复,也应当在收到委托法院的明确决定后按照拍卖恢复的情况重新进行。

五、拍卖成交的撤销

司法拍卖活动中会出现拍卖虽然成交仍然被法院撤销的情形。正如我们前面所述,司法拍卖活动本质上是属于司法执行行为的一部分,会受到具体执行状况的影响,即便拍卖已经成交也会因为拍卖标的本身的情形以及被执行人的情形导致拍卖成交被法院撤销。在具体的可撤销的拍卖种类中,《最高人民法院关于人民法院办理执行异议和复议案件若干问题的规定》中的第二十一条规定,当事人、利害关系人提出异议请求撤销拍卖,符合下列情形之一的,人民法院应予支持:(一) 竞买人之间、竞买人与拍卖机构之间恶意串通,损害当事人或者其他竞买人利益的;(二) 买受人不具备法律规定的竞买资格的;(三) 违法限制竞买人参加竞买或者对不同的竞买人规定不同竞买条件的;(四) 未按照法律、司法解释的规定对拍卖标的物进行公告的;(五) 其他严重违反拍卖程序且损害当事人或者竞买人利益的情形。当事人、利害关系人请求撤销变卖的,参照前款规定处理。

鉴于拍卖人系协助法院履行执行义务的主体,如果拍卖成交后的取消之责系不可归责于拍卖人原因引起的,而且拍卖人在接到法院的取消拍卖通知或者决定等法律文书时,负有法定的履行法院的决定的义务,拍卖人依据法院的决定所作出的取消拍卖成交结果的行为不应当属于违约行为,买受人不能因此要求拍卖人承担违约责任。

第二节　网络司法拍卖

一、网络司法拍卖属于司法拍卖方式的一种

随着互联网的飞速发展,接触互联网的人越来越多,互联网上进行的司法拍卖,为更多的潜在竞买人提供了竞买机会,并且竞买人之间互相难以联系和见面,可以有效防止竞买人之间的串通行为,同时更多竞买人的参与为拍卖标的实现更高的拍卖价值提供了便利条件。故最高人民法院针对网络司法拍卖制定了相应的办法,作为拍卖人在受理法院委托的网络拍卖时应当遵守相关规定。

网络司法拍卖和普通的司法拍卖并无本质的区别,其实质仍然是拍卖人接受法院的委托对拍卖标的进行拍卖的活动,司法拍卖仍然是法院司法行为的延伸,拍卖人仍应当按照《拍卖法》的规定承担拍卖人应承担的责任和义务。

二、网络司法拍卖的公告的要求

按照司法解释的规定,网络司法拍卖应当先期公告,拍卖公告除通过法定途径发布外,还应同时在网络司法拍卖平台发布。拍卖动产的,应当在拍卖十五日前公告;拍卖不动产或者其他财产权的,应当在拍卖三十日前公告。拍卖公告应当包括拍卖财产、价格、保证金、竞买人条件、拍卖财产已知瑕疵、相关权利义务、法律责任、拍卖时间、网络平台和拍卖法院等信息。

值得注意的是,在非网络拍卖的司法解释当中对于公告日期的规定是:拍卖动产的,应当在拍卖七日前公告;拍卖不动产或者其他财产权的,应当在拍卖十五日前公告。网络拍卖的公告时间要长于非网络司法拍卖的公告时间,网络拍卖人应当予以注意。

三、网络拍卖的保留价的确定

按照最高人民法院相关司法解释的规定,网络司法拍卖应当确定保留价,拍卖保留价即为起拍价。起拍价由人民法院参照评估价确定;未作评估的,参照市价确定,并征询当事人意见。起拍价不得低于评估价或者市价的百分之七十。网络拍卖的保留价和非网络拍卖的保留价的基准不同,非网络司法拍卖的保留价按照司法解释的规定为评估价的百分之八十。

四、网络司法拍卖中对优先购买权的保护

按照司法解释的规定,网络司法拍卖的事项应当在拍卖公告发布三日前以书面或者其他能够确认收悉的合理方式,通知当事人、已知优先购买权人。权利人书面明确放弃权利的,可以不通知。无法通知的,应当在网络司法拍卖平台公示并说明无法通知的理由,公示满五日视为已经通知。优先购买权人经通知未参与竞买的,视为放弃

优先购买权。而根据相关司法解释的规定,在非网络司法拍卖中,对于享有优先购买权的权利人的通知时限为五日。

对于优先购买权人参与网络司法拍卖的问题,司法解释规定,优先购买权人经人民法院确认后,取得优先竞买资格以及优先竞买代码、参拍密码,并以优先竞买代码参与竞买;未经确认的,不得以优先购买权人身份参与竞买。

顺序不同的优先购买权人申请参与竞买的,人民法院应当确认其顺序,赋予不同顺序的优先竞买代码。优先购买权人参与竞买的,可以与其他竞买人以相同的价格出价,没有更高出价的,拍卖财产由优先购买权人竞得。顺序不同的优先购买权人以相同价格出价的,拍卖财产由顺序在先的优先购买权人竞得。顺序相同的优先购买权人以相同价格出价的,拍卖财产由出价在先的优先购买权人竞得。

对于网络司法拍卖中的优先购买权人的权利行使,因为网络司法拍卖过程由拍卖人设计的电脑程序控制,电脑程序应当符合网络司法拍卖解释的规定,如果拍卖人设定的程序未满足优先购买权人权利行使的,拍卖人应当承担有关责任。

五、网络司法拍卖一人竞拍的有效性

网络拍卖司法解释明确规定,网络司法拍卖不限制竞买人数量。一人参与竞拍,出价不低于起拍价的,拍卖成交。传统拍卖理论认为拍卖应不少于两人参加,但网络司法拍卖具有全程、全面、全网络公开的特征,因公开不充分、信息不对称导致不公平竞价的可能性已经降到最低,我们认为虽然只有一人参与拍卖,只要竞买人的应价超过了保留价,竞买人的应价应当发生效力,而且也实现了拍卖标的价值。

六、网络拍卖中买受人承担的违约责任

司法解释规定拍卖成交后买受人悔拍的,交纳的保证金不予退还,依次用于支付拍卖产生的费用损失,弥补重新拍卖价款低于原拍卖价款的差价,冲抵本案被执行人的债务以及与拍卖财产相关的被执行人的债务。悔拍后重新拍卖的,原买受人不得参加竞买。

鉴于网络司法拍卖当中所有的竞买人都按照规定提前支付保证金做担保,故为了便利的原则一般采取没收保证金的方式承担违约责任。同时司法解释限制了原买受人再次参与竞拍的权利。

在网络司法拍卖的司法解释当中,对于保证金不予退还进行了明确,即买受人悔拍的,其保证金予以没收,并且规定了没收的用途,在用途中首先列明了应当用于支付拍卖产生的费用损失。从这个规定上来看,作为网络拍卖活动的举办人的拍卖人的利益得到了一定的保障。

七、网络拍卖流拍后再次拍卖的规定

按照网络司法拍卖司法解释的规定,网络司法拍卖竞价期间无人出价的,本次拍卖流拍。流拍后应当在三十日内在同一网络司法拍卖平台再次拍卖,拍卖动产的应当在拍卖七日前公告;拍卖不动产或者其他财产权的应当在拍卖十五日前公告。再次拍卖

的起拍价降价幅度不得超过前次起拍价的百分之二十。

八、网络拍卖结果的撤销

（一）网络拍卖成交撤销的事由

值得注意的是，针对网络司法拍卖活动，司法解释确认在某些条件成就的情况下，有关当事方可以请求人民法院撤销网络司法拍卖的结果。司法解释规定，当事人、利害关系人提出异议请求撤销网络司法拍卖，符合下列情形之一的，人民法院应当支持：（一）由于拍卖财产的文字说明、视频或者照片展示以及瑕疵说明严重失实，致使买受人产生重大误解，购买目的无法实现的，但拍卖时的技术水平不能发现或者已经就相关瑕疵以及责任承担予以公示说明的除外；（二）由于系统故障、病毒入侵、黑客攻击、数据错误等原因致使拍卖结果错误，严重损害当事人或者其他竞买人利益的；（三）竞买人之间，竞买人与网络司法拍卖服务提供者之间恶意串通，损害当事人或者其他竞买人利益的；（四）买受人不具备法律、行政法规和司法解释规定的竞买资格的；（五）违法限制竞买人参加竞买或者对享有同等权利的竞买人规定不同竞买条件的；（六）其他严重违反网络司法拍卖程序且损害当事人或者竞买人利益的情形。

（二）网络司法拍卖被撤销的救济与可诉性

和一般的司法拍卖相同，网络司法拍卖的行为也是法院行使司法职权对被执行人财产进行处分的行为，网络司法拍卖行为是法院执行行为的延伸，虽然法院是司法拍卖活动的委托人，网络司法拍卖的相关当事人认为法院的行为损害其利益的，这种赔偿请求权属于国家赔偿的范畴。在网络拍卖司法解释当中规定网络司法拍卖被人民法院撤销，当事人、利害关系人、案外人认为人民法院的拍卖行为违法致使其合法权益遭受损害的，可以依法申请国家赔偿；认为其他主体的行为违法致使其合法权益遭受损害的，可以另行提起诉讼。当事人、利害关系人、案外人认为网络司法拍卖服务提供者的行为违法致使其合法权益遭受损害的，可以另行提起诉讼；理由成立的，人民法院应当支持，但具有法定免责事由的除外。

但是该司法解释也再次明确，如果非法院主体的行为致使他人产生损失的，这种行为属于民事纠纷的范畴，应当由相关主体对请求人承担责任。拍卖人作为拍卖方，在从事拍卖活动的过程中，除了要遵守法院的规定之外，同时还要遵守《拍卖法》的有关规定，如果拍卖人的行为不符合法律的规定，受损方当然有权利要求拍卖人承担责任，对此拍卖人应当引起重视，切不可因为拍卖活动是法院委托而怠于履行自己应尽的义务。

第三节　破产拍卖非司法拍卖

一、破产拍卖

破产拍卖是在破产程序中处置破产财产的过程中，由拍卖人对破产企业的财产通过拍卖变价的拍卖活动。因为破产拍卖的前提是破产企业进入了破产程序，且破产程序中会有人民法院的介入,故破产拍卖会与司法拍卖产生混淆。但破产拍卖和司法拍卖仍然存在着本质的不同,需要引起注意。中拍协在 2009 年针对某拍卖公司的复函当中也明确指明了该点。

二、性质不同

破产拍卖是破产活动中的财产处置程序,而司法拍卖是法院执行阶段中的法院对被执行人的财产进行处置的程序。司法拍卖活动是司法执行行为的延伸,其应当受到法院的全程监督,拍卖人只是举办了拍卖活动,但是拍卖的过程和结果随时都可能因为法院的决定发生调整或变化。

破产拍卖活动本质上是纯粹的商业拍卖行为,拍卖活动一旦实施都应当遵守《拍卖法》的规定,当事各方均应按照《拍卖法》履行各自的义务并享有相应的权利。

三、委托人存在本质差异

司法拍卖活动的委托人为执行法院,被执行人并非拍卖活动的委托人,拍卖人应当遵照委托法院的拍卖指示和相关司法解释行事,拍卖人还应接受委托法院的监督。

而破产拍卖的委托人应当是破产管理人,按照《破产法》的规定,管理人由人民法院指定,管理人可以由有关部门、机构的人员组成的清算组或者依法设立的律师事务所、会计师事务所、破产清算事务所等社会中介机构担任。人民法院根据债务人的实际情况,可以在征询有关社会中介机构的意见后,指定该机构具备相关专业知识并取得执业资格的人员担任管理人。破产管理人在被法院指定后,就成为接管债务人,并且代表债务人处理债务人的全部事务。债务人被宣告破产后,债务人变为破产人,管理人成为破产人的代表处理全部事务。破产人的财产按照《破产法》的规定应当通过拍卖进行变现时,拍卖的标的为破产人的财产,故应当由管理人作为破产拍卖的委托人。

四、破产拍卖具有可诉性

破产拍卖本质上属于商业拍卖活动。委托人、拍卖人、买受人、竞买人之间的关系均是平等民事主体之间的法律关系,各当事方之间可以通过合同来约定各自的权利义务,对于已有的约定只要不违反法律的规定,都应当予以遵守。任何当事方均可以按照《拍卖法》的规定对违反《拍卖法》的规定产生的责任方提起诉讼,不因破产拍卖的特殊性产生影响。

然而在司法拍卖活动中,如果因为委托法院的行为对相关当事方产生损失的或者有其他不可诉情形的,该类纠纷不属于人民法院管辖的民事纠纷范畴,我们在前面也已经阐述过,当事方可以通过国家赔偿、执行异议等途径予以解决。这一点上更是进一步体现了司法拍卖为司法执行活动延伸的这样一个性质。

第二十二章 公物拍卖

第一节 公物拍卖的特殊性

一、特殊标的的拍卖

按照《拍卖法》的规定,国家行政机关依法没收的物品,充抵税款、罚款的物品和其他物品,按照国务院规定应当委托拍卖的,由财产所在地的省、自治区、直辖市的人民政府和设区的市的人民政府指定的拍卖人进行拍卖。拍卖由人民法院依法没收的物品,充抵罚金、罚款的物品以及无法返还的追回物品,适用前款规定。

以上所称的特殊标的的拍卖,一般会被称为公物拍卖。

二、公物拍卖的拍卖人

对于有权拍卖公物的主体,《拍卖法》明确规定由省级和市级人民政府指定的拍卖人才能拍卖公物。非经有权政府指定的拍卖人不得举办公物的拍卖活动。委托公物拍卖的机关在办理公物拍卖委托时,应当识别委托人是否属于被指定的拍卖人范围内。同时对于拍卖人而言,其作为专业机构,对于自身是否具有公物拍卖资格肯定知晓,如果属于罚没的公物的拍卖,不具备公物拍卖资质的拍卖人应当予以拒绝,否则即便拍卖人举办拍卖活动也会被认定为无效的拍卖。届时拍卖人和委托的机关之间将应当按照无效的委托拍卖合同承担相应的责任。不仅如此,如果拍卖成交的,也同样会被认定为无效,而买受人自然也会追究拍卖人的责任,买受人因此产生的损失拍卖人应当予以赔偿。如此,对于拍卖人而言得不偿失。

《拍卖管理办法》规定,拍卖企业从事文物拍卖的,应当遵循有关文物拍卖的法律、行政法规的规定。国家行政机关依法没收的物品,充抵税款、罚款的物品、人民法院依法没收的物品,充抵罚金、罚款的物品以及无法返还的追回物品和其他特殊国有资产等标的的拍卖应由具有相应拍卖资格的拍卖企业承担,具体资格条件由省级商务主管部门会同有关部门依据规范管理、择优选用的原则制定,并报商务部备案。

故《按照拍卖管理办法》的规定,如何认定拍卖人具有公物拍卖资格应当由省级商务主管部门按照相关原则制定有关条件,并且报商务部备案。

三、公物拍卖的委托人

公物拍卖的委托人包括两种,一种是行政机关。因为在公物拍卖中拍卖的标的是罚没的财物,具有行政处罚权的行政机构理论上可以按照各自的规定对相关财物采取拍卖的方式进行变现。除了行政机关外,《拍卖法》还规定了法院为委托人。但是这里人民法院委托拍卖公物和人民法院委托的司法拍卖存在本质的不同。公物拍卖中的委托法院处理的物品是人民法院依据司法权没收的有关方的物品,而司法拍卖处置的财产并非法院没收的物品,而是法院依据当事人的申请,处置被执行人的财产。因为被执行人未履行法院的判决,所以法院行使司法权,强制性拍卖被执行人的财产,拍卖所得交付给申请执行人。而法院委托的公物拍卖的所得将会上缴国库,并非支付给申请执行人。

四、公物拍卖中拍卖标的的范围

(一) 罚没物品

《拍卖法》所要求的对于特殊拍卖标的的界定非常清楚,只有国家行政机构和法院依法没收的物品,以及用于充抵罚款的物品等才属于公物的范围,即行政机关或者法院依据职权因为相对人违反有关规定,依法可以对其采取没收的有关物品才属于应当由指定拍卖人拍卖的物品。其他非没收的物品并不是属于公物。

按照我国现行的《行政强制法》的规定,扣押财物属于行政强制行为的一种,此外行政强制执行的方式中也包括拍卖财物。《行政强制法》还规定,没有行政强制执行权的行政机关应当申请人民法院强制执行。但是,当事人在法定期限内不申请行政复议或者提起行政诉讼,经催告仍不履行的,在实施行政管理过程中已经采取查封、扣押措施的行政机关,可以将查封、扣押的财物依法拍卖抵缴罚款。依法拍卖财物,由行政机关委托拍卖机构依照《中华人民共和国拍卖法》的规定办理。

(二) 国有资产并非公物

有人将公物拍卖的标的和国有资产混为一谈,认为可以对国有资产拍卖的拍卖人也必须是相关政府指定的公物拍卖人,这种认识是错误的。

1. 来源不同

国有资产是属于国家所有的财产,我国《企业国有资产法》中所称企业国有资产是指国家对企业各种形式的出资所形成的权益。在《企业国有资产监督管理条例》中则是指国家对企业各种形式的投资和投资所形成的权益,以及依法认定为国家所有的其他权益。

国有资产的转让应当履行必要的审批程序,但是并不影响对国有资产享有处置权的机构通过拍卖的方式处置国有资产,拍卖处置的国有资产的物权主体是委托拍卖方。而公物拍卖中的标的为行政机关通过没收或者其他法定程序所取得属于非委托方的财物。简单而言,国有资产拍卖系处分自己的财产,而公物拍卖实际上处分的是应当上缴国库的财产。

2. 目的不同

另外一个重要的区别在于,国有资产转让所获得的款项仍然归属于委托方所有,其目的在于将国有资产转让变现。而公物拍卖中的拍卖的目的在于通过拍卖将罚没的物品进行变现以冲抵罚款,或者将依法罚没的物品变现后上缴国库。国有资产的拍卖在于实现其价值,而公物拍卖的目的在于履行必要的强制程序。

五、公物拍卖属于商业拍卖

公物拍卖的委托必须符合《拍卖法》的规定。公物拍卖的委托方和拍卖人之间属于平等的民事主体关系，因为公物拍卖产生的纠纷受民法约束，当事方都可以通过人民法院以民事诉讼的方式予以解决。同样竞买人、买受人参加公物拍卖活动与拍卖人及委托人产生的纠纷也属于民事纠纷，均可以通过民事诉讼的方法进行救济。这和司法拍卖活动存在着本质上的差异。

第二节　海关罚没拍卖

一、海关拍卖

海关拍卖活动系指海关委托拍卖人将海关没收的货物、物品委托拍卖人进行拍卖的行为。海关委托的拍卖活动和普通当事人委托拍卖人进行的拍卖活动并无本质的差异，拍卖人必须按照《拍卖法》的规定履行有关义务，并按照拍卖标的的不同进行必要的审核，以避免因为拍卖活动而受损。

二、海关拍卖财物保留价的确定

按照海关总署的规定，委托拍卖的罚没财物应设定拍卖保留价。依照法律法规的有关规定需要评估的，应当委托依法设立的价格鉴证机构评估，多家拍卖企业竞价获取拍卖权的，应将鉴证机构的评估价与拍卖企业的竞标价相比较，从其高者确定罚没财物的拍卖保留价；没有多家拍卖企业竞价获取拍卖权的，应根据了解价格鉴证机构的评估价合理确定罚没财物的拍卖保留价。第一次公开拍卖未成交，财务部门应按合同并根据拍卖中的实际情况，对罚没财物的拍卖保留价重新评定后再委托拍卖。

三、其他注意事项

值得注意的是，海关罚没的财物具有多样性，拍卖人应当按照不同的物品种类确定是否能够接受委托进行拍卖，对于依法应当批准审核才能进行流通的物品应当履行必要的手续；对于属于专营的物品，应当注意拍卖活动要符合专营物品的管理规则；对于不能流通的禁止转让的物品应当予以拒绝；对于购买的物品人有特殊的要求的，应当在竞买人资格的审核方面确认竞买人有相应的资格，避免产生不必要的损失。

第三节　抵税财物拍卖

一、抵税财物拍卖

按照税务机关于拍卖变卖抵税财物的有关规定,抵税财物拍卖是指税务机关将抵税财物依法委托拍卖机构,以公开竞价的形式,将特定财物转让给最高应价者的买卖方式。拍卖的目的是以拍卖所得抵缴税款、滞纳金。

抵税财物是指被税务机关依法实施税收强制执行而扣押、查封或者按照规定应强制执行的已设置纳税担保物权的商品、货物、其他财产或者财产权利。

二、拍卖的程序

国家税务总局制定的《抵税财物拍卖、变卖试行办法》中对抵税财物拍卖、变类的程序规定如下:(一) 制作拍卖(变卖)抵税财物决定书,经县以上税务局(分局)局长批准后,对被执行人下达拍卖(变卖)抵税财物决定书。依照法律法规规定需要经过审批才能转让的物品或财产权利,在拍卖、变卖前,应当依法办理审批手续。(二) 查实需要拍卖或者变卖的商品、货物或者其他财产。在拍卖或者变卖前,应当审查所扣押商品、货物、财产专用收据和所查封商品、货物、财产清单,查实被执行人与抵税财物的权利关系,核对盘点需要拍卖或者变卖的商品、货物或者其他财产是否与收据或清单一致。(三) 按照本办法规定的顺序和程序,委托拍卖、变卖,填写拍卖(变卖)财产清单,与拍卖机构签订委托拍卖合同,与受委托的商业企业签订委托变卖合同,对被执行人下达税务事项通知书,并按规定结算价款。(四) 以拍卖、变卖所得支付应由被执行人依法承担的扣押、查封、保管以及拍卖、变卖过程中的费用。(五) 拍卖、变卖所得支付有关费用后抵缴未缴的税款、滞纳金,并按规定抵缴罚款。(六) 拍卖、变卖所得支付扣押、查封、保管、拍卖、变卖等费用并抵缴税款、滞纳金后,剩余部分应当在 3 个工作日内退还被执行人。(七) 税务机关应当通知被执行人将拍卖、变卖全部收入计入当期销售收入额并在当期申报缴纳各种应纳税款。拍卖、变卖所得不足抵缴税款、滞纳金的,税务机关应当继续追缴。

三、委托拍卖抵税财物手续的办理

(一) 委托人

按照规定,委托拍卖抵税财物应由县以上税务局(分局)组织进行。但是如果拍卖的物品是容易腐败变质或者易失效的商品、货物时,经县以上税务局(分局)局长批准,可由县以下税务机关进行。拍卖人在接受税务机关委托时,应当考察委托机构是否具有法定的权限,如果权限不够应当告知委托机构,由有权限的税务机构办理委托手续。此外根据规定,税务机关可以自行办理委托拍卖手续,也可以由其上级税务机关代为办理拍卖手续。

(二) 委托拍卖合同的约定内容

按照规定,税务机构的委托拍卖合同应当载明以下内容:(一) 税务机关及拍卖机构的名称、住所、法定代表人姓名;(二) 拍卖标的的名称、规格、数量、质量、存放地或者坐落地、新旧程度或者使用年限等;(三) 拍卖的时间、地点,拍卖标的交付或转移的时间、方式,拍卖公告的方式及其费用的承担;(四) 拍卖价款结算方式及价款给付期限;(五) 佣金标准及其支付的方式、期限;(六) 违约责任;(七) 双方约定的其他事项。

拍卖人和委托拍卖的税务机构签署上述委托协议时,应当特别注意对瑕疵和来源的说明,如果能够确定相关瑕疵的应当明确予以披露,当然因为抵税财物的多样性,我们建议应当根据本书当中不同的标的审核要件部分,对于不同的标的作出不同的要求,并在委托拍卖协议当中进行必要的体现,不能疏于对拍卖标的进行审核。

(三) 拍卖人须注意的税务机构文件

税务机构的委托拍卖活动应当遵守税务机关制定的拍卖的程序规则。拍卖人作为专业拍卖机构应当了解并熟悉这些文件,按照相关规定,税务机构应当向拍卖人提供以下资料:(一) 税务机关单位证明及委托拍卖的授权委托书;(二) 拍卖(变卖)抵税财物决定书;(三) 拍卖(变卖)财产清单;(四) 抵税财物质量鉴定与价格评估结果;(五) 与拍卖活动有关的其他资料。

我们认为拍卖人对上述资料的审核也属于应尽的义务,上述资料作为税务机构应当提供的文件,拍卖人应予以熟知。

(四) 抵税财物的评估

抵税财物的拍卖应当履行评估手续,当然评估手续并非由拍卖人办理,而是由委托拍卖的机构负责。按照相关规定,抵税财物在拍卖之前应当由依法设立并具有相应资质的评估鉴定机构进行质量鉴定和价格评估,并将鉴定评估结果通知被执行人,当然如果抵税财物有市场价或其他价格依照通常办法可以确定的除外。关于抵税财物的拍卖鉴定工作,拍卖人应当要求委托拍卖的税务机关提供有关的文件资料证明其履行相应的手续。

(五) 确定保留价

抵税财物的拍卖应当设立保留价,该保留价按照规定应当由税务机关和被执行人协商确定,若协商不成的,由税务机关参照市场价、出厂价或者评估价确定。就拍卖人而言,拍卖人和委托拍卖的税务机构在委托拍卖时确定保留价即可,确定保留价的权利在委托的税务机构。

四、税务机关的瑕疵说明义务

按照规定,被执行人应当向税务机关说明商品、货物或其他财产的瑕疵,税务机关应当向拍卖机构说明拍卖标的的来源和了解到的瑕疵。

值得注意的是,税务机构向拍卖人说明拍卖标的的来源和瑕疵的义务,也来自《拍卖法》对委托人的规定。税务机构的委托拍卖活动和一般的民事委托拍卖活动没有根本的区别。委托人作为拍卖活动的当事人,应当按照拍卖人的要求说明拍卖标的来源和瑕疵。拍卖人作为拍卖机构对于拍卖标的的瑕疵和来源应当向竞买人作出说明。如果拍卖人未能要求委托人说明来源和瑕疵,买受人或者竞买人在受到损失后可以要求拍卖人承担瑕疵担保责任。在司法拍卖的情况下,某些行为不具有可诉性,但是公物拍卖的程序和司法拍卖程序并不完全相同,公物拍卖具有可诉性。拍卖人在接受税务机构的拍卖委托时,不能疏于行使权利或者履行有关法定义务,不能因为接受的委托是来自行政机关而放松,否则拍卖人仍然可能会产生损失。

此外对于拍卖标的属于特殊的标的需要履行相关程序的,仍需要按照一般的拍卖规定办理,比如属于文物的,则应当履行文物拍卖的手续;属于其他需要有关机构进行批准审核的,仍然需要批准和审核。拍卖人不可因为委托机构为税务机构,即忽略其他审批程序或者手续。

五、首次流拍后的处理

拍卖一次流拍后,税务机关经与被执行人协商同意,可以将抵税财物进行变卖;被执行人不同意变卖的,应当进行第二次拍卖。不动产和文物应当进行第二次拍卖。第二次拍卖仍然流拍的,税务机关应当将抵税财物进行变卖,以抵缴税款、滞纳金或罚款。经过流拍再次拍卖的,保留价应当不低于前次拍卖保留价的 2/3。

第四节　烟草制品的拍卖

一、烟草制品商业买卖不会涉及拍卖

烟草制品的经营在我国实行专卖制度,正常的烟草制品的商业买卖均需要在有烟草专卖资格的主体内进行,故普通的烟草制品的商业买卖一般不会以拍卖的形式去确定最高出售价格。

二、烟草制品拍卖一般属于公物拍卖范畴

烟草的主管机关在执行烟草专卖制度的过程中对于罚没的烟草制品需要以拍卖的方式处理的,属于公物拍卖的范畴,拍卖人只要符合公物拍卖的资格条件,在接受罚没烟草制品的行政机关的委托之后可以以拍卖的方式处理烟草制品,但要符合有关规定。

三、拍卖人拍卖烟草制品的注意事项

原先的《烟草专卖法》规定,拍卖人经营烟草拍卖的应当具有特种烟草专卖经营企业许可证。新修订的《烟草专卖法》取消了这一许可证制度,故拍卖企业从事烟草拍卖不再需要办理特种烟草专卖经营许可证。但是拍卖人应当注意,拍卖烟草制品仍应当符合我国烟草专卖的有关规定。人民法院和行政机关依法没收的烟草专卖品以及充抵罚金、罚款和税款的烟草专卖品,按照国家有关规定进行拍卖的,竞买人应当持有烟草专卖批发企业许可证。

故拍卖人在进行烟草拍卖时,对于竞买人的资格应进行必要的限制和审查,只有符合烟草批发资格的人才能成为烟草拍卖的竞买人。对于提供相关资料参与竞买的竞买人,

根据我国有关规定,拍卖人应当对竞买人进行资格验证。拍卖人的资格验证指拍卖人应当对竞买人提供的相关证件向烟草专卖机构进行核实,并且确认其有权作为竞买人。同时根据我国《烟草专卖法实施条例》的规定,拍卖企业拍卖烟草专卖品,应当接受烟草专卖行政主管部门的监督。

按照《烟草专卖法实施条例》的规定,拍卖企业未对竞买人进行资格验证,或者不接受烟草专卖行政主管部门的监督,擅自拍卖烟草专卖品的,由烟草专卖行政主管部门处以拍卖的烟草专卖品价值20%以上50%以下的罚款,并依法取消其拍卖烟草专卖品的资格。

第二十三章　拍卖人所涉的税务问题

第一节　税收责任的主体

一、纳税义务人

按照《中华人民共和国税收征收管理法》(以下简称《税收征管法》)的规定,法律、行政法规规定负有纳税义务的单位和个人为纳税人。拍卖人作为经营活动的主体,在经营活动的过程中需要按照国家规定承担缴纳税收的义务。拍卖人自己承担缴纳应缴税款的义务时,是纳税主体,拍卖人需要按照有关税法的规定缴纳相应的税收。国家税收具有强制性、无偿性的特点,拍卖人作为纳税义务人责无旁贷。

二、扣缴义务人

除了纳税人应当遵守纳税义务之外,按照《税收征管法》规定,法律、行政法规规定负有代扣代缴、代收代缴税款义务的单位和个人为扣缴义务人。扣缴义务人承担扣缴义务时,其本身并非纳税人,而是因为法律规定,需要帮助国家从纳税义务人支付的款项中扣留应当缴纳的税收。扣缴义务如果未能尽到,将可能导致国家税收流失,或者丧失征管的便利条件。最典型的是个人所得税征收时,支付工资薪金的单位或者个人需要代扣接受薪金人的个人所得税。拍卖人也不例外,拍卖人在拍卖活动中需要严格注意按照税收征管相关法律规定履行必要的扣缴义务。

第二节　主要税种

一、增值税

按照原《中华人民共和国增值税暂行条例》,在中华人民共和国境内销售货物或者提供加工、修理修配劳务以及进口货物的单位和个人,为增值税的纳税人,应当依照本条例缴纳增值税。我国在2016年5月1号之后在全国范围内全面推开营业税改征增值税(以下称营改增)试点,建筑业、房地产业、金融业、生活服务业等全部营业税纳税人,纳入试点范围,由缴纳营业税改为缴纳增值税。按照修订后的《增值税暂行条例》规定,在中华人民共和国境内销售服务、无形资产、不动产的单位和个人,为增值税纳税人,应当缴纳增值税,不再缴纳营业税。拍卖行业纳入现代服务业中的商务辅助服务中的经纪代理服务范围，按照规定缴纳增值税。

拍卖人需要特别注意的是，鉴于增值税具有可抵扣性，在增值税刚开始实行时，曾经出现过大规模虚开增值税发票致使国家税收流失的重大案件。故1995年10月30日第八届全国人民代表大会常务委员会第十六次会议通过《全国人民代表大会常务委员会关于惩治虚开、伪造和非法出售增值税专用发票犯罪的决定》，规定了对涉及增值税发票的有关犯罪行为的惩治措施。该决定由全国人大常委会通过，具有法定的效力，违反该规定的行为都会受到严厉的惩处。该决定所规定的违法行为主要有以下几个：一、虚开增值税专用发票。二、伪造或者出售伪造的增值税专用发票。三、非法出售增值税专用发票的。四、非法购买增值税专用发票或者购买伪造的增值税专用发票；非法购买增值税专用发票或者购买伪造的增值税专用发票又虚开或者出售。五、虚开用于骗取出口退税、抵扣税款的其他发票。六、伪造、擅自制造或者出售伪造、擅自制造的可以用于骗取出口退税、抵扣税款的其他发票；伪造、擅自制造或者出售伪造、擅自制造的前款规定以外的其他发票；非法出售可以用于骗取出口退税、抵扣税款的其他发票的；非法出售前款规定以外的其他发票。七、盗窃增值税专用发票或者其他发票；使用欺骗手段骗取增值税专用发票或者其他发票。

二、企业所得税

企业所得税是按照企业每一纳税年度的收入总额，减除不征税收入、免税收入、各项扣除以及允许弥补的以前年度亏损后的余额，为应纳税所得额。按照规定，企业应纳税所得额的计算，以权责发生制为原则，属于当期的收入和费用，不论款项是否收付，均作为当期的收入和费用；不属于当期的收入和费用，即使款项已经在当期收付，均不作为当期的收入和费用。货币形式和非货币形式从各种来源取得的收入，为收入总额。

拍卖人作为拍卖企业，按照《拍卖法》规定属于公司，属于企业所得税纳税主体，应当依法缴纳企业所得税。拍卖人应当按照国家税务总局的具体规定承担缴纳企业所得税的义务。

三、个人所得税

拍卖人所涉及的个人所得税问题，主要是指拍卖人为代扣代缴义务人，对于委托人是自然人时应当注意承担代扣代缴委托人应缴纳的所得税的义务。拍卖人须按照《国家税务总局关于加强和规范个人取得拍卖收入征收个人所得税有关问题的通知》的规定履行必要的代扣代缴义务。

根据规定，作者将自己的文字作品手稿原件或复印件拍卖取得的所得，应以其转让收入额减除800元（转让收入额4 000元以下）或者20%（转让收入额4 000元以上）后的余额为应纳税所得额，按照"特许权使用费"所得项目适用20%税率缴纳个人所得税。个人拍卖除文字作品原稿及复印件外的其他财产，应以其转让收入额减除财产原值和合理费用后的余额为应纳税所得额，按照"财产转让所得"项目适用20%税率缴纳个人所得税。对个人财产拍卖所得征收个人所得税时，以该项财产最终拍卖成交价格为其转让收入额。

纳税人如不能提供合法、完整、准确的财产原值凭证,不能正确计算财产原值的,按转让收入额的3%征收率计算缴纳个人所得税;拍卖品为经文物部门认定是海外回流文物的,按转让收入额的2%征收率计算缴纳个人所得税。

纳税人能够提供合法、完整、准确的财产原值凭证,但不能提供有关税费凭证的,不得按征收率计算纳税,应当就财产原值凭证上注明的金额据实扣除,并按照税法规定计算缴纳个人所得税。

个人财产拍卖所得应纳的个人所得税税款,由拍卖单位负责代扣代缴,并按规定向拍卖单位所在地主管税务机关办理纳税申报。

四、其他税收

城市维护建设税是以增值税等作为计税依据缴纳的税收。教育费附加和城市维护建设税的计税依据和城市维护建设税相同。拍卖人还可能涉及印花税等小额税种。

第三节 涉税的责任

一、涉税的行政责任

拍卖人作为纳税义务主体,如果违反国家有关税务管理的规定,税务部门作为行政机关可以行使行政处罚权。

拍卖人无论作为纳税人还是作为扣缴义务人均负有法定的缴纳税收或者代扣税收的义务,违反此项义务均需要按照税收征管法等税收法律承担法律责任。

对于拍卖人而言,除了要履行自己作为纳税人的义务之外,需要特别注意履行扣缴义务人的责任。如果拍卖人疏于履行扣缴义务,不仅会使国家税收流失,对于拍卖人而言,最直接地是会受到行政处罚。

按照《税收征收管理法》规定,纳税人欠缴应纳税款,采取转移或者隐匿财产的手段,妨碍税务机关追缴欠缴的税款的,由税务机关追缴欠缴的税款、滞纳金,并处欠缴税款百分之五十以上五倍以下的罚款;构成犯罪的,依法追究刑事责任。纳税人、扣缴义务人在规定期限内不缴或者少缴应纳或者应解缴的税款,经税务机关责令限期缴纳,逾期仍未缴纳的,税务机关除依照本法第四十条的规定采取强制执行措施追缴其不缴或者少缴的税款外,可以处不缴或者少缴的税款百分之五十以上五倍以下的罚款。扣缴义务人应扣未扣、应收而不收税款的,由税务机关向纳税人追缴税款,对扣缴义务人处应扣未扣、应收未收税款百分之五十以上三倍以下的罚款。

二、涉税的刑事责任

拍卖人如果涉及逃税罪,则需要承担刑事责任。《刑法》第二百零一条规定如下:纳税人采取欺骗、隐瞒手段进行虚假纳税申报或者不申报,逃避缴纳税款数额较大并且占应纳税额百分之十以上的,处三年以下有期徒刑或者拘役,并处罚金;数额巨大并且占应纳税额百分之三十以上的,处三年以上七年以下有期徒刑,并处罚金。扣缴义务人采取前款所列手段,不缴或者少缴已扣、已收税款,数额较大的,依照前款的规定处罚。对多次实施前两款行为,未经处理的,按照累计数额计算。有第一款行为,经税务机关依法下达追缴通知后,补缴应纳税款,缴纳滞纳金,已受行政处罚的,不予追究刑事责任;但是,五年内因逃避缴纳税款受过刑事处罚或者被税务机关给予二次以上行政处罚的除外。

还有抗税罪,抗税罪是指负有纳税义务或者代扣代缴、代收代缴义务的个人或者企业事业单位的直接责任人员,故意违反税收法规,以暴力、威胁方法拒不缴纳税款的行为。抗税罪的量刑标准为处三年以下有期徒刑或者拘役,并处拒缴税款一倍以上五倍以下罚金;情节严重的,处三年以上七年以下有期徒刑,并处拒缴税款一倍以上五倍以下罚金。

另外,还有逃避追缴欠税罪,该罪是指纳税人故意违反税收法规,欠缴应纳税款,并采取转移或者隐匿财产的手段,致使税务机关无法追缴欠缴的税款,数额较大的行为。逃避追缴欠税罪的量刑标准为数额在一万元以上不满十万元的,处三年以下有期徒刑或者拘役,并处或者单处欠缴税款一倍以上五倍以下罚金;数额在十万元以上的,处三年以上七年以下有期徒刑,并处欠缴税款一倍以上五倍以下罚金。

以上涉及税收的犯罪当中,如果拍卖人属于单位犯罪的,还需要承担罚金的刑事责任,负责的主管人员和其他直接责任人员,依照各条的规定处罚。

第二十四章　拍卖人的解散

第一节　解散事由

按照《拍卖法》的规定,拍卖人的形式是公司,故拍卖人作为拍卖企业,如果需要解散或者必须要解散的,拍卖人以及拍卖人的股东在解散拍卖企业时需要符合法律的规定。拍卖企业根据章程规定事由、股东会决议或其他事由解散的;或者因违反法律、行政法规及本办法规定被责令关闭的;或者因不能清偿到期债务,被依法宣告破产的,由有关部门依法注销。

一、经营期限届满

按照《公司法》的规定,公司应当制定章程,在公司章程中,一般会规定公司的经营期限。公司获取营业执照的时间为公司设立的时间,公司的经营期限是公司人格的存续时间,如果公司章程中对经营期限作出了明确约定,则一旦公司经营期限届满,公司应当进入解散程序。

二、章程规定的其他事由

公司章程是公司的股东制定的规则,公司章程一旦制定,就对公司、股东、董事、监事、高级管理人员均具有约束力,公司相关主体均应当遵守公司章程的规定。按照公司法的规定,公司的发起人、股东可以按照自己的需求制定章程。如果公司章程中就公司的终止设定了一定的条件,只要这些条件成就,则公司须按照公司的章程规定进入终止程序。

三、股东的决定

股东是公司股权的持有者,由股东组成的股东会或者股东大会是公司的权力机构,股东的决定公司应当予以遵守。有限责任公司的股东会有权以股东会决议的形式作出解散公司的决定。按照《公司法》规定,有限责任公司的股东会就公司解散作出决议时必须经代表三分之二以上表决权的股东通过才可以。当然如果公司章程规定了比三分之二以上更为严格的条件,应当满足相应的严格条件。如果公司的全体股东一致同意的,则无须召开股东会,可以由全体的股东在决定文件上签名、盖章确认即可。

就股份有限公司而言,股东大会是股份有限公司的权力机构,股东大会有权依据公司章程和《公司法》规定就公司的解散作出决议,但是按照《公司法》的规定,作出解散股份有限公司的决议的,必须经出席会议的股东所持表决权的三分之二以上通过。

四、因为合并解散

公司合并是两个以上的公司合并变为一个公司。公司合并有两种形式,一种为一个公司吸收其他公司的吸收合并,吸收合并完成后,被吸收的公司消失,存续的公司将被合并公司的资产、负债等全部予以吸收,对于被吸收公司而言,因为合并而进入解散程序。另外一种合并方式为被合并的公司全部并入新设立的公司,即新设合并,新设合并中所有的合并方的资产、负债等全部变为新公司的资产、负债,合并方因为被合并而进入解散程序。

五、因为分立解散

公司分立是一个公司变为两个及以上的公司。如果原有的公司分立后不复存在,则被分立的公司应当办理解散手续。分立后的所有公司承受被分立公司的所有资产、负债,公司分立前的债务由分立后的公司承担连带责任。

六、因营业执照吊销

我们在之前的部分也曾阐述过营业执照和公司的法人人格关系的问题,公司的营业执照可能会被工商行政机构处以吊销的行政处罚。公司营业执照被吊销,公司即丧失了正常经营的许可,但是公司的法人人格并未消失。按照《公司法》的规定,公司被吊销营业执照后,不应再进行经营,而应当进入解散程序,进行解散清算。

七、被责令关闭和撤销

行政处罚的种类还包括责令关闭和撤销。责令关闭的行政处罚和吊销营业执照的处罚不同,吊销营业执照是撤销公司的经营的许可,而责令关闭则是直接命令公司不得经营,按照《公司法》的规定,公司被处以责令关闭和撤销的行政处罚后,公司应当进入解散程序。

八、公司陷入僵局的

公司经营管理发生严重困难,继续存续会使股东利益受到重大损失,通过其他途径不能解决的,持有公司全部股东表决权百分之十以上的股东,可以请求人民法院解散公司。针对公司陷入僵局的问题,现有《公司法》司法解释对此类情形作出了明细的规定,单独或者合计持有公司全部股东表决权百分之十以上的股东,以下列事由提起解散公司诉讼,并符合公司法第一百八十条规定的,人民法院应予受理:(一)公司持续两年以上无法召开股东会或者股东大会,公司经营管理发生严重困难的;(二)股东表决时无法达到法定或者公司章程规定的比例,持续两年以上不能做出有效的股东会或者股东大会决议,公司经营管理发生严重困难的;(三)公司董事长期冲突,且无法通过股东会或者股东大会解决,公司经营管理发生严重困难的;(四)经营管理发生其他严重困难,公司继续存续会使股东利益受到重大损失的情形。

公司陷入僵局之后,公司的主体资格虽然存在,但是客观上已经无法正常进行经营,公司继续存续实际上损害了股东的利益,故法律赋予公司的股东可以在公司陷入僵局的情况下请求法院解散公司。

九、破产

拍卖企业如果被宣告破产的,则应当注销。企业法人不能清偿到期债务,并且资产不足以清偿全部债务或者明显缺乏清偿能力的,债权人或者债务人都可以向人民法院申请破产。人民法院受理破产申请后可以组织重整或者和解,也可以依申请直接进入重整或者和解程序。重整、和解失败的,也由人民法院宣告破产,被宣告破产的企业则进入清算程序。拍卖企业如果被宣告破产,则意味着拍卖企业已经丧失了经营能力,应当进入破产清算,清算完成后须履行注销程序。

第二节　解散程序

一、成立清算组

按照《公司法》的规定,公司应当在除了因合并和分立外的其他解散事由出现之日起十五日内成立清算组,开始清算。有限责任公司的清算组由股东组成,股份有限公司的清算组由董事或者股东大会确定的人员组成。逾期不成立清算组进行清算的,债权人可以申请人民法院指定有关人员组成清算组进行清算。人民法院应当受理该申请,并及时组织清算组进行清算。

(一) 清算组成员

公司自行清算的,清算组由股东组成。如果清算由法院组织的,则由法院指定人员成立清算组,清算组的组成人员包括:(一) 公司股东、董事、监事、高级管理人员;(二) 依法设立的律师事务所、会计师事务所、破产清算事务所等社会中介机构;(三) 依法设立的律师事务所、会计师事务所、破产清算事务所等社会中介机构中具备相关专业知识并取得执业资格的人员。

(二) 清算组的职权

公司进入清算程序后,清算组代表公司,并且行使相关权力,按照法律规定,清算组的职权包括如下内容:(一) 清理公司财产,分别编制资产负债表和财产清单;(二) 通知、公告债权人;(三) 处理与清算有关的公司未了结的业务;(四) 清缴所欠税款以及清算过程中产生的税款;(五) 清理债权、债务;(六) 处理公司清偿债务后的剩余财产;(七) 代表公司参与民事诉讼活动。

二、清算活动

清算组成立之后,应按照法律规定在成立十日内通知债权人,并且在六十日内进行公告,以便于债权人对债权进行申报。清算组制订清算方案,并报股东会、股东大会或者人民法院确认。公司财产在分别支付清算费用、职工的工资、社会保险费用和法定补偿金,缴纳所欠税款,清偿公司债务后的剩余财产,有限责任公司按照股东的出资比例分配,股份有限公司按照股东持有的股份比例分配。

如果公司清算组发现财产不足清偿债务的,应当依法向人民法院申请宣告破产,进入破产程序,按照破产有关的程序进行清算并终止公司。

三、注销登记

公司清算完成后,应当进行注销登记,注销登记完成后,公司的法人资格终止,公司消灭。按照《中华人民共和国公司登记管理条例》的规定,有下列情形之一的,公司清算组应当自公司清算结束之日起 30 日内向原公司登记机关申请注销登记:(一)公司被依法宣告破产;(二)公司章程规定的营业期限届满或者公司章程规定的其他解散事由出现,但公司通过修改公司章程而存续的除外;(三)股东会、股东大会决议解散或者一人有限责任公司的股东、外商投资的公司董事会决议解散;(四)依法被吊销营业执照、责令关闭或者被撤销;(五)人民法院依法予以解散;(六)法律、行政法规规定的其他解散情形。

公司向有关登记机构办理注销登记时应当提供下列文件:(一)公司清算组负责人签署的注销登记申请书;(二)人民法院的破产裁定、解散裁判文书,公司依照《公司法》作出的决议或者决定,行政机关责令关闭或者公司被撤销的文件;(三)股东会、股东大会、一人有限责任公司的股东、外商投资的公司董事会或者人民法院、公司批准机关备案、确认的清算报告;(四)《企业法人营业执照》;(五)法律、行政法规规定应当提交的其他文件。国有独资公司申请注销登记,还应当提交国有资产监督管理机构的决定,其中,国务院确定的重要的国有独资公司,还应当提交本级人民政府的批准文件。有分公司的公司申请注销登记,还应当提交分公司的注销登记证明。

附件：

中华人民共和国拍卖法
拍卖管理办法
拍卖监督管理办法
中国拍卖行业协会文件
关于加强拍卖师监督管理的规定

中华人民共和国拍卖法

（1996 年 7 月 5 日第八届全国人民代表大会常务委员会第二十次会议通过　根据 2004 年 8 月 28 日第十届全国人民代表大会常务委员会第十一次会议《关于修改〈中华人民共和国拍卖法〉的决定》第一次修正　根据 2015 年 4 月 24 日第十二届全国人民代表大会常务委员会第十四次会议《关于修改〈中华人民共和国电力法〉等六部法律的决定》第二次修正）

目　录

第一章　总则

第一条　为了规范拍卖行为，维护拍卖秩序，保护拍卖活动各方当事人的合法权益，制定本法。

第二条　本法适用于中华人民共和国境内拍卖企业进行的拍卖活动。

第三条　拍卖是指以公开竞价的形式，将特定物品或者财产权利转让给最高应价者的买卖方式。

第四条　拍卖活动应当遵守有关法律、行政法规，遵循公开、公平、公正、诚实信用的原则。

第五条　国务院负责管理拍卖业的部门对全国拍卖业实施监督管理。

省、自治区、直辖市的人民政府和设区的市的人民政府负责管理拍卖业的部门对本行政区域内的拍卖业实施监督管理。

第二章 拍卖标的

第六条 拍卖标的应当是委托人所有或者依法可以处分的物品或者财产权利。

第七条 法律、行政法规禁止买卖的物品或者财产权利,不得作为拍卖标的。

第八条 依照法律或者按照国务院规定需经审批才能转让的物品或者财产权利,在拍卖前,应当依法办理审批手续。

委托拍卖的文物,在拍卖前,应当经拍卖人住所地的文物行政管理部门依法鉴定、许可。

第九条 国家行政机关依法没收的物品,充抵税款、罚款的物品和其他物品,按照国务院规定应当委托拍卖的,由财产所在地的省、自治区、直辖市的人民政府和设区的市的人民政府指定的拍卖人进行拍卖。

拍卖由人民法院依法没收的物品,充抵罚金、罚款的物品以及无法返还的追回物品,适用前款规定。

第三章 拍卖当事人

第一节 拍卖人

第十条 拍卖人是指依照本法和《中华人民共和国公司法》设立的从事拍卖活动的企业法人。

第十一条 企业取得从事拍卖业务的许可必须经所在地的省、自治区、直辖市人民政府负责管理拍卖业的部门审核批准。拍卖企业可以在设区的市设立。

第十二条 企业申请取得从事拍卖业务的许可,应当具备下列条件:

(一)有一百万元人民币以上的注册资本;

(二)有自己的名称、组织机构、住所和章程;

(三)有与从事拍卖业务相适应的拍卖师和其他工作人员;

(四)有符合本法和其他有关法律规定的拍卖业务规则;

(五)符合国务院有关拍卖业发展的规定;

(六)法律、行政法规规定的其他条件。

第十三条 拍卖企业经营文物拍卖的,应当有一千万元人民币以上的注册资本,有具有文物拍卖专业知识的人员。

第十四条 拍卖活动应当由拍卖师主持。

第十五条 拍卖师应当具备下列条件:

(一)具有高等院校专科以上学历和拍卖专业知识;

(二)在拍卖企业工作两年以上;

(三)品行良好。

被开除公职或者吊销拍卖师资格证书未满五年的,或者因故意犯罪受过刑事处罚的,不得担任拍卖师。

第十六条　拍卖师资格考核,由拍卖行业协会统一组织。经考核合格的,由拍卖行业协会发给拍卖师资格证书。

第十七条　拍卖行业协会是依法成立的社会团体法人,是拍卖业的自律性组织。拍卖行业协会依照本法并根据章程,对拍卖企业和拍卖师进行监督。

第十八条　拍卖人有权要求委托人说明拍卖标的的来源和瑕疵。

拍卖人应当向竞买人说明拍卖标的的瑕疵。

第十九条　拍卖人对委托人交付拍卖的物品负有保管义务。

第二十条　拍卖人接受委托后,未经委托人同意,不得委托其他拍卖人拍卖。

第二十一条　委托人、买受人要求对其身份保密的,拍卖人应当为其保密。

第二十二条　拍卖人及其工作人员不得以竞买人的身份参与自己组织的拍卖活动,并不得委托他人代为竞买。

第二十三条　拍卖人不得在自己组织的拍卖活动中拍卖自己的物品或者财产权利。

第二十四条　拍卖成交后,拍卖人应当按照约定向委托人交付拍卖标的的价款,并按照约定将拍卖标的移交给买受人。

第二节　委托人

第二十五条　委托人是指委托拍卖人拍卖物品或者财产权利的公民、法人或者其他组织。

第二十六条　委托人可以自行办理委托拍卖手续,也可以由其代理人代为办理委托拍卖手续。

第二十七条　委托人应当向拍卖人说明拍卖标的的来源和瑕疵。

第二十八条　委托人有权确定拍卖标的的保留价并要求拍卖人保密。

拍卖国有资产,依照法律或者按照国务院规定需要评估的,应当经依法设立的评估机构评估,并根据评估结果确定拍卖标的的保留价。

第二十九条　委托人在拍卖开始前可以撤回拍卖标的。委托人撤回拍卖标的的,应当向拍卖人支付约定的费用;未作约定的,应当向拍卖人支付为拍卖支出的合理费用。

第三十条　委托人不得参与竞买,也不得委托他人代为竞买。

第三十一条　按照约定由委托人移交拍卖标的的,拍卖成交后,委托人应当将拍卖标的移交给买受人。

第三节　竞买人

第三十二条　竞买人是指参加竞购拍卖标的的公民、法人或者其他组织。

第三十三条　法律、行政法规对拍卖标的的买卖条件有规定的,竞买人应当具备规定的条件。

第三十四条　竞买人可以自行参加竞买,也可以委托其代理人参加竞买。

第三十五条　竞买人有权了解拍卖标的的瑕疵,有权查验拍卖标的和查阅有关拍卖资料。

第三十六条　竞买人一经应价,不得撤回,当其他竞买人有更高应价时,其应价即丧失约束力。

第三十七条　竞买人之间、竞买人与拍卖人之间不得恶意串通,损害他人利益。

第四节　买受人

第三十八条　买受人是指以最高应价购得拍卖标的的竞买人。

第三十九条　买受人应当按照约定支付拍卖标的的价款,未按照约定支付价款的,应当承担违约责任,或者由拍卖人征得委托人的同意,将拍卖标的再行拍卖。

拍卖标的再行拍卖的,原买受人应当支付第一次拍卖中本人及委托人应当支付的佣金。再行拍卖的价款低于原拍卖价款的,原买受人应当补足差额。

第四十条　买受人未能按照约定取得拍卖标的的,有权要求拍卖人或者委托人承担违约责任。

买受人未按照约定受领拍卖标的的,应当支付由此产生的保管费用。

第四章　拍卖程序

第一节　拍卖委托

第四十一条　委托人委托拍卖物品或者财产权利,应当提供身份证明和拍卖人要求提供的拍卖标的的所有权证明或者依法可以处分拍卖标的的证明及其他资料。

第四十二条　拍卖人应当对委托人提供的有关文件、资料进行核实。拍卖人接受委托的,应当与委托人签订书面委托拍卖合同。

第四十三条　拍卖人认为需要对拍卖标的进行鉴定的,可以进行鉴定。

鉴定结论与委托拍卖合同载明的拍卖标的状况不相符的,拍卖人有权要求变更或者解除合同。

第四十四条　委托拍卖合同应当载明以下事项:

(一)委托人、拍卖人的姓名或者名称、住所;

(二)拍卖标的的名称、规格、数量、质量;

(三)委托人提出的保留价;

(四)拍卖的时间、地点;

(五)拍卖标的的交付或者转移的时间、方式;

(六)佣金及其支付的方式、期限;

(七)价款的支付方式、期限;

(八)违约责任;

(九)双方约定的其他事项。

第二节　拍卖公告与展示

第四十五条　拍卖人应当于拍卖日七日前发布拍卖公告。

第四十六条　拍卖公告应当载明下列事项：

（一）拍卖的时间、地点；

（二）拍卖标的；

（三）拍卖标的展示时间、地点；

（四）参与竞买应当办理的手续；

（五）需要公告的其他事项。

第四十七条　拍卖公告应当通过报纸或者其他新闻媒介发布。

第四十八条　拍卖人应当在拍卖前展示拍卖标的，并提供查看拍卖标的的条件及有关资料。拍卖标的的展示时间不得少于两日。

第三节　拍卖的实施

第四十九条　拍卖师应当于拍卖前宣布拍卖规则和注意事项。

第五十条　拍卖标的无保留价的，拍卖师应当在拍卖前予以说明。

拍卖标的有保留价的，竞买人的最高应价未达到保留价时，该应价不发生效力，拍卖师应当停止拍卖标的的拍卖。

第五十一条　竞买人的最高应价经拍卖师落槌或者以其他公开表示买定的方式确认后，拍卖成交。

第五十二条　拍卖成交后，买受人和拍卖人应当签署成交确认书。

第五十三条　拍卖人进行拍卖时，应当制作拍卖笔录。拍卖笔录应当由拍卖师、记录人签名；拍卖成交的，还应当由买受人签名。

第五十四条　拍卖人应当妥善保管有关业务经营活动的完整账簿、拍卖笔录和其他有关资料。

前款规定的账簿、拍卖笔录和其他有关资料的保管期限，自委托拍卖合同终止之日起计算，不得少于五年。

第五十五条　拍卖标的需要依法办理证照变更、产权过户手续的，委托人、买受人应当持拍卖人出具的成交证明和有关材料，向有关行政管理机关办理手续。

第四节　佣金

第五十六条　委托人、买受人可以与拍卖人约定佣金的比例。

委托人、买受人与拍卖人对佣金比例未作约定，拍卖成交的，拍卖人可以向委托人、买受人各收取不超过拍卖成交价百分之五的佣金。收取佣金的比例按照同拍卖成交价成反比的原则确定。

拍卖未成交的,拍卖人可以向委托人收取约定的费用;未作约定的,可以向委托人收取为拍卖支出的合理费用。

第五十七条　拍卖本法第九条规定的物品成交的,拍卖人可以向买受人收取不超过拍卖成交价百分之五的佣金。收取佣金的比例按照同拍卖成交价成反比的原则确定。

拍卖未成交的,适用本法第五十六条第三款的规定。

第五章　法律责任

第五十八条　委托人违反本法第六条的规定,委托拍卖其没有所有权或者依法不得处分的物品或者财产权利的,应当依法承担责任。拍卖人明知委托人对拍卖的物品或者财产权利没有所有权或者依法不得处分的,应当承担连带责任。

第五十九条　国家机关违反本法第九条的规定,将应当委托财产所在地的省、自治区、直辖市的人民政府或者设区的市的人民政府指定的拍卖人拍卖的物品擅自处理的,对负有直接责任的主管人员和其他直接责任人员依法给予行政处分,给国家造成损失的,还应当承担赔偿责任。

第六十条　违反本法第十一条的规定,未经许可从事拍卖业务的,由工商行政管理部门予以取缔,没收违法所得,并可以处违法所得一倍以上五倍以下的罚款。

第六十一条　拍卖人、委托人违反本法第十八条第二款、第二十七条的规定,未说明拍卖标的的瑕疵,给买受人造成损害的,买受人有权向拍卖人要求赔偿;属于委托人责任的,拍卖人有权向委托人追偿。

拍卖人、委托人在拍卖前声明不能保证拍卖标的的真伪或者品质的,不承担瑕疵担保责任。

因拍卖标的存在瑕疵未声明的,请求赔偿的诉讼时效期间为一年,自当事人知道或者应当知道权利受到损害之日起计算。

因拍卖标的存在缺陷造成人身、财产损害请求赔偿的诉讼时效期间,适用《中华人民共和国产品质量法》和其他法律的有关规定。

第六十二条　拍卖人及其工作人员违反本法第二十二条的规定,参与竞买或者委托他人代为竞买的,由工商行政管理部门对拍卖人给予警告,可以处拍卖佣金一倍以上五倍以下的罚款;情节严重的,吊销营业执照。

第六十三条　违反本法第二十三条的规定,拍卖人在自己组织的拍卖活动中拍卖自己的物品或者财产权利的,由工商行政管理部门没收拍卖所得。

第六十四条　违反本法第三十条的规定,委托人参与竞买或者委托他人代为竞买的,工商行政管理部门可以对委托人处拍卖成交价百分之三十以下的罚款。

第六十五条　违反本法第三十七条的规定,竞买人之间、竞买人与拍卖人之间恶意串通,给他人造成损害的,拍卖无效,应当依法承担赔偿责任。由工商行政管理部门对参与恶意串通的竞买人处最高应价百分之十以上百分之三十以下的罚款;对参与恶意串通的拍卖人处最高应价百分之十以上百分之五十以下的罚款。

第六十六条　违反本法第四章第四节关于佣金比例的规定收取佣金的,拍卖人应当将超收部分返还委托人、买受人。物价管理部门可以对拍卖人处拍卖佣金一倍以上五倍以下的罚款。

第六章　附则

第六十七条　外国人、外国企业和组织在中华人民共和国境内委托拍卖或者参加竞买的,适用本法。

第六十八条　本法自 1997 年 1 月 1 日起施行。

拍卖管理办法

（商务部令 2004 年第 24 号，根据 2015 年 10 月 28 日《商务部关于修改部分规章和规范性文件的决定》修正）

第一章　总　则

第一条　为规范拍卖行为，维护拍卖秩序，推动拍卖业的对外开放，促进拍卖业健康发展，根据《中华人民共和国拍卖法》（以下简称《拍卖法》）和有关外商投资的法律、行政法规和规章，制定本办法。

第二条　本办法适用于中华人民共和国境内拍卖企业进行的拍卖活动。

各种经营性拍卖活动，应当由依法取得从事拍卖业务许可的企业进行。

第三条　本办法所称拍卖企业，是指依法在中国境内设立的从事经营性拍卖活动的有限责任公司或者股份有限公司。

第四条　商务部是拍卖行业主管部门，对全国拍卖业实施监督管理。

省、自治区、直辖市人民政府（以下简称省级）和设区的市人民政府（以下简称市级）商务主管部门对本行政区域内的拍卖业实施监督管理。

第五条　拍卖企业从事拍卖活动，应当遵守《拍卖法》及其他有关法律、行政法规、规章的规定，遵循公开、公平、公正、诚实信用的原则。

第二章　企业申请从事拍卖业务的许可、变更和终止

第六条　申请从事拍卖业务许可的企业的投资者应有良好的信誉，无违反中国法律、行政法规、规章的行为。

第七条　企业申请取得从事拍卖业务的许可，应当具备下列条件：

（一）有一百万元人民币以上的注册资本；

（二）有自己的名称、组织机构和章程；

（三）有固定的办公场所；

（四）有至少一名拍卖师；

（五）有符合有关法律、行政法规及本办法规定的拍卖业务规则；

（六）符合商务主管部门有关拍卖行业发展规划。

第八条　企业申请取得从事拍卖业务的许可，应当提交下列材料：

（一）申请书；

（二）公司章程、拍卖业务规则；

（三）企业法人营业执照副本（复印件）；

（四）法定代表人简历和有效身份证明；

（五）拟聘任的拍卖师执业资格证书；

（六）固定办公场所产权证明或租用合同。

第九条　拍卖企业从事文物拍卖的，应当遵循有关文物拍卖的法律、行政法规的规定。

国家行政机关依法没收的物品，充抵税款、罚款的物品、人民法院依法没收的物品，充抵罚金、罚款的物品以及无法返还的追回物品和其他特殊国有资产等标的的拍卖应由具有相应拍卖资格的拍卖企业承担，具体资格条件由省级商务主管部门会同有关部门依据规范管理、择优选用的原则制定，并报商务部备案。

第十条　拍卖企业分公司申请取得从事拍卖业务的许可，应当符合下列条件：

（一）符合拍卖业发展规划；

（二）有固定的办公场所；

（三）经营拍卖业务三年以上，最近两年连续盈利，其上年拍卖成交额超过五千万元人民币；或者上年拍卖成交额超过二亿元人民币。

第十一条　拍卖企业分公司申请取得从事拍卖业务的许可，申请人需要提交下列材料：

（一）申请报告；

（二）企业法人营业执照副本(复印件)；

（三）最近两年经会计师事务所审计的年度财务会计报表；

（四）分公司负责人简历及有效身份证明；

（五）拟聘任的拍卖师执业资格证书；

（六）固定办公场所的产权证明或租用合同。

第十二条　企业及分公司申请取得从事拍卖业务的许可，按照下列程序办理：

企业及分公司申请取得从事拍卖业务的许可，应当先经企业或分公司所在地市级商务主管部门审查后，报省级商务主管部门核准并颁发拍卖经营批准证书。

省级商务主管部门对企业及分公司申请取得从事拍卖业务的许可可以采取听证方式。

拍卖经营批准证书由省级商务主管部门统一印制。

第十三条　拍卖企业向工商行政管理机关申请变更注册登记项目后，应当报省级商务主管部门核准，并由其换发拍卖经营批准证书。

第十四条　拍卖企业及分公司申请取得从事拍卖业务的许可后连续 6 个月无正当理由未举办拍卖会或没有营业纳税证明的，由商务主管部门收回拍卖经营批准证书。

第十五条　拍卖企业根据章程规定事由、股东会决议或其他事由解散的；或者因违反法律、行政法规及本办法规定被责令关闭的；或者因不能清偿到期债务，被依法宣告破产的，由有关部门依法注销。

第三章　外商投资企业申请取得从事拍卖业务的许可、变更和终止

第十六条　外商投资拍卖企业可以从事经营性拍卖活动，法律、行政法规另有规定的

除外。

第十七条　鼓励具有较强的经济实力、先进的拍卖技术和经营管理经验、广泛的国际拍卖营销网络的外国投资者设立外商投资拍卖企业。

第十八条　外商投资企业申请取得从事拍卖业务的许可除应符合本办法第七条的规定外还应当符合下列条件：

（一）符合外商投资企业注册资本和投资总额的有关规定；

（二）外商投资拍卖企业的经营期限一般不超过三十年，在中西部设立外商投资拍卖企业的经营期限一般不超过四十年。

第十九条　外商投资企业申请取得从事拍卖业务的许可，申请人除提交本办法第八条规定的材料外，还应提交下列材料：

（一）合同、章程（外资拍卖企业只报送章程）及其附件等；

（二）投资各方的银行资信证明、登记注册证明（复印件）；

（三）投资各方经会计师事务所审计的最近一年的审计报告；

（四）中国投资者拟投入到中外合资、合作拍卖企业的国有资产的评估报告；

（五）外商投资企业董事会成员名单及投资各方董事委派书。

外商投资拍卖企业分公司申请取得从事拍卖业务的许可，申请人应提交本办法第十一条规定的材料。

第二十条　外商投资企业及分公司申请取得从事拍卖业务的许可，按照下列程序办理：

申请人应向所在地的省、自治区、直辖市商务部门报送第十九条规定的申请材料。商务部门应自收到全部申请材料之日起在规定时间内作出是否批准的决定，对于批准的，颁发外商投资企业批准证书，申请人凭外商投资企业批准证书向工商行政管理机关申请企业注册登记后，凭外商投资企业批准证书和营业执照向商务部门申请颁发拍卖经营批准证书，对于不批准的，应说明原因。

对外商投资企业及分公司申请取得从事拍卖业务的许可可以采取听证方式。

第二十一条　外商投资企业及分公司申请取得从事拍卖业务的许可后连续 6 个月无正当理由未举办拍卖会或没有营业纳税证明的，由省级商务主管部门收回拍卖经营批准证书。

第二十二条　外商投资拍卖企业根据章程规定事由、股东会或董事会决议或其他事由解散的；或者因违反法律、行政法规及本办法规定被责令关闭的；或者因不能清偿到期债务，被依法宣告破产的，由有关部门依法注销。

第四章　拍卖从业人员及拍卖活动

第二十三条　国家对拍卖专业技术人员实行执业资格制度，获得拍卖师执业资格证书的人员，经注册后，方可主持拍卖活动。

本办法所称拍卖师是指经全国统一考试合格，取得人事部、商务部联合用印的，由中国拍卖行业协会颁发的《中华人民共和国拍卖师执业资格证书》，并经注册登记的人员。

第二十四条　拍卖师只能在一个拍卖企业注册执业且不得以其拍卖师个人身份在其他拍卖企业兼职。

拍卖师不得将《中华人民共和国拍卖师执业资格证书》借予他人或其他单位使用。

第二十五条　拍卖师可以变更执业注册单位。拍卖师变更执业注册单位的，应当向中国拍卖行业协会办理注册变更手续。

中国拍卖行业协会应将拍卖师注册登记及变更情况每月定期报商务部备案。

第二十六条　下列物品或者财产权利禁止拍卖：

（一）法律、法规禁止买卖的；

（二）所有权或者处分权有争议，未经司法、行政机关确权的；

（三）尚未办结海关手续的海关监管货物。

第二十七条　拍卖企业应当依法开展拍卖活动，不得有下列行为：

（一）出租、擅自转让拍卖经营权；

（二）对拍卖标的进行虚假宣传，给买受人造成经济损失；

（三）雇佣未依法注册的拍卖师或其他人员充任拍卖师主持拍卖活动的；

（四）采用恶意降低佣金比例或低于拍卖活动成本收取佣金，甚至不收取佣金（义拍除外）或给予委托人回扣等手段进行不正当竞争的；

（五）其他违反法律法规的行为。

第二十八条　拍卖企业发现拍卖标的中有公安机关通报协查物品或赃物，应当立即向所在地公安机关报告。

第二十九条　竞买人委托他人代理竞买的，应当出具授权委托书和竞买人、代理人的身份证明复印件。

授权委托书应载明代理人的姓名或者名称、代理事项、代理权限和期间。

第三十条　拍卖实施前，拍卖企业与委托人应当就拍卖未成交的有关事宜或因委托人中止或终止拍卖所造成损失的赔偿责任等事项达成书面协议。

第三十一条　对委托人送交的拍卖物品，拍卖企业应当由专人负责，妥善保管，建立拍卖品保管、值班和交接班制度，并采取必要的安全防范措施。

第三十二条　拍卖企业举办拍卖活动，应当根据拍卖标的物的属性及拍卖的性质，按照《拍卖法》及相关法律、行政法规规定的日期进行公告。公告应当发布在拍卖标的所在地以及拍卖会举行地商务主管部门指定的发行量较大的报纸或其他有同等影响的媒体。

第三十三条　拍卖企业应当在拍卖会前展示拍卖标的，为竞买人提供查看拍卖标的的条件并向竞买人提供有关资料。

展示时间应不少于两日，鲜活物品或其他不易保存的物品除外。

第三十四条　拍卖企业有权查明或者要求委托人书面说明拍卖标的的来源和瑕疵。

拍卖企业应当向竞买人说明其知道或者应当知道的拍卖标的的瑕疵。

第三十五条　法律、行政法规和规章对拍卖标的的受让人有特别规定的，拍卖企业应当将标的拍卖给符合法律、行政法规和规章要求的竞买人。

拍卖标的是依照法律、行政法规和规章规定需要行政许可的经营资格且依法可以转让的，委托人应在拍卖前应当征得行政许可机关的同意。

第三十六条　拍卖企业可以在拍卖会现场设立委托竞买席,并在拍卖会开始时对全体竞买人作出说明。

第三十七条　有下列情形之一的,应当中止拍卖:

(一)没有竞买人参加拍卖的;

(二)第三人对拍卖标的所有权或处分权有争议并当场提供有效证明的;

(三)委托人在拍卖会前以正当理由书面通知拍卖企业中止拍卖的;

(四)发生意外事件致使拍卖活动暂时不能进行的;

(五)出现其他依法应当中止的情形的。

中止拍卖由拍卖企业宣布。中止拍卖的事由消失后,应恢复拍卖。

第三十八条　有下列情形之一的,应当终止拍卖:

(一)人民法院、仲裁机构或者有关行政机关认定委托人对拍卖标的无处分权并书面通知拍卖企业的;

(二)拍卖标的被认定为赃物的;

(三)发生不可抗力或意外事件致使拍卖活动无法进行的;

(四)拍卖标的在拍卖前毁损、灭失的;

(五)委托人在拍卖会前书面通知拍卖企业终止拍卖的;

(六)出现其他依法应当终止的情形的。

终止拍卖由拍卖企业宣布。拍卖终止后,委托人要求继续进行拍卖的,应当重新办理拍卖手续。

第三十九条　外商投资拍卖企业与内资拍卖企业联合在中华人民共和国境内举办拍卖会的,其拍卖标的应符合法律、行政法规及本办法的有关规定。

第五章　监督管理

第四十条　商务部组织制定有关拍卖行业规章、政策,指导各地制定拍卖行业发展规划,依法建立拍卖业监督核查、行业统计和信用管理制度;负责拍卖行业利用外资的促进与管理;对拍卖行业自律组织进行业务指导。

第四十一条　省级商务主管部门负责制定和实施本地区拍卖行业发展规划,并将规划报商务部备案。

省级商务主管部门应建立本地区拍卖企业和从业人员的监督核查和行业统计及信用管理制度;负责企业和分公司申请取得从事拍卖业务的许可审核;管理与指导本地区的拍卖行业自律组织。

省级商务主管部门应当创造条件,建立与拍卖企业、其他有关行政机关计算机档案系统互联网络,对拍卖经营活动监督检查的情况和处理结果应当予以记录。每年度应当出具对拍卖企业的监督核查意见。对核查不合格的拍卖企业,应当责令限期整改,并将核查情况通报有关部门。

第四十二条　拍卖行业协会依法并根据章程,对拍卖企业和拍卖师进行监督。拍卖行业协会应当制定拍卖行业规范,加强行业自律管理,协调会员企业与政府有关部门及会员企业之间的关系,为会员企业提供服务,维护会员企业的合法权益。

中国拍卖行业协会在商务部的指导下,具体实施全国拍卖企业信用管理制度和组织拍卖师考试、考核和资格认定工作。

第六章　法律责任

第四十三条　未经许可从事经营性拍卖活动的企业,应依照国家有关规定予以取缔。

第四十四条　拍卖师违反本办法第二十三条、第二十四条规定或有向监管部门隐瞒情况、提供虚假材料等其他违规行为的,省级商务主管部门可将其违规事实及处理建议通告中国拍卖行业协会,中国拍卖行业协会应依照有关规定对违规拍卖师进行处理,并将处理结果在十个工作日内书面抄送拍卖师执业地省级商务主管部门和行业协会。

第四十五条　拍卖企业违反本办法第二十六条规定,对买受人造成损失的,拍卖企业应当给予赔偿;属于委托人责任的,拍卖企业有权向委托人追偿。

第四十六条　拍卖企业违反第二十七条第(一)项,由省级商务主管部门责令其改正,并处三万元以下罚款。

第四十七条　拍卖企业违反本办法第二十七条第(三)项的规定,由省级商务主管部门视情节轻重予以警告,并处以非法所得额一倍以上的罚款,但最高不超过三万元;没有非法所得的,处以一万元以下的罚款。造成委托人和买受人损失的,拍卖企业应当依法给予赔偿。

第四十八条　拍卖企业违反本办法第二十七条第(二)项、第(四)项规定的,由有关行政机关依法进行处罚。

第四十九条　拍卖企业违反本办法第三十二条、第三十三条规定,拍卖前违规进行公告或展示的,由省级商务主管部门视情节轻重予以警告,责令改正,延期拍卖或处以一万元以下罚款。

第五十条　拍卖企业、委托人违反本办法第三十四条规定,未说明拍卖标的的瑕疵,给买受人造成损害的,买受人有权要求拍卖企业给予赔偿;属于委托人责任的,拍卖企业有权向委托人追偿。

拍卖企业、委托人在拍卖前声明不能保证拍卖标的真伪或者品质的,不承担瑕疵担保责任(以下简称免责声明)。但是拍卖企业、委托人明确知道或应当知道拍卖标的有瑕疵时,免责声明无效。

第五十一条　拍卖成交后,委托人没有协助买受人依法办理证照变更、产权过户手续,造成买受人或拍卖企业损失的,委托人应当依法给予赔偿。

委托人提出中止或者终止拍卖,给拍卖企业或者竞买人造成损失的,应当依法给予赔偿。

第五十二条　有下列情形之一的,省级商务主管部门或商务部可以撤销有关拍卖企业及分公司从事拍卖业务的许可决定:

(一)工作人员滥用职权、玩忽职守作出准予许可决定的;

(二)违反《拍卖法》和本办法规定的取得从事拍卖业务的许可条件作出准予许可决

定的；

（三）超越法定职权作出准予从事拍卖业务的许可决定的。

第五十三条　商务主管部门以及行业协会的工作人员在工作中滥用职权、徇私舞弊、玩忽职守、索贿受贿的，对负有责任的主管人员和直接责任人员依法给予行政处分；构成犯罪的，依法追究刑事责任。

第五十四条　商务主管部门工作人员对在执行公务中获知的有关拍卖企业、委托人、竞买人、买受人要求保密的内容，应当按保密规定为其保密，造成泄密的，按有关规定处理。拍卖企业认为向管理机关报送的材料有保密内容的，应注明"保密"字样并密封。

第七章　附　则

第五十五条　农产品批发市场、机动车交易市场等商品交易市场引入拍卖方式及利用互联网经营拍卖业务的管理，原则上参照本办法执行，具体办法另行制定。

第五十六条　国有独资拍卖企业应按照国家有关规定进行改制。

第五十七条　本办法由商务部负责解释。

第五十八条　本办法自 2005 年 1 月 1 日起施行。

拍卖监督管理办法

国家工商行政管理总局令第 91 号

《拍卖监督管理办法》已经国家工商行政管理总局局务会议审议通过,现予公布,自 2017 年 11 月 1 日起施行。

局长 张 茅

2017 年 9 月 30 日

拍卖监督管理办法

(2001 年 1 月 15 日国家工商行政管理局令第 101 号公布,根据 2013 年 1 月 5 日国家工商行政管理总局令第 59 号第一次修订,根据 2017 年 9 月 30 日国家工商行政管理总局令第 91 号第二次修订)

第一条 为了规范拍卖行为,维护拍卖秩序,保护拍卖活动各方当事人的合法权益,根据《中华人民共和国拍卖法》等法律法规,制定本办法。

第二条 拍卖人、委托人、竞买人及其他参与拍卖活动的当事人从事拍卖活动,应当遵守有关法律法规和本办法,遵循公开、公平、公正、诚实信用的原则。

第三条 工商行政管理部门依照《中华人民共和国拍卖法》等法律法规和本办法对拍卖活动实施监督管理,主要职责是:

(一)依法对拍卖人进行登记注册;

(二)依法对拍卖人、委托人、竞买人及其他参与拍卖活动的当事人进行监督管理;

(三)依法查处违法拍卖行为;

(四)法律法规及规章规定的其他职责。

本办法所称工商行政管理部门,包括履行工商行政管理职责的市场监督管理部门。

第四条 设立拍卖企业应当依照《中华人民共和国拍卖法》《中华人民共和国公司法》等法律法规的规定,向工商行政管理部门申请登记,领取营业执照,并经所在地的省、自治区、直辖市人民政府负责管理拍卖业的部门审核,取得从事拍卖业务的许可。

第五条 拍卖人不得有下列行为:

(一)采用财物或者其他手段进行贿赂以争揽业务;

(二)利用拍卖公告或者其他方法,对拍卖标的作引人误解的虚假宣传;

(三)捏造、散布虚假事实,损害其他拍卖人的商业信誉;

(四)以不正当手段侵犯他人的商业秘密;

(五)拍卖人及其工作人员以竞买人的身份参与自己组织的拍卖活动,或者委托他人代为竞买;

(六)在自己组织的拍卖活动中拍卖自己的物品或者财产权利;

（七）雇佣非拍卖师主持拍卖活动；

（八）其他违反法律法规及规章的行为。

第六条　委托人在拍卖活动中不得参与竞买或者委托他人代为竞买。

第七条　竞买人之间不得有下列恶意串通行为：

（一）相互约定一致压低拍卖应价；

（二）相互约定拍卖应价；

（三）相互约定买受人或相互约定排挤其他竞买人；

（四）其他恶意串通行为。

第八条　竞买人与拍卖人之间不得有下列恶意串通行为：

（一）私下约定成交价；

（二）拍卖人违背委托人的保密要求向竞买人泄露拍卖标的保留价；

（三）其他恶意串通行为。

第九条　拍卖人、委托人、竞买人不得拍卖或者参与拍卖国家禁止买卖的物品或者财产权利。

第十条　拍卖人不得以委托人、竞买人、买受人要求保密等为由，阻碍监督检查。

第十一条　违反本办法第四条规定，未经许可从事拍卖业务的，由工商行政管理部门依照《中华人民共和国拍卖法》第六十条的规定处罚。

第十二条　拍卖人违反本办法第五条第一项至第四项规定的，由工商行政管理部门依照《中华人民共和国反不正当竞争法》的有关规定处罚。拍卖人违反本办法第五条第五项、第六项规定的，由工商行政管理部门分别依照《中华人民共和国拍卖法》第六十二条、第六十三条的规定处罚。

第十三条　拍卖人违反本办法第五条第七项规定的，由工商行政管理部门予以警告，并可处 10 000 元以下的罚款。

第十四条　拍卖人、委托人、竞买人违反本办法第六条、第七条、第八条规定的，由工商行政管理部门依照《中华人民共和国拍卖法》第六十四条、第六十五条的规定处罚。

第十五条　本办法自 2017 年 11 月 1 日起施行。2013 年 1 月 5 日国家工商行政管理总局令第 59 号修订的《拍卖监督管理办法》同时废止。

中国拍卖行业协会文件

中拍协〔2017〕58 号

印发《关于加强拍卖师监督管理的规定》的通知

各省（区、市）拍卖行业协会、有关拍卖企业、拍卖师：

按照国家关于职业资格制度改革的方向，为不断提高拍卖师队伍素质和执业水平，使拍卖师队伍建设满足行业未来发展需要，促进拍卖师在拍卖业务中发挥更大作用，依据《中国人民共和国拍卖法》，经中国拍卖行业协会五届四次理事会审议通过，现将修订后的《关于加强拍卖师监督管理规定》予以颁布，并将于 2018 年 1 月 1 日起实施，请遵照执行。

原《关于加强拍卖师监督管理规定》（中拍协〔2011〕54 号）自本规定实施之日起即行废止。

二〇一七年十二月二十五日

关于加强拍卖师监督管理的规定

一、总则

第一条　为规范拍卖师执业行为,加强拍卖师监督管理,提高拍卖师综合素质,根据《中华人民共和国拍卖法》和拍卖师执业资格制度的有关要求,制定本规定。

第二条　本规定中所称拍卖师是指经全国统一考试合格,取得中国拍卖行业协会颁发的《中华人民共和国拍卖师执业资格证书》,并经注册获得《拍卖师执业注册记录卡》的拍卖活动主持人员。《中华人民共和国拍卖师执业资格证书》在全国范围内有效。

第三条　中国拍卖行业协会是拍卖师注册及执业行为的监督管理机构。中国拍卖行业协会接受中华人民共和国商务部、中华人民共和国人力资源和社会保障部等有关部门对拍卖师注册和执业行为的检查、监督。

二、注册

第四条　注册是持有《中华人民共和国拍卖师执业资格证书》的人员申请到拍卖企业执业的行为,注册有效期为一年。

第五条　获得《中华人民共和国拍卖师执业资格证书》首次注册或上一年度未注册的人员,应以书面形式向中国拍卖行业协会提交下列材料:

(一)《中华人民共和国拍卖师执业资格证书》;

(二)拍卖师执业注册申请;

(三)拍卖企业出具的两年以上的工作证明;

(四)上一年度拍卖实习报告或继续教育学习记录证明;

(五)国家教育部承认的大专以上学历证明。

第六条　上一年度执业的拍卖师申请注册时应提交下列材料:

(一)拍卖师执业注册申请;

(二)中国拍卖行业协会规定的其他材料。

第七条　注册程序

(一)申请注册人员按照有关要求提交申请材料。

(二)申请执业单位出具相关证明。

(三)省(自治区、直辖市)拍卖行业协会进行初审,并将初审结果报送中国拍卖行业协会;

省(自治区、直辖市)拍卖行业协会对申请注册有异议的,需书面说明异议情况,并报送中国拍卖行业协会审查决定;

省(自治区、直辖市)拍卖行业协会在规定时间内未完成审核的,由中国拍卖行业协会直接审核。

(四)中国拍卖行业协会收到申报材料后,对符合注册条件的 10 个工作日内予以核准注册。

三、执业行为

第八条　拍卖师应当遵守《中华人民共和国拍卖法》等法律、行政法规、规章的规定，遵守《拍卖师操作规范》等行业管理规定和职业道德规范，遵循公开、公平、公正和诚实信用的原则，严格依法执业，规范运作。

第九条　拍卖师主持拍卖会须同时持有《中华人民共和国拍卖师执业资格证书》和注册有效期限内的《拍卖师执业注册记录卡》。

第十条　拍卖师主持有文物、烟草及食品等限制性流通标的拍卖会前，应要求企业确认拍卖标的不超出本企业的经营范围。

第十一条　拍卖师不得利用执业之便接受拍卖活动当事人不正当利益，也不得向他人输送不正当利益。

第十二条　拍卖师应在所注册的拍卖企业执业。

拍卖师为其他拍卖企业主持拍卖活动的，应取得所注册执业企业的同意。

第十三条　拍卖师不得将《中华人民共和国拍卖师执业资格证书》借予他人或其他单位，用于主持拍卖会。

第十四条　拍卖师不得以拍卖师身份为非拍卖企业主持经营性拍卖活动。

四、变更注册单位

第十五条　拍卖师可在全国范围内依法、合理、有序调动。

第十六条　拍卖师在一个注册有效期内，变更注册单位不得超过一次。

拍卖企业被注销或吊销拍卖经营批准证书、营业执照或企业破产的，拍卖师变更注册单位时，不受此时间限制。

第十七条　拍卖师申请变更注册到拟申请拍卖经营批准证书的企业时，应当在提出申请前连续执业满三年以上。

拟申请拍卖经营批准证书的企业成立后，拍卖师应及时申请更新《拍卖师执业注册记录卡》。

拟申请拍卖经营批准证书的企业未能设立时，拍卖师应及时申请再次注册。

第十八条　不在注册有效期内的拍卖师不能变更注册单位。

第十九条　变更注册单位应遵照下列程序：

（一）拍卖师分别向变更注册所涉及的省（自治区、直辖市）拍卖行业协会提交《拍卖师变更注册申请表》，并提交以下材料：

1.《拍卖师执业注册记录卡》原件；

2. 中国拍卖行业协会要求提供的其他材料。

（二）省（自治区、直辖市）拍卖行业协会在10个工作日内进行初审，签署意见后将相关材料报送中国拍卖行业协会。

拍卖师非个人原因导致不能提供变更注册材料的，省（自治区、直辖市）拍卖行业协会应及时核实并记录有关情况，自拍卖师提出申请之日起满3个月，可出具初审意见并附上核实记录材料报送中国拍卖行业协会。

（三）中国拍卖行业协会经复审，对符合变更注册规定的，办理变更手续；对不符合变更注册规定的，向省（自治区、直辖市）拍卖行业协会或拍卖师说明。

（四）拍卖师变更注册的情况应及时公布。

五、罚则

第二十条　拍卖师有下列情形之一的，中国拍卖行业协会视情节轻重给予警告、暂停执业资格或吊销《中华人民共和国拍卖师执业资格证书》的处分：

（一）以涂改、伪造或其他不正当手段提供虚假的材料申请注册或变更注册单位的；

（二）违反本规定第八条，使用超过注册有效期的《拍卖师执业注册记录卡》主持拍卖会的；

（三）违法本规定第九条，拍卖师主持有文物、烟草及食品等限制性流通标的拍卖会，超出拍卖企业的经营范围的；

（四）违反本规定第十一条，拍卖师未取得所注册执业企业的同意，为其他拍卖企业主持拍卖活动的；

（五）违反本规定第十二条，将执业资格证书借予他人、其他拍卖企业，用于主持拍卖会的；

（六）违法本规定第十三条，拍卖师以拍卖师身份为非拍卖企业主持经营性拍卖活动。

第二十一条　拍卖师有下列情形之一的，中国拍卖行业协会吊销《中华人民共和国拍卖师执业资格证书》：

（一）违反本规定第七条，因违规执业给当事人造成严重损害的；

（二）违反本规定第十条，拍卖师利用执业之便接受拍卖活动当事人不正当利益，向他人输送不正当利益的，与拍卖活动当事人恶意串通、操纵价格，损害其他当事人利益的；

（三）其他违反法律、法规的行为。

第二十二条　拍卖师有下列情形之一的，中国拍卖行业协会注销《中华人民共和国拍卖师执业资格证书》：

（一）出国定居的；

（二）死亡或失踪的；

（二）完全丧失民事行为能力的；

（四）其他可注销执业资格证书的行为。

第二十三条　申请人对依本规定第二十条、第二十一条、第二十二条规定所作处罚或裁决有异议的，可在收到通知后 20 个工作日内，向中国拍卖行业协会提出复核申请。

六、附则

第二十四条　本规定由中国拍卖行业协会负责解释。

第二十五条　本规定自 2018 年 1 月 1 日起施行。